非洲研究丛书

# 非洲制造

## 埃塞俄比亚的产业政策

## MADE IN AFRICA
### Industrial Policy in Ethiopia

〔埃塞〕阿尔卡贝·奥克贝 / 著

(Arkebe Oqubay)

潘良　蔡莺 / 译

社会科学文献出版社
SOCIAL SCIENCES ACADEMIC PRESS (CHINA)

# 目　录

# 中文版序言

　　中国政府和人民为非洲取得的发展成就感到由衷高兴和自豪，衷心祝愿非洲国家和人民在发展进步的道路上不断取得更大成就、拥有更加美好的未来！

——习近平主席在第五届中非合作论坛
约翰内斯堡峰会开幕式上的致辞

　　近年来，中非经贸合作发展迅速。中国不仅已经成为非洲第一大贸易伙伴，而且也是非洲基础设施建设事业发展的主要推动者。中非合作论坛（FOCAC）很可能已经成为世界上最大、最成功的南南合作框架。关于这一积极的发展趋势，非洲日益增长的重要性以及中非经贸伙伴关系，习近平主席曾在约翰内斯堡中非峰会上感言：

　　今年是中非合作论坛成立 15 周年。15 年来，中非各领域务实合作成果丰硕。2014 年中非贸易总额和中国对非洲非金融类投资存量分别是 2000 年的 22 倍和 60 倍，中国对非洲经济发展的贡献显著增长……当前，中非关系正处于历史上最好时期。我们应该登高望远、阔步前行。让我们携手努力，汇聚起中非 24 亿人民的智慧和力量，共同开启中非合作共赢、共同发展的新时代！

　　埃塞俄比亚占据非洲复兴浪潮的前沿，它向世界展示了非洲国家的远大发展前景。埃塞俄比亚是世界上增长最快的经济体之一，新千年以来一直保持着两位数的高速经济增长。此外，安定的社会环境、良好的政策持续性和宏观经济稳定性也使埃塞俄比亚成为非洲大陆最稳定的国家之一。埃塞俄比亚还是非洲区域安全的维护者，长期致力于通过睦邻友好的外交政策推动区域经济一体化进程并作为非洲联盟和联合国维和力量的主要贡献国积极参与非洲的和平与安全事务。

中国决策者和学者也对埃塞俄比亚近年来的政策决策和经济转型相关问题显示出了浓厚的兴趣。越来越多的中国制造商开始对埃塞俄比亚进行投资。尽管如此，中国目前还几乎没有与埃塞俄比亚近年来的发展相关的学术著作。本书的中文译本有望填补这一空白。

埃塞俄比亚的产业政策和国家经济发展战略同中国近年来贯彻实施的以解决深层次经济和社会问题为主要目标的非意识形态的务实主义经济发展战略存在许多相似之处。自 20 世纪 70 年代实施改革开放政策以来，中国不仅成功让 7 亿多人民摆脱贫困，而且发展成为世界第二大经济体和全球制造业中心。埃塞俄比亚决策者从中国近年来的成功发展经验中得到了启发。中国也通过支持埃塞俄比亚的基础设施建设和鼓励中国私营企业投资埃塞俄比亚制造业的方式为埃塞俄比亚借鉴其发展战略提供了至关重要的支持。本书也借鉴了中国在实践中探索真知的做法。埃塞俄比亚的产业政策实践采用了非常中国式的"摸着石头过河"的探索模式。在这一"摸索"过程中，"脚滑"的情况难免会出现，这也是本书所要探究的内容——在"边干边学"的产业政策实践中察觉不够坚实的"步伐"，然后谨慎地转移"身体重心"并为下一步伐摸索更加稳妥的立足之处。

令人高兴的是，自 2015 年首次出版以来本书受到了广泛的关注，这主要是因为本书内容与近期国际社会兴起的对发展中国家的工业化和经济转型的关注潮流相契合。近期国际市场上许多大宗商品价格的大幅下降也在很大程度上进一步证实了多元化经济模式较专门从事某种初级商品生产的单一经济模式的优越性。

在笔者开展本书的相关调研活动的同时，埃塞俄比亚的产业政策也在发生新的变化。2015 年底，非洲第一条电力城市轻轨在埃塞俄比亚首都亚的斯亚贝巴市启动运营。新修建的亚的斯-吉布提铁路也于 2016 年正式投入使用。埃塞俄比亚政府制定的新《发展与转型规划》更加重视制造业产量的增长和大规模工业就业岗位的创造，这为"2025 战略目标"（即在 2025 年将埃塞俄比亚建设成为非洲领先的制造业中心）的实现提供了有力的支撑。埃塞政府也在积极推动若干工业园区的建设（有时采取与外资企业合作的方式）以促进集群经济的形成。阿瓦萨市（Hawassa）的世界级新生态工业园（新一代可持续发展型工业园的代表）吸引了大量国际领先的制造业企业和内资企业的入驻。在这一成功模式的基础上，埃塞俄比亚正在兴建一系列工业园区以吸引优秀外资企业的投资。

当前，埃塞俄比亚工业化所面临的挑战依旧严峻，甚至比以往有过之而无不及。这一势必创造大量进口需求的工业化进程必须能够带来出口收入的长远增长，帮助国家应对甚至规避外汇问题带来的发展障碍。另外，产业政策也必须解决影响经济长远发展的环境问题。气候变化是所有长期工业化战略都无法回避的挑战。为此，埃塞俄比亚政府正在尝试制定不影响其发展绿色经济的政治承诺的产业政策，大力建设水力发电站和风力发电站等可再生能源基础设施便是这一战略的有机组成部分。此外，政府还为工业园区制定了明确的环保标准。鉴于上述案例，我们便不难发现为什么埃塞俄比亚在经济结构转型方面所做出的努力能够引起国际社会的广泛兴趣（例如，经济学人情报中心便举办了相关主题的专题研讨会议）。借此，我由衷希望本书能够为读者了解埃塞俄比亚正在发生的急剧变化及其根本原因带来有益的启迪。

# 前　言

　　当我在非洲峰会上提及关于我们共同见证的非洲大陆的亮点和进步的时候，我在想，没有比埃塞俄比亚这一世界上发展最快的国家所发生的一切更好的例子了。我们见证了这个曾经连温饱问题都没解决的国家所取得的巨大进步。这个国家不仅在区域农业生产方面扮演了领导者的角色，而且很快就可能在其近期发展势头的驱动下成长为一个农业和能源领域的出口国。

　　——美国总统巴拉克·奥巴马，纽约（2014 年 9 月 25 日）①

　　本书与"非洲复兴"这一主题有关，埃塞俄比亚这一正在经历剧烈变化以及政治与经济转型的非洲国家的发展成就是非洲发展形势的最好见证。正如美国总统奥巴马在如上引文中提到的那样，非洲国家完全可以摆脱对农业的依赖和实现工业化。本书反驳了关于工业化路径的传统观点，主张工业化的实现需要一个强有力的以发展为导向的国家政府。这一国家（政府）必须有长远的结构转型战略，高度尽责的国家领导核心以及有效的发展和转型机制。从结构主义和政治经济学的视角，本书证明了产业政策可以在低收入非洲国家发挥重要作用，并指出国家政府能够也应该扮演一个积极主义的发展型角色。在这一过程中，国家的政策独立性是一个必要的前提。

　　在过去的 20 年中，笔者非常有幸能够成为埃塞俄比亚政府高层官员中的一员。我曾担任亚的斯亚贝巴市市长，现为埃塞俄比亚总理的特别顾问。在这些年中，我曾无数次参与埃塞俄比亚政府艰难的政策决策，亲身

---

　　①　参见 http：//translations. state. gov/st/english/texttrans/2014/09/20140925308885. html。

见证了埃塞俄比亚政府为将这一非洲最贫穷的国家推上一条可以让数以千万计的人口摆脱贫困的发展轨道而在必要的基础设施、卫生和教育领域投入大量资源和倾注心血的过程，以及在这一过程中埃塞俄比亚政策决策的曲折和进步。

作为埃塞俄比亚高层决策圈中的一员，参与产业政策和战略的决策只是我职责中的一个方面，评估政策效果和总结经验教训也是重要的使命和挑战，需要以严谨的实证研究作为依据。2010 年埃塞俄比亚政府着手制定《增长与转型规划》，与以往的发展规划有所不同，这一新五年规划以结构转型为重点，并强调以制造业发展带动经济稳步发展。在这一背景下，政策评估和经验总结的重要性愈加凸显。这对政府而言，显然是一个艰巨的挑战。因此，笔者于 2010 年决定开展一项旨在对埃塞俄比亚产业政策进行评估的研究项目。本书正是这一决定的成果，也是笔者希望为发展中国家的产业政策和工业化这一命题的相关辩论做出绵薄贡献的愿望的结果。就发展中国家的发展现状而言，埃塞俄比亚的发展经验值得反复提炼和借鉴，尽管这个国家的产业政策依旧有待完善。

在学术研究中做到毫无偏见对任何学者而言都是不可能的。本书中笔者的部分言论有可能受笔者在过去 20 年中作为政府官员和政策决策参与者的经历的影响。尽管如此，笔者在本项目有关三个关键但又截然不同的产业的研究中保持了尽可能开放的思维和较高的职业水准。本书并不刻意追求颠覆性的研究成果或试图扫除关于产业政策和工业化的（那些过于普遍化的）批评观点和泛泛之谈。相反，本书目的在于从失败和成功经历中汲取经验教训，强调和促进政策学习。需要澄清的是，虽然笔者身为埃塞俄比亚的部长级官员且曾担任过许多职务，本书中的观点均为笔者个人的看法，它们并不代表埃塞俄比亚政府以及本人曾经或目前所隶属的任何机构的看法和意见。

笔者希望本书能够激发学者和高校学生对发展中国家尤其是非洲国家的工业化和产业政策的研究兴趣并从中受益。同样，笔者也希望埃塞俄比亚的决策者们能够在以工业为驱动力量的国家发展战略的制定过程中从本书中获得启发。这将需要决策者们在思维以及克服发展困难与挑战的能力和意志方面发生根本性的转变。现在正是梳理不同观点、经验和挑战，启发更深层次研究和对话的理想时机。

# 致　谢

本书的顺利完成，离不开以下机构和个人的大力帮助。首先，我要向伦敦大学东方与非洲研究学院（School of Oriental and African Studies）的 Christopher Cramer 教授在本书的研究和撰写过程中给予我的指导和鼓励表示由衷的感谢！我也要感谢埃塞俄比亚金融与经济发展部的 Abaraham Tekeste 博士对本书样稿的指点和对本人的鼓励！我还要感谢伦敦大学东方与非洲研究学院的 John Sender 教授、Deborah Johnston 博士和 Carlos Oya 博士对本书主要章节的点评。感谢伦敦大学东方与非洲研究学院非洲研究中心授予本人的研究生田野调查奖（Postgraduate Fieldwork Award）和志奋领基金（Chevening Foundation）对本研究的资助以及伦敦大学东方与非洲研究学院非洲研究中心的 Angelica Baschiera 女士在行政管理方面给予本人的支持。感谢 Greg Dorey 大使及其前任 Norman Ling 大使，以及 Chris Allan 和 Barbara Wickham 的支持。

在埃塞俄比亚，我要特别感谢埃塞俄比亚总理办公室批准我为撰写本书而申请的学术休假。我需要对埃塞俄比亚工业部给予我的帮助尤其是为我在田野调查期间所提供的工作设施表示感激。我要向所有为本研究耗费时间，愿意接受本人采访，参与问卷调查并提供数据的企业、组织和政府部门的代表们表示感谢。感谢我的研究助理，尤其是 Eyoual Tamrat、Aregawi Gebremedhin 和 Tadesse Gurmu，他们的无私奉献和专业能力为研究成果的质量提供了重要保障。感谢 Getnet、Hiwot、Simon 和其他参与田野调查的工作人员。由衷感谢 Graeme Salaman 教授、联合国人类住区规划署的 Axumite G. Egziabher 博士、埃塞俄比亚公务员教育大学的 Hailemichael Abera 博士以及阿姆斯特丹大学的 Haileselassie G. Selassie 博士的鼓励和支持。

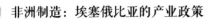 

本书的出版得益于牛津大学出版社特约编辑 Adam Swallow 先生的支持，特此感谢！同 Swallow 先生以及他的团队即牛津大学出版社的出版和营销团队一起工作是一件非常愉快的事情。尤其感谢 Christopher Cramer 教授和 Fantu Cheru 教授在本书出版前对终稿的审阅和非常有价值的点评。我要向本书的匿名外部评审专家的富有建设性意义的点评意见表示感谢，这些建议提升了本书的学术质量。我也对 Peter Colenbrander 出色的编辑工作表示感谢！

最后但也非常重要的一点，我要向我的家人——我的爱人 Nigisty 以及我们的儿子 Samuel 和 Binyam 给予我的关爱、鼓励和支持表示感谢。Nigisty 的建议和长久以来的支持对我和这本书而言都是无价的，我真诚地希望这本书将对我的孩子们有所启发。谨以此书献给他们。

# 序　言

　　纵观全球历史，很少有国家能够长时期地维持经济的快速增长。更鲜有增长趋势能引发足以推动就业岗位的创造、提高生产效率和大面积提升人民生活水平的可以使低收入国家以更好的姿态应对这个不稳定世界所带来的冲击和挑战的结构性转型。在全球性金融危机爆发的可能性日益上升、国际竞争日益激化、大宗商品价格和全球信心可能出现大幅波动的新时代背景下，要实现上述转型无疑非常困难。

　　尽管近年来，关于"非洲崛起"的叙述已经司空见惯，但仍有学者对非洲国家近期的快速发展能否带来具有广泛经济和社会效益的结构性转型的问题持担忧的态度。在这一背景下，那些曾经长期对在非洲推行产业政策的想法持不屑态度的经济学家们俨然已经把在非洲提倡"产业政策"当成一种时尚。

　　越来越多的人已经开始认真思考在非洲国家推行产业政策的话题，这是一个非常鼓舞人心的现象。但产业政策究竟意味着什么呢？导致产业政策（或者说由一整套政策构成的工业化战略）在一些案例中获得成功，但在另外一些案例中遭遇失败的原因是什么？成功的产业政策是否更像一种艺术？或者说它只是在成功推动经济发展后被人为贴上特定政策标签的一系列侥幸现象的总和，尤其是当这一发展过程涉及对相关产业发展前景的战略预判、针对性的保护性支持、全球供应形势好转以及一个富有远见的发展型领导班子等多重驱动因素的情况下？抑或说产业政策是真正意义上的可以被学习、被复制和适用于不同环境背景的科学规律？

　　本书将为读者了解这些问题提供独特的深刻见解。和其他回忆录或自助性的决策指南类著作不同，本书是一个深度的原创社会经济学研究项目的成果，其作者拥有长期的执政和领导经验，在推翻了极权主义统治的解放运动组织（指埃塞俄比亚人民革命民主阵线）中担任了多年的领导职务，拥有长达25年的高层政策决策背景。这也是本书的独特价值之所在。

初次认识阿尔卡贝（Arkebe）后，我便萌生了进一步了解这个人的想法。为此，我与英国文化协会的官员进行了交谈。此外，我还请教了曾经教导过阿尔卡贝的学者，当时阿尔卡贝已经成为埃塞俄比亚非凡的政治领导层中的一员，其中就包括埃塞俄比亚已故前总理梅莱斯·泽纳维（Meles Zenawi），当时后者正在攻读英国开放大学（Open University）的一个远程学位。我还为此请教了一些外交官员。他们都告诉我，阿尔卡贝——亚的斯亚贝巴市的前市长——是一个非凡之人。通过和阿尔卡贝对有关发展经济学问题、埃塞俄比亚和非洲问题以及应该如何开展学术研究问题的讨论，我对埃塞俄比亚有了更深层次的了解，这些是无法通过其他方法和途径获得的宝贵知识。我也亲眼见证了阿尔卡贝的许多优秀品质，这些品质已经如水印一般浸透于本书之中。

其中，阿尔卡贝的两个重要品质深刻影响了这一研究成果，即非凡的研究素养和对规范化深度调查以及杰出研究成果的追求，这也是优质研究项目的核心要素。身为部长级政府官员并作为埃塞俄比亚航空公司（Ethiopian Airlines，埃塞俄比亚国营航空公司，目前也是非洲最大的航空运输公司之一）和铁路建设项目等大型项目的董事局成员，能够抽身开展这样一项深入基层的研究项目并且孜孜不倦地撰写和一遍遍地修改学术文稿无疑是一件非常难得的事情。

但除本书之外，更出乎我甚至是阿尔卡贝本人意料的是他的研究天赋。我可以轻松列举出缺乏类似科研天赋的学者的名单。我想，这很可能与这一研究项目的重要意义所激发的好奇之心和求知欲望有关。与之相比，英国学者在卓越研究框架（Research Excellence Framework）的著作评估过程中所不遗余力想要展示的"非学术影响"似乎也不过如此。我不清楚这是他本人的超凡先天禀赋，还是他所学的一系列核心后天能力发挥作用的结果，很少有人能够像他这般，在主持亚的斯亚贝巴的城市发展工作（担任亚的斯亚贝巴市市长期间）和担任两任国家总理的资深顾问期间以及开展田野调查、实地访问、组织企业调查和对三个产业的企业家的访谈过程中做到如此高效和热情饱满。

专注的、重复的观察和思索是社会科学研究成果和其他形式原创成果的源泉。由于本书字里行间体现出来的谦虚和学术理性，读者很可能无法（虽然笔者希望他们能够）体会到作者在研究和分析中所倾注的热情和付出的艰苦卓绝的努力。

本书是独一无二的。作者在书中为我们呈现了大量新的实证证据，而且作者本人长年积累而来的决策经验以及埃塞俄比亚经济结构转型挑战的紧迫性也使作者关于这些实证案例的研究和分析更具价值和吸引力。经济结构转型的挑战正是埃塞俄比亚政府雄心勃勃的《增长与转型规划》所关注的主题。本书重点提及的三个产业——水泥、皮革与花卉产业——也都将在该计划中扮演重要的角色。本书并没有试图炫耀埃塞俄比亚在某些领域令人瞩目的快速发展成果，如快速增长的鲜花出口贸易等。相反，它旨在解释为什么相同的产业战略会在不同产业的发展过程中产生截然不同的效果。它强调埃塞俄比亚要实现工业化依旧面临大量的障碍、限制和困难，尽管埃塞俄比亚已经在很多方面取得了瞩目的成就。

阿尔卡贝对不同经济学家的看法和喜好可能与他的个人经历有关。借用凯恩斯（Keynes）的妙语，阿尔卡贝作为一个务实主义者，虽然他承认无法免受其他学者的影响，但并没有沦为他们相关理论的奴隶，尽管他的确从其他学者尤其是阿尔伯特·赫希曼（Albert Hirschman）和爱丽丝·阿姆斯登（Alice Amsden）这两位已故经济学家那里得到了启发。这两位经济学家（以及其他相关经济学家）区别于其他绝大多数经济学家的地方在于他们对现实世界的深度和近距离观察，这有别于对抽象真理的教条化信奉和对"比较优势"和"价格调控"观点的盲目遵从。令人惋惜的是，爱丽丝在我们安排她访问埃塞俄比亚亚的斯亚贝巴市的过程中离开了人世：她与众不同的独特理论、一丝不苟的治学态度以及她所强调的发展是一个发现过程的观点和一个国家需要寻找合适的角色模范的论点本可以对本研究带来更加深刻的启发。

本书的真正意义体现在如下方面。许多经济学家和国际组织近年来已经开始重新认识到产业政策的吸引力。现在，我们可以经常听到或者读到非洲决策者正在倡导产业政策的消息。但学界对产业政策在处于中低收入水平的非洲国家和其他地区国家发挥作用的影响因素依旧知之甚少，且存在意见分歧。许多主流经济学家在关注产业政策的同时完全忽视了他们的相关论述和见解的根源——常常是因为这些观点的根源来自更早期的诸如尼古拉斯·卡尔多（Nicolas Kaldor）、结构主义发展经济学家和爱丽丝·阿姆斯登等比较非正统的经济学家的著作之中。

产业政策的主流倡导者们（当前）也普遍将新古典主义经济学作为相关案例的理论框架，以"市场失灵"概念和促进当前比较优势的利用为理论出发点。此外，产业政策相关论述中也始终贯穿着一条庇护式建议的脉络，这种建议根源于认为发展中国家的政府不应该僭越他们能力范围之内的家长式思维。本书认为这种建议通常是没有根据的。它指出，正如阿尔伯特·赫希曼在《发展项目之观察》（1967）中所指出的那样，政府有必要上马充满挑战、技术复杂的项目，因为只有通过实施这些项目才可以获得进一步开展这类项目的能力。埃塞俄比亚的《增长与转型规划》也许确实听起来野心勃勃，但它们能够为真正的转型发展创造动力（由于政治层面较低的失败宽容度）。本书也表明，对埃塞俄比亚政府制定的宏观产业政策进行跟踪调查远非易事。但是，它有利于我们了解不同产业的发展经验和政策决策，这对非洲以及其他地区的决策者而言都具有巨大的启示意义。此外，本书也对当前学术界关于产业的辩论进行了补充。最后，希望这本书能够启发读者对产业政策和低收入国家的发展表现展开进一步的研究。

克里斯托弗·克莱默

（Christopher Cramer）

发展政治经济学教授

伦敦大学东方与非洲研究学院

# 图目录

# 表目录

# 缩略词列表

ADLI          Agricultural development – led industrialization
              农业发展驱动型工业化

AfDB          African Development Bank
              非洲发展银行

AGOA          African Growth and Opportunity Act
              《非洲增长与机遇法案》

AU            African Union
              非洲联盟

CAD           Comparative advantage – defying
              违背比较优势原则

CADF          China – African Development Fund
              中非发展基金

CAF           Comparative advantage – following
              遵从比较优势原则

CBB           Construction and Business Bank
              埃塞俄比亚建设与商业银行

CBE           Commercial Bank of Ethiopia
              埃塞俄比亚商业银行

CIP           Competitive Industrial Performance
              工业竞争力指数

CLRI          Central Leather Research Institute, Council of Scientific and
              Industrial Research
              （印度）科学与工业研究理事会中央皮革研究院

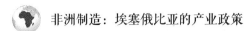

COMTRADE    UN Commodity Trade Statistics Database
联合国商品贸易统计数据库

CSA    Central Statistics Agency
埃塞俄比亚中央统计局

DBE    Development Bank of Ethiopia
埃塞俄比亚发展银行

EABG    East Africa Business Group
东非商业集团

EAL    Ethiopian Airlines
埃塞俄比亚航空公司

EC    Ethiopian Calendar
埃塞俄比亚历

ECAE    Ethiopian Conformity Assessment Enterprise
埃塞俄比亚合格评定机构

ECBP    Engineering Capacity Building Program
埃塞俄比亚工程能力建设项目

EEPCO    Ethiopian Electricity Power Corporation
埃塞俄比亚电力公司

EFFORT    Endowment for the Rehabilitation of Tigray
提格雷州重建基金

EHDA    Ethiopian Horticulture Development Agency
埃塞俄比亚园艺发展协会

EHPEA    Ethiopian Horticulture Producers and Exporters Association
埃塞俄比亚园艺生产商与出口商协会

EIA    Ethiopian Investment Authority
埃塞俄比亚投资局

EIB    European Investment Bank
欧洲投资银行

EIGs    Endowment Investment Groups
留本基金投资集团

ELI    Export – led Industrialization

| | |
|---|---|
| | 出口导向型工业化 |
| ELIA | Ethiopian Leather Industry Association<br>埃塞俄比亚皮革产业协会 |
| EPRDF | Ethiopian Peoples' Revolutionary Democratic Front<br>埃塞俄比亚人民革命民主阵线 |
| EPZ | Export - processing Zone<br>出口加工区 |
| ERCA | Ethiopian Revenue and Customs Authority<br>埃塞俄比亚税收和海关总局 |
| ETB | Ethiopian Birr<br>埃塞俄比亚货币单位——比尔 |
| EU | European Union<br>欧洲联盟 |
| FAO | Food and Agriculture Organization<br>联合国粮食及农业组织 |
| FDDI | Footwear Design and Development Institute<br>鞋类设计与发展协会 |
| FDI | Foreign Direct Investment<br>外商直接投资 |
| FDRE | Federal Democratic Republic of Ethiopia<br>埃塞俄比亚联邦民主共和国 |
| FIA | Federal Investment Agency<br>联邦投资局 |
| GDP | Gross Domestic Production<br>国内生产总值 |
| GOE | Government of Ethiopia<br>埃塞俄比亚政府 |
| GTP | Growth and Transformation Plan<br>《增长与转型规划》 |
| GTC | German Technical Cooperation<br>德国技术合作署 |

GVC        Global Value Chain
全球价值链

Ha.        Hectare
公顷

HFO        Heavy Fuel Oil
重燃料油

IDC        South African Industrial Development Cooperation
南非国家工业发展公司

IDF        Industrial Development Fund
工业发展基金

IDSE        Industrial Development Strategy of Ethiopia
《埃塞俄比亚产业发展战略》

IFC        International Finance Corporation
国际金融公司

IFIs        International Financial Institutions
国际金融机构

IHDP        Integrated Housing Development Programme
房地产综合开发项目

IMF        International Monetary Fund
国际货币基金组织

ISI        Import – substitution Industrialization
进口替代工业化

ISIC        The International Standard Industrial Classification
国际产业分类标准

ITC        International Trade Centre
国际贸易中心

LDC        Least Developed Country
最不发达国家

LIDI        Leather Industry Development Institute
皮革产业发展研究院

MIDI        Metal Industry Development Institute

金属产业发展研究所

MNC  Multinational Corporation
跨国公司

MOE  Ministry of Education
教育部

MOFED  Ministry of Finance and Economic Development
金融与经济发展部

MOI  Ministry of Industry
工业部

MOM  Ministry of Mines
联邦矿业部

MoST  Ministry of Science and Technology
科学与技术部

MoTI  Ministry of Trade and Industry
贸易与工业部

MSEs  Micro and Small Enterprise
小微企业

MUDC  Ministry of Construction and Urban Development
城市建设发展部

MVA  Manufacturing Value Added
制造业增加值

MWUD  Ministry of Works and Urban Development
工程与城市发展部

NBE  National Bank of Ethiopia
埃塞俄比亚国家银行

NECC  National Export Coordination Committee
国家出口协调委员会

NEPAD  New Partnership for African Development
非洲发展新伙伴计划

NICs  Newly Industrializing Countries
新兴工业化国家

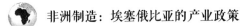 

| NIE | Newly Industrialized Economies |
| | 新兴工业化经济体 |
| OECD | Organization for Economic Co – operation and Development |
| | 经济合作与发展组织 |
| PASDEP | Plan for Accelerated and Sustained Development to End Poverty |
| | 《以消除贫困为目标的加速增长和可持续发展计划》 |
| PFEA | Public Financial Enterprises Agency |
| | 公共金融企业管理局 |
| PPESA | Privatization and Public Enterprises Supervisory Agency |
| | 埃塞俄比亚私有化与国有企业监管委员会 |
| SAP | Structural Adjustment Programme |
| | 结构调整计划 |
| SDPRP | Sustainable Development and Poverty Reduction Program, 2002 – 2005 |
| | 《可持续发展与减贫计划（2002 – 2005）》 |
| SNNPR | Southern Nations, Nationalities, and Peoples' Region |
| | 南方民族和人民州（简称南方州） |
| SOE | State owned enterprise |
| | 国有企业 |
| SSA | Sub – Saharan Africa |
| | 撒哈拉以南非洲地区 |
| TGE | The Transitional Government of Ethiopia |
| | 埃塞俄比亚过渡政府 |
| TIDI | Textile Industry Development Institute |
| | 纺织产业发展研究所 |
| TIRET | Endowment Fund for the Rehabilitation of Amahara |
| | 阿姆哈拉州重建基金 |
| TVET | Technical and vocational education training |
| | 职业技术教育与培训 |
| UCBP | University Capacity Building Programme |
| | 高校能力建设项目 |

UNCTAD      United Nations Conference on Trade and Development
            联合国贸易和发展会议
UN – DESA   United Nations Department of Economic and Social Affairs
            联合国经济与社会事务部
UNECA       United Nations Economic Commission for Africa
            联合国非洲经济委员会
UN – HABITAT   United Nations Human Settlement Programme
            联合国人类住区规划署
UNIDO       United Nations Industrial Development Organization
            联合国工业发展组织
USAID       United States Agency for International Development
            美国国际开发署
USGS        US Geological Survey
            美国地质调查局
VSK         Vertical Shift Kiln
            立窑
WB          World Bank
            世界银行
WTO         World Trade Organization
            世界贸易组织

# 第一章　埃塞俄比亚产业政策介绍

## 第一节　觉醒的雄狮

2014年3月，美国《时代周刊》（Time）发表了一篇标题为《金砖五国辉煌不再：新兴"PINEs"引关注》的文章，引起了国际社会的广泛热议。"PINEs"是菲律宾（Philippines）、印度尼西亚（Indonesia）、尼日利亚（Nigeria）和埃塞俄比亚（Ethiopia，以下简称"埃塞"）四国名称的英文首字母缩写，此四国人口总数已超6亿。文章指出，过去的50年中，许多亚洲与其他地区发展中国家在经济和社会发展方面已取得了巨大的成就，唯独非洲依旧徘徊在发展的边缘。现在，非洲大陆经济发展已有起色，埃塞便是最好的例证。过去，埃塞曾是贫穷的代名词。现在，埃塞已经在强有力的政府领导下驶入发展的快轨。文章认为，正如20世纪后期亚洲四小龙的迅速崛起，我们或将见证一批非洲"雄狮"经济体的兴起。同月，非洲联盟（African Union，以下简称"非盟"）与联合国非洲经济委员会（UNECA）在尼日利亚首都阿布贾召开的非洲国家金融部长会议上联合发布了一份年度报告。[①] 会议上，非洲各国部长、这份年度报告的撰写者们以及其他与会者对埃塞政府正在着力制定和完善的产业政策显示出了浓厚的兴趣和格外的关注。

埃塞不仅是非洲第二人口大国，而且占据着非常敏感的地缘政治区位，其经济表现尤其引人关注。近年来，该国在多个领域取得了令人瞩目的跨越式发展。作为一个非能矿资源依赖型经济体，过去10年中埃塞保持

---

① 参见 UNECA – AU（2014）。

1

1 了两位数的高速经济增长，国内生产总值翻了两番。① 国民人均寿命从1992 年的 48 岁增长至 2013 年的 63 岁，增加了 15 岁。贫困率与 20 年前相比也降低了一半。② 如此令人瞩目的发展成就在很大程度得益于埃塞独特的发展道路和颇具魄力的产业政策实践，这是埃塞区别于其他非洲国家的地方。在埃塞探索适合自己的发展道路的同时，不少非洲国家也在尝试实施积极的"发展型"产业政策。

尽管面临重重困难和挑战，埃塞经济增长并没有显示出衰减的趋势。就在 2014 年 3 月，埃塞总理刚刚在首都亚的斯亚贝巴市（Addis Ababa）以南160 公里外蓬勃发展的小镇——兹怀（Ziway）出席了一家法资葡萄酒庄的开业典礼。这家酒庄的投资者是欧洲最大的葡萄酒生产商——大名鼎鼎的法国葡萄酒生产商卡斯特集团（Castel）。该酒庄的大部分产品将用于出口。卡斯特集团还称将致力于把该酒庄的产量提升至现有产量的 3 倍。尤其值得一提的是，该酒庄的 750 名雇员中仅有一人为外籍工人。此外，该集团公司还在过去的 12 年中投资建设了 3 家啤酒厂，在埃塞国内占有最大的市场份额。在开业典礼上，海尔马里亚姆总理（Hailemariam）郑重宣布埃塞政府将致力于在未来 10 年内把埃塞打造成非洲大陆最大的葡萄酒生产国，并承诺为投资商提供全力支持。③ 这是一个庄严的承诺。迄今为止，埃塞政府在履行承诺方面的表现可圈可点，花卉种植产业的发展便是证明。

卡斯特酒庄的不远处便是埃塞国内花卉农场最为集中的地区。其中最大的一家花卉农场雇用了多达 10000 名当地劳工。在短短不到 10 年的时间内，埃塞已经发展成为全球花卉市场的重量级供应国之一。过去 7 年中，该产业已经为埃塞带来了 10 多亿美元的出口收入。以埃塞的经济体量作为

2 衡量标准，这个数字已相当可观。④ 埃塞花卉种植产业的快速发展与埃塞

---

① 2003 年至 2014 年期间，埃塞的平均 GDP 增长率为 11%，其中农业、工业和服务业的增长率分别为 9%、13.8% 和 12.2%。在埃塞《增长与转型规划（2011～2014）》（Growth and Transformation Plan：2011～2014）实施期间，埃塞工业年均增长率高达 20%（MOFED，2014）。

② 1992 年和 2012 年撒哈拉以南非洲地区国家的人均寿命分别为 50 岁和 56 岁。参见《世界发展指标》（World Development Indicators）2015 年 1 月 30 日更新的数据，和 UN - DESA（2013），http：//data. worldbank. org/region/sub - saharan - africa。

③ 参见埃塞俄比亚总理于 2014 年 3 月 23 日发表的讲话，总理办公室新闻通讯。

④ 埃塞俄比亚税务和海关总局（Ethiopian Revenue and Customs Authority，ECRA，2012a）以及国家出口协调委员会（National Export Coordinating Committee，NECC，2012）。

政府为之提供的产业政策支持是密切相关的。通向亚的斯亚贝巴市的主干道旁边不远处还矗立着许多新旧不一的外资和埃资制革厂。离首都更近些，便是由中国开发商承建的"东方工业园"。该工业园主要由各类仓库、店铺和工厂构成，所有设施均沿着通往首都的主干道而建。在世纪之交，这条主干线所穿过的广袤地区乃至整个国家都还是一片有待开发的处女地。在未来两年内，该工业园将创造近 50000 个就业机会。2012 年，全球最大的女鞋制造商——华坚集团——正式在工业园运营并投入生产，为当地带来了 3500 多个就业岗位。未来，华坚集团还计划建设一个用工规模高达 30000 人的制鞋工业区。[①] 联合利华（Unilever）——欧洲制造业的领导者也正在该工业园投资建厂。

在首都亚的斯亚贝巴市的环城路附近，一个用工规模多达 8000 人的土耳其纺织与服装厂正在紧张扩建之中。越来越多的土耳其企业将埃塞视为首选的投资目的地，纷纷进驻埃塞。正如土耳其联邦工业协会（Turkish Ferderation of Industrial Association）的一名代表所言："埃塞政府不仅欢迎外来投资者，而且尽其所能为他们提供支持和帮助。"[②] 2012 年 1 月，英国著名的手套制造商皮塔兹公司（Pittards）在埃塞投资建设了第一家手套制造厂，其产品远销美国和日本。其中沃伦·巴菲特（Warren Buffett）控股的威尔斯拉蒙特公司（Wells Lamont）是它们在美国的主要销售商。两年来，皮塔兹公司先后在埃塞建成了 3 家工厂。据该公司埃塞籍销售经理说，该公司本地产业工人的技术和生产水平正逐步接近世界先进水平。在谈及公司的主要发展障碍时，她强调了诸如物流和清关速度缓慢、外汇储备匮乏、当地融资支持的缺失、经常性的电力断供、供应链不完善等问题。不久前，一位有着丰富海外投资经验的韩国企业家也指出吉布提（Djibouti）港口拖沓的货物清关和装卸服务已经成为海外投资者在埃塞普遍遭遇的最大障碍。尽管不少企业家对此有所抱怨，但多数的投资者对这些问题的解决仍持乐观的态度。许多企业家都对埃塞政府对工业的支持表示认可，但 3 也有不少企业家认为这些障碍正严重威胁埃塞制造业的发展。

---

① http：//www. chinadailyasia. com/business/2014 – 01/27/content_ 15115269. html；也见"Ethiopia becomes China's China in Global Search for Cheap Labour"，http：//www. bloomberg. com/news/2014 – 07 – 22/ethiopia – becomes – china – s – china – in – search – forcheap – labor. html。

② 参见 2014 年 4 月该代表在埃塞总理府所言。

埃塞在包括发电站、铁路、公路在内的基础设施建设方面也取得了鼓舞人心的进展。其发电量居非洲之最（世界排名第十三位或第十四位），堪比美国胡佛水坝（Hoover Dam）的"复兴大坝"（Renaissance Dam）项目已经投入建设。该项目的建设款全部来自埃塞国内融资。这项盛举不仅反映并增强了宏观经济条件限制下埃塞经济发展和转型的巨大能量，也凸显了埃塞政府已经认识到经济发展和转型的政治意义。这也是近年来在"联邦主义"（Federalism）和"国家"意识的倡导声中一种类似于"民族主义高于一切"（Anderson，1991）的思潮日渐兴起的重要借力点（Markaki，2011）。埃塞前总理梅莱斯·泽纳维（Meles Zenawi）曾这样说道："尽管我们现在非常贫穷，但在埃塞伟大传统的指引下，埃塞人民愿意为此做出任何牺牲。""我深信，埃塞人民会一齐喊出'修建大坝吧!'的共同心声。"这只是埃塞政府将经济发展和转型这一国家工程打造成"政治口号"（Jackson，2006）以助力其制定和实施相关政策并正当化其资源分配方案的诸多案例之一。此外，早在 2010 年，埃塞就启动了非洲最大的铁路工程项目的建设。2014 年 5 月，亚的斯亚贝巴市和阿达玛市（Adama）之间一条崭新的六车道收费高速公路正式建成通车，有效缓解了首都与吉布提港之间陆路交通的压力。

如前所述，埃塞已经成为欧洲和包括中国、土耳其、印度在内的新兴经济体的重要投资目的地。德博拉·布拉提格姆（Deborah Brautigam）在《卫报》（*The Guardian*，2011 年 12 月 30 日）上对不同国家和地区关于埃塞的认识做了精辟的论述："对于中国投资者而言，埃塞是一个快速发展的拥有 9000 多万消费者的经济体，这意味着许多商机；……从西方的视角来看，埃塞容易让他们联想起在干旱和饥饿中挣扎的儿童的情景；（他们所想的是）'我们要拯救埃塞'。"德博拉·布拉提格姆补充说："尽管在中国看来，埃塞是一个充满商机的土地……这个非洲国家并没有失去对经贸合作的主导能力。"埃塞经济的快速增长和减贫成效引起了多方的关注，其中既包括友好人士，也不乏怀疑论者和批评者。例如，经济学人情报中心（Economist Intelligence Unit，2012）发表的一篇评论文章对埃塞的发展路径做了如下评述："尽管不像许多非洲国家那样拥有大量可进行商业开发的石油资源，但埃塞取得了令其他非洲国家羡慕的外向型经济增长。"该文章指出："这种政府主导的经济发展模式的确取得了显著的成就，为此埃塞常常被难以定义的'北京共识'的倡导者们引为这一共识的成功案例……埃塞正以在非洲领先的速度快速发展，但拒绝接受国际货币基金组织及其他国际金融组织关于进一步开放其经济的建议。"①

虽然很多人认可埃塞的发展成就，但他们对推动埃塞经济发展的驱动力有着不同的看法。一位亚洲国家的外交官认为，埃塞经济发展的秘密在于："其一，埃塞政治形势稳定。其二，埃塞政府已经找到了适合埃塞国情的发展道路，而且坚定地贯彻和实施其相关发展政策。其三，埃塞日渐增长的市场需求和人口也有利于经济增长。"② 与此同时，西方外交官员和国际金融组织的官员却对埃塞的经济发展模式提出了质疑，他们认为埃塞这种由国家主导的发展模式缺乏可持续性，而且正在挤压私人部门的生存空间。③ 因此，他们建议埃塞政府放缓增长速度，减少公共投资项目，加速开放金融和电信市场。事实上，外资企业和埃塞本地企业家都不关心意识形态问题，他们最关心的是如何抓住投资机遇。

这一幅幅"埃塞崛起"的景象固然美好，但它们只是埃塞经济发展的表面现象，并不能具体反映出埃塞产业政策的具体制定和实施过程，也容易让人忽视低收入国家在发展过程中面临的挑战。对像埃塞这样的低收入国家而言，实现工业现代化和经济转型无疑是一项艰巨的任务。埃塞经济发展，尤其是工业发展确实取得了卓越的成就，但出人意料的是，相关领域的研究成果却凤毛麟角。在笔者看来，要深入了解埃塞经济发展的动因及其发展和转型面临的问题与挑战，首先需要对埃塞国内诸如皮革与皮革制品产业、服装产业、花卉产业等在过去 10 年中对国民经济的发展和转型起到关键推动作用的重要产业进行深度剖析和研究。

## 第二节　非洲产业政策的"春天"到来了吗？

受主流经济学思想的影响，关于产业政策的研究和探讨一直非常有

---

① http：//country. eiu. com/article. aspx？ articleid = 659462850&Country = Ethiopia&topic = Economy.
② 此处为笔者 2014 年 3 月与中国大使的讨论。
③ 例如，http：//www. imf. org/external/pubs/ft/scr/2012/cr12287. pdf；http：//www. bloomberg. com/news/2013 - 10 - 18/imf - says - ethiopian - economic - growth - may - slow - without - policy - shift. html。

限，这种情况直到近年才有所改观。2011 年，联合国贸易和发展会议（UNCTAD）和联合国工业发展组织（UNIDO）的年度报告重点关注了非洲的工业化进程，并指出了其面临的诸多挑战。2012 年，世界银行出版了由其前首席经济学家林毅夫先生（Justin Lin）委托实施的一项调研项目的研究报告——《非洲轻工业》（*Light Manufacturing in Africa*）。该报告认为非洲实现工业化的目标并非遥不可及，但尚缺乏配套的产业政策以驱动其经济的发展和转型。尽管如此，该报告并没有指出积极的"发展主义"的必要性。两年后，联合国非洲经济委员会在其经济报告中指出，虽然人们对于工业政策的看法依旧存在分歧，但他们对非洲工业化前景的看法正在发生转变。

尽管非洲经济发展不平衡且缺乏持续性，近年来，越来越多的非洲国家保持了较长时间的增长。在部分非洲国家，石油、天然气和矿产资源的开发促进了经济增长，但这种经济增长的受益面往往比较狭隘。这有别于东亚国家快速实现工业化和经济转型的发展模式。学者与政策制定者们普遍担心非洲的增长不能有效提高还在快速增长的非洲人口的生活水平。更重要的是，有观点认为许多非洲国家还不具备配套的政策和政治条件来支撑经济的持续快速发展，因此也无法实现工业化和经济转型以及构建一个更加公平合理的发展模式。简言之，非洲的工业化、经济结构转型和产业政策还有很大的讨论空间。

非洲是否正在崛起？非洲雄狮是否已经觉醒？非洲近年来的快速增长是否意味着一个非洲版的亚洲四小龙式发展奇迹即将出现？人们对于非洲经济发展的看法，已经从对非洲"发展悲剧"的悲观总结和类似英国前首相托尼·布莱尔（Tony Blair）所言的"西方良心上的一道伤疤"的消极论调，急剧转变为对非洲近年来快速发展的歇斯底里的兴奋。在此背景下，对非洲近年来的发展是否受益于更深层次、更为持久的结构性转型或者是否推动了这种转型的问题进行深度剖析具有重要的意义。众所周知，深层次的经济结构性转型是以工业化和科技的快速创新为前提的，因为工业化和科技创新可以推动一个国家的经济活动从生活资料生产向更加有活力的工业生产过渡。历史经验告诉我们，一个国家的产业政策往往能够对其工业化进程的成败产生决定性的影响。然而，当代主流经济学理论对产业政策理论充满警惕（如 Ocampo，Rada，and Taylor，2009）。尽管近年来产业政策理论已经被越来越多的人所接受，但人们还不确定它对非洲的发展具体有着什么样的实质性意义。这也是本书致力于解答的问题。

## 第三节　后工业化的新分析视角

本书将尝试对产业政策理论的传统观点和对相关问题的不同看法进行分析和探讨。在研究过程中，笔者采用了以结构主义和发展经济学为主，政治经济学为辅的理论分析方法，同时借鉴了卡尔多（Kaldor）、瑟尔沃尔（Thirlwall）和阿尔伯特·赫希曼（Albert Hirschman）等经济学家提出的相关传统经济学理论。最后，笔者将就当前经济学领域热议的相关工业化问题提出自己的观点和看法。本书的相关论述是围绕经济发展是政策和政治经济的产物这一基本观点而构建的。经济转型和结构调整是经济发展的核心内容。多数（但并不是全部）学者认为，工业发展尤其是制造业的发展是推动经济转型和可持续发展的主要动力（Kaldor，1967；Pasinetti，1981；Thirlwall，2002；Rodrik，2008c；Reinert，2010；Chang，2003a，2003b；Amsden，2009）。

Ocampo 等（2009：7）将经济结构（economic structure）界定为：

> 生产活动的组合、国际贸易体系的专业化分工和经济的科技能力，包括劳动力的受教育水平、生产要素的所有制结构、国家基本制度的性质及其发展、经济发展程度和市场运作环境中的阻力（如金融市场某一板块的缺失或存在大量失业人口）。

Hirschman（1958：6）认为，"经济学中的'发展'指经济转型而不是从无到有的创造；它势必破坏传统的经济和生活方式……，在此过程中某些损失不可避免；过时的技术会被淘汰，传统贸易也会遭到冲击……"Pasinetti（1993：1）认为我们可以简单地将结构变化定义为"经济生产活动中发生的永恒和不可逆转的变化"。这意味着我们必须以推动经济转型和结构调整为目标对产业政策进行设计。但并不是所有的产业都有着相同的经济特征或自我变革的能力，因此不同产业需要不同的发展模式。也就是说，我们应尽最大能力催生新的经济活动，吸引更多的投资，为经济转型、产业结构调整和发展创造必要的条件。这也意味着在应对国际竞争的

7

同时，我们应积极学习和模仿其他国家与地区的发展经验和模式（Lall，1992，2000b，2003；Reinert，2009；Amsden，1989，2001）。模仿和经验借鉴可以促进生产力的提升，提高经济活动的收益率，是发展中国家实现经济赶超的必由之路。最重要的是，发展型国家应通过大力发展基础设施建设、技能开发、直接信贷等举措激励和扶助先驱企业在市场竞争中获得成功。

目前，许多发展中国家已经有效实现了经济的持续快速增长和全球竞争力的提升。相比，多数非洲国家经济发展依旧滞后，或者说始终不能将某一时期的经济快速发展转化为可以持续 20～30 年的发展。发展已经成为非洲国家的当务之急和非洲政策制定者的最大挑战，同时也是相关领域研究人员最关注和头疼的课题。在非洲经济增长研究领域中有一个被称为"非洲哑变量"（African Dummy）的概念，在跨国增长回归（Cross－country Growth Regression）分析方法中该词被用以指代其他变量无法解释的残差。学者们对这种变量出现的原因进行了探索并给出了多种可能的解释，其中包括非洲的地理变量、民族语言上的碎片化程度、悠久的历史、制度发展程度等。然而，也有学者对"非洲哑变量"的相关论述提出了批评，认为它们缺乏扎实的理论、方法论和实证基础（Jerven，2010a，2010b，2011）。

## 第四节　基于原创性研究的方法论

在研究方法论框架的构建过程中，我们主要有如下三个方面的考量。其一，撒哈拉以南非洲地区关于产业政策的研究非常有限。产业政策依然是一个没有得到充分研究的领域。这主要因为 20 世纪 80 年代初期以来，产业政策研究长期被认为有悖于主流经济学理论和华盛顿共识的边缘研究领域。相关科研成果的缺失造成了人们对产业政策的制定、政策学习和决策能力的理解不足。其二，多数关于埃塞工业发展的研究还局限于企业层次的量化数据，而且这些数据常常是不完整和相互矛盾的。尽管这种数据对研究工业模式具有重要的意义，但还不足以为人们了解产业政策的制定过程提供全面的信息，更不能在政治经济学角度发挥足够的作用。其三，截至目前，相关研究项目所采用的研究方法还存在问题，多数研究的时间周期过于短暂，且严重依赖一种或两种研究手段得来的二手数据。这往往导致研究成果过于片面，有时甚至会引起误解。目前，还鲜有研究成果能够帮助人们对埃塞的工业发展表现和产业政策形成全面和有深度的认识。也正因为如此，学界对埃塞产业政策的认识还停留于片面化和肤浅的辩论之中。

上述这些研究方法与前文提到的"非洲哑变量"、绝望的"非洲悲观主义"，以及非洲"例外论"或"非洲一体论"等观点的产生往往是相关联的。最典型的例子便是"新世袭主义学派"（Neopatrimonial School），该学派将非洲国家在经济和政治发展上的失败经历简单地归因于非洲的本土文化，正如国际金融组织在 20 世纪 80 ~ 90 年代所认为的那样。这些关于非洲的多种片面化研究视角共同构成了非洲相关研究领域在研究方法论上面临的障碍（Padayachee，2010；Mkandawire，2013），导致相关研究领域无法对非洲社会现实形成客观的认知，这也降低了相关研究数据的可靠性以及研究成果的理论和现实价值。Mkandawire（2013：52）曾指出，"经济决策过程是一个涉及观念、利益、经济力量和结构的高度复杂的过程"，不能被浓缩为单一化的解释。我们需要一种既承认这种复杂性，又能更广泛采纳政治和经济因素作为考量的研究方法，而不是简单化的、如灵丹妙药一样"包治百病"的通用方法。在埃塞经济研究领域，研究成果的有限性以及数据收集的困难性构成了研究方法上的挑战。研究人员难以从埃塞多数机构中获得及时而可靠的数据，因此很多研究成果都是片面或相互矛盾的。

本书在研究上主要采取定性分析的方法，同时也借助了一些量化的数据作为支撑（包括原始数据和二手数据）。在内容结构上，本研究采用了对比分析的设计，对同一产业政策框架下的三个不同产业进行了对比分析。在实证基础上，本研究对影响相关产业发展的主要因素及其相互关系进行了探究，但并不刻意寻求对每个因素的贡献程度进行精确的数学计算和判断。鉴于已有研究成果和数据的有限性，本研究使用了大量的原始数据并采用了更加全面的数据收集系统。在本研究中，笔者以定量和定性问卷的形式对 150 个企业进行了调查（问卷反馈率达 90%），并对 200 多家企业、中介机构、政府部门和决策者进行了深度的定性访谈，对 50 多家企业进行了实地考察。此外，笔者还收集、分析了 1000 多份一次文献，其中

9

包括许多非公开的文献。本研究还参考了大量的二次文献。尤其是本项目的实地研究部分耗时 1300 个工作日，这也使本研究成为埃塞国内关于工业化和产业政策的第一个深度研究报告（深度远超其他几个应急性的咨询报告）。在此基础上，本研究也谨慎使用了适当的分析工具，得出了更加全面和深层次的结论及新的发现。我们将在以下章节中进一步对此展开探讨。笔者真诚希望本研究能够启发更多学者对相关课题开展更进一步的深度研究。值得一提的是，本研究所收集的许多研究素材是"圈外人"（相对于作者作为埃塞高层政府官员的"内部"身份而言）难以或无法获得的，具有非常高的研究价值。

## 第五节　本书的结构

本书的主要观点有以下几个方面。第一，适当的产业政策（尽管也有不同意见）能够有效推动产业发展，在埃塞这样的低收入国家也是一样。尽管如此，本书也指出许多类似于埃塞这样的低收入国家已经着手制定产业政策，从它们经历的挫折和困难之中我们也可以看出 21 世纪非洲国家在工业化和经济赶超上面临的巨大挑战。第二，本书认为发展中国家的政府部门应该在工业发展过程中扮演积极的发展型角色，而不应满足于仅作为其中一个推动因素，甘为比较优势的仆从。因此，保持政府的政策独立性至关重要。Mazzucato（2013a：5 - 6）强调：

> 如果不能发挥领导作用，国家就成了私人部门行为的可悲模仿者，而无法成为更具建设性的角色。政府是私人部门的关键伙伴——而且应该更具胆魄，愿意冒私人部门所不敢尝试的风险……国家政府不能也不应该轻易对那些意欲向国家寻求补贴、经济租金和税费减免等不必要的特权的利益集团低头。相反，它应该动员这些利益集团与之一起积极推动经济增长和科技创新。

第三，相同的产业政策可能在不同产业产生不同的作用和效果。总体而言，产业政策的演化发展及其效力取决于三个因素的相互作用——产业结构、产业关联以及国家的政治和政治经济现状。第四，低收入国家的企业在全球竞争中面临巨大的挑战，因此低收入国家更有必要制定和实施可以有效推动经济发展及结构转型的产业政策和发展战略。

基于对水泥产业（进口替代产业）、皮革与皮革制品产业（出口导向型产业）以及花卉产业的原创性研究，本书对非洲工业化及产业政策决策的制约因素和经验教训进行了探讨，着重梳理了埃塞产业政策的制定和实施过程，剖析了相关产业政策在不同产业产生了不同效果的影响因素。目前非洲乃至国际社会已经开始重新关注产业政策，本书将成为经济学领域关于非洲复兴主题相关辩论的补充，为非洲实现工业化的可能性提供新的证据和建议。

本书共有八个章节。在总括性的第一章之后，是第二章"无阶而登：产业政策与发展"，对本研究的相关理论框架（结构主义理论、经济赶超理论、政治经济学理论）、实证证据以及撒哈拉以南非洲地区的情况进行了重点梳理，阐述了产业政策的影响力。产业政策长期是意识形态斗争的核心，而且目前主流观念对发展中国家推行的产业政策持反对态度，他们更擅长发现和批评产业政策的失败之处却对其显而易见的成功之处视而不见。第三章"背景介绍：埃塞俄比亚的产业政策和发展表现"，介绍了埃塞近年来在相关产业制定和实施的主要政策以及使用的政策工具，梳理和分析了不同产业政策的决策背景以及国家层面决策机制的运作模式。

随后的三个章节是笔者对三个不同产业进行的案例分析。第四章"发展的催化剂？水泥进口替代产业的不均衡发展"，对埃塞水泥产业的相关情况进行了个案分析。由于国内市场的需求，水泥产业在很多国家都是战略性的进口替代产业，在经济发展和转型中扮演着多方面的促进作用。在埃塞，水泥产业在本研究所覆盖的时间跨度内经历了多次变革，其发展速度超过了其他任何发展中国家的相同产业。本章对水泥产业的产业结构、关联效应、政策工具以及该产业的相关制度进行了分析。与外资企业占据非洲水泥产业主导地位的情况有所不同，内资企业长期在埃塞水泥产业中占据主导地位。

第五章"花开花败之外？花卉产业的发展和挑战"，主要探讨了埃塞花卉种植产业的发展表现、产业结构、产业关联、产业化程度以及产业政策的决策等内容。花卉产业和制造业存在很多相同之处，该产业目前已经成为埃塞产业发展的一个成功案例，引起了国际社会的广泛关注和政策讨论。自2003年成型以来，该产业长期保持着可观的增长速度。其高速增长的态势已经使埃塞成为世界第四大鲜切花出口国。本章为埃塞花卉产业的发展提供了一个新的解释：政府政策在其中发挥了关键性的作用。埃塞政府早期制定的政策推动了产业的成功起步，但随着产业的逐渐成熟，新的挑战开始出现，原先制定的产业政策已经不能完全满足产业发展的需求。因此，制定新的政策已经成为产业发展的迫切需求。

第六章"提振疲软产业？皮革与皮革制品"，主要探讨的内容与前两章相似，但着眼于皮革与皮革制品产业。与水泥和花卉产业不同，埃塞皮革和皮革制品产业发展乏力，缺乏稳定性。令人不解的是，皮革和皮革制品产业在埃塞已经有了上百年的历史，而且埃塞有着丰富的牲口资源——其牲口数量居非洲第一位，在全球亦排在前十。但埃塞相关产业政策既无法扭转皮革和皮革制品产业的发展颓势，也无法充分发挥产业关联效应的潜力从而使其在全球价值链中谋求一席之地。可喜的是，该产业近期的发展已经开始吸引越来越多的投资，带来了更高质量的生产力和更高端产品的出口贸易。为深层次了解埃塞皮革和皮革制品产业的发展问题，本章对影响该产业发展现状的因素进行了剖析。

第七章"在挫折中前行：埃塞俄比亚的政治经济与产业政策"，对以上三个章节的案例分析结果进行了更加主题化的探讨和对比分析，并在此基础上进行了全面的梳理和总结。尽管三个产业的发展都呈上升态势，但其发展成效明显不均衡。正如前文所言，产业结构、产业关联以及政治/政治经济因素之间的互动关系是影响政策成效和产业发展表现的主要因素，这对决策者而言具有重要的启示意义。

最后一章"21世纪非洲产业政策的经验和教训"，对本研究的实证研究成果和分析进行了系统化梳理，并在此基础上提炼了本研究对非洲发展的相关政策与研究启示。虽然埃塞的产业政策还处于政策制定和完善阶段，但其政策实践证明，产业政策可以在低收入国家发挥作用，因此发展中国家政府应该在产业政策决策中扮演积极的发展型角色，同时保持产业政策的独立性也非常重要。[①] 此外，本书也着重指出，非洲国家要想在21

①　这里所说的"政策独立性"与"政策空间"（policy space）这一概念有关，后者被用于指代"国家政策自主性、政策有效性和国际经济一体化之间的关系"（UNCTAD，2014：vii）。全球化、市场国际化和法律协议（含多边、区域和双边）带来的义务压缩了主权国家的决策空间。

世纪实现工业化和经济赶超将面临巨大挑战。

# 第六节 总结

目前，从政治经济学角度分析和研究非洲产业政策的著作非常有限。本书以独特的视角剖析了相同的产业政策框架在不同产业产生了不同的政策成效的原因，为政策制定者解答了最大的疑惑。同时，本书也为我们了解埃塞不同产业（以及企业）的产业结构提供了新的数据和视角。最后，本研究涵盖了宏观（国家政策制定过程）、中观（不同产业的产业政策、制度以及深层次产业结构）和微观三个分析维度，视角独特而且全面。笔者还以学者和政府高级决策者的双重视角对产业政策决策的教训和挑战进行了分析和解读。

本书将成为经济学领域关于非洲经济复兴这一主题相关论述的必要补充。在相关国际金融机构和双边援助国的限制性政策引导，以及近期兴起的对产业政策的追捧之外，我们有必要在实证证据和谨慎、务实的分析基础上对产业政策的范围与内容进行分析研究。本书认为低收入发展中国家不应该像部分学者所乐见的那样，成为比较优势理论的盲目追随者。同时，本书也阐明了发展中国家在寻求行之有效的产业战略的道路上将面临的巨大挑战。

最后，本书对非洲应如何在面临艰难挑战的同时谋求经济赶超这一问题进行了着重探讨，并反驳了将非洲视为一个无望大陆的悲观观点。杰出的德国政治经济学家 Friedrich List（1841：123）曾说过，"没有任何国家的经济发展和未来命运像美国一样同时遭到理论家和实践者的曲解与误判"。但现在，美国已经成为我们这一时代经济发展的"领头羊"。历史上，在意料之外的地方发生经济奇迹的案例很多。从干涉主义政府在工业化过程中扮演的重要角色来看，东亚的发展经验和教训对非洲而言可能更有借鉴意义。埃塞的产业发展案例至少证明了工业化在非洲国家的可行性以及非洲国家实现经济赶超的决心和信念。

# 第二章 无阶而登：产业政策与发展

## 第一节 引言

为抢占发展先机，巩固经济优势和加快赶超步伐，所有发达资本主义国家均在经济发展过程中使用了产业政策和国家干预手段。在全球范围内，产业政策的运用已经普遍化，而不仅仅是个别案例。在19世纪和20世纪，英国与美国是走在世界前列的两个国家，尤其是美国在经济赶超方面取得了巨大成功。美国第十八任总统尤里塞斯·格兰特（Ulysses Grant，1868~1876年）曾指出：

> 数百年来，英国一直依赖保护政策，将其作用发挥到了极致，也取得了令人满意的成效。毫无疑问，英国现在的强大归功于这一政策体系。200年后，英国发现自由贸易更为有利，因为此时保护政策已无法为英国的经济发展创造新的价值。因此，先生们，基于我对咱们国家的认知，我认为，两百年之内，当美国不再需要保护它目前所能提供的一切时，我们也将走自由贸易的道路。（引自 Frank，1967：164）

但直到现在，产业政策在美国依旧盛行。越来越多的人相信：美国的成功在很大程度上应归为美国政府对技术革新的政策支持（Mazzucato，2013a，2013b）。

然而，当今发展经济学主流思想支持极简主义状态和短期干预。例如，15 Collier（2007）认为："这种情况下，国家要做到'不伤害'，其最简单和最可行的办法就是做到'小'，将职能集中于必要的公共服务上。"相反，结构主义发展经济学家则极力主张积极主义国家政府（Hirschman，1958；Ocampo，2005；Ocampo et al.，2009；Chang，1994；Amsden，1989）。对这些经济学家而言，根据"市场失灵"这一模糊概念而做出的政府干预行为，同以培育市场机制和塑造交易行为为目的而采取的，以不受新古典主义经济学对完全竞争的准宗教式"信仰"所影响的准则作为依据的干预行为是有所区别的。

尽管经历了多个阶段的发展，非洲国家始终未能赶上发达资本主义国家的发展步伐。然而，在经历了长达数十年的经济不景气和政治动荡之后，埃塞终于走上了经济复兴的道路。这个国家不仅实施了自主制定的经济政策和尝试了民族联邦制度，而且在大多数情况下遵循的是多元论经济传统的路线，而不是常常被视为正统的"单一经济学"（mono - economics）路线。2003～2014年，埃塞经济的大幅增长主要得益于发展型政府和积极主义的经济政策。尽管如此，埃塞工业化和产业政策决策依旧处于初期阶段。

什么是产业政策？它的理论基础和依据是什么？产业政策与国家积极主义符合当代世界的需求吗？本章将对产业政策决策的相关理论基础和依据进行探讨，为我们了解埃塞产业政策的决策过程、结果和前景提供实证视角。本章的第一部分内容对相关概念及与产业政策有关的结构主义观点、古典政治经济学观点、非正统观点和多元论观点进行了讨论。此外，本章还着重强调了产业发展实践和政策决策方面的关联。这一关联对政策决策有着重要的意义。正如产业发展实践和政策决策中都存在"边干边学"（learning - by - doing）的情况一样，不同政策之间以及不同经济活动之间也存在类似于关联效应的动态关系。这意味着，在政府机构中，一个领域的变动可能带来其他领域或其他级别政府部门的新举措，也正因为如此，瓶颈和障碍可能会引发政府机构决策能力的"不平衡发展"。本章最后一部分从实证视角对非洲的产业发展和产业政策情况进行了分析和探讨。　16

## 第二节　产业政策

产业政策这一概念引发了非常广泛的争议。在不同时代背景下，不同的学者往往赋予产业政策不同的定义（OECD，1975；Johnson，1984；Chang，1994；Rodrik，2008c）。有一种观点认为产业政策是"国家针对某些特定产业（及从事该产业的企业）而制定的以取得符合经济发展大局所需的预期结果为目标的政策"（Chang，1994：60）。尽管此定义强调了产业政策在目标设定方面的选择性、战略导向及其效果，但未提及（或未明确说明）任何结构转型问题及经济赶超的不同阶段。Johnson 的定义与 Chang 的定义相似，他也强调产业政策的战略导向。他认为："首先……产业政策意味着将以目标为导向的战略思考融入政府的经济政策。"对 Johnson（1984：8）而言，"产业政策是政府实施提升整体经济及某个特殊产业的生产力和竞争力行为的驱动和协调因素"。

而其他学者和组织给出的定义，如 Amsden 和 Chu（2003）、Ocampo 等（2009）及 UNCTAD – UNIDO（2011），都更明确地强调结构转型及经济赶超这两个主题。根据 UNCTAD – UNIDO（2011：34）的定义，产业政策是指：

> ……政府采取的以提高国内企业的竞争力和能力及促进结构转型为目标的举措。策略性干预或选择性干预的目的在于刺激某些活动或产业（的发展），功能性干预的目的在于改进市场运作方式，水平干预的目的在于跨领域刺激某些（经济）活动。产业政策是所有这些干预手段的总和。

产业政策的重点在于"重新构建生产与贸易结构，使之朝高科技含量的方向发展"，促进"可以带来国内溢出效益的创新活动的发展"（Ocampo et al.，2009：152 – 153）。这些新活动包括新产业、新产品、新市场、新科技以及新机制。虽然制造业是重中之重，但诸如园艺这样的高附加值产业也在其涵盖范围之内（Ocampo et al.，2009）。该定义将产业政策视为结构转型的工具，也就是说，产业政策应该促进产业活动不断地向有着更高生产效率和收益的以科技发展为核心的生产活动转移和升级（Amsden，
17  2001；Reinert，2009；Rodrik，2011）。该定义提倡建立积极主义国家政府（新古典主义正统派反对这一观点），并指出了产业政策的长期发展方向。

制度主义观点认为，国家与产业政策对市场的干预是至关重要的（Chang，1994；Wade，1990；Amsden，1989）。例如，Amsden（1989）在强调价格合理化的重要性的同时还指出，为了推动产业化与结构调整，政府有时也需要对价格进行调控，甚至使之偏离合理的范围。事实上，后来 Amsden（n. d.）还补充性地指出，政府对财产所有权的干预性调整在产

业结构调整中也发挥着同样重要的作用。相关干预机制包括市场控制机制、外国投资者保护机制、企业（如大企业等）的优胜劣汰机制、资金补贴机制、关税保护机制等。此观点与新古典主义经济学流派所主张的，从相对极端的新自由主义（neoliberal）或"市场基要主义"（market fundamentalist）观点到基于"市场失灵"（market failure）概念的中性观点正好相反。经济学正统的核心观点认为，国家干预与产业政策扭曲了资源配置，容易造成自由市场和自由贸易体制中最优成效的消失（参见Bhagwati，1989a，1989b）。他们认为，产业政策只会助长没有价值的寻租行为，也不利于企业的优胜劣汰（Krueger，1974，1980，1990）。新功利主义和公共选择理论认为"寻租"是政府的天性，他们将公职官员看作寻求利益最大化的理性（自私）个体。在比较优势的基础上推行自由市场、贸易开放、经济自由化以及竞争最大化（而非最优化），这一发展思路被视为实现产业化的理想机制。产业政策往往被误认为或简化为进口替代产业化，或被视为形式各异的国家干预行为（Noland and Pack，2003；Weiss，2013；Peres，2013；Warwick，2013）。

　　在上述概念的基础上，本书从实用主义角度对产业政策重新进行了定义，即，"产业政策是国家为特定产业制定的，以结构转型为目标的，符合国家宏观目标和战略的一系列明确或隐性的政策手段"。这一概念从特定产业和定向干预两个方面论述了选择的必要性，并强调了国家宏观经济体系中结构转型的重要性。在随后的章节中，笔者将对结构主义理论、赶超理论、幼稚产业保护理论及政治经济理论等相关理论对产业政策的影响展开论述和探讨。　　　　　　　　　　　　　　　　　　　　　　18

## 第三节　关于产业政策的结构主义理论和赶超理论

　　结构主义经济学流派将制造业视为经济增长的引擎和结构性经济转型的驱动力以及后工业化国家实现经济赶超的最佳选择，这一传统深刻影响了产业政策的内涵。

### 一　产业政策中的结构主义理论

　　结构主义经济学家认为，经济增长本身不一定能带来结构性的经济转

型或经济的可持续发展。他们认为：经济发展过程是一个基于产业转移的
根本性的结构变化和经济转型的过程，技术不断发展会推动生产率的不断
提高，与此同时，也会带动就业岗位的重大变化以及制度与政治经济的转
型（Chenery，1960；Chenery，Robinson，and Syrquin，1986；Reinert，
2010；Thirlwall，1980，2002，2011；Thirlwall and Bazen，1989；Ocampo et
al.，2009；Tregenna，2013；UNCTAD，2011）。结构转型涉及资源从生产
率低的产业和生产活动流向生产率高的产业和生产活动，它可以促进生产
要素在工业、服务业及现代农业中的再分配（Ocampo，2008；UNCTAD，
2006；Tregenna，2013）。新型经济活动的不断多元化，国内经济关联性的
增强，高质量路径依赖的出现以及国家对国内技术能力发展的重视，是这
一转型过程的主要特点（Rodrik，2008c）。

在了解结构主义理论对产业政策作用的界定之前，我们有必要了解结
构主义理论的几个主要观点。第一，不少结构主义论点与 Kaldor 的理论密
切相关。Kaldor 的理论设想或增长法则是建立在典型事实之上的，它们均
表明制造业拥有推动经济增长的潜质。第二，Thirlwall（2002）认为迅速
发展的发展中国家普遍面临结构性收支失衡问题，它们需要将重点放在出
口收入的快速增长上。第三，以联合国贸易和发展会议为代表的结构主义
流派普遍认可普雷维什 - 辛格假说（Prebisch - Singer hypothesis）（易货贸
易中世界需求的波动会使初级产品的价格波动大于工业制成品）及其带来
的启示。因此，不少学者反对过于依赖初级产品出口，因为初级产品的价
格波动相对较大。也有人反对普雷维什 - 辛格假设，这些人认为该假说使
发展中国家政府对出口贸易产生具有破坏性的过度悲观的看法。

**制造业驱动发展和变革**

发达国家与新兴工业化国家（NICs）经济和人均收入的增长同产业发
展密切相关（Amsden，2001；Rodrik，2011；McMillan and Rodrik，2011）。
Tregenna（2008a，2008b，2012，2013）对制造业区别于传统工业的地方
进行了着重强调。他认为，制造业之所以成为经济增长的引擎是因为它具
备以下特质："制造业的规模经济，制造业与国内其他经济领域的前向和
后向关联，显著的'边学边干'特性，创新与技术进步，制造业对国际收
支平衡的重要影响。"根据 Kaldor 的增长定律，Thirlwall（2002：41 - 42）
曾详细阐述了制造业与经济增长之间的正相关关系：

19

　　法则一：制造业的产量与 GDP 增长之间存在很强的正相关关系。
法则二：由于规模收益的静态和动态递增，制造业的产量与制造业生
产率增长之间存在较强的正相关关系。此法则也被称为凡登定律
（Verdoorn's law）。法则三：由于为制造业输送劳动力的农业及其他小
规模服务类经济活动受制于规模收益的递减，制造业的扩张速度与其
他领域生产率的提高速度呈显著正相关关系。（作者的强调）

　　Kaldor（1966，1967）认为，如果不采取产业之间横向对比分析的
研究方法，没有认识到制造业的收益增长同农业和矿业（这些领域以土
地为根基）的收益减少之间的关系，便无法理解发展的过程与增长。同
理，Young（1928：539）认为，经济发展部分依赖于行业分工的逐步专
业化所带来的利润增长。Young 借鉴了亚当·斯密（Adam Smith）的观
点，后者认为"市场的规模决定了劳动的分工，而劳动分工也能反过来
影响市场的发展"。历史事实表明，制造业的早期发展有赖于农业的发
展变革与生产力水平的提高，而到了后期，制造业的发展则需要依靠　20
出口收入。这说明，出口与增长之间存在一个环状的反馈回路（Thirl-
wall，2002）。Ocampo 等（2009）对如上观点进行了补充，他们认为
经济结构和结构转型与以下方面相关：

　　……（经济结构主要包括）生产活动的构成、国际贸易中相关的
专业化分工模式、经济技术能力，具体包括劳动力的教育水平、生产
要素的所有制结构、国家基本制度的本质与发展，以及特定市场所在
经济主体的发展程度与制约因素……经济发展是结构变革的过程……
生产要素从传统农业转向现代农业、工业及服务业并进行再分配……
生产资源从生产率低的产业流向生产率高的产业……多元化国内生产
结构的能力，也就是带动新的经济活动、加强国内经济关联以及提升
国内技术水平的能力。

　　这些从经济发展历史中总结而来的深刻见解有力反驳了那些认为非洲
可以不经历工业化阶段（此阶段往往会造成环境破坏）直接发展为发达资
本主义社会的不切实际的观点。这种认为工业化不再是经济发展必要条件
的观点来源于人们对新加坡、印度、瑞士等国发展经验的错误理解。事实

上，与其他国家相比，新加坡与瑞士都拥有高附加值加工制造业，而印度引以为荣的所谓"基于服务业的经济增长"则只是对印度逆转了 21 世纪初服务业贸易逆差局面并实现小幅服务贸易顺差的夸大化说法。此外，服务业的大量业务活动及岗位服务对象均为加工制造业。至今还没有令人信服的证据可以证明，低收入国家能够在不发展加工制造业的情况下持续提高其人民的生活水平。这也是许多人将包括非洲国家在内的发展中国家近年来制造业比重下降的情况形容为"过早去工业化"（premature deindustrial-ization）的原因。Rodrik（2011）将其称为"降增型结构变化"（growth - reducing structural change）。

### 出口的战略意义

不少经济学家都强调出口对经济增长及结构变革的战略意义。数百年来，出口增长率长期被视为国家经济增长率的阈值。出口结构对一个国家的工业化及经济转型而言至关重要，它决定着这个国家未来发展的轨迹。Lall（2000b：1）强调："出口结构具有路径依赖和很难改变的特性，对经济增长与发展具有重要的影响。"Thirlwall（2002）特别指出，发展中国家的经济持续增长及结构转型正遭受结构性国际收支不平衡的威胁，这给发展中国家的政府带来了严峻的政策挑战。这也意味着，初级产品或低端产品出口带来的出口收益快速和长期持续增长不具备可靠性，部分原因在于这类商品的需求（和价格）缺乏稳定性。因此，正如 Thirlwall（1980，2011）所言，最不发达国家面临着严峻的发展挑战和结构性国际收支不平衡问题。出口收益的稳健增长依赖于工业制成品的多样化及其科技含量的不断提升（Lall，2000b）。

针对这一问题，结构主义发展经济学家，如拉丁美洲和加勒比经济委员会（Economic Commission for Latin America and Caribbean，ECLAC）的劳尔·普雷维什（Raúl Prebisch，1950）认为，当今世界的经济结构尤其不利于发展中国家。低收入国家主要出口初级产品，该类产品需求的收入弹性较低。恩格尔定律（Engel's Law）表明，随着个人财富不断增加，其花费在基本需求（比如食物）方面的收入比例会逐渐降低。在国际贸易领域，这一定律同样适用。当前的世界贸易格局决定了低收入国家需要进口工业制成品（该类产品需求的收入弹性较高）。这种贸易与生产结构的结果就是，当前的国际贸易格局会系统性地不利于初级产品的出口国。因此，有观点认为，发展中国家应该制定保护性的贸易政策并致力于培养幼稚产业。[①]

## 二　后发展理论、赶超理论与产业政策

纵观资本主义发展史，不同国家和地区的工业发展水平是不平衡的。事实证明，这种不平衡性是资本主义和工业化的核心特征（Gerschenkron，1962；Reinert，2010；Chang，2003a，2003b；Schwartz，2010）。尽管不同流派的经济学家们普遍承认这一不平衡性，但他们对实现（工业化）发展和经济赶超的路径问题提出了不同的看法。主流经济学家认为，发展中国家应该走工业化先驱国家或发达工业化国家所走过的道路，除此之外并无其他经济发展的捷径。其他流派，如推崇"先决条件论"的经济学理论家们认为，某些先决条件（如自然资源、资本和储蓄、企业家精神及管理能力、技能或人力资本以及相关制度）是经济发展的决定性因素（Hirschman，1958，2013；Adelman，2013）。但 Hirschman（1958）认为，那些尚未成功创业的"后备"创业大军手中实际上也掌握着大量上述资源。此外，赶超理论的支持者认为，"那些较落后的国家……尽管缺乏这些先决条件，也可能实现工业的快速发展"（Gerschenkron，1962）。Gerschenkron 认为，落后国家拥有后发展优势，因为它们可以从先驱者身上直接吸取发展经验。Abramovitz（1994）也认为："相对落后的生产力水平之中实则蕴藏着快速发展的潜能。"但 Gerschenkron（1962：45）也指出："越落后的国家，其发展往往越缺乏持续性。"因此，结构主义发展经济学家们认为，"后发展效应"并不一定意味着实现经济赶超的必然性，其作用的发挥需要国家的干预。

后发展国家的优势在于它们可以从先发展国家身上吸取发展经验（Amsden and Hikino，1994）。后发展国家可以很好地借鉴先发展国家的经验，尽管也需要面对同它们的激烈竞争。经济学家普遍认为，后发展国家应该通过制度创新使其创造、调动和集中资源的效率与速度最大化。相反，尽管先发展国家获得了丰硕的回报，但它们必须在没有经验可借鉴的

---

[①]　Sender 和 Smith 针对初级产品与制成品贸易条件方面存在的缺陷以及此观点对非洲政策制定者及智囊团的影响发表了评论文章。详见 Sender and Smith（1986）。

情况下冒着风险探索发展道路（Shin，1996）。作为后来者，美国成功赶超了 19 世纪长期处于世界领先地位的工业经济体——英国。德国、法国、瑞典以及（随后的）芬兰都通过类似方式实现了经济赶超。后发展国家的优势来自它们拥有无须披荆斩棘便可以沿着经济大国的脚印走上发展大道的机遇。此外，后发展国家与先发展国家的接触也大大加速了这一赶超的进程。近年来，日本、韩国、中国台湾及现在的中国大陆均在没有完全具备所谓的发展先决条件的情况下实现了经济赶超。

由于发展不平衡，不同国家往往会选择不同的发展战略，这些战略通常为李嘉图式发展战略（Ricardian strategy）和卡尔多式发展战略（Kaldorian strategy）的综合体（Schwartz，2010）。前者基于初级产品出口，或者甚至是低成本和低质量工业制成品出口。李嘉图式发展战略实施起来可能比较容易，但也比较容易受贸易形势恶化、国际市场价格大幅波动的负面影响而最终遭遇失败。相反，卡尔多式发展战略以出口为导向，尤其强调高附加值工业制成品的生产和出口，致力于将凡登效应发挥到极致。这一战略以科技的快速发展为重点，其目标是提高竞争优势。卡尔多式发展战略的实施依赖于"包括规模收益递增、边学边干、不完全竞争和速度经济等一系列经济现象的相互作用"（Schwartz，2010：60）。

因此，发展中国家欲谋求发展则必须重点关注影响经济发展的关联因素、基本结构和战略性问题，致力于打破当前国际贸易体系的恶性循环，使那些原本分散的、隐藏着的未开发资源得以充分利用。发展的速度并不取决于所谓的"先决条件"，而是取决于国家谋求发展的组织能力和决心（Gerschenkron，1962）。国家的重要作用之一就是从基本"发展观"出发为经济发展创造动力。这一发展观必须以"无论其现状和本质如何，这个社会都必须向前发展"为基本信念（Hirschman，1958：10）。Hirschman 在《发展项目之观察》（*Development Project Observed*，1967：5）一书中指出："这种观点强调国家行为及其影响的重要性，这一重要性可与国家的地理和历史禀赋，如自然资源、价值观、制度、社会政治结构等国家属性的重要性相类比。"最好的做法就是尽量消除发展的障碍，释放发展潜能，将引导能力或学习能力作为发展的关联或带动因素。这一点，反过来说，也有赖于"发展观"或"对实现经济增长的愿望和对发展道路本质的认识"的形成（Hirschman，1958：10）。朝鲜战争之后的韩国、内战后的美国、二战后的欧洲都是受这种"发展观"的影响而在特定时期取得显著发展和进步的案例。这一特定时期往往为经历战争之后，虽然并不总是如此（例如，虽然中国的内战结束于 1949 年，但中国经济的快速发展起步于 1978 年实施改革开放政策之后）。民族主义或来自国内外的威胁往往（但不总是）与发展紧密关联（Doner，Ritchie，and Slater，2005）。

Hirschman 的不平衡发展理论认为，"投资的作用在于它是一个能够为发展注入新的能量的有效机制"。在此过程中，"某个领域的发展不平衡会带动一个发展趋势，进而导致另一个不平衡的出现，如此周而复始，永无止境"（Hirschman 1958：72）。这就涉及本章第六节中提到的关联效应和业绩宽容度的重要作用。Hirschman（1958）强调，变革的最大阻碍来自对变革的负面看法或变革的负面形象，因为这种负面看法或负面形象会对调动发展资源造成阻碍。这种对变革的恐惧心理与变革会对特定利益产生威胁有关。换句话说，这里还涉及政治经济层面的问题。

## 第四节　古典政治经济学中的幼稚产业保护理论

幼稚产业保护理论的提出者为亚历山大·汉密尔顿（Alexander Hamilton，1755~1804 年），而弗里德里希·里斯特（Friedrich List，1789~1846 年）则被普遍认为是幼稚产业保护理论的奠基者（List，1841，1856；Chang，2003b；Reinert，2009，2010）。幼稚产业保护理论旨在反驳大卫·李嘉图（David Ricardo，1772~1823 年）所提出的比较优势及自由贸易理论。李嘉图认为，国际贸易应当是自由的，每个国家专营具有最低相对成本的商品，也就是具有比较优势的商品［Ricardo，2004（1817）］。华盛顿国际贸易委员会（Washington Council for International Trade，2013）将"比较优势"定义为"相对于其他国家或其他商品而言，能够以较低的成本生产某一产品的能力"（www. wcit. org）。比较优势理论认为，发展中国家应专注于生产原材料，用原材料与工业化国家交换工业制成品。此外，该理论认为，自由贸易和市场机制应自由发挥作用，而不应该受到干预。该理论认为，工业化国家及农业出口国均可从自由贸易中受益。在理论构想上，这一理论具有一定的合理性，但它是绝对静态的、不符合现实情况的（Singh，2011）。

25

相反，幼稚产业保护理论建立在制造业应在经济中扮演关键角色的理论设想上，并认为制造业的发展需要我们忽视或突破现有的比较优势框架，认识到保护幼稚产业、实施产业政策和发挥国家不可或缺作用的必要性。汉密尔顿（Hamilton, 1934）和里斯特（List, 1841）在他们的著作中对此进行了广泛而深入的探讨。美国在发展初期是一个以农业为主的国家，缺乏工业基础。当时美国的政策制定者们无法理解制造业的好处。杰弗逊总统认为美国应当以农业为本，因为他认为美国可以从欧洲进口工业产品（Goodrich, 1965）。但汉密尔顿认为，制造业才是创造财富的关键所在（如相对于采矿业而言）。而且，由于能够带来农业产品需求的增长、生产率的提高、工业产品价格的下降及更有保障的市场，制造业的发展也有利于农业的发展。汉密尔顿从劳动生产率的提升、就业问题的解决、投资利润的增长等方面指出了制造业的总体优势。与汉密尔顿的观点相似，里斯特也认为制造业是财富增长的主要源泉，与完全依赖农业的经济模式相比，以制造业和农业为基础的多元化经济模式更具有推动经济发展的能力。

需要对幼稚产业进行保护的逻辑原因主要是幼稚产业在资金及新技术的获取、企业家缺乏动力以及来自先发展国家的竞争等方面面临挑战。主要经济体（如英国）所带来的竞争阻碍是巨大的，甚至几乎是难以逾越的。里斯特（List, 1827: 32）指出：

> 劳动力需要经历很长一段时间才能够习惯和适应不同的工种；各个行业的劳动力达到应有数量也需要一个很漫长的过程……而在老牌制造业国家，我们发现情况是相反的……只要这个老牌制造业国家能够保障应有的自由度、活力以及政治影响力，它便可以在自由竞争中持久地拥有日益强大的制造能力……老牌制造业国家的内部市场越受到关税保护，新兴国家的竞争越受退税和国外市场的关税优待的支持，新兴国家就越无法与老牌制造业国家的制造能力相抗衡。

里斯特指出："就算国内出现资金与科技能力不足，也可以通过政治手段从国外获得。"他进一步指出，英国之所以发展成为国际领先的工业大国，主要是因为它坚持了如下三大原则："第一，与商品进口相比，它更看重生产力引进；第二，维持并精心保护生产力水平的发展；第三，坚

26

持只进口原材料和农业产品以及只出口工业制成品的原则"（List，1856：297）。针对那些认为保护主义抑制了国内竞争、损害了消费者利益的观点，汉密尔顿指出，受保护的幼稚工业一旦获得独立的能力，将会有更多的制造商参与国内工业生产，从而削弱垄断、降低价格。

企业在获取新技能方面所需付出的高额代价以及面对风险时的犹豫态度都证明，国家有必要保护和扶持幼稚产业的发展。幼稚产业的新颖性和建立民族产业的需要是国家应扶持幼稚产业的根本原因。汉密尔顿和里斯特均对产业政策决策提出了自己的见解。汉密尔顿强调了国家对其可用政策工具的认知的重要性。里斯特则强调了激励性政策与限制性政策、针对性政策和通用政策的区别使用，以及技术转让与建立更完善的税收体系的重要性。他认为，产业的选择应考虑该特定产业对国家经济及国防的贡献，以及技术层面的问题（他甚至列出了五大筛选标准）。此外，他建议单独或综合使用保护和激励政策，倡导为每个行业制定一揽子的针对性政策，其中应包括鼓励进口当地没有的原材料（零关税优惠政策）和为国内的原材料生产活动提供激励的政策。与此同时，他也指出了政策实施过程中可能会出现的问题和防止政策被滥用的必要性。

在《关于制造业的报告》（Report on Manufactures，1791 年 12 月 5 日）中，汉密尔顿进一步提出了将外资、国外技术、外国专家及外国技术劳动力引入美国制造业的倡议。他呼吁成立规划委员会、划拨资金用于科技发展、奖励发明、吸引和激励专家和引入国外技术。因为他认为："在私人 27 财富充盈的国家，爱国主义者的私人捐助会对国家的发展产生积极的影响，但在像美国这样的社会，国家财政需要补充私人资源的不足。除了提升与促进工业发展之外，还有什么方法会有如此成效呢？"（Hamilton，1934：276）

里斯特则认为，幼稚产业只有在"先进文明和国家自由制度的保障下才能够生存和发展，这一点我们可以从威尼斯、西班牙及葡萄牙的衰落、法国的昙花一现……英国的历史中得到经验教训"[List，（1841）2005：132]。里斯特将政策有效性与"先进文明"相关联的观点，与包括赫希曼在内的诸多学者所关注的世界各国对经济增长的普遍政治承诺相契合（尽管这在某种程度上与"良政议程"的倡导者们所支持的"先决条件"论有相似之处）。同时，他认为，适用于某一制度环境的政策不一定适用于其他制度环境。就此点而言，他甚至预见了近期产业政策的支持者、分析师以及像彼得·霍尔（Peter Hall, 1987）这样的经济史学家的观点。

汉密尔顿和里斯特都认为，没有国家的大力扶持，幼稚产业将无法发展，他们认为国家干预的必要性源于美国宪法造成的政府主权的不足（Hamilton, 1934；List, 1841）。汉密尔顿在写给乔治·华盛顿的信函中说道：

> ……政府的每一项权力，就本质而言，都是至高无上的，这包括……采用各种必要和可行手段来实现国家权力，只要这些手段不违背宪法，或合乎道德规范，或不违背政治和社会的最终目标。对政府而言，此原则的使用将会得到普遍认可……（Hamilton, 1934, p. xiii）

里斯特认为，政府的统治权是国家干预行为必要性的来源。他强调，国家不仅有权利也有义务通过任何发展手段实现国家财富与实力的增长，如果这一目的无法通过个人来实现的话（Earle, 1986：247；Austin, 2009：81）。美国的产业政策以汉密尔顿提出的理论为基础，直到 20 世纪 50 年代此产业政策一直发挥着重要的作用。Goodrich（1965：vii）承认，美国政府的确"为促进国家工业化及经济增长采取了有计划的行动"。日本在 19 世纪 60 年代之后所实施的工业化战略也大体上以此为理论基础。

同样，Mazzucato（2011，2013a）认为"市场失灵"（"失灵"这一概念源于完全竞争的理想）是个虚拟的存在，美国依旧是最具干预主义色彩的企业型国家之一。美国国家政府在新产品和新产业的开发，如谷歌（Google）、英特尔（Intel）、苹果（Apple）这样全球领先的高科技公司的培养，以及如互联网技术、生物科技、纳米技术、太空科技、新医药科技等的研发上扮演了积极的角色。《经济学人》杂志（*The Economist*, 2013：56）对 Mazzucato 的观点做了如下总结：

> Mazzucato 认为，在最不可能的地方产生了最成功的企业型国家，这就是美国。传统上，美国分为两大派别：杰弗逊派（认为政府干预越少越好）和汉密尔顿派（支持积极的政府行为）。她认为美国的成

功要依靠杰弗逊式的言论和汉密尔顿式的行动。

至于英国，O'Brien［1991：33，引自 Ocampo et al.（2009）］认为：

> 100 多年来，在英国经济走向成熟并逐渐成为世界工厂的时候，英国政府并没有过分遵循自由主义或在意识形态上奉行自由放任式的发展模式……汉诺威政府（Hanoverian government）……在战略性目标上投入了数百万英镑，我们知道（通过后见之明），正是这些投资为英国市场经济的发展和维多利亚时期守夜人国家（night - watchman state）的形成奠定了基础。

两个世纪之后，也就是所谓的亚洲奇迹出现之后，正统派与非正统派之间的争论仍在继续。张夏准（Ha - Joon Chang）与林毅夫（Justin Lin）就产业政策的辩论很好地说明了 21 世纪初经济学界争论的问题。两位发展经济学家就国家的作用以及产业政策的理论应该以遵循比较优势原则（comparative advantage - following，CAF）还是违背比较优势原则（comparative advantage - defying，CAD）作为理论基础的问题产生了分歧（Lin and Chang，2009；Lin，2009）。尽管认同遵循比较优势原则与"扶持型国家"（facilitating state），林毅夫对创造新的比较优势与竞争优势并不断进行产业升级的行为仍表示警惕。他倡导"扶持型国家"——注重培养私人部门利用国家比较优势的能力的国家政府。"……其重点在于利用国家现有比较 29 优势——现有比较优势指的是一个国家现有的而不是未来可能拥有的生产因素方面的比较优势"（Lin and Chang，2009：2）。相反，张夏准则认为国家应在利用现有比较优势的同时，积极创造和发展比较优势，并倡导更具"干预主义"或"积极主义"色彩的国家政府。尽管后者的观点颇具吸引力（尤其是从经济历史角度来看），但张夏准并没有解答发展中国家如何在技术落后的条件下集中现有生产能力发展个别高科技产业的问题。

另一位对比较优势在理论层面的可取之处和现实意义做出贡献的学者为阿吉特·辛格（Ajit Singh）。他（Singh，2011：13）认为，仅仅依赖现有的比较优势是不够的，"与其盲目强调与世界经济的紧密结合，发展中国家应该寻求与世界经济的战略性融合，将其与外部世界的融合维持在一个有利于自身发展的程度。创造了发展奇迹的东亚国家所采用的就是这种策略"。辛格（Singh，2011：13）认为，贸易开放具有以下四个方面的益处：（带来了）"更加专业化的生产资源"、（促进了）"知识的传播"、（有利于形成）"充足的竞争压力"以及加速了"熊彼特式创造性破坏进程"（Schumpeterian process of creative destruction）。这种观点呼应了甚至在某种程度上超越了帕西内蒂（Pasinetti）的观点。帕西内蒂（Pasinetti，1981：259）认为，"国际收益的主要源泉为国际学习（而不是国际贸易）。在国际贸易中，当一个国家的企业受到另一个国家价格更低廉的产品的威胁时，他们要么学会降低成本，要么便只能关门大吉。乐观的话，可能会有少数处于劣势的企业通过学习得以幸存"。除了在两个相互对立的观点中做两难的选择（遵循比较优势或违背比较优势），我还可以考虑借鉴辛格提出的更为务实折衷的战略。辛格的观点以经济史为鉴，具有较扎实的理论依据，我们曾在上文论述过。施瓦茨（Schwartz）曾对类似观点进行了精辟的分析。他指出，许多工业化国家在发展初期采取李嘉图式战略（遵循比较优势原则），而在发展后期采取卡尔多式战略（更倾向于违背比较优势原则）（Schwartz，2010）。这一发展模式以政策作为赶超的驱动力，它植根于动态的比较优势理论，认为禀赋具有内源性，是可以改变的（Lall，2005；Johnson，1984）。竞争优势的获得必须通过参与新活动（边30 干边学）并不断调整政策以培育那些会促成经济变革的更高层次的新生产活动（Rodrik，2011；Hirschman，1958；Amsden and Chu，2003）。树立技术开发是工业化成功的关键性决定因素的信念是这一发展观的思想基础。

## 第五节　产业政策的政治经济学视角和维度

有关产业政策的关键政治经济问题可能在于产业政策的实施势必引起物质利益在不同社会群体中的再分配，而这种再分配很可能对有利于经济增长的结构变革造成阻碍。本节重点阐述了国家的作用，产业政策决策所涉及的政治问题，以及如何使用经济租金以加速提升技术能力、促进生产率持续增长等问题。产业政策决策方面的重点问题包括当代出口导向型工业化与进口替代型工业化之间的关系。本书关于产业政策的讨论也将涉及政策能力提高、政策工具、组织机制、产业关联的利用和业绩宽容度的有效使用等内容。在以下环节，我们将就这些问题展开讨论。

## 一 关于产业政策的政治经济学观点

产业政策不是一个技术行为，而是政治因素与经济因素相互作用的政治过程。政策的制定、实施以及成效取决于国家政府与社会的兼容性以及国家对经济参与者的政治支持（或无作为）（Hirschman，1963；Hall，1987；Di John，2009）。对政治过程、政治体制以及经济政策的政治内涵的理解是影响产业政策实施效果的关键。国家是政治实体，它的行为需要从政体、权力平衡及政治解决等层面进行解释和分析。国家行为的驱动力是特定社会群体的利益，而国家行为的支撑则是占主导地位的政治力量及其利益（Hall，1987；Di John，2009；Hirschman，1963）。

根据制度主义政治经济学观点，产业政策受政治过程与政治决定因素所塑造的社会经济结构的制约。国家经济政策取决于，"其一，政府应该做些什么。其二，政府在经济领域能做什么……前者指民主国家政府行为的倾向，后者则强调政府行为的空间和可能性"（Hall，1987：232）。关键的政治决定因素则包括资金（金融与产业资金之间的关系）、劳动力（劳动力市场、工会和劳资关系）、国家（国家机器的内部机构）和政治经济的组织形式（选举制度和政党制度）以及国家的国际经济地位（Hall，1987）。Hall 认为，制度主义政治经济学观点强调制度是影响政策决策的主要变量，政策决策是一个政治过程，而不是技术行为。政策是国家对特定社会群体向其施加的压力所做出的反应，而这些群体的利益受经济和政治结构的显著影响。经济政策往往是政府对相互冲突的需求和压力而做出的反应，它具有非常显著的分配性作用（Hall，1987）。例如，杰弗逊总统之所以否定了汉密尔顿的政策提议，是因为当时美国的制造商力量过于单薄，还无法对政府形成有效的压力。而该提议之所以在 1821 年得到采纳，主要是因为此时战争已经迫近，而且美国的制造商已经足够强大，已经具备向政府施加有效压力的能力（Goodrich，1965）。相比之下，在拉丁美洲，相对于势力强大的土地贵族的初级产品出口，工业制成品的出口比例非常有限（Hirschman，1968），因此生产制造商无法对国家施压以获得有利的政策。政策能否成功最终取决于国家对该领域的发展是否有着明确和长远的规划，政府执行政策的意志和能力，以及国家在保持自主权的前提下调解政治和经济参与者之间矛盾关系的能力（Cramer，1999a）。Cramer

31

（1999a）则解释了政治因素成为（抑或不是）初级产品工业加工主要决定因素的原因。需要指出的是，关键不在于国家干预行为的数量，而在于国家干预与领导阶层的类型和本质（Amsden，1989；Chang，1999；Johnson，1982）。Buur（2014），Buur 等（2012），以及 Whitfield（2011）均提出了类似的观点（参见第七章）。

在法国，国家干预主要通过国有银行、国有企业以及如法国计划部（Commissariat Général du Plan，CGP）、国家行政管理学院（Ecole National d'Administration，ENA）、法国国家统计局（Institut National de la Statistique et des Études Économiques，INSEE）等国家机构所发挥的积极作用来实现。在德国，私营投资银行对铁路及钢铁产业的产生和发展提供了投资和投资引导。他们也促进了所谓的"合作型管理资本主义"（cooperative managerial capitalism）的形成（Hall，1987；Chandler，2004）。在日本，国际贸易及工业部（Ministry of International Trade and Industry，MITI）在工业发展中发挥了至关重要的作用，银企组织（财阀和企业集团）是日本经济的一大特征。在韩国，积极主义国家政府、韩国财阀、国有银行和国有企业（如韩国的钢铁制造商浦项钢铁公司，POSCO）在经济赶超进程中发挥了重要作用（Amsden，1989；Johnson，1982）。

发展型国家以能够凝聚社会力量的发展项目，以及使其能够广泛获得各种社会力量的支持而具有不受制于特定经济参与者的狭隘利益的自主性作为基本支撑（Evans，1995；Woo‐Cumings，1999）。Kohli 提出的"凝聚性资本主义"（cohesive capitalism）具有发展型国家的某些特性（Kohli，2004）。在韩国与中国台湾，土地改革不仅释放了农业的潜能，促进了工业化的成功，也提高了当局的民众支持率，削弱了要求维持前工业化状态的保守派的力量（Wade，1990；Amsden，1989）。Kohli 认为，日本政府实施的改革及其与当地社会势力的权力关系对日本的经济发展产生了积极影响（Woo‐Cumings，1999）。这种格局有利于日本的工业化进程，也是日本国家能力区别于拉丁美洲国家之所在（Kay，2002）。值得注意的是，战争在韩国剧烈的社会、政治和制度变革中扮演了重要角色。战争往往能够带来促进长期发展的重大社会变革。因此，Cramer（2006）指出，战争往往能够为经济发展创造"有利环境"。与此同时，Ocampo 等（2009）强调了 17 世纪末 18 世纪初军事开支对英国资本主义扩张的推动作用。

## 二　关于发展型国家①的非正统观点

20 世纪最成功的工业赶超发生在东亚地区，尤其是日本、韩国、中国台湾地区以及近期的中国大陆地区。在工业赶超进程中，发展型国家政府扮演了领导者的角色。在 Amsden（2007a）所谓的"美利坚第一帝国"时期（the First American Empire，1945～1979 年），实用主义和政治经济形势方面的考量以及进行实验性尝试的可能性是这一时期多数政府干预行为的驱动因素。"走你自己的道路"（do it your way）是这一时期的流行口号。②在 Gerschenkron 和 Hirschman 等早期经济学家提出的发展见解的基础之上，经济学家们就发展型国家及其基本原理提出了一系列更加条理清晰的分析观点。Hirschman 认为：

> 如果一定要思索什么是经济发展的"催化剂"，我们所想的不就是需要依靠国家与民众通过自我管理和自我组织推动发展的能力与决心吗？……例如，基于决心方面的思考，我们能够发现今天欠发达国家发展过程中的一个典型特征，即它们是后发展国家这一事实。这种现实必然造成发展中国家的发展过程与走在前面的国家相比更缺乏偶然性，而是一个更具目的性的过程。（Hirschman，1958：7-8）

这种更具目的性的发展和赶超过程的实现不能仅仅依靠市场的力量，还需要依靠将发展议程作为中心目标的积极主义或发展型政府。

**发展中国家的发展导向性及基本特征**

Johnson（1982）在其对日本国际贸易及工业部和日本经济奇迹的研究中，对发展型国家的概念进行了更加规范化的定义和实证化的研究。Hall（1987）也以二战后法国政府发挥的发展性作用为例强调了发展型国家的重要性［Meisel（2004）也进行了类似研究］。与有着传统的管理型政府的国家不同，在发展型国家，以发展为目标主导和塑造了不同的政企关系。这一观点得到包括 Amsden（1989）、Wade（1990）、Chang（1994）以及

---

① 此处的"发展型国家"是一个泛指概念，包括发展型的国家和地区。

② 这与正在经历的"美利坚第二帝国"时期（the Second American Empire）相反，后者的口号为"走我们的路"（do it our way）。

Evans（1995）等经济学家的支持。这样的国家也被称为"稳固的主权国家"（hard state），它们的政策则被称为"国家发展型资本主义"（state developmental capitalism），尽管两者均未能准确说明发展型国家的本质。其他学者还提出了"积极主义国家"（activist state）、"促进型国家"（promotional state）、Polanyi 提出了"变革型国家"（transformative state），Hirschman 提出了"助产士"角色（"mid‑wifery" role），以及"计划型理性资本主义"（plan‑rational capitalism）等概念（Polanyi，1944；Hirschman，1958；Johnson，1982）。在 Johnson 看来，"国家对经济的干预行为本身不存在问题……出于种种原因，所有国家都对它们的经济进行干预……问题在于政府应如何进行干预，出于何种目的而进行干预"（Johnson，1982：17‑18）。从实证角度来看，也许"从掠夺型到发展型国家的连续统一体"（predatory‑developmental state continuum）的认知维度更有助于我们理解发展型国家这一概念，这一"连续统一体"的一端是反发展的掠夺式国家，另一端则是极具变革能力的发展型国家。

Mkandawire（2010：59）认为："发展型国家本身并非最终目标，而是实现特定目标的工具——这里的特定目标主要指经济赶超、快速的经济转型与发展。因此，对发展型国家而言，社会各界对发展的共同愿望和意志非常重要。"Chang（1999）指出，发展型国家需要重视长远发展与结构变革，致力于解决变革过程中出现的不可避免的冲突（即坚持长期目标），通过参与制度调整与革新实现这些目标。他（Chang，2003a）着重强调了国家对企业和冲突的管理作用。埃塞前总理梅莱斯·泽纳维（Zenawi，2012：169）的发展口号便是"全心全意谋求加速发展"（single‑minded pursuit of accelerated development），他强调社会各界对发展型项目的共同愿望和发展型国家的基本特征——自主性。Evans（1997）也强调了"嵌入式自主性"（embedded autonomy）的必要性。他指出：

> 国家政策可以重塑工商界的特点……简而言之，没有嵌入性的自主性或缺乏自主性的嵌入性均可能造成相反的结果。没有自主性，嵌入性就等于俘获。没有嵌入性，需要工商界的能量及智慧的联合计划就不能实现。国家能为经济变革做出多少贡献取决于两者的结合情况。（1997：74）

几乎在所有实现经济赶超的后发展国家和后工业化国家中，国家政府均发挥了显著的变革性作用。以日本为例，Johnson（1982：19）指出："（在日本）国家本身就是工业化的驱动力，也就是说国家具有促进发展的功能。"Kohli（2004：9）认为："国家权力的组织方式和使用方式对全球外围国家的工业化速度及模式产生了重大影响。"凝聚型资本主义国家（发展型国家）已经被证实是促进外围国家实现工业化目标的最有效驱动力。也就是说，具有实现经济赶超的政治意愿与决心的政府能够在经济发展中发挥变革性的作用。

　　尽管发展型国家有着特殊的本质和导向，但"发展型国家"不应被视为一个一成不变的模式或样板，因为世界上没有任何发展道路是可复制或完全相同于另外一条道路的。尽管如此，"发展型国家"确实是特定类型国家的统称，这些国家往往具有以下特征：第一，突出的发展成效；第二，在发展导向这一共同主题下有着不同的发展实践、制度和政策。例如，Hobday（2013：151－152）在对亚洲四小龙进行研究时发现，这些经济体有着多样化的政策决策模式、资本所有制、产业结构和不同程度的制度革新。很多情况下，"发展型国家"常常成为人们对那些正在为实现经济赶超而进行探索性发展实践的国家的简单化事后归类，这些探索性实践既有失败，也不乏成功。此外，"发展型国家"理论也呈现出被滥用的趋势，有观点甚至认为发展型国家的塑造可以不考虑一国特殊的政治经济情况和历史背景。Doner 等（2005）认为，资源不足、系统脆弱性等问题和挑战的存在都会对发展型国家的形成产生影响（Doner et al.，2005；Mkandawire，2001；UNECA－AU，2011）。许多经济学家对发展型国家相关理论和问题均持一致的观点，但在发展型国家的形成条件、其在非洲的可行性以及民主在这一进程中的作用等问题上还存在意见分歧。相关争论的焦点在于，有观点认为当前的国际环境变化不利于发展型国家，甚至认为非洲国家几乎没有成为发展型国家的可能性。这些观点（有的甚至是那些自认为先进的人士所提出的）与 Hirschman（1991）所驳斥的"反进步言论"（reactionary rhetoric），尤其是从这种言论发展而来的"徒劳论"（futility）和"反常论"（perversity）相类似。①

35

---

① 在"徒劳论"视角下，以社会变革为目的的先进发展提议虽然可能因为极具可取性而被认可，但也容易因为被视为具有不可能实现性而被搁置。而在"反常论"视角下，同样美好的提议甚至不应该被提起，因为"反常论"视角认为类似观点可能带来不好的、负面的结果。

### 20 世纪后期的亚洲发展型国家（或地区）

20 世纪的发展型国家（或地区），尤其是亚洲新兴工业化经济体，长期是相关领域学术研究的热点和备受争议的话题。这些新兴工业化经济体的发展型政府都有着善于变革的本质，但在不同经济体，这一本质有着多样化的呈现方式。在发展模式及政府行为方面，坚持研究发展型国家理论的学派对发展型国家的主要特征进行了分析和总结。第一，发展型国家（或地区），不管处于完全民主还是专制的政治体制框架之下，都有一批全心全意致力于发展的政治精英。朴正熙将军（General Park）一手打造的韩国式发展型政府是极权主义政府，而日本则有所不同，后者是典型的一党优位制政府。① 而在中国台湾地区，虽然国民党的统治维持了很长时间，但目前已逐渐形成了多党制政治体制。第二，在发展型国家（或地区），"政府对其应扮演的角色有清晰的认知，而且也有能力扮演好这样的角色。因此，这里还涉及认知问题和能力问题"（Herring，1999：307）。这与 Amsden（n. d.）的观点相似，后者强调了适当的角色模范在产业政策学习过程中发挥的作用及其技能和知识水平的重要性。没有技术劳动力和专业知识，再合适的角色模范也难以带来积极的发展成效；反过来，角色模范不具有适用性，再专业的技能也难有用武之地。这样的国家（或地区）更具目标性，倾向于具有鲜明民族主义色彩的"狭隘的经济目标"或者说"项目"，如日本、韩国、中国台湾等。Johnson（1982：19）指出："产业政策的存在本身就证明了一个国家经济发展模式的战略性和目标导向性。"第三，这样的经济体能将社会力量凝聚于国家（或地区）目标和最高目标之上。在政府领导下，国家（或地区）、工业阶级或私人部门围绕目标建立了稳固的同盟关系。这种国家（或地区）的社会动员需要依靠"引导性机构"（pilot agency）（如日本的通产省和中国台湾地区的国民党）来实现。尽管高效的政府机构被认为是发展型国家的必要条件之一，但"国家（或地区）项目"的实施也能反过来进一步提升政府机构的活力。Evans（1995）认为，发展型政府机构应该内嵌于社会，建立起政府与社会之间的紧密联系。Buur 等（2012）将其称为"内嵌型或中间型官僚机构"（embedded or mediating bureaucracy）。第四，这样的国家和地区具有"自主性"，有能力采取果断的政治行动，能够在

36

---

① 也见 Selwyn（2012）有关劳工关系的著作。

经济增长和转型的正当性中获得更加广泛的政治基础。中国台湾、韩国和日本等许多发展型国家和地区都进行了土地改革，通过消除或削弱那些不热衷于工业化的大地主的影响强化了自身的政治根基。第五，这样的国家和地区拥有将发展出租（development rent）从生产率低的经济活动调配至更高效的发展活动的政治意愿和能力。Wade（1990：xviii）指出，这种资源的调配"往往是从缺乏生产率的群体转移至高生产率的群体"，有时则是"通过政策的作用将低生产率群体转变成为高生产率群体"。然而，我们应当警惕对发展型国家进行教条化分类的行为。如 Fine（1996）所说，韩国及其他国家当时并未将自己视为发展型国家。发展型国家的概念是后来才出现的，且与韩国等国家的发展案例相比，发展主义国家这一概念更强调秩序性和规范性。

拥有对资源进行调配（通过国内储蓄和财政收入来实现）并将之引导至更有效益的投资领域的能力是发展型国家的又一特征。税收和资源配置能力的强弱被看作国家稳健性或脆弱性的衡量指标，也是国家政府是否具有权威性与合法性的集中体现（Di John，2006，2008）。Di John（2006：1）认为，税收"是国家能力、国家构建及社会权力关系的主要考量依据"。此外，产业和平（industrial peace）也是快速工业化和实现经济赶超的重要影响因素。国家共识和人民生活水平的提高有助于产业和平的维持，尽管这种共识有时并非基于自由原则，而是通过野蛮的绥靖手段来实现的。例如，在韩国，稳定的产业关系是通过强制措施以及生产效率提升所带来的工资上涨来维持的。Seguino（2000）则认为，东亚国家和地区早期的工业化进程依赖于出口产业的发展，而这些出口产业往往是以低人力成本大量雇用女工的产业。

总体来说，本书以 20 世纪发展型国家为案例探讨了政治经济情况与产业政策的关联，同时也阐述了上述内容所涉及相关概念的不同定义、特征和表现。也就是说，虽没有任何现成的蓝图适用于非洲的特殊环境，但仍可能会存在某些重要特征值得分析和借鉴，这需要我们根据非洲的实际情况对之进行尝试性调整，使之适用于非洲。

## 三 工业融资、经济租金管理和对技术革新的支持

金融资源的动员和配置是后发展国家经济赶超过程中需要解决的一个

战略性问题。很早之前，Gerschenkron（1962）与其他经济学家就已强调了资源动员以及投资或发展银行在经济赶超过程中所扮演角色的重要性。发展银行很早便已出现，长期被视为发展型国家实现经济发展的"旗舰"（Amsden，2001；Diamond，1957；Schwartz，2010；Aghion，1999；Diamond and Raghavan，1982；UNCTAD，2008）。Ocampo（2008：132）称其为"用以促进政策实施的重大机制创新"，他特别强调，发展银行是"目前为止，不受国际条约限制的关键政策工具之一"。近年来，巴西的发展银行，即巴西国家开发银行（BNDES）已经成为规模最大的此类银行。

发展银行是国家"以加速发展进程为目的而成立的为经济发展提供资金和激励的机构"，它被认为是能够促进私人部门投资增长的"催化剂"（Diamond，1957；Diamond and Raghavan，1982；UNCTAD，2008）。欧洲、东亚及拉丁美洲等地区的发展实践都证明发展银行可以在工业化过程中发挥重要作用（Diamond，1956；Schwartz，2010；Aghion，1999；Amsden，2001）。虽然正统派发展经济学家普遍轻视发展银行，但发展经济学家却视它们为发展型国家的"旗舰"或"神经系统"。从发展银行的发展历史可以看出，它们具有多样化的所有制形式、目标和运作模式，也有着不同的功效（Diamond，1957）。例如，与南非工业发展公司（South Africa's Industrial Development Corporation）相比，巴西国家开发银行在结构转型中发挥了更加显著的作用。发展银行的成长主要依靠长期贷款资本，而非股权融资或发展合作（Diamond，1957；Diamond and Raghavan，1982；UNCTAD，2008；Amsden，2001；Aghion，1999）。此外，正如 Amsden（2008：1，11）所言："在要求客户进行标准化运作的同时，发展银行也增强了其自身的监管能力并完善了监管流程。"

Amsden（1989，2001）指出，在韩国，发展银行主要通过激励约束机制（reciprocal control mechanism）、聚焦战略产业、监管贷款、附加出口目标条件和低息贷款等政策工具发挥作用。这些政策工具的必要性在于，它们可以使经济租金发挥其促进学习和经济赶超的作用，但这一目标的实现需要以对私企的管理作为前提。Khan 和 Jomo（2000：5，74）将（经济）租金定义为：

……个人或企业在面临多种选择时所愿意接受的高于其最低预期的收入……租金不仅包括垄断利润，还包括政治制度带来的补贴及财产转让，私人团体的非法财产转让，创新者在其创新成果被竞争对手成功模仿之前所创造的短期超额利润，等等……寻租就是企业或个人为创造、保持或转让（经济）租金而耗费资源和心血的行为。

Khan 和 Blankenburg 认为，政治因素是影响（经济）租金对学习和技术能力提升的促进作用的主要因素（Khan，2000a，2000b，2006；Khan and Blankenburg，2009）。

前文所提及的 Amsden 的"激励原则"是另一个同样重要的原则。在激励约束机制下，激励与（经济）租金的分配直接与企业的学习成效以及业绩表现相关联（Amsden，1989）。为关键产业的企业家派发经济租金是为了弥补其相对于国外较发达产业的竞争劣势。Amsden（2008：108 - 110）强调，"对补贴控制体系的得当监控是二战后许多国家取得工业化成功的原因之一。进口替代型工业化与出口导向型工业化都不是完全自由的……制定业绩标准就是解决政府干预手段被滥用和低效率问题的有效路径"。她（Amsden，1990）还指出，"在包括日本、韩国以及中国台湾在内的所有后工业化国家与地区，政府（当局）并不刻意追求价格的合理化，有时甚至刻意使价格偏离正常范围以激励投资和贸易"。然而，Amsden 也认为，将租金派发给企业的风险之一就是这一行为可能会导致国家寻租行为，使企业缺乏提高生产率的动力。

Ocampo 等（2009：156）指出，"激励应当以企业业绩标准为依据"，激励的给予应是"临时性的，需要随着结构转型的推进而进行与时俱进的调整"。对企业的激励与保护举措需要得到持续的监控，因为它们服务于产业政策的效力会随着时间的推移而减弱。以补助方式进行的租金分配行为是为了降低社会化企业进入新产业或生产新产品时所面临的风险，但补贴的给予也需要以企业业绩为标准（Johnson，1982）。例如，韩国便将激励举措与出口目标进行了捆绑（Sakong and Koh，2010；Studwell，2013；Rhee，Ross - Larson，and Pursell，2010；Amsden，1989；Amsden and Hikino，1994）。大多数发展经济学家认为亚洲四小龙与拉丁美洲各国相比更为成功，因为前者对私人部门进行了卓有成效的管理。在韩

39

40  国，"激励原则……几乎在所有产业都得到了应用"，"作为政府对国内市场进行保护的交换条件，政府要求企业出口……部分产品"（Amsden，2001：49，151）。这同将激励与业绩相挂钩的做法相似，政府需要对出口要求进行不断的调整，制定新的、更高的标准。政府还需要有废除无效激励举措的权力和智慧，也就是说，激励举措的效力是有限的（Ocampo et al.，2009）。

有效的租金管理和激励控制机制离不开技术能力的开发。Lall（2004）将技术能力定义为"高效使用某种技术的能力"。Amsden（2001）认为，技术能力可以被划分为生产能力、投资能力和创新能力。在20世纪，随着技术革新的加速，人们对技术发展的重要性也有了越来越深刻的认识（Rodrik，2011；Amsden，2001；Lall，1999）。技术与创新是生产力与经济进步的主要驱动力。制造业在促进生产率的提升方面具有更大的潜力，而制造企业则是技术进步的主体。新古典主义认为科技是可轻易获取的"架上之物"，与此观点相反，发展中国家或后工业化国家在技术供应方面却面临着种种问题和挑战。要解决或规避这些问题往往需要政府对经济行为进行干预。

最有效的产业政策均以技术发展为核心要素。由于产业结构和发展程度的不同，不同产业技术发展的深度和广度也有所不同。即便如此，技术发展依旧是产业多样化、产业发展和升级的关键。政府在技术发展方面的干预举措包括科技基础设施建设、技术形成，以及企业内部技术能力的促进和提升等（Lall，2004；Amsden，2001；Rodrik，2011）。根据产业发展情况的不同，产业政策或以推动"边干边学"为目标，或以推动"创新"为目标，但也可能出现两者并重的情况（Amsden，2001）。

### 四　出口导向型工业化与进口替代型工业化的互补效应

**聚焦出口导向型工业化**

产业政策和工业化模式常常被定性为"出口导向型"或"进口替代型"两种，它们相互排斥而不是相互补充。Hirschman（1968）反对这种一分为二的观点，因为他认为这两种战略都具有重要意义，且两者是相互
41  促进的关系。在多数成功的后工业化国家，进口替代型产业的产值已超过出口，并与出口产业共同持续发展（Amsden，2009；Lall，20001；Rodrik，

1997；Rodrik，2012）。① 进口与进口替代是不可或缺的，它可以如实地反映出国内的生产需求，从而发挥积极的作用。此外，进口也是技术发展的"通道"，因为进口可以给国内生产商带来竞争压力，迫使他们通过提高产品质量从而提高企业的生存能力。政府有必要支持间接出口商的发展，因为他们在出口和国内生产之间发挥了重要的桥梁作用。

尽管如此，我们依旧需要着重强调出口导向型产业的战略重要性。工业化进程最终都以参与国际市场竞争为导向。出口可以带动需求和规模经济，提升进口替代产业的活力，满足国内产业对外汇的需求。此外，出口在解决市场规模缺陷、改善国际收支平衡、制定高产品质量和生产率标准以确保持续的资本形成来源等方面也发挥着关键性的作用。出口是自发性需求（autonomous demand）的唯一来源（Thirlwall，2002），在国内产业的管理和加速技术发展方面扮演了重要角色（Lall，2000a）。但我们也发现，国内企业家往往对参与国际竞争缺乏热情，过高的汇率通常也有利于国内进口替代型企业，但会对外向型产业的发展带来结构性限制（Hirschman，1968；Thirlwall，2002）。

Hobday（1995）及 Schmitz 认为，后发展国家的企业面临两方面的严峻挑战：远离主要的出口市场（营销差距）和技术来源（技术差距）。Schmitz（2007：420）认为，"多数发展中国家的企业都需要面对作为后来者的事实和问题：他们必须快速完成从内需型经济的典型需求和竞争模式向国际化标准的竞争模式的过渡"。Schmitz（2007：419）对政策扶持与政策要求的矛盾关系进行了精辟的分析，他指出，政府的主要任务是让政策要求（制定出口目标，将政府扶持同参与国际竞争相挂钩）与政策扶持（补助、技术支持、在国内市场为企业提供保护使其不受来自国外的竞争的伤害）共同发挥作用。不同的政策组合会带来截然不同的结果。华盛顿共识方案以低扶持、高挑战（国际开放）为特征。而积极的产业政策则以高扶持、高挑战为特征。旧的进口替代型工业化模式下的保护主义则呈现出高扶持与低挑战的特点。目前，国际上还不存在低扶持和低挑战的政策

① Rodrik（2012：169）强调说："……（在全球范围内）出口替代型产业的发展成果事实上非常显著。由于出口替代型产业的发展，巴西、墨西哥、土耳其及拉丁美洲、中东、非洲等地区的发展中国家经历了历史上速度最快的经济发展……工业化是这一发展成就的主要驱动力量。"

组合模式。基于相对差距，Schmitz 提出了四个政策方案：第一，在同时存在市场营销差距和技术差距的情况下，应该采取鼓励外商直接投资的方案；第二，在市场营销差距较大，技术差距较小的情况下，采取促进国内企业融入买方主导的全球价值链的方案；第三，在市场营销差距较小，技术差距较大的情况下，采取鼓励合资经营和许可制度的方案；第四，在同时存在较大技术差距和营销差距的情况下，采取鼓励出口在国内设计的产品的方案。尽管上述方案对出口激励策略的设计有一定的帮助，但实际情况要比上述四种情况复杂得多。

**吸引和管理外商直接投资**

几乎所有的国家都使用激励手段吸引外商直接投资。外商直接投资的激励手段可以看作"政府为激励特定企业或企业群体的某种行为而赋予特定企业或企业群体的可衡量的利益和优势"（UNCTAD，2000：11）。技术发展、国内资本的效益和溢出效应均可以在吸引外商直接投资方面发挥重要作用（Lall，2000a，2000b）。外商投资可以成为"促进和推动国家走上不平衡增长道路"的"催化剂"（Hirschman，1958：205）。此外，外商投资还可以在欠发达国家的发展初期发挥引入"缺失"生产要素的作用，与国内现有生产要素形成互补效应。在国内投资者的实力得到充分提升前，外资可以作为权宜举措和减压手段（Hirschman，1958，1971）。当特定部门或产业组织能力的强弱以及该部门或产业与国家关系的制度化程度开始成为影响产业发展的重要制约因素的时候，制造业的国外投资者可以为该领域带来更强的组织能力（Burr，2014；Buur et al.，2012）。

43　　激励机制的重要性仅次于诸如市场规模、原材料来源、技术型劳动力的可得性和基础设施建设等基本决定因素（UNCTAD，2000：11）。税收激励是一种常见的激励手段。根据联合国贸易和发展会议（UNCTAD，2000：19–23）的定义，税收激励包括：

> 降低所得税税率、税收移后扣减、免税期、投资补助、投资税收抵免、对国外红利、利息派发的税额减免、对长周期资本利得税的优惠待遇、对指定合格支出的税收减免、零关税或低关税、基于就业贡献的税收减免、对价值增值的税额抵免、对外国硬通货所得的税额抵免和税额减免等。

外商直接投资的作用可能是不可或缺的，但不一定是资本的主要来源，这主要取决于后发展国家和地区的具体经济情况。例如，外商直接投资在以本土企业为主的日本和韩国发挥的作用不大，但在新加坡、中国大陆、中国台湾地区和越南发挥了更具主导性的作用。政治决策要以可行路径和政治经济因素为考量依据。内部市场在中国台湾、韩国的工业化进程中发挥的作用有限，但在日本的工业化进程中发挥了更加显著的作用。然而，从长远来看，本土企业比外资企业更可能发挥决定性作用。国内企业在得到激励后更热衷于将利润再投资于国内，更倾向于接受管制和约束，更愿意对研究和开发领域进行投资以提升产品的本地化程度和丰富本地的生产知识，也更具冒险精神和创业精神（Amsden，2007b）。可见，外商直接投资的重要性不在于数量，而在于它的构成，它被引导至哪些领域，国家能否借助外商直接投资实现国内收益的最大化，国家如何管理和解决转换定价、就业创造、培训、技术和知识转移等问题。

**进口替代型工业化的作用**

很多学者都认为进口替代型工业化是促进工业发展和获得国外技术的重要"传送带"。在这方面，产业政策要解决的是如何引导进口替代型企业参与出口，从而提升其竞争力的问题。正如 Hirschman（1968：25）所说："许多产业起初主要面向国内市场，最后却成功打开了国外市场；……而国内市场的认可已经被普遍视为特定工业产品成功打开出口市场的前提条件。"出口成功的可能性也取决于经济参与者的本质，一个"富于凝聚力的、敢于发声的、极具影响力的民族资产阶级"远比传统进口商更有潜力。有着 44 丰富出口经验的外资企业也更倾向于投资制造业。

Hirschman（1958）认为，进口替代过程是动态而复杂的，需要有灵活的应对策略。在发展初期，通过定位市场需求、促进需求的形成、减少市场不确定性，以及通过人们对国内产品的偏见引发的价格下降，出口在国内产业的发展中发挥着"催化剂"的作用（Hirschman，1958）。在有效政策的支撑下，进口会最终形成 Hirschman 所说的"进口吸收"（import swallowing）效应。该效应的实现要求我们在幼稚产业的孕育阶段及诞生初期为之设计和实施有针对性的保护措施。Hirschman 坚持认为：

> 在幼稚产业的孕育阶段，如果需要加速"分娩"，那么就需要对

幼稚产业进行反向处理。事实上，如果需要为特定产业的诞生创造条件，则可以限制其他产品进口，人为地将进口需求引向该产业的产品，从而带动该产品的国内生产。（Hirschman，1958：124）

这一过程会在某个时间节点产生"进口吸收"效应，促进国内产业的发展（Hirschman，1958：120－124）。

要了解特定国家进口替代型工业化的发展动态，需要先了解其背后的关键驱动力及其成功的可能性。Hirschman（1968，1971）认为，进口替代型工业化的驱动因素主要有四个方面：战争、国际收支方面的困难、国内市场需求的增长及政府的发展政策。如果进口替代型工业化能够得到国内市场需求增长的驱动，那么它更可能走向成功，实现可持续发展。国内市场的成长及伴随而来的收入提升，配之以解决发展瓶颈问题和促进投资关联性为目标的政策，往往能够带来替代型工业化的成功。Hirschman 认为，如果其主要动力来自国际收支平衡或战争，进口替代型工业化就会遭遇失败。从 20 世纪 60 年代至 90 年代，拉丁美洲和非洲很多国家的进口替代型工业化都遭遇了失败，主要原因在于其驱动力过于薄弱。

五　作为主要概念框架的关联效应

产业关联是工业化相关理论发展史中的一个核心概念，也是本书所采用的分析方法中的关键概念之一。因为如果关联效应的确关乎结构变革的动力，那么实现工业化就必须有选择性和目标性地扶持那些具有最多或最强关联效应的产业或经济活动（Hirschman，1958，1967，1986，1992；Ocampo et al.，2009）。Hirschman（1981：76）认为，"如果某个正在进行的经济活动所带来的经济或其他压力引发了新活动的出现，那就说明这个经济活动存在关联效应"。Hirschman（1958）补充说，关联效应在广义上应该包括：对生活物资转化为商品的促进作用、后向关联（包括生产方式的开发）、前向关联、消费关联以及财政关联（另参见 Sender and Smith，1986）。后向关联效应指现有经济活动对所缺乏的但有发展潜力的投入品生产活动的带动作用。而前向关联指现有经济活动引发或促进一个以该经济活动的产出为直接生产投入品的新活动的效力。关联效应较弱是欠发展国家经济活动的典型特征。

基于经济活动的关联性，Hirschman（1958：5）在他所提出的不平衡发展理论的基本命题的讨论中指出，"与其说发展取决于对现有生产资源和生产要素的最佳组合的探索，不如说取决于那些隐蔽的、分散的或未被善用的发展资源和能力的发现和利用"。产业关联或关联效应"在一定程度上，可以理解为工业化进程乃至经济发展过程中必然出现的一系列投资决定"（Hirschman，1992：56）。因此，关联概念的提出"是为了更好地理解工业化进程"，以及"了解一项经济活动如何引发（或未能引发）另一项经济活动"（Hirschman，1992：74）。这一概念的出现引发了"将优先权给予那些具有强关联效应的投资活动"的政策和投资导向，在这些政策及投资标准中，"压力系统"（pressure mechanism）或"定步装置"（pacing device）是绝对必要的。Hirschman（1981：75）强调：

> 从本质上来看，发展就是记录一件事如何引发另一件事的过程，而关联则是从某个特定的角度记录一件事引发另一件事的过程。正在进行中的活动，由于它们的特点，推动或至少引起经济活动者开始从事新的经济活动……私有或国有部门的创业决定并非仅源于收入和需求带来的驱动，还在于对特定驱动因素做出的反应，例如，产品方面产生的各种关联……特定产品线的关联效应（被定义）为：当为该产品线提供输入品的生产设施或使用该产品线的生产设施不足或不存在的时候，通过投入－产出关系可以调动起来对上述两方面生产设施进行投资的力量。后向关联会带动对输入品供应设施的新投资，前向关联会带动对输出品利用设施的投资。

关联概念与其他概念存在相关之处，但又有着显著的区别。尽管关联概念的核心亦为投入与产出之间的关系，但 Hirschman 刻意避免将关联效应等同于投入－产出度量表，因为那样会削弱关联效应的分析意义，而且许多关联的强弱程度是难以量化的。关联效应与新近提出的供应链概念有一定的相似之处。虽然供应链也涉及投入－产出关系，但它更强调供应链条的纵向整合以及供应链各环节在交互过程中产生的相互影响。关联则不一定以有着清晰的逻辑关系的链条形式出现，它更具有自发性（或者说更难以捉摸）。此外，关联效应也可能涉及抓住机遇进行国内初级产品的加工或矿产资源的开发，但它并不局限于此或局限于特定供应链。它们可能

43

会存在于某个特定产业之中或多个产业之间，形成水平和垂直效应。

南非的贝尔设备公司（Bell Equipment）便是一个很好的例子。该公司从 20 世纪 50 年代开始生产用于砍伐树木和收割甘蔗的设备，这一生产活动受到制糖业和林业后向关联效应的影响。但贝尔设备公司的生产经验使该企业逐渐具备了拓展生产领域的能力，也就是为国际采矿业生产大型运土设备（铰接式倾卸汽车）的能力。此外，还有学者从芬兰的木材产业和林业中发现了后向、前向和侧向关联（如 Jourdan et al.，2012）。其中包括专业化的生物和化学投入品、机械和设备以及专业化服务的开发（后向关联）；木浆以及家具、建筑材料、圆木、纸张、硬纸板等木材产品的生产，世界上 25% 的涂料纸（或美术纸）产自芬兰（前向关联）；以及生产自动化、物流和营销、能源生产、环保产业等（侧向关联）。关联概念可以向各个领域延伸，包括财政关联（甚至世界银行及国际货币基金组织都在呼吁更好地调动低收入国家资源租金的财政关联）和空间关联（比如，为采矿业或大型能源项目而建设的配套交通运输网可以给周边地区的农业发展带来便利）。

Hirschman（1967：5）强调："某些项目和技术具有引发特定（仅限于某一特定类型的）学习行为、态度转变和机制变革的特殊禀性。"激发与制造业相关的关联效应尤其重要。因为制造业不仅在经济发展中有着特殊的重要性（参考前文），而且与其他产业相比具有更加显著的关联性，如农业。这里涉及关联性的一个基本要点，即，关联效应未必会向像 Hirschman 所设想的那样会在因果关系的积累过程中自动产生并发挥作用。相反，关联效应的激发往往依赖于国家政策。宏观经济政策环境下可能出现这种情况：某一关联对企业家创业行为的促进作用很可能被通货膨胀方面的不确定性或外汇短缺抑或定量供应等障碍所抵消。但是，政策可以通过多种更直接的方式"解锁"关联效应。采矿项目可能存在显著的财政关联效应，也可能根本不存在财政关联效应，这主要取决于国家与采矿公司之间所签署协议的具体内容。合约中的本地化条款可以扩大后向关联的范围，正如针对企业提出的为研发提供专项经费的强制性要求会激发关联效应一样。智利与挪威都针对自然资源产业的后向关联制定和实施了相关政策。相反，南非采矿研究机构（COMRO）的失败则从反面证明了政府政策可以对关联效应产生破坏性的影响或削弱其作用（Jourdan et al.，

47

2012）。即使是拥有矿藏的国家，也常常需要像那些没有矿藏的国家一样为新兴制造业高价进口钢铁。钢铁产业对成本和规模的高要求会削弱生产方面的关联效应。但有些国家（地区）通过建立公有企业为新兴制造业生产低成本钢铁解决了这一问题，其中包括韩国浦项钢铁公司（POSCO）、日本钢铁公司（Japan Iron and Steel Company）、中国台湾地区的"中钢"公司（CSC）、中国宝钢集团公司（Bao Steel）以及芬兰的劳塔鲁基公司（Rautaruuki）等。

　　失败宽容度（latitude for failure）是同关联性相辅相成的重要概念，也是政策制定者可利用的另一个指示标志。竞争可以形成有助于缩小失败宽 48容度的"约束"机制，虽然"完全"竞争几乎不可能实现，但我们可以从"最优化对抗和竞争"（optimal rivalry and competition）（如韩国财阀之间的竞争）而不是"最大化竞争"（maximal competition）的角度看待这个问题。但竞争并不是促进学习和适应性以及提高生产率的唯一途径或最有效途径。显而易见，对出口方面的竞争行为进行约束和管理可以缩小许多产业的低绩效宽容度（latitude for poor performance）。在缺乏出口约束的情况下，政府政策应该致力于提升竞争强度和国内竞争。低宽容度能够促进企业经营业绩的提升，对企业及国家机构形成压力。Porter（1998，2008）认为，相对竞争优势的选择涉及两个方面的核心问题，其一为企业所在的产业，其二为企业在该产业中的地位。产业是互为竞争关系的、生产类似产品或提供类似服务的企业的总和。

　　关联效应的潜能可能会因为被"锁定"（lock‐in）或因为路径依赖而无法得到释放。在 Mahoney（2000：507）看来，路径依赖"表现为偶发事件的特定历史顺序所塑造出来的具有决定性特质的制度模式或事件链"。路径依赖的严重性在于，它不仅会导致经济活动者采取有意识的行动以维持现状和保护他们的小群体利益，还会导致"认知盲点"以及企业、经济参与者和政府机构的行为惯性。路径依赖的存在再次证明了通过政府政策激发关联效应的重要性，而不应该坐等关联效应自发产生并发挥作用。

　　关于关联效应及其政策意义，还有一点值得我们关注，那就是不同经济活动之间还可能存在就业关联（employment linkage）。在埃塞这样的国家，鲜花产品的大规模生产（见第五章）不仅能够带来直接的就业贡献，还能够通过例如纸箱包装厂、物流服务、冷藏和空运设施等配套产业，以及基础设施和花卉产业的相关服务业（如酒吧、旅馆、建筑业、机动三轮车运输等）的发展而所产生的劳动力需求创造额外的就业贡献。广义上讲，间接就业关联（indirect employment linkage）也是生产关联的一个功能：联动就业效应是制造业投资的外部效应，而非来自其他关联——它们事实上是凯恩斯乘数效应的结果（Lavopa and Szirmai，2012）。这与以上提到的论点相符，在就业方面，制造业确实具有独特的重要性。制造业带来了直接的劳动力，而且由于具有较高的生产率，制造业带来的往往也是工资和待遇更加优厚的工作岗位。但是，众所周知，制造业的整体就业效应有限，仅占国内总就业的一小部分。然而，制造业的一个关键特征在于它具有较高的带动跨产业的间接和联动就业的潜力。正如 Lavopa 和 Szirmai（2012：5）所言："证据表明，和任何其他产业相比，制造业所创造的一个岗位都能够给其他经济领域带来更多的就业机会。"

## 第六节　非洲产业政策和工业化失败的原因

### 一　非洲国家的经济发展程度与工业的角色

在独立以来的半个世纪中，非洲的工业化和出口一直远远落后于其他地区。非洲制造业的产值占到国内生产总值的 10.5%，且主要由中小型企业构成（UNCTAD - UNIDO，2011）。其中，非洲 70% 的制造业企业为资源依赖型企业，技术含量较低。而且，很大一部分非洲制造业企业都是"非正规"企业（UNCTAD - UNIDO，2011；Page，2011，2013；Page and Söderbom，2011）。非洲大陆在世界制造业增加值（manufacturing value added，MVA）中的份额从 2000 年的 1.2% 下降到十年后的 1%。其主要的出口产品依旧是初级产品。由于过度依赖有限种类的商品，非洲国家的经济比较脆弱，容易受外部经济形势的冲击（Cramer，2012；Sender and Smith，1986；UNCTAD - UNIDO，2011；Soludo，Ogbu，and Chang，2004；Lall，2000b）。非洲占全球制造业和工业出口的比例一直非常有限（UNCTAD - UNIDO，2011）。2001~2006 年，撒哈拉以南非洲地区（sub - Saharan Africa，SSA）的制造业出口份额为 0.558%，如将南非排除在外，则仅为 0.225%（Jomo and Arnim，2012：511）。如表 2 - 1 所示，非洲制造业的低出口比重说明非洲经济不仅相对落后，而且缺乏结构转型（Szirmai，Naudé，and Alcorta，2013；Page，2011，2013）。 50

表 2 - 1　1950 年与 2005 年全球区域生产结构情况

单位:%

| 地　　区 | 1950 年 | | | | 2005 年 | | | |
|---|---|---|---|---|---|---|---|---|
| | 农业 | 工业 | 制造业 | 服务业 | 农业 | 工业 | 制造业 | 服务业 |
| 非　　　洲 | 43 | 22 | 11 | 34 | 28 | 27 | 10 | 45 |
| 亚　　　洲 | 49 | 14 | 10 | 36 | 14 | 33 | 22 | 53 |
| 发展中国家 | 37 | 22 | 12 | 42 | 16 | 31 | 15 | 53 |
| 发达经济体 | 16 | 40 | 29 | 45 | 2 | 27 | 16 | 71 |

注：国内产业总附加值占国内生产总值（以当年价格水平折算）的百分比，取地区平均数。
来源：Szirmai，Naudé，and Alcorta（2013），Table 1.2，pp. 11 - 12。

非洲经济体依旧面临着基本的结构性问题，如缺乏经济多样性，经济活动缺乏管理且生产率低，工业与农业生产率低，基础设施差等（World Bank，2010；Commission for Africa，2005）。据估计，基础设施方面的问题给非洲经济带来的损失高达国内生产总值的 1%，显著高于其他地区（World Bank，2010）。这些问题和非洲大陆薄弱的地区市场严重削弱了非洲的工业竞争力。Khan（2012：439）发现，撒哈拉以南非洲地区的就业密度及劳动人口参与率均远低于亚洲。此外，储蓄能力低、投资疲软及资金有限等问题也对非洲经济的发展产生了不利的影响（UNCTAD - UNIDO，2011）。

2000 年以来，在资源开发和大宗商品价格上涨的双重驱动下，许多非洲国家出现了经济增长的趋势。但这一增长模式依旧依赖于那些曾经给非洲带来短暂性增长的驱动因素，这些驱动因素——也就是资本流入、廉价资本和大宗商品价格的提升——没能带来非洲经济的可持续发展和转型。整体而言，非洲经济增长的速度落后于亚洲和拉丁美洲。但非洲大陆也经历过几次较快速的经济增长和经济成功（Jerven，2010a，2010b），比如所谓的“黄金时期”（1960～1975 年）。因为推行了具有一定“积极主义”色彩的产业政策，20 世纪 70 年代的科特迪瓦以及近年来的博茨瓦纳和毛里求斯受到了广泛的称赞（Bhowon，Boodhoo，and Chellapermal，2004；Stein，2006；Soludo，Ogbu，and Chang，2004）。在低借贷成本、资本流动和高企的大宗商品价格等因素的支撑下，这些积极主义政府在实现经济高 51

47

速增长的过程中发挥了重要作用（Ocampo et al.，2009）。然而现在，由于之前增长趋势的崩溃，多数非洲政府都被建议不宜采纳"积极主义"战略。自20世纪90年代初起，"新世袭主义"（neopatrimonialism）被日渐用于解释为什么非洲国家不能成为发展型国家以及为什么积极主义产业政策在非洲行不通（Altenburg，2011；Chabal and Daloz，1999）。最近，新古典主义的（neoclassical）观点建议非洲国家把发展重点放在要素禀赋（factor endowments）和发展轻工制造业方面（Dinh et al.，2012）。这一建议与华盛顿共识的核心理念出自同一经济学传统。但讽刺的是，非洲发展最为缓慢的时期却恰好是20世纪80~90年代这一非洲各国政府纷纷推行华盛顿共识的特殊历史时期。

关于非洲工业化的最新实证研究和相关讨论的最新学术成果均强调了政治体制和产业政策决策严重不足的问题。Cramer（1999a）在其对莫桑比克初级产品加工的案例分析中，对泛化概括的行为提出了警告，但他也强调，非洲工业化的限制性因素往往是"政治层面的，而不是纯技术或经济层面的……国家缺乏对工业领域进行深入分析并为之并制定一揽子政策的决心和意愿"。Warren - Rodrigues（2008）强调，"恶化的政策和经济环境"是阻碍莫桑比克技术发展的主要原因。其结果是，莫桑比克未能通过技术能力和制造技能的积累进一步增强其工业发展的驱动力。"不当的政策"不仅会阻碍工业化进程，甚至有可能在某些国家产生去工业化（deindustrialization）的破坏性影响（制造业份额的减少）。基于来自南非的大量实证证据，Tregenna（2008a，2008b，2012）从结构主义理论出发对不恰当的产业政策的负面作用进行了全面的解析。在强调"制造业的特点"的同时，Tregenna（2008a）也着重指出了南非最近出现的去工业化现象以及产业政策决策方面的不足之处。此外，Tregenna（2012）还认为，南非将"扩大内需"作为经济增长的主要动力来源的发展思路导致了南非产业活力的不足（如技术变革相对滞后）。产业政策未能有效提升出口能力及国际竞争力。

去工业化现象并非仅出现在南非，而是撒哈拉以南非洲地区发展水平较低国家的共同特点（Jalilian and Weiss，1997，2000），它对长期生产收益有着负面的影响。21世纪初，尽管有的非洲国家在某些方面取得了良好的发展表现，非洲经济体的整体政策环境及结构并没有发生根本性的变化。例如，毛里求斯的经济结构转型和升级虽然还比较有限，但它已经被普遍认为是非洲工业化及产业政策成功的案例之一（即所谓的"毛里求斯奇迹"）（Stiglitz，2011；Rodrik，1997；Bhowon et al.，2004；Ancharaz，2003；Rodrik，2012）。（这与许多经济学家所持的宿命论有一定关系，这些经济学家对边缘地区国家在工业化方面取得显著成效的案例的直接反应就是将它称为"奇迹"。）Brautigam 和 Tania（2009）曾对毛里求斯取得发展成效的原因进行了解读，认为精英阶层和社会各界对国家发展大计的共识，跨国合作机制（如出口加工区）的实施和系统脆弱性是毛里求斯经济发展的主要影响因素。从独立之初（1968 年）到 2012 年，毛里求斯人均收入实现了从 400 美元增长至 15000 美元的巨大飞跃。其经济结构也呈现出日益多元化的趋势，从单一作物（糖）的生产到工业和服务业领域的发展。① 毛里求斯不仅设立了出口加工区，还制定并实施了保护性关税和激励措施等，并根据国内外形势变化对政策进行了创新性调整。此外，积极的社会政治框架，尤其是良好的民主福利体系（免费的教育和医疗）也为上述举措提供了有力的支撑。

　　Tregenna（2013）指出，2000～2007 年，有 11 个非洲国家的制造业产出占国内生产总值的比重有所上升（至少增加了一个百分点），8 个国家在 1990～2000 年曾出现去工业化的现象。但这并不意味着这些国家所实施的产业政策工具都是成功的。例如，Stein（2012：322－339）发现，尽管很多国家都设立了出口加工区，但很多案例均以失败告终，因为这些国家还缺乏更全面的产业政策作为支撑，也缺乏更加多样的工业化驱动力。他指出，2006 年，在创造了 6.6 亿个就业岗位的全球 3500 个出口加工区中，只有 91 个（其中 2.6% 位于发展中国家）出口加工区位于撒哈拉以南的（20 个）非洲国家，其吸收的劳动力数量约为 100 万人。大多数非洲出口产品加工区失败的原因在于它们都是政府为了实现从《非洲增长与机遇法案》（African Growth and Opportunity Act，AGOA）或《国际纺织品协定》（multi－fibre arrangement）中受益的短期目标而制定的发展计划。

　　虽然目前全球经济形势并不乐观，但国际因素总体而言仍有利于非洲国家。这些因素包括：较高的大宗商品价格，借款成本低廉，更多的国外 　53

---

① 如无特别说明，本书所使用的货币单位均为美元。

49

投资流入，新兴国家劳动力成本上升，以及南南合作关系在投资、贸易和金融等领域的日益密切。例如，近几年，非洲的外商直接投资增长了5倍（AfDB，2011）。Brautigam（2011）及Jianhua（2013）都认为，中国对非洲的影响正日益增大，这对非洲工业化而言具有重要意义。就国内情况而言，非洲国家人力资本（教育和健康）投资的增长、政治稳定性、国家制度等方面都呈现出积极的发展趋势。地区合作日益深化（非盟、非洲发展新伙伴计划以及非洲次区域之间的合作），地区冲突也呈日益减少的趋势（HSRG，2012）。[①]

## 二　非洲发展与产业政策文献综述

对非洲经济发展和工业化相关文献的回顾不可避免会涉及分析视角这一根本问题（Sender and Smith，1986；Cramer，1999b；Riddell，1990；Jerven，2011）。目前，关于非洲经济发展和工业化的文献大多自以为是，且充满漏洞，视自己的论点为相关问题的标准解答。常见的分析视角（如非洲"发展悲剧论"）及其相关结论不仅缺乏可靠的数据或恰当的研究方法作为支撑，而且往往充斥着各种政治偏见。Riddell（1990）曾对非洲工业化数据极度欠缺的情况提出警告，但工业化数据的缺失只是非洲大陆经济活动数据缺乏总体现状的一个具体表现（Jerven，2011）。非洲政治经济学领域的文献存在的一个严重问题就是对"非洲哑变量"的产生原因过度关注。非洲哑变量是经济增长方程中不能通过新古典主义增长模型进行解释的残差。对非洲哑变量产生原因的探索需要应用不同计量经济学模型对不断增长的变量进行解析，其所涉及的多数假设、数据和技术方法都存在脱离现实的问题（Jerven，2011；Sender，1999，2003；Oya，2012）。许多数据分析方法以及其他分析方法都将非洲大陆视为一个均质实体进行研究，尽管非洲54个国家之间，甚至每个国家内部都存在复杂的多样性，尤其是不同非洲国家有着不同的增长和经济发展模式（Sender，Cramer and Oya，2005）。过于简单的研究方法往往带来不切实际的期望和令人失望的结果。

54

缺乏远见的非洲悲观主义观点是非洲政治经济学研究领域的另一个主

---

① 人类安全研究小组（Human Security Research Group，HSRG）。

要问题，这种悲观主义观点导致人们对非洲的认知被错误的研究发现和意识形态偏见所蒙蔽。这种观点笃定非洲的发展会不可避免地走向失败的悲剧，并将其根源归为非洲的文化和种族等因素（Easterly, 2002; Easterly and Levine, 1997）。市场基要主义论调加剧了这一问题的严重程度，这一类观点认为国家干预行为是非洲欠发达和工业落后的原因。类似观点显然是有问题的，Hirschman（2008）也对那些用单一经济分析方法来解释非洲现状的做法持否定态度。

### 三 非洲产业政策背景

非洲产业政策的决策和实施经历了若干阶段。在第一阶段，也就是 20 世纪 60～80 年代，非洲国家为实现经济自立和进口替代大力发展工业。非洲国家开始认识到政治独立并不能保证经济的自立、生活的改善与工业的发展。但由于国际收支平衡问题、债务问题以及无法形成具有国际竞争力的产业，这种工业化驱动力及其带来的经济增长是不可持续的。压垮非洲国家工业化的"最后一根稻草"是发生于 20 世纪 70 年代的石油危机。当时，许多非洲国家政府所实施的不当政策（如出口产业投资不足、忽视高产农业、对宏观经济政策及国有企业管理不善等）加剧了这场危机。

这一时期也出现了一些不太成功的实验性政策实践，这些政策实践往往带有民粹主义色彩，如坦桑尼亚出现的乌贾马（Ujamaa）或"非洲社会主义"（African socialism）。其他的例子还包括赞比亚对铜矿资源的管理不善问题、莫桑比克的战争和政策危机以及加纳的宏观经济政策困境（Kitching, 1982; Sender and Smith, 1986）。Kitching（1982）指出，类似乌贾马这样政策的背后实际上隐藏着民粹主义和新民粹主义意识形态根源，这种颇具影响力的新发展倡议主张走非工业化发展道路，但这种发展思路无论从理论还是实践角度来看都是不可行的。在《非洲制造业》（*Manufacturing Africa*）一书中，Riddell 着重指出了 20 世纪 70～90 年代非洲国家对产业政策的忽视，并将之与 20 世纪 60 年代非洲国家对工业发展的重视做了对比。国家对制造业缺乏重视、制造业结构不合理、出口量低 55 且呈下降趋势、产业之间缺乏关联且前向关联薄弱是这一时期的特点。

在结构调整计划（Structural Adjustment Programme, SAP）时期（1980～2000 年），非洲国家显著的政策变动导致了工业化进程的放缓和去工业化现

象 的 出 现（Riddell，1990；Padayachee，2010；Tregenna，2013）。为此，多数非洲国家不得不推行以经济自由化、私有化和结构调整为重点的经济改革（Rodrik，2014a）。Jomo 和 Arnim（2012：511）指出："出现经济萧条、去工业化及农业退步现象的原因是经济的自由化，而不是生产力水平的提高和收入增长带来的国内需求增长所引发的结构变化。"在许多非洲国家，工业化的作用依旧有限。国际金融机构（International Financial Institutions，IFIs）敦促非洲国家实施的经济改革对非洲新产业的产生和发展的促进作用也非常有限（Watanabe and Hanatani，2012）。迫于国际金融机构的压力，非洲国家对多数国有企业进行了私有化改革，但这一改革并没有带来生产率的大幅提高。虽然实施了贸易自由化改革，但在没有保护措施的情况下，非洲企业并没有参与国际市场竞争的能力（Riddell，1990）。这一"痛苦"的调整过程也对非洲社会产生了负面影响（如失业），国家政府的作用也遭到了削弱。

作为传统经济支柱的农业也出现了各种各样的问题，无法实现生产力的提升和转型。非洲国家没有对农民给予必要的扶持并采取国家干预手段以提高农业的生产效率（Oya，2010，2011；Sender，2003；Sender，Oya，and Cramer，2006）。产业政策遭到了许多非洲国家的抛弃。金融市场对国外银行的开放削弱了国内资本。这些都是非洲国家缺乏政策能力的体现（Warren – Rodriguez，2010；Palma，2003，2009，2011，2012）。这些改革措施过时之后，非洲国家又引入减贫战略及千年发展计划，但这两者都只以社会目标和减贫为重点，而不够重视根本性的经济增长和结构变革。事实上，经济发展和结构变革才是现实减贫和社会目标的根本途径（Ocampo et al.，2009；Amsden，2009）。

尽管这一时期非洲国家也零散地实施了一些产业政策手段，但这些政策均以强调市场作用的新古典主义理论为基础。这主要体现在两个方面。第一，长期以来，不干预市场和不推动工业发展一直是非洲国家所奉行的产业政策的核心内容。第二，虽然新出现的新古典主义发展观念认可对工业化进程的适度干预，但也不主张更积极主义的、具有更高风险的干预行为。Tregenna（2013）尤其强调制造业劳动生产率提高的重要性，他认为制造业劳动生产率的提升在东亚国家的发展过程中发挥了重要作用。但这对许多非洲国家而言是个困局，因为非洲目前的低工资水平只有在生产力达到国际水平的时候才能成为发展优势（Schwartz，2010）。这些发现都说明，非洲需要能够带来经济变革的新发展思路和政策视角，尤其是制定更适合非洲的产业发展战略。基于对 7 个非洲国家的案例研究，Riddell 提出，"目前似乎并不存在适用于这些国家（指案例研究所涉及的 7 个非洲国家）及其他撒哈拉以南非洲国家的某种特定的工业化发展道路或模式"（Riddell 1990：47）。他补充说：

> 对于撒哈拉以南非洲国家，尤其是对于这 7 个案例研究国家而言，其制造业的长远发展主要取决于政策环境的本质、激励机制以及针对制造业企业而制定的产业政策和激励举措（Riddell，1990：51）。

## 第七节　归纳与总结

本书的理论和概念框架集中体现在以下几个方面：第一，主流经济学理论认为积极的产业政策是不可行的，在经济增长方面，主流经济学理论主张自由市场和自由贸易是优于国家干预行为的选择。基于新古典主义理论发展而来的"新发展经济学"（new development economics）（Fine，2006）认为"市场失灵"是普遍的现象，因此适度的以国家能力为依据而设计的政府干预行为是必要的。从这一视角来看，尽管产业政策的必要性得到了认可（由于市场失灵或"不完善"），但出于对政府机构的寻租行为及政治经济方面的考量，国家干预行为的合理性依旧有值得商榷的地方。正如 Mazzucato（2013a：21）所言："承认国家的重要作用的经济学家常常以'市场失灵'这一特殊概念框架为论证依据。"根据 Mazzucato 的观点，市场"不完善"只是特例，"这意味着国家虽然可以发挥作用——但其作用并不显著……"（作者的强调）。新古典主义经济学家也往往反对那些认为特定产业存在需要区别对待的特殊发展动态的观点。

第二，幼稚产业理论具有重要的政策指导意义，因为这一理论重视制造业的重要地位和扶持新产业的发展。该理论反对国际贸易自由化，主张贸易保护政策对新兴产业发展的必要性。该理论认可国家政府在培养相关能力方面发挥的作用。这些原则和概念对当今世界依旧有着积极的启示意义（尽管如今已经有世贸组织条款、植物检疫标准等以推动贸易自由化为

57

目标的相关国际条例）。

第三，结构主义及赶超理论为产业政策提供奠定了理论基础，也为以获得工业化的动态增益为目标的国家能动干预行为提供了强有力的理论依据。这一理论视角主张以制造业比采矿业和农业具有更为显著的收益增长空间为出发点，为之制定具有针对性的发展政策和举措。Hirschman 提出的关联效应理论（不同程度的溢出效应）是分析产业之间动态关系的最佳理论依据。

第四，产业政策的作用是"为那些有着较为显著的增长收益的产业提供激励，将资源从其他经济领域调配到这些产业"，通过提升"经济体持续产生新发展动力的能力促进经济的发展和转型"（Ocampo et al.，2009：10）。此观点也强调每个国家都应该探索出一条适合自己的特色发展道路，而不应该完全复制其他国家的发展模式。国家政府和政治经济的本质（尤其是国家同私人部门及其他社会群体之间的关系）是产业政策的决定因素。

第五，总体而言，迄今为止，非洲在产业化或产业政策制定方面的成效还比较有限。此外，20 世纪 80 年代至 21 世纪初这段时间内，所有的传统政策方案都没能促成非洲经济的结构变革。因此，我们有必要对实现这一目标所需的积极主义产业政策进行探索。本书旨在以埃塞相关产业为比较分析的案例对这一主题进行探索性研究。

本章还着重强调了产业政策所涉及的多个重点问题，尤其是以出口为战略导向、技术能力积累、通过激励约束机制和企业绩效标准实现对经济租金的创造性利用等。除政策能力和制度创新外，关联效应（包括业绩表现宽容度）理论也可以发挥重要的理论框架作用和政策导向作用。这一理论分析框架为探索埃塞三大产业的产业政策及其不同政策效果奠定了基础。笔者对相关产业政策文献的全面回顾表明，虽然所有国家均可实现从农业到工业的转型，但是由于国情、政治经济条件、历史以及国际环境等因素的不同，不同国家的赶超速度和效果也会有所不同。

**"拾级而上"！**

本章大量的文献综述是否能够让我们了解产业政策及后工业化的挑战及其主要的驱动力是什么？本章的实证性案例表明，经济赶超和结构转型不能依靠"不干涉主义"，而且也不容易实现。List 曾警告说，先驱者

"最明智的地方莫过于（在他们成功实现工业化之后）撤掉'梯子'（指他们曾经使用过的政策干预手段）"，然后"向其他国家宣扬自由贸易的好处"。这一点在 21 世纪的今天依旧适用。虽然日益变化的国际环境很重要，但自由贸易的优点并不能完全决定国家命运。

Hirschman 强调，发展既不取决于资源的多少，也不取决于其他任何"前提条件"。结构转型和赶超的实现仅仅依靠弥补"市场失灵"是不够的，还需要依靠发展主义观念和变革型的国家政府及其所赖以为生的每个国家的政治经济情况。因此，发展中国家的产业政策应着重关注三个有助于成功赶超的重要因素："经济活动创新或方法创新（熊彼特式观点）、产业关联（Hirschman）以及剩余劳动力（Lewis）"（Ocampo，2007：1）。每个国家都必须找到适合自己特色的、能够发挥"后发展优势"的发展道路。这对埃塞有什么启示呢？以下各章将讨论埃塞如何在 21 世纪寻求经济发展和赶超，并指出其发展前景和面临的艰巨挑战。　　　　59

# 第三章　背景介绍：埃塞俄比亚的 产业政策和发展表现

有学者认为，制造业发展的历史经验和教训与产业政策前瞻同样重要（如 Amsden，2001）。埃塞俄比亚也有一段特殊的制造业发展历史，虽然人们对这个国家在 20 世纪中期发生的去工业化现象鲜有了解。20 世纪中期，英国人基于埃塞已经被过度资本化及埃塞人缺乏机械天赋的主观判断，拆除了意大利人在埃塞兴建的制造设备和工厂。理查德·庞克哈斯特（Richard Pankhurst，1996：43）记录了这些历史事件：

> 1941 年 11 月 27 日，意大利法西斯主义者在贡德尔（Gondar）的投降标志着英国东非地区战役的结束。五天之后，英国军方领导首次提出了拆除意大利在埃塞遗留的固定资产的详细方案……意大利统治后期的埃塞给他们留下的印象是，这个国家远比那些较早建立却没有得到发展的英国殖民地和附属国更加装备优良。为此，英国人认为埃塞已经被高度地、人为地工业化了。[1]

本章将讨论埃塞在近几年中为提升产业能力和竞争力而制定和实施的产业政策实践。

埃塞是世界最不发达国家（Least Developed Countries，LDCs）之一，尽管这个国家从公元前 1000 年的早期阿克苏姆文明（Aksumite civilization）以来就一直保持着独立的地位。海尔·塞拉西皇帝（Emperor Haile Selass-

60

---

[1] Michela Wrong（2005）在《我这么做不是为了你：这个世界是如何利用和伤害一个非洲小国的》（*I Didn't Do It For You*：*How the world used and abused a small African nation*）一书中也引用了这段话。

ie）在埃塞的君主专制统治持续了半个世纪之久，直到1974年才被民众起义所推翻。1975年，一个被称为"德格"（Derg）的军事集团掌握了政权，建立了极权主义统治，并开始推行苏维埃式计划经济。整个20世纪，埃塞一直以饥饿、冲突和战争"闻名于世"。但到了21世纪，这个国家却因立志成为非洲最成功的国家之一而逐渐为更多人所了解。1983~1985年，埃塞发生的大范围饥荒影响了将近800万人口，造成40多万人死亡（也有人估测为100万），英国广播公司（BBC）将其称为《圣经》中描述的末世饥荒和人间地狱。

饥荒之后不到10年，埃塞便开始出现新的变化。20世纪90年代初，这个国家在逐渐摆脱极权主义统治和长达30年战争阴影的同时，也不得不面对德格时期高度中央集权统治造成的经济快速衰退和多元人口普遍边缘化的问题。1991年，埃塞解放运动的领导者埃塞俄比亚人民革命民主阵线（以下简称"埃革阵"）（Ethiopian Peoples' Revolutionary Democratic Front, EPRDF）击败了当时非洲最大的军队，终结了埃塞的极权主义统治（EPRDF, 2011b；Balema, 2014）。随之而来的全民公决（非洲首例）也让厄立特里亚以和平方式获得了独立。埃革阵则在埃塞建立了联邦制度，并在行政、财政等方面引进了卓有成效的地方分权制度。它推出了旨在减贫和刺激经济发展的农业发展驱动型工业化（agricultural development-led industrialization, ADLI）战略（FDRE, 1994, 1996）。这一工业化战略认为工业化的起步依赖于农业发展的刺激作用，尤其是在需求的增长、为机械进口提供外汇以及为工厂提供生产投入物资等方面。

此后，埃塞政府开始实施旨在实现（经济）快速增长和结构改革并在2020年前使工业成为国民经济主导产业的《增长与转型规划》（Growth and Transformation Plan, GTP）（MOFED, 2010）。其最终目标是在2025年之前将埃塞建设成为中等偏下收入国家。但这一宏伟的发展蓝图和战略需要以合适的产业政策、群众对这一发展计划的支持以及高效的领导机制作为支撑。这些目标的实现需要整个社会集思广益、建立有效的政策决策与执行机制以及形成一个足以确保政策的有效实施并可以增强政府的合法性和权威性的利益联盟。

埃塞贫困人口比例已从1992年的54%降低至2014年的22%，人均寿命也由1992年的48岁提高到2013年的63岁（相比而言，撒哈拉以南非 61

洲地区的人均寿命在同一时期从 50 岁提高到 58 岁，只增长了 8 岁）（World Bank，2013）。但这些数字指标并不能全面地反映埃塞的实际情况，也不足以作为沾沾自喜的资本。埃塞仍需要吸取经验教训，直面并致力于克服艰巨挑战和困难。因此，埃塞必须重点关注产业政策的决策，并对那些可以带来积极成效的因素以及要实现可持续发展而必须面对的各种挑战有充分的了解。

## 第一节　埃塞工业化的起步

埃塞工业发展的历史最早可以追溯至 20 世纪早期（Zewde，2002a，2002b），19 世纪后期国家的统一为之奠定了良好的基础。与其他非洲国家一样，埃塞工业发展经历了多个阶段。20 世纪 50 年代，在海尔·塞拉西皇帝统治时期，埃塞制造业产出占国内生产总值的 1.5%。而到了 20 世纪 70 年代，该比例则达到了 5%，制造业中占主导地位的是外资企业与进口替代型企业。[①] 20 世纪 70 年代，埃塞有 300 家外资企业，占全部工业企业的 75% 以上。当时的埃塞工会联盟（The Confederation of Ethiopian Labour Unions，CELU）约有 5 万名成员。这一时期，埃塞的制造业还仅限于日常消费品的生产，其增长速度受到市场规模小、私企在制造业中所占比例过低以及制造业本身缺乏前向和后向关联效应等因素的制约。土地所有权归贵族、王室家族及教会所有，具有剥削性质。因此，20 世纪 70 年代中期之前，埃塞的农业发展始终处于停滞状态。这种封建经济体制的根源为独裁统治，其统治基础则是剥削性的贵族阶级。经济增速缓慢是这个时期最为显著的特点，这也直接导致了 1974 年的民众起义以及海尔·塞拉西皇帝封建政权（始于 1934 年）和君主统治的终结。

德格政府执政时期（1974～1991 年），所有生产活动均由国家控制，处于社会主义经济制度的管治之下（Balema，2014；Tekeste，2014）。这一时期的工业化以计划经济和出口替代为指导原则，大部分经济活动以服务德格政府的战争机器为目的。例如，阿斯寇（Asco）鞋厂生产的产品全部都是军靴。服装和食品加工厂也直接服务于德格政府的 60 万军人。凭借

62

---

① 如 CSO and MCIT（1969）。

贷款以及来自东欧和朝鲜的技术支持，德格政府还建立了军工厂。因为全部为国有企业，埃塞的进口替代型企业技术含量普遍较低，且主要集中在轻工业领域。这一时期的贸易政策具有反出口的倾向，同时也限制私人部门的参与。私人部门的投资仅限于如谷物磨坊这样的小作坊。此外，劳动力和人口流动也受到严格的管制。

## 一　1991 年后的产业政策：挑战与机遇

本节以埃革阵执政以来埃塞剧烈的政治变革为背景，着重梳理了 1991年之后埃塞产业政策的决策进程。这一时期，埃塞政府着手大力发展重大国家建设工程，视其为国家发展和实现在 2025 年之前成为中等收入国家目标的前提。第一阶段涵盖了 1991～2002 年这一历史时期。这一时期是埃塞从战争到和平、从计划经济到市场经济、从极权主义到民主制度的过渡时期（Ottaway，1999）。埃塞临时联合政府，当时称为过渡政府（Transitional Government of Ethiopia，TGE），于 1995 年推出新宪法。该宪法确立了多党制度、国家内部权力的分立和联邦制度等重要政治制度，重大的政治变革、经济复兴与重建计划相继出台。联邦制度带来了新的政治管理和财政模式（Balema，2014）。市场经济的基础也在这一时期得以确立，基础设施与基本公共服务的恢复和重建工作也随之展开，农业的复苏是政治稳定、生产力开发和经济发展的关键。这些政策举措为埃塞工业发展奠定了基础，来自国内外的投资开始逐渐增长。但好景不长，1999～2000 年的埃厄战争打乱了这一发展趋势。除人员死亡和有形资产的损失之外，2002 年国内生产总值的增长率下降到 1.6%。2003 年，甚至出现了 -2.1% 的增长（MOFED，2010）。因此，虽然这一时期埃塞经济实现了年均 5% 的增长，但这种增长缺乏稳定性。

第二阶段为 2003～2012 年，其特点是经济快速增长。2004～2012 年，埃塞经济年均增长率高达 11%，几乎是撒哈拉以南非洲国家同期总体增速的两倍（MOFED，2012a，2012b）。在这一阶段，埃塞不仅确立了明确的国家发展计划，还为重要产业制定了发展战略与政策，这些战略与政策借鉴了东亚国家经济增长与发展实践的经验。其工业战略的发展重点为劳动密集型产业和出口导向型产业，如纺织、皮革等。招商引资政策开始越来越有针对性，埃塞在这一期间年均吸引的外商直接投资超过了以往所有的

63

年份。其数额从 1992 年几乎为零的投资额增长到近年来的 5 亿美元。国有企业的治理制度和对关键领域的投资也得到进一步巩固，虽然政府为推动新兴私人部门的发展对许多国有企业进行了私有化改革。联邦制与民主制度得到了进一步的完善，新的城市发展改革也得到了落实，进一步推动了工业与农业的发展。政府还加大了对小农经济的支持力度，尤其是建立了市场制度和改善了农村地区的基础设施。基础设施建设和人类发展成为这一时期国家的发展要务。

2010 年后，为加速制造业发展和经济结构转型，埃塞政府实施了为期五年的《增长与转型规划》。该规划拟在五年内将埃塞制造业的年增长率提高至 20%，使出口总额提升 5 倍并增加工业出口的比重。为加速改革进程，五年规划也致力于发展铁路交通建设，如计划建设长达 2000 公里的铁路线路，将发电能力提高 4 倍（从 2000 兆瓦到 10000 兆瓦）等。同时，该规划还将致力于在未来五年内将国内储蓄率提高一倍以上。五年规划非常重视经济的关联性（尤其是制造业与农业的关联）和单一经济空间的创建。

埃塞在 2010 年、2011 年和 2012 年的国内生产总值增长率分别为 10.6%、11.4% 和 8.7%（MOFED，2013a）。其人均生产总值于 2015 年达到 700 美元（是 1991 年 120 美元的 5 倍左右）。国内储蓄占国内生产总值的比重从 2010 年的 5.2% 增至 2015 年的 21.8%。然而，实现将通货膨胀率降至个位数的目标远比政府预想的困难。1991～2012 年，埃塞国有资本从 10 亿比尔（2 亿美元）增长至 53 亿比尔（35 亿美元），实现了显著增长（MOFED，2012a）。20 世纪 90 年代早期，（用于公共投资的）开支预算只占联邦政府预算的 22%，而到了 2011 年，这个比例超过了 56%。这与许多非洲国家形成了鲜明的对比。降低贫困率，促进农业发展、基础设施建设和人文发展都是埃塞预算分配的重点目标（MOFED，2013a）。而军事支出所占比例则从 1990 年的 6.5% 缩减至 2011 年的 1.1%。政府还通过国有企业对能源、通信和铁路网络等领域进行了大量的投资（MOFED，2012a，2013a）。

尽管埃塞政府为加快经济增长做出了很大努力，制造业在国内生产总值中的比例仍然很低。国家工业产值的增速仅为 10%，始终低于国内生产总值的增速。因此，埃塞经济结构还有待调整。目前工业领域的发展仍受到很多结构性问题的限制，比如生产率低、附加值低、国际竞争力不足等。虽然出口结构尚未从根本上得到改变，但出口额已经有所增长，出口产品也呈现出日益多样化的趋势，尽管仍以初级产品为主，但至少减轻了埃塞对咖啡出口的严重依赖（20 世纪 90 年代，咖啡的出口额占出口总额的三分之二。2012 年，该比例已经降至 25% 左右）。1992 ~ 2011 年，埃塞出口总额占国内生产总值的比例从 3% 增长至 17%，但外汇短缺问题依然普遍存在。相比而言，毛里求斯 2011 年的出口总额占国内生产总值的59%。同年，埃塞进口商品与服务的价值总量高达国内生产总值的 32%。这说明，埃塞国际收支不平衡的问题很严重。

实现快速增长与赶超的一大难题在于国家资源动员能力不足和资本集中度不够。资源动员的实现需要以社会动员、配套制度、文化变革和经济增长动力的增强作为条件。尽管近几年经济呈快速增长趋势，埃塞的储蓄总额仍处于非洲最低水平。在某种程度上，埃塞政府的发展思路类似于凯恩斯主义经济发展战略，即以投资带动总储蓄，而不是（或者同时）以储蓄带动投资。东亚一些国家和地区（比较典型的如韩国与中国台湾）在资源动员方面有着更高的效率（Amsden，2001；Wade，1990）。埃塞宪法和各种联邦法案或地区法案都明确赋予了政府征收税款和获取财政收入的权力。尽管如此，埃塞税收收入占国内生产总值的比例在非洲国家中是最低的。因此，财政收入和税制改革已经被提上埃塞政府工作的重点议程。税制改革包括改进税务信息系统（如引进销量记录仪、进出口关税自动化设施、给纳税人分配税号等）、开展纳税教育和调动、巩固和增强税务部门的能力等。尽管埃塞政府长期致力于增强纳税人的纳税意识，腐败和走私犯罪问题仍比较严重。2005 年之后，国家财政收入情况开始有所改善，从2006 年的 112 亿比尔增加到 2011 年的 590 亿比尔，到 2012 年又增加至840 亿比尔。税收收入占国内生产总值的比重也从 1992 年的 5.6% 逐步增长至 2011 年的 11.5%。[①]

## 第二节 埃塞的工业发展模式

埃塞制造业有两大显著特点。其一，从工业产值占国内生产总值的比

---

① 2006 年，美元兑比尔的汇率为 1 美元约兑 10 比尔，2011 年为 1 美元约兑 16 比尔，2012年为 1 美元约兑 18 比尔。

重、出口额、工业化集约程度、竞争力等方面看，埃塞工业化仍处于较低水平。其二，从产业结构看，小企业和资源依赖型企业（尤其是食品加工业）占主导地位，且集中分布在埃塞首都亚的斯亚贝巴市周边。我们将在这一节对此展开针对性的研究和探讨。

## 一　工业化程度低

埃塞的低工业化水平常常能在政府机构的文件和相关国际评论中找到数据印证。埃塞的工业主要包括制造业、矿业、建筑业等部门。工业（13%）和制造业（5%）在国内生产总值中所占的比重非常有限，且从1992年到2003年没有发生显著变化，甚至一度出现下降的趋势（图3－1）。这一比重远低于撒哈拉以南非洲地区10.5%的平均值（UNCTAD–UNIDO，2011）。2009年，非洲国家的工业产值占国内生产总值的比重为40.7%。相比之下，东非的工业产值只占国内生产总值的20.3%，制造业所占比重仅为9.7%。

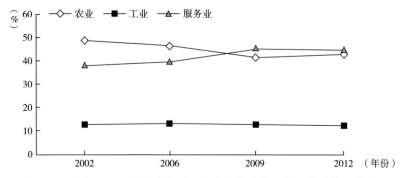

**图3－1　埃塞不同经济活动占国内生产总值（按不变价格计算）的比重**

来源：国家经济核算局（National Economic Accounts Directorate）及 MOFED（2012年12月和2013年10月）未公开数据。

首先，虽然制造业发展迅速，但其增长率仅略高于国民经济的总增长率（MOFED，1999；Tekeste，2014）。2004~2014年，埃塞制造业的年均增长率为11%，而同期埃塞国内生产总值年均增长率为10.9%。最新估算结果显示，埃塞制造业增长已经开始加速，尤其在2011~2014年，其平均增长率已达13%。尽管如此，由于农业和服装业占埃塞国内生产总值的比重非常大，目前工业增长率还不足以推动埃塞经济的转型（图3－2）。

66

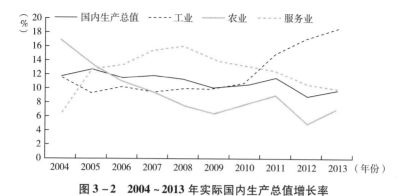

**图 3 - 2　2004～2013 年实际国内生产总值增长率**

来源：MOFED（2011 年 12 月和 2013 年 10 月）。

其次，近年来，制造业产品在出口收入中所占比重一直非常有限（低于 10%），且出口产品均为技术含量较低的商品，如皮革与皮革制品、纺织品以及其他农业制成品（表 3 - 1）。2011 年，纺织、皮革及皮革制品、农产品分别占出口销售的 51%、40%、8%（ERCA，2012a）。这些数据充分反映了埃塞经济面临着严重的产业结构问题。在撒哈拉以南非洲地区，制造业产品出口额占出口销售总额的比例近年来总体呈下降趋势（UNCTAD - UNIDO，2011）。

67

**表 3 - 1　埃塞制造业出口额占总出口额的比重**

单位：百万美元,%

| 年　　份 | 1999 | 2000 | 2001 | 2002 | 2003 | 2004 | 2005 | 2006 | 2007 | 2008 | 2009 | 2010 | 2011 | 2012 |
|---|---|---|---|---|---|---|---|---|---|---|---|---|---|---|
| 出口总额 | 37 | 39 | 84 | 67 | 82 | 75 | 78 | 110 | 109 | 136 | 98 | 89 | 176 | 212 |
| 制造业所占比重 | 8 | 8 | 19 | 14 | 15 | 12 | 11 | 11 | 10 | 9 | 7 | 4 | 6 | 7 |
| 增长率 | – | 7 | 116 | (20) | 22 | (9) | 5 | 41 | (1) | 24 | (28) | (9) | 97 | 20 |

注：以上数据四舍五入到个位数。

来源：埃塞俄比亚税收和海关总局（ERCA，2012a）未公开发表的数据。

68

最后，2010 年，埃塞的人均制造业附加值仅为 8 美元，而同年，埃及人均制造业附加值为 177 美元，毛里求斯为 522 美元。按照联合国贸易和发展会议/联合国工业发展组织的标准［这一标准把制造业发展程度分为五大阶段：先驱者（forerunners）、成就者（achievers）、赶超者（catching up）、落后者（falling behind）以及幼稚阶段（infant stage），其中幼稚阶段指人均制造业附加值低于 20 美元的阶段]，埃塞目前正处于制造业发展的初级阶段。衡量工业竞争力的更加全面的标准为联合国工业发展组织提出的工业竞争力指数 (Competitive Industrial Performance, CIP) (UNCTAD - UNIDO, 2011; Lall, 1996, 1999)，虽然埃塞该指数的排名一直处于末端，但近几年，它的排名已有所上升，从 2005 年的第 118 名上升到 2009 年的第 111 名。

二 产业结构

在埃塞的产业结构中，小企业占主体地位，制造企业的平均规模则更小。其大中型企业的规模也小于其他发展中国家。出于历史遗留问题、基础设施以及市场相对集中等原因，埃塞大部分企业聚集在首都亚的斯亚贝巴及其周边地区。食品加工业在制造业中占主导地位，其企业数量和带来的就业岗位在各类企业总数和就业岗位总数中所占的比例均为三分之一左右。由于制造业（多数产业）的生产投入不充足，国内关联产业增长疲软。

据埃塞中央统计局 (Central Statistics Agency, CSA) 的官方调查，近 40% 的小型制造业企业为谷物磨坊，这些企业创造的就业岗位数量占制造业就业岗位总量的 50%。另外有 20% 的制造业岗位来自家具生产企业，25% 的就业岗位来自金属加工企业。多数小型制造企业反映资金不足是它们所面对的最大问题。2005 ~ 2011 年，大中型企业的数量从 1243 家增加到 2172 家 (CSA, 2006, 2012c)。其从业人数也从 11.8 万人增加到 17.5 万人。这些从业人数主要集中在劳动密集型产业，如食品加工业、酿酒业及纺织业，其中食品加工企业和酿酒企业创造的就业岗位约占制造业就业岗位的三分之一。这些企业普遍认为市场需求不振是它们面临的主要挑战，而新成立的企业则大多认为基础设施问题（电力、供水和生产条件）是它们发展的主要障碍 (CSA, 2010)。

超过 75% 的企业集中分布在亚的斯亚贝巴市及其周边地区 [40% 的企业位于亚的斯亚贝巴市，21% 位于奥罗莫州 (Oromia)，13% 位于南方州 (Southern Nations, Nationalities, and Peoples' Region, SNNPR)]。聚集型经济为生产者带来了更广阔和更临近的市场、技术外溢效应、公共服务和基础设施的集约化以及更多的消费者等诸多益处 (Marshall, 1920; Hender-

69

son，1974，2003；World Bank，2008）。因此，工业化的空间分布逻辑好像与联邦政府所期待的经济机会分散化背道而驰。

## 三　主要的工业参与者

一般而言，工业化的关键参与者为私人部门，其中包括外资私营企业、内资私营企业以及地方留本基金（regional endowment funds）投资创立的企业。这些企业在不同产业发挥着不同的作用。例如，在银行业、食品加工业和皮革制造业，内资私营企业占据优势地位，外资企业则在酿酒业、花卉产业中占据优势地位，而其他产业，如水泥产业和建筑业，内资企业和外资企业都占据着重要的地位。在资本密集型产业（如制糖业、水泥产业、基础设施建设领域等），政府依旧是主要参与者。

埃塞第一部投资法案颁布于1992年，该法案允许私营企业参与重点产业。为推动相关产业的发展，埃塞政府还制定并实施了国有企业的私有化计划。国内私人部门很快成为这一政策红利的受益者，尤其是服务业，以及（在一定程度上讲）制造业和农业的私人部门。截至2009年，私人部门产值占国内生产总值（按不变价格计算）的比重达到90.1%。其中也包括小型农业企业以及非农的微型和小型企业。但正规私人部门的生产总值仅占国内生产总值的27.3%。可见，私人部门中非正规企业所占比例非常大（Kolli，2010）。

20世纪90年代中期，埃塞解放运动组织为战后地区的重建与发展提供了专项经费。留本基金企业正是以此经费为基础创立的经济实体。这些 70
经济实体主要包括提格雷州重建基金（Endowment for the Rehabilitation of Tigray，EFFORT）和阿姆哈拉州重建基金（Endowment Fund for the Reha-bilitaion of Amahara，TIRET）（Vaughan and Gebremichael，2011；Kelsall，2013）。这些留本基金大型综合企业的法律依据为埃塞1960年第160号法案即《埃塞俄比亚民法典》（Civil Code of Ethiopia，No. 165 of 1960）的第483～515条（EFFORT，1995）。根据该法令，"捐赠行为就是将个人财产永远地、不可撤销地用于共同感兴趣的目标"（GOE，1960）。这些留本基金投资集团（endowment investment groups，EIGs）的主要投资领域为规模较大的制造产业，如水泥产业、纺织产业、皮革制造产业、酿酒产业、麦芽加工产业、制药产业、大理石加工产业和农产品加工产业（EFFORT，

2010，2011；Kelsall，2013）。比如，提格雷州重建基金集团于2000年斥资成立了埃塞第二大水泥公司。埃塞各种留本基金所属的20家企业共创造了25000个就业岗位，总投资额约为10亿美元。

在20世纪90年代和21世纪初期，留本基金投资集团的角色一直备受争议，至今仍是极具争议的政治问题。对留本基金投资集团的批评之声主要来自国际金融机构和国际社会，他们认为留本基金投资集团是半国营性质的经济实体，而且对留本基金投资集团与相关政党的政治隶属关系提出了质疑（Altenburg，2010，2013）。这些批判观点认为这些经济实体挤压了私人部门的生存空间，不少地方商会的重要成员也持有类似观点（Altenburg，2010，2013；Vaughan and Gebremichael，2011；Hagmann and Abbink，2012，2013；Kelsall，2013）。另一种观点则强调留本基金投资集团的投资领域都是私企缺乏投资兴趣的具有较大风险和不确定性的大规模制造产业。从接受党派捐赠和特殊恩惠的角度来看，没有任何证据可以证明留本基金投资集团同任何政治党派存在隶属关系。此外，也没有任何证据表明，留本基金投资集团从（国有银行）获得了任何贷款优惠待遇，或者可以不用像其他企业那样受竞争性政策的约束（Vaughan and Gebremichael，2011）。实际上，留本基金投资集团在促进工业发展的同时还面临着多重区域限制因素的挑战，如临近埃塞与厄立特里亚边境地区、基础设施落后、远离中心市场等。可见，留本基金投资集团已经成为埃塞产业政策和经济转型的重要参与者（Kelsall，2013）。留本基金投资集团在长远价值的创造中扮演了先驱者的角色，它们在填补了私营企业的投资空缺和缩小了地区差异的同时，还创造了大量就业机会。实际上，留本基金投资集团投资的水泥、酿酒和农产品加工项目还激活了许多产业关联效应。

71

战略性领域的公共投资是埃塞政府政策的关注重点。目前，埃塞政府已经对约300家国有企业进行了私有化改革，剩余的国有企业主要集中在金融领域（银行保险业共4家）、公共事业和基础设施建设领域（电力、通信、海上运输、陆路运输和航空运输领域共6家）以及大规模制造业领域（化工与水泥、金属与工业工程、制糖领域共3家）。自2010年以来，埃塞政府通过合并现有国有企业和在特定领域创立新企业的方式建立了规模更大的国有企业集团。

总体而言，埃塞的工业化模式也有着明显的脆弱性，因为其出口机构和产业结构并未向有利于制造业发展的方向发展。其关键产业仍为劳动密集型产业，主要生产低附加值产品。埃塞还需要提升其产业政策的效力，推进其经济转型的加速。因此，工业化的深化发展是国家发展战略的核心。

## 第三节　拥有雄心壮志的发展型国家政府

基于前面章节对发展型国家的论述，我们可以将发展型国家的主要特点归纳为：以发展为唯一目标（在计划与实践上都是如此），围绕国家大政方针进行政治动员，国家职能、嵌入式自主性。本节将主要探讨埃塞政府的发展型本质。

### 一　政治进程和政治原则的演变

**政治与意识形态原则**

埃塞执政党在一党独大的多党制体制下连续执政 20 多年，其历史根源和政治理想深刻塑造了埃塞当前新经济动态背后的经济政策。埃革阵将其意识形态原则定义为"革命民主主义"（revolutionary democracy）（EPRDF，2011b；Balema，2014）。相关演讲、出版物、学术辩论和交流论坛都对这一用于形容执政党思想和战略的概念进行了广泛的阐释。持质疑态度的言论谴责这种理念为"先锋队政党统治"（vanguard party rule），并认为埃革阵谴责新自由主义的原因在于该阵线的"马列主义"历史根源。这一言论还指出，"（埃塞）执政党拒绝放弃对经济的掌控"并为此提出了一套强调"稳定是经济发展的先决条件"的说辞（Hagmann and Abbink，2012：586）。也有一些学者、在野党和投资者对国家治理和多党制是否受到削弱的问题持担忧态度。有观察者认为，这种情况导致埃塞形成了以埃革阵为主导的"强势党国体制"（monolithic party－state system）（Clapham，2009；Lefort，2013）。虽然如此，捐赠者与国际金融机构仍与之保持着合作关系。正如 Clapham（2009）所言："在世界范围内，埃塞所取得的成就都可以说是非常可观的，它为自己塑造了一个'善治'的模范形象并得到了捐赠者组织的认可。接受新自由主义的基本信条之后，埃塞加入了全球反恐行列，在美国的支持下拓宽了其在索马里问题中贯彻其国

72

67

家意志的空间。目前，埃塞政府面临的主要问题依旧是民族问题和反对党的管理问题。"国外观察家对埃塞的执政联盟是否赞同"新自由主义"等问题存在分歧，但不管这些意见是出于好意还是歹意，可以肯定的是，这个执政联盟还不完全符合传统意义上的"善治"标准。

**战争时期领导智慧的形成**

埃塞政府的发展导向是由诸多因素共同塑造形成的，尤其是解放运动时期以埃革阵为主导的战时联盟的构建对其产生了深远的影响。解放运动的历史根源最早可以追溯到 20 世纪 70 年初期学生群体中的左翼积极分子。埃革阵是 20 世纪 70 年代中期至 90 年代初期埃塞政治和军事运动的主要领导者。土地改革和民族问题是埃革阵当时关注的主要政治议题（EPRDF，2011b；de Waal，2012）。埃革阵在这一历史进程中形成的价值理念、政治担当、领导智慧，以及长久以来以联邦制度作为政治挑战的解决机制的历史抉择，对埃塞政治经济的发展产生了关键的影响。此外，对独立和决策自由的强烈愿望也是领导层意志的重要体现。

自 20 世纪 90 年代以来，埃塞执政党和政府长期致力于推动经济持续、快速和公平发展（EPRDF，2011a，2013a，2013c，2013d）。地域性饥荒与贫困的威胁以及联邦政府在国内外压力下面临着的瓦解和分裂的风险，都是迫使埃塞政府努力实现这一发展目标的驱动因素。尤其是在 2005 年大选之后，城镇地区不断上升的政治压力迫使政府开始重视城市经济和治理问题。对埃革阵而言，这次大选引发的政治风波及其后续影响不仅是敲响了警钟，甚至在一定程度上可以说是执政党内部的一次危机。此后，或部分因为这一大选风波，埃塞政府开始着手发展大规模的基础设施和就业创造项目。

由于存在严重的、大范围的贫穷问题以及长期以来的政治脆弱性和民族多样性等问题，平衡发展长期是埃塞政府面临的最迫切的挑战。地区公平原则是以民族联邦制度为基础的埃塞政治制度的基石。Clapham（2009）认为，在管理民族多样性的同时，协调好处于同一政治框架下的多个独立权力体系之间的关系是埃塞政府所面对的主要挑战（Markakis，2011）。

从某种程度上讲，政府在横向平等（horizontal）（Stewart，2002，2008）方面所做出的努力可以至少在修辞意义上"抵消"一部分由经济增长所带来的日益严峻的纵向（vertical）不平等问题。这与经济学家 Amsden 的观点形成了有趣的对比。Amsden 认为，集群化的大型企业或产业的培养在公平程度较高的国家更容易实现，如相对于南美国家，韩国就更容易实现产业集群化发展。在韩国，民族构成单一是一大有利因素。但与培育若干占主导地位的大企业相比，埃塞更倾向于支持和发展小农经济和小型企业，因为这一发展模式更有利于增加就业和提升财富分配的公平性。政府之所以重视农业发展既是为了减少农村贫困人口的数量（埃塞 80% 的人口生活在农村），也是为了通过农业发展带动工业化的起步。

## 二 发展计划与实践中的发展导向性

### 全心全意谋发展

很多证据可以证明埃塞俄比亚存在发展型国家行为，正如埃塞政府对发展目标的不懈追求所体现的那样。相关政府行为体现了埃塞政府对宏伟目标的政治承诺。尤其是埃塞政府打造了"埃塞俄比亚的复兴"这一国家工程并将其作为公共政策的主旨。正如前文所述，埃塞政府制定的中期发展目标是在 2020~2025 年发展成为中等收入国家。这些公开承诺或政策声明也许没有太多实际意义，正如许多国家常常做出一些不切实际的口号性承诺那样。真正重要的是，这些口号是否带来了相应的发展型国家行为，是否能够转化为政府对投资、资源分配和政策落实的干预行为，是否促成了主要发展指标的增长和经济结构的转型。为实现上述中期发展目标，埃塞政府在基础设施建设和人力资源开发领域进行了直接的、较大力度的投资。比如，提高发电产能、扩建铁路和道路（超过 90000 公里的公路建设，其中包括农村公路普及）、将人才培养能力提升至每年培养 50 万名大学生的水平等。这些干预行为都充分体现了埃塞政府的发展型导向（MOFED，2010）。

在不依赖能矿资源（如石油或者矿藏等）开采的情况下，埃塞长期保持着两位数的经济增长率，尤其是 2003~2013 年。① 埃塞已经被公认为是十大发展最快的非石油经济体之一。埃塞政府有效降低了发生饥荒的可能

---

① 另参见埃塞俄比亚中央统计局（CSA）数据统计摘要：（CSA，2001，2002，2007，2008，2010，2011b），CSO（1983）和 CSO（1987）。

性，提高了其粮食自给的能力（UN – DESA，2007；CSA，2013）。在此期间，埃塞贫困线以下人口减少了一半。小学的入学率也从20世纪90年代初不到20%增长至2013年的95.3%左右。2012年，埃塞全国各年级学生人数已超过3000万人。

埃塞尤其强调积极主义国家政府在经济赶超中的作用。其宏伟发展战略的落实进一步增强了积极主义国家政府的必要性。这一发展导向内生于埃塞，以埃塞国情为基础。当然，对先驱国家优势［如德国的职业技术教育与培训（TVET）和高等教育体系、日本的持续改善式（Kaizen）生产系统、中国的工业园区等］的模仿也在埃塞经济发展中发挥了积极的作用。埃塞悠久的独立历史和文明及向东亚国家学习的兴趣都是其发展思路的源泉。

### 三 百废待兴：国家职能和嵌入式自主性

#### 国家职能

国家职能不明晰是埃塞的又一发展型特征。德格政权时期，国家官僚系统曾被作为战争动员的工具，服务于计划经济和掠夺性目的。但在新时期，它成为埃革阵领导的政府所面临的一大政治挑战。德格政权留下的国家机器完全不适用于新政治领导者制定的发展目标。因此，新成立的联邦政府必须构建一套新的官僚系统。这意味着必须通过政治教化（用新政府的哲学理念）进行大规模的机构调整、转型和专业职能建设。为此，新政府于20世纪90年代末推出了公务员改革方案。但这一改革方案没有对其发展重点进行科学合理的规划，没能带来应有的转型。但从某种程度上讲，埃革阵具有较强的组织能力，这很可能在现实中弥补了国家官僚体系的一些不足之处。

#### 私人部门产能的存续和发展

虽然私人部门在德格政府统治下举步维艰，但在新政府于1991年引入市场经济体制后，部分私人部门参与者抓住这一机会对许多领域进行了投资。尽管如此，落后的基础设施和人力资源开发水平不仅削弱了生产性投资的收益，而且助长了官员和个人在各经济领域的非生产性寻租行为。在这一阶段，积极因素和消极因素同时存在并相互作用。一方面，包括贸易在内的部分经济活动由于存在投机倒把、偷税漏税的行为而获取了超额的利润；与此同时，包括制造业在内的生产性部门却处于截然不同的处境。另一方面，私人部门在所有产业都不同程度地遭遇了不平等待遇的限制。由于存在这些制约因素，企业家们在经济利益的驱使下不得不偏重于投资短期项目，可见缺乏健全的激励机制和制度对企业的行为进行引导。这并不能说明，私人部门的天性是好还是坏，或者说是强还是弱。而是说明，我们需要制定相应的政策以激发和最大化私人部门的活力。 76

**嵌入式自主性**

嵌入式自主性是发展型国家的另一个特征。国家行为或政策的嵌入性源于其受欢迎的程度，因此嵌入性也代表着正当性。自主性旨在避免被特殊利益团体控制，保持政策独立性。Ocampo 等（2009：155）认为："因私人部门参与者和国家性质的不同，不同国家（国家与私企间）的合作关系也各自不同。"这种合作关系应该以相互学习为目的。埃塞政府和执政党领导层一直谨慎地维护着国家的自主性，与私人部门保持距离，虽然这种关系在不同产业有所不同。在一个存在大量公务人员和私人部门寻租行为的环境中，这种距离会阻碍国家与私人部门之间的相互学习和成长。这种情况的改变需要政府的政治承诺和有效管理。国家与私人部门之间的疏远会阻碍国家与生产性私人部门之间的制度化互动，这种制度化互动被 Buur 等（2012）称为生产扩张的关键。但这种情形在埃塞部分产业中已经有所改变，我们将在以后章节中找到印证。

在解放战争期间和 1991 年之后，农村人口给予了政府有力的支持，巩固了执政党的正当性。然而，随着经济活动的日益多样化，新的、有影响力的既得利益群体开始出现，国家自主性显得愈发关键了。在一个寻租行为盛行的国家，国家政府与私人部门往往容易陷入对彼此的不信任与质疑中。信任的缺乏对政企关系的维系造成了阻碍。从这个意义而言，如何在保持政府自主性的同时兼顾政企信任关系依旧是个艰巨的挑战。在某些案例中，结构性因素（如外汇的短缺）与这个国家的政治历史因素共同加剧了这种（政府与私人部门之间）脆弱关系的紧张程度和敌意。就某方面而言，这也反映了政府政策缺乏规范私企行为的能力（虽然在之后的章节中，我们会发现政企关系在有些案例中也会朝着更加积极的方面发展）。

**政策依赖性**

此外，埃塞政府顶住了来自国际金融机构及成员方的压力，维持了国

77　家对关键经济部门的领导地位，其中包括埃塞电力公司（EEPCO）、埃塞电信公司（Ethio Telecom）、铁路公司和银行。这些国有企业被用于推动和落实更加远大的发展目标和产业政策。关于埃塞政府同国际金融机构之间的政治分歧，美国经济学家施蒂格利茨（Stiglitz, 2002: 32）基于自身经历做了如下阐述：

> 1997 年，当我抵达埃塞时，梅莱斯总理（Meles）正与国际货币基金组织进行激烈的争论，后者暂停了埃塞的借款项目……埃塞总理出于正当的理由拒绝了国际货币基金组织关于开放银行系统的要求。埃塞的银行系统看起来相当高效……国际货币基金组织不满的原因是它认为不论这些市场是否有竞争力，利率应当由国际市场的力量来决定。

　　这个例子说明，压力和想法可以共同形成解决特殊问题和挑战的方法。鉴于国内银行的发展水平较低和政府调控能力不足，很多人认为开放银行业也许会带来灾难性的政治后果。埃塞政府的私有化方案也与国际金融机构的要求有所不同。前文提及的埃塞的发展型国家特征也影响了埃塞政府对外商直接投资的态度。除金融业和一些特定行业（如保险业）外，埃塞政府在大多数行业实施了对外商直接投资开放的政策。

　　令人疑惑的是，国外经济学家也给埃塞政府带来了越来越多的压力。这些压力与国际货币基金组织的高压姿态、世界银行的要求或双边捐赠者和政府的持续施压有所不同。有时，这些压力更为微妙，它们伪装成支持性的帮助或建议，旨在改变埃塞政府的决策"参数"，在埃塞决策者的言论和思想中引入新的或相反的"话语共同立场"。

　　四　埃塞的决策基础：战略、制度和实践

　　总体而言，1992 ~ 2013 年，埃塞的工业发展受到了重大政治变革、经济政策变动以及第一章所提及的政治经济因素的影响。而政策的制定、实施、修订、推迟或废止所依托的机制框架正是在这一时代背景中得以构建

78　并不断修改和完善的。本章的余下内容将对影响埃塞产业政策的经济利益、主要参与者、政策框架、政策工具和制度进行着重梳理。据笔者所

知，在本研究之前，还没有任何研究项目对相关内容进行过全面的阐述。此外，这些内容可以省去本书第四至六章很多不必要的赘述。

对产业政策工具和制度的梳理可以使我们了解这些工具与制度的模式与显著特点（尤其是那些与本研究相关的模式和特点），从而进一步深化我们对相关背景的认知。正如本章节和以下章节的相关分析所示，反脆弱性（anti‐fragility）是埃塞经济的关键特点：埃塞工业化过程中既有成功的案例，也有失败的案例，但相关经济活动在面临困境和挑战时显示出显著的变化和调整能力。反脆弱性表现为那些可以从压力源、波动性和挑战性中获得力量，实现自我增强并降低自身脆弱性的现象（Taleb，2012）。一方面，埃塞的产业政策已经从初始阶段发展为更具逻辑性的辅助手段，实现了从通用化到更具针对性的转变。另一方面，埃塞还存在较为显著的制度失配（相关规定无法按预期的方式发挥约束作用）和制度缺陷问题，这两个问题削弱了产业政策的效力。本书第四至六章将以三个产业为案例对这些问题进行进一步的探讨和比较分析。

**埃塞产业发展策略**

《埃塞俄比亚产业发展战略》（Industrial Development Strategy of Ethiopi‐a，IDSE）是埃塞政府在《农业发展驱动型工业化战略》框架下进行产业政策决策的基础。1994年，农业发展驱动型工业化成为埃塞的发展战略。从2000年开始，《埃塞俄比亚产业发展战略》成为埃塞执政党的指导性文件，尽管该战略直到2002年8月才正式成文生效。该战略致力于推动以农业为驱动、以出口为导向的产业的发展，着重扶持可以带来就业的劳动密集型产业。它强调为企业家提供全方位支持的必要性，通过提升宏观经济稳定性、发展基础设施建设和提供信贷支持为私人部门的发展创造有利环境。同时，该战略也强调开发人力资源、改进监管体系和司法制度、抵制寻租式政治经济行为等。此外，该战略给予了大中型制造企业应有的重视，尤其是服装与纺织业、农产品加工业、肉制品加工业、皮革与皮革制品业和建筑业等重点产业。

79

《埃塞俄比亚产业发展战略》的核心在于发展小型企业。埃塞政府对小微企业的关注是其重视小农场经济的政治和意识形态的反映和结果。但在实施该策略时，政府也将面临协调和引导大量分散的投资者、生产者和贸易商的艰巨挑战。实际上，政府也已经发现要履行其对大量分散的小农场主或企业的政治承诺是极度困难的。此外，资源与制度方面的问题、工业化水平低及工业经验不足等问题给政府带来了更大的挑战。

总而言之，《埃塞俄比亚产业发展战略》政策文件的主要特征在于：第一，它是埃塞执政党以其政策白皮书为基础制定出来的，也是一份广泛用于教化和培训埃革阵党员、行政人员，指导微型企业和小型企业、职业技术教育机构和高校发展的重要指导性文件。第二，该文件缺乏扎实的调研结果作为支撑，政府也没有根据时代环境的变化对其进行与时俱进的调整和升级。第三，该战略没有进一步形成任何产业或工业层面的详细战略规划。

**产业发展规划和五年发展计划**

规划是产业政策的重要工具之一，在具体的实施过程中不同政策规划有着不同层次的侧重点。在埃塞，产业发展策略被具体化为多个中期五年发展计划，其中包括《可持续发展与减贫计划（2002～2005）》（Sustainable Development and Poverty Reduction Program，SDPRP，2002－2005）、《以消除贫困为目标的加速增长和可持续发展计划（2005～2010）》（Plan for Accelerated and Sustained Development to End Poverty，PASDEP，2005－2010）和《增长与转型规划（2010～2015）》。《增长与转型规划（2010～2015）》是埃塞政府制定的颇具政策魄力的发展规划之一，这主要体现在以下几个方面。第一，体现埃塞政府加速工业化和经济结构转型的坚定决心。该计划拟订的制造业年增长率目标为20%，出口总额增长目标为原来的5倍。从其他地区的发展经验来看，这样的目标值几乎是不可能的。第二，在产业发展方面，该战略拟将埃塞工业产值占国内生产总值的比例从2009～2010年的12.9%提升至2014～2015年的15.6%。《增长与转型规划》也兼顾了基础设施建设的必要性。比如，该计划拟在五年内将发电产能从2000兆瓦提高到10000兆瓦并构建一条新的铁路交通网等。第三，该计划将重点发展产业的范围扩大到纺织业、服装业、皮革与皮革制品业、制糖业及制糖相关产业、水泥产业、金属与工程制造业、化工业、制药业和农产品加工业等（MOFED，2010；KOICA，2013）。

这些远大的发展计划一方面可能出于政府推动变革的积极意愿（如果相关规划计划符合社会各界的需求，并有配套的激励、制裁和问责机制作为支撑的话），另一方面也可能出自决策者对客观数据掌握不足或分析不

80

透彻。决策过程中，关键参与者和利益群体的参与至关重要，因为如果缺乏他们的参与，发展目标往往难以实现。如果发展目标总是无法实现，那么政策承诺就容易被视为没有实际意义的空头支票。在计划的制订过程中应当明确其覆盖领域、时间范围和内容，因为人们对同一个发展计划可能会有多种不同的解释。几乎所有国家和地区都需要对经济发展进行规划。其不同之处在于目的与手段。中央计划曾被用于计划经济和社会主义经济，而韩国、中国台湾、日本、法国等国家和地区则普遍采用指示性发展规划。许多制度因素和历史因素都会影响特定指示计划的覆盖范围和内容。事实证明，埃塞的相关计划制订也受制于这些因素。比如，《可持续发展与减贫计划（2002~2005）》、《以消除贫困为目标的加速增长和可持续发展计划（2005~2010）》和《增长与转型规划（2010~2015）》在内容和发展思路上都存在不同之处（MOFED，2002，2006，2010）。而且，不同机构之间经常互相指责和推卸责任，导致委员会会议偏离主题。相关计划缺乏可靠数据和分析作为支撑的具体表现包括：水泥产业不切实际的过高发展目标，砂金矿开采业过低的发展目标。数据不足和缺乏对产业的了解导致计划不可避免地偏离现实。简而言之，如果国家没有能力在各经济领域收集和分析可靠数据，没有能力将相关分析结果转化为切实的政策并对其成效进行严密的监控，就不可能制定出高效的产业政策。

**决策机构与宪法框架**

埃塞现有的决策框架来源于宪法（该宪法于1994年12月8日获得通过，于1995年8月21日正式生效）。新宪法规定联邦政府具有立法权、执法权和审判权（FDRE，1995）。最高联邦政府和众议院负责宣言、基本政策、预算的批准，而部长理事会负责审批法规、政策，颁布行政命令，各部委则负责上述法规、政策、行政命令的执行（图3-3）。宪法也规定了 81
公众参与政策决策的必要性。地区政府和地方行政部门在产业政策的执行方面扮演着重要的角色，如为企业提供土地以及扶持微型和小型企业发展等（FDRE，2012）。这种层次结构使决策机制变得更加复杂化，这在客观上要求政府各级部门之间实现更加高效的协调以推动产业政策的实施。相较而言，韩国、中国台湾和大陆地区实行集权化的单一制政治体制，这有利于产业政策的实施。埃塞政府所要面临的挑战在于确保联邦政府制定的政策和目标在各地区和地方也能得到全力支持。

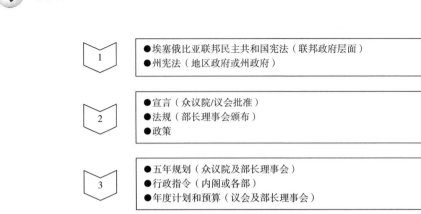

| | |
|---|---|
| 1 | ●埃塞俄比亚联邦民主共和国宪法（联邦政府层面）<br>●州宪法（地区政府或州政府） |
| 2 | ●宣言（众议院/议会批准）<br>●法规（部长理事会颁布）<br>●政策 |
| 3 | ●五年规划（众议院及部长理事会）<br>●行政指令（内阁或各部）<br>●年度计划和预算（议会及部长理事会） |
| 4 | ●部门指令（各部）<br>●运作指导及手册（各部及各机构） |

图 3 – 3　埃塞决策机制模式

# 第四节　产业融资：政策和举措

## 一　埃塞的金融政策与缺陷

尽管国际货币基金组织和世界银行以及个别国家向埃塞施压，要求其开放金融领域（参见 BBC，"Ethiopia hits out at IMF"，2003 年 9 月 1 日），埃塞依旧不允许外资银行进入其金融领域。埃塞政府有意在国内银行具备与外资银行相抗衡的资本、管理和技术能力以及国内制度的完善程度足以规范外国大型金融机构的行为之前长期坚持这一政策。"内在的金融脆弱性"、弱点以及对外国资本的高依赖性使最不发达国家容易遭受来自外部的冲击（UNCTAD，2011）。Palma（2003）重点强调，"发展中国家应当避免开放自己的资本市场"，以避免出现金融危机。Grabel（2003）在强调建立一个可以促进经济发展和社会公平的金融体系的重要性的同时，也提出要警惕那些不受控制的国际私有资本的侵袭。联合国贸易和发展会议（UNCTAD，2011）也提倡建立能够让区域和次区域发展银行发挥重要作用的区域发展框架（UNCTAD，2011；Grabel，2003；dos Santos，2011）。

埃塞的金融政策也强调国有银行，尤其是政策性银行在推动产业政策方面发挥的重要作用。另外，金融产业的规范和管理体系主要由两个方面

82

构成。其一，埃塞国家银行（National Bank of Ethiopia，NBE）是埃塞的中央银行，统一管理国内银行业。其二，公共金融企业管理局（Public Financial Enterprises Agency，PFEA）监管国有银行和金融机构，包括埃塞商业银行（Commerciat Bank of Ethiopia，CBE）和埃塞发展银行（Development Bank of Ethiopia，DBE）。

在这一政策框架下，埃塞金融业的主要参与者为政府和私人部门。国有银行长期主导埃塞的金融业，其营业网点覆盖率达40%，资本基础比例达60%。埃塞商业银行主要为贸易活动提供金融服务（提供资本与国际银行服务），而埃塞发展银行则主要以财政贴息方式为优先发展产业提供长期贷款（CBE，2011，2012）。埃塞商业银行成立于1970年。截至2012年，该银行已经有209家分行。相比之下，埃塞发展银行仅有32家分行。埃塞国有银行共有273家分支营业网点，私有银行则有408个分支营业网点。另外一家国有银行——埃塞建设商业银行（Construction and Business Bank，CBB）成立于1983年，主要提供抵押贷款。虽然目前建设银行依旧存在，但其在银行业已经没有什么影响力了。1991年之前，德格政府不允许私有银行存在。随着20世纪90年代经济的开放，私有银行的数量开始大幅增长。截至2012年，埃塞国内已有16家私人银行。此外，埃塞还出现了致力于支持小农场主和城市小微型企业发展的小额信贷机构。在此期间，贷款利率相对稳定（处于7.5%到14%之间）。

尽管如此，从资金量、储蓄率和制度能力方面考量，埃塞的金融产业仍然相对落后（EEA，2013）。具体而言，埃塞银行业的问题和弱点包括：国内储蓄额较低造成的资金短缺问题、相对于为制造业等领域提供长期贷款而言银行业更倾向于为服务业提供短期借贷、金融服务覆盖面有限、制度能力薄弱、现代化进程迟缓等（NBE，2011；MOFED，2010）。为了促进国内储蓄和投资，埃塞政府出台了包括增加银行网点、拓展覆盖面、发行国债（尤其是与复兴大坝项目相关的国债）、推行住房储蓄计划和提高利率等政策（MOFED，2013a）。

## 二　主要政策性银行：埃塞发展银行

埃塞发展银行建于1908年，是唯——家为工业和农业项目提供长期融资的发展银行。正如埃塞产业发展战略内容所示，埃塞政府有意将埃塞发展银行作为推进产业政策的政策性银行。埃塞发展银行的政策指令明确指出，该银行将致力于为"农业、农产品加工业、制造业的投资项目，尤其是出口导向型项目提供中长期信贷支持"（DBE，2012a）。该银行主要有两个方面的贷款资格评估标准，"尽职调查或称为客户了解程度（know your customer，KYC）评估，其目的是了解贷款人的诚信度"及"申请人所提交方案的可行性"。埃塞发展银行的利率比商业银行和市场利率要低，贷款企业可享受2.5%~5%的贴息。该银行要求不少于30%的股权出资。其贷款申请的受理时间也在逐渐缩短，虽然还不能完全达到客户的预期。贷款的审批权归银行主席所有，银行董事会成员的责任仅限于制定政策和监督银行的业绩。2005年之前，董事会曾经参与贷款的批准，结果出现了利益冲突和问责不力的问题。埃塞金融与经济发展部（Ministry of Finance and Economic Development，MOFED）和埃塞工业部（Ministry of Industry，MOI）可以直接对贷款的优先发放施加影响。

自2005年以来，埃塞将发展银行的贷款政策、流程和利率同政府的重点发展计划进行了对接。但发展银行的改革进度落后于预期，直到近几年才完成。2012年，埃塞发展银行三分之二的贷款流向了制造业，23%流向农业。其中，制造业的主要受益者为纺织企业（占30%）、非金属矿业和水泥产业（占20%）。农业领域的主要受益者为经济作物种植业和花卉种植业。从贷款的集中程度看，83%的贷款流向了纺织业、水泥产业和制糖业的50个项目（DBE，2012b）。可见，埃塞发展银行正在通过支持农业和工业发展响应政府的产业政策。

虽然埃塞发展银行在近期取得了积极的发展成效，但其对产业化进程的推动作用依然受到诸多因素的限制。其一，埃塞发展银行的作用受制于它有限的资金和"单一借款人上限"制度。其二，低效的管理制度和僵化的标准使用流程使埃塞发展银行支持产业政策的作用不能得到充分发挥。这主要是由于银行缺乏兼顾运营透明度和管理效率的能力。皮革、花卉和水泥产业中的许多企业都反映发展银行放款时间太长，贷款流程缺乏效率和灵活性。政府和埃塞发展银行的董事会则希望通过严谨的程序来保障银行的可信度和透明度。其三，埃塞发展银行面临信息不对称的问题，他们对企业认知不足，无法在贷款审批的过程中通过企业以往的业绩表现进行贷款审批。其四，银行有限的制度资源和人力资源也削弱了其运营效率。

## 三 埃塞商业银行在工业融资中的积极作用

埃塞商业银行在拉动出口和工业发展中发挥着不可或缺的作用。其他地区的实践经验表明，商业银行可以通过定向补贴或联合融资的方式在投资融资中发挥重要作用（Aghion，1999；Schwartz，2010；Diamond，1957）。由于其资本远超埃塞发展银行，埃塞商业银行参与了大规模工业项目的联合融资，如制糖业、水泥产业等。在 2005 年之前，商业银行的贷款并没有以国家政策作为指导。2000～2005 年，由于借贷条款宽松，商业银行积压大量坏账。2003 年，该银行 52% 的贷款为不良贷款。近年来，由于管理效率的提高，商业银行的坏账率开始逐渐下降。此外，商业银行也开始调整其贷款结构，使之与国家政策保持一致。这就要求商业银行将贷 85 款导向从利润可观的进口产业和国内贸易转向出口产业、农业和制造业。因此，2002 年后，埃塞商业银行向制造业和农业发放的贷款占贷款总额的比例分别提高至 25% 和 23%。其向国内贸易企业发放的贷款占贷款总额的比例降低到 10%。2011 年，进出口贸易融资已经占埃塞商业银行贷款总额的 30%。埃塞商业银行为出口企业提供的贷款比例从 2008 年的约 17% 提高到 2012 年的 80%，达到 10 亿美元。尽管埃塞商业银行为制造业提供周转资金和国际金融服务，但实际上，它对制造业持有偏见，因为它更倾向于以建筑物作为抵押，而非机器设备。

此外，埃塞商业银行也为国家的住房建设项目提供了超过 150 亿比尔的长期贷款，并为建筑业的能力建设提供了超过 30 亿比尔的贷款（MUDC，2013）。埃塞商业银行与埃塞发展银行跨行合作的深化进一步促进了产业政策的落实。在某种程度上，埃塞商业银行也起到了发展银行的作用。埃塞商业银行行长指出，该银行目前面临的主要问题是对相关产业缺乏认知和经验。

## 四 补充性融资工具

通过国内储蓄和财政收入进行资源动员，并将其导向生产性投资活动的行为也是发展型国家的特点之一。除上述银行之外，埃塞政府也使用了其他工业融资工具。例如，埃塞成立了工业发展基金（Industrial Development Fund，IDF），用于资助国有企业的扩张项目。通过这一基金，埃塞政府可以支配国有企业的部分收益，将其用于投资重点项目。具体的资源分配方案由埃塞金融与经济发展部和埃塞工业部负责制订。国有企业最多可以保留15%的企业所得，用于生产率、技术研发和管理能力建设等方面的再投资。这一基金计划是重要的创新之举和权衡决策，其资金经相关董事会批准后便可用于投资重点产业，提高企业的经济效益。

86　　政府允许国外金融资本以贷款的形式投资于埃塞的国有企业。接受国外贷款的国有企业包括埃塞穆戈尔水泥公司（Mugher Cement）、糖业发展公司（Sugar Development Corporation）和埃塞俄比亚航空公司（Ethiopian Airlines，EAL）（以下简称"埃航"）。除此之外，政府还允许大型投资项目（主要是外商投资项目）的承担者接受国外基金机构提供的贷款。比如，德坝水泥公司（Derba Cement）得到了来自非洲发展银行（African Development Bank，AfDB）、欧洲投资银行（European Investment Bank，EIB）和国际金融公司（International Finance Corporation，IFC）的贷款。最近，埃塞政府强制规定，私人银行必须购买埃塞国家银行27%的债券（NBE Bill）。这项资金则被埃塞发展银行用于为重点产业提供长期贷款与融资。但因为这些贷款偏向于政府项目，私人银行、埃塞国家银行和国际金融机构对这一举措一直存在较大的争议。需要指出的是，由于银行加大了对基础设施建设项目的投资，自2011年起，银行发放给私人部门的贷款有所减少。这些举措都说明，政府意欲通过不对外开放金融市场的方式获得金融资本的想法与国内的长期投资需求之间存在矛盾关系。这一决策实践虽然有成功之处，但也在客观上反映了埃塞经济在威胁和压力之下的脆弱性和适应性。

　　总而言之，从上述表象中我们可以得出以下若干结论（接下来的几个章节将会对此展开进一步的探讨）。第一，埃塞工业融资的主要特点包括：银行缺乏对所投资产业的了解，其融资程序冗长且官僚风气严重，缺乏筛选重点投资产业的能力和制度能力。银行对各产业的监管效果也有所不同，贷款与项目的经济效益之间缺乏关联。银行只看重企业是否能及时偿还贷款，而非帮助企业实现长期发展目标。第二，政府缺乏私有化银行业和引入国外银行的意愿。这也是国际金融机构、双边机构以及其他国家的争论焦点。第三，政府没有充分发挥国有银行的政策性银行作用（尤其是在初期阶段），而且贷款的发放也没有以工业化为导向。第四，这些情况在2004～2005年后开始有所改善，经过整顿后，所有国有银行开始以政府政策和重点发展目标为业务导向。目前，埃塞发展银行和埃塞商业银行已经成为政策性银行，在为重要产业提供运作资金方面发挥了关键作用。第五，政府开始致力于影响私人银行的行为（以贸易业务和短期贷款为主），并通过辅助性金融工具为一些长期的重点项目提供融资。第六，重点产业的信用贷款供不应求，这意味着银行需要提升吸引存款的能力。　　　　87

## 第五节　投资与出口促进

### 一　出口促进政策与机构

除通信产业和金融产业之外，埃塞所有产业都对外资开放。2004年以来，埃塞政府开始争取从土耳其、印度、中国引进外商直接投资。受益于这些国家国内劳动力成本的不断上升，埃塞从上述国家招商引资的努力已经取得了成效。埃塞日渐改善的经济表现、增长的国内市场以及廉价的劳动力是吸引外资的关键因素。此外，荷兰政府还为投资埃塞花卉产业的荷兰企业提供了激励，中国也（通过中非发展基金）在埃塞投资兴建了一个产业园作为其全球化战略的一部分。这些产业园［如位于杜卡姆（Dukem）市的东方工业园是埃塞的首个产业园］吸引了更多来自中国的投资（MOI，2012c）。中国在制造业领域的投资项目（主要为私人部门投资人）占埃塞已注册外商投资项目总数的83%（FIA，2012a）。多数中国国有企业参与了埃塞的建筑工程（水电项目、铁路和公路建设），并为私人、政府投资项目提供设备，其中包括水泥生产企业和埃塞电信公司。中国还参与了基础设施项目的融资和建设（Brautigam，2011）。中国、土耳其、印度和埃及的进出口银行也为埃塞提供了资金支持。2004～2010年，外商投资占埃塞国内生产总值的比重为2%，远低于大部分的亚洲国家。越南的外商投资占国内生产总值的比重为5.7%（2000～2010年），中国为3.9%（1991～2010年），东南亚为4.5%（World Bank，2012a）。然而，2005年以来，埃塞的投资额开始呈现出快速增长的趋势。其中，花卉产业的主要外商投资来自欧洲、以色列和印度，酿酒业的外商投资则来自西欧，而水泥产业、纺织和皮革制品产业则以中国、印度和土耳其的企业为主导力量（NECC，2012）。

要将外资引向出口领域，技术和营销能力的发展以及本地化程度的提升依旧是埃塞产业政策的主要挑战。亚洲和其他国家的发展经验表明，外商投资未必会带来积极的经济效应，促进本土私企的发展才是实现长期目标的关键所在（Amsden，2009）。

**投资激励**

激励机制不仅包含激励举措的设计、生效和实施环节，还应该包括对企业行为的后续跟踪（UNCTAD，2000：23）。埃塞政府实施了包括生产资料和相关配件的关税减免，设置2～5年的免税期等激励举措。此外，对于偏远地区的投资项目或者出口额占生产总额50%以上的出口商，可额外增加两年的免税期。投资者可以享受亏损结转的待遇，并根据实际情况选择更加优惠的固定资产折旧制度（加速折旧法或平均折旧法）。这些措施在大多数产业得到了推行。国内私人部门对这些激励政策做出了快速反应，开始对多个产业进行投资，其中包括制造业。但这些激励举措和相应的制度支撑还不足以带动私人投资者投资于重点制造业领域、高技术与高附加值产业。

**投资管理的出现**

鉴于埃塞的低工业化水平、低私人部门发展水平以及日益激烈的国际招商引资竞争，制定合适的可以吸引外资的政策和激励举措尤其重要。1992年，埃塞建立了第一个投资办公室，专门从事国内外投资的促进工作。该投资办公室是一个由国家总理主持的以投资委员会为领导机构的独立单位（FIA，2012b）。其委员会共有15名成员，这些成员包括金融部、贸易部、工业部、农业部和外交部的部长，埃塞国家银行行长，科学与技术委员会委员以及商会的秘书长等。埃塞规划与经济发展部（即现在的埃塞金融与经济发展部）部长担任委员会主席。同年，埃塞政府修改了相关公文，要求地方政府根据当地法令组建自己的投资办公室。1996年，原投资办公室被改组为埃塞俄比亚投资局（Ethiopian Investment Authority，EIA），被赋予了更多的权力。该投资局委员会共有7名委员，仍由国家总理主持工作。投资局采纳了"一站式服务"的提议，虽然事实证明埃塞政府尚未完全理解这一概念。因此，从国家层面到地区层面都必须进行大规模的调整。联邦、区域和地方机构之间的体制冲突削弱了"一站式服务"

的效力，尤其是在投资用地的供应方面。 89

2002 年，埃塞俄比亚投资局更名为联邦投资委员会（Federal Investment Commission）。2006 年，联邦投资委员会又改名为联邦投资局（Federal Investment Agency，FIA）。联邦投资局隶属工业与贸易部（Ministry of Trade and Industry），依旧以委员会为领导机制，委员会成员包括政府官员和私人部门代表，其最高负责人为工业与贸易部部长。但事实上，私人部门代表是由政府一手挑选出来的用以代表产业协会的个人。2010 年，埃塞对部长委员会进行了重组，埃塞工业部成为联邦投资局的主管部门。

笔者对联邦投资局的投资委员会会议纪要（2008~2012 年）进行整理后发现，在该委员会 446 项政策决议中，75% 的决策同免税权有关，8% 的决策同免征增值税和消费税有关（FIA，2012c）。另有 17 项决策同建议与修改相关政策指令相关。这表明：第一，投资局的最高领导机构（投资委员会）并不关注制度方面的缺陷，也不重视机构能力的提高。这一机构多次象征性重组也是这一问题的重要体现。第二，委员会成员和管理人员在问责问题上缺乏清晰的界限。大部分决策本应由相关主管官员做出，但权力下放的缺失导致这一点无法得到有效实现。第三，这些现象也说明，该机构的行政指令不够明确，导致透明度方面的漏洞。2013 年，埃塞颁布了新的政策宣言，明确了该机构的新职责，包括"一站式服务"和"投资后服务"等。

**缺陷与挑战**

第一，投资政策的频繁修订和执行不力削弱了投资政策（比如说"一站式服务"）的效果，并导致埃塞学习能力不足以及发展思路缺乏连贯性和一致性。但是，与长期未经修订的出口贸易税收协定相比，这些修订也在某种程度上显示了决策者的"学习"成效。第二，政府修订相关政策的主要目的是鼓励投资者投资偏远地区，促进地区的平衡发展。尽管也有部分投资项目分布于其他重要地区，多数投资项目依然集中在首都亚的斯亚贝巴和奥罗莫州中部地区。集聚型经济决定了经济活动的地域分配。可见，地区平衡发展的目标与集聚型经济之间以及关联经济逻辑理论与政策压力之间存在着相互矛盾的关系。投资促进已经成为埃塞最大的难题之一（Schwartz，2010；Henderson，2003；Marshall，1920）。 90

第三，产业政策的新变化侧重于部分制造业产业和国内私人部门。相较于其他领域，政府为制造业制定了更多的激励政策，而为其他已较为成熟的产业（如皮革制品产业、水泥产业等）制定的激励政策则有所减少（KOICA，2013）。埃塞投资法将产业园的建设与发展列为优先发展项目。根据2012年9月颁布的政府公文：

> ……投资鼓励和扩大化，尤其在制造业，是非常必要的……可以提高国内生产力水平；……增加资本流入，加速技术引进和吸收；……提升和促进不同地区投资分配的公平性；建立管控体系以确保投资许可和激励举措被用于相应目的；……投资管理体制必须是透明而高效的……产业发展园区的建立有利于创造有利的、有竞争力的投资环境，有利于在创造价值的基础上激发各制造业产业之间的关联，有利于吸引和扩大投资……（作者的强调）

由于缺乏有效的管控，激励举措被滥用的现象并不少见。其中包括，滥用免税优惠待遇，以市场价格向酒店和旅游景点销售免税车辆和商品，转让或变卖政府以优惠条件提供的土地等［参见埃塞税收和海关局（ER-CA）以及联邦投资局（FIA）的报告］。

总而言之，投资局工作效率依旧有限，缺乏执行能力。它目前的作用仅限于投资许可和投资资金的数据统计以及投资许可证的签发。其逻辑是以总注册投资额作为衡量投资成效的标准，而不是以投资的实际效益作为衡量标准。

## 二 出口促进与贸易保护

发展经济学家和经济史学家均认可将出口导向性工业化作为经济赶超的战略［Studwell，2013；Wade，（1990）2004；Amsden，1989；Thirlwall，2002；Ocampo et al.，2009］。经济的开放程度本身并不是关键，真正重要的是经济融入国际市场的方式（Ocampo et al.，2009）。出口促进之所以重要，不仅因为它可以带来外汇收入和促进国际收支平衡（详见第二章），还因为它有利于推动国民经济生产力和竞争力的进一步提升。埃塞的产业政策文件借鉴了东亚地区的成功经验，对出口导向型工业化的发展给予了特殊的重视（FDRE，2002）。

**汇率与分配工具**

稳定的汇率是国家推动工业化持续发展的宏观经济政策的重要组成部分（FDRE，2002）。1992 年以来，埃塞为缩小贸易不平衡对汇率进行了持续的调整。有观点认为，国家可以通过货币贬值来促进出口的增长（Ocampo，Rada，and Taylor，2009）。在德格政府的计划经济体制下，埃塞汇率始终未经过调整，结果导致货币被高估和严重的反出口倾向（Tekeste，2014）。在德格政府统治下将近 17 年的时间里（1975 ~ 1991 年），美元对埃塞比尔汇率始终维持在 2.07。与国际金融机构提出的全面开放货币市场的建议相反，目前，埃塞政府采取了管理浮动汇率机制，有效缩小了官方汇率与平行市场之间的差距。当地银行负责每周一次的汇率拍卖，而央行有权对汇率进行干预，以减小汇率的波动。2010 年，埃塞货币贬值 20% 左右（图 3 - 4）。我们将在本书第四至六章详细论述汇率对水泥、花卉、皮革及皮革制品产业的不同影响。

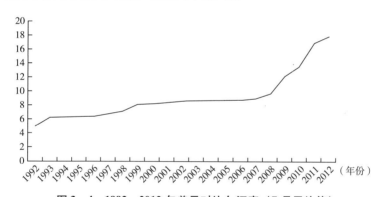

**图 3 - 4　1992 ~ 2012 年美元对比尔汇率（7 月平均值）**

来源：National Bank of Ethiopia，Research Department，30 November 2012。　　92

**外汇留成**

1996 年，埃塞国家银行引入外汇留成制度（Tekeste，2014；NBE，2013）。根据这一政策指令，符合条件的出口商可以保留高达 30% 的外汇收入。为此，出口商需要注册两个外币留成账户。账户持有人可以不受时间限制将账户内 10% 的外汇用于货物的进口与出口促进等。此外，账户持有人可自由出售余下的 20% 外币。由于易于管理，该制度已经被各国广泛使用。由于国家外汇储备有限，外币短缺问题长期存在，中央银行不得不根据政府制定的优先顺序对外汇进行酌情分配。这种措施适用于外汇储备严重短缺的时期；此外，优先性的认定具有很强的主观性，容易造成企业的不满和银行的渎职。包括国际承包商（由于延期付款问题）、国内外投资者（利润汇回本国问题）和进出口商等经济活动参与者都对此提出了抱怨。

**出口促进与贸易关税工具**

为了缓解运营资金需求带来的压力以及解决贸易设施和物流环节的瓶颈问题，埃塞政府实施了包括出口退税、凭证制度以及保税仓库等出口促进政策。这些激励制度可以划分为出口前激励措施（凭证制度和保税仓库）和出口后激励措施（出口退税）。在这些激励计划下，出口产业获得了免除关税及增值税等间接税项以及在提交相关文件后免除代扣税的优惠待遇。但这些出口促进计划普遍存在管理方面的问题。第一，埃塞工业部和其他机构长期未能获得出口促进机制所需的基本而可靠的投入－产出数据。收集和分析这些数据的任务被交给制造业企业，但这些企业既没有时间也没有能力承担这个任务。第二，出口促进机制没有应用在线服务系统以及办公自动化系统以提高其运作效率。政府部门之间缺乏协调加剧了这一问题的严重性。相关举措的实施过程涉及多个不同的政府机关，如埃塞工业部、埃塞税收和海关总局、联邦投资局、国家银行、银行及运输公司等。除此之外，这一机制还存在缺乏训练有素的工作人员、监督不力、腐败等问题。第三，由于设计不合理和缺乏执行力度，为出口商供货的国内企业无法从中受益。此外，决策者也未能对该体系做出与时俱进的调整。而作为这一机制的主要受益者，制造商们并未参与到该机制的设计与执行过程之中。第四，相关意识的缺乏以及各级政府机构的反出口和反制造业偏见进一步削弱了这一机制。本书第四至五章将会进一步探讨这些措施未能为产业政策提供有效支撑的原因。

**出口目标设定与监管**

发展型国家普遍通过产业政策为企业提供以绩效表现为分配依据的经济租金的方式对私人部门的行为进行约束和管理。2010 年以来，埃塞政府开始应用出口目标设定制度对每个月的出口结果进行统计和评估。韩国和中国台湾的发展经验表明，出口约束与监管有助于出口导向型工业化的发展。然而，由于出口商缺乏参与积极性以及政府无力提供实现相关出口目标所需的支持，出口目标设定制度在埃塞的效果非常有限。出口目标设定制度作用的发挥需要综合性的方法以及政府与企业家的共同努力（或者说动力）。另外，埃塞政府还曾制定为企业提供出口奖励的政策法规，但其效果也显著低于预期。这一政策面向全体出口商，但没有将企业家设为重点奖励对象。在部分获奖者因为逃税和其他违法行为而遭到指控后，该政策最终被有关部门废止。

**进口关税的作用减弱**

关税策略旨在保护国内生产活动，使之免受进口竞争的消极影响，虽然关税的使用正在逐渐退出历史舞台。20 世纪 80 年代中期出现的贸易自由化浪潮、非洲的结构调整改革以及世界贸易组织的加入条件均对国际贸易规则产生了深刻的影响。20 世纪 90 年代初，在国际货币基金组织及世界银行的协助下，埃塞开启了贸易自由化改革。关税削减便是贸易自由化的重要内容之一。在贸易自由化的改革过程中，埃塞政府采用了循序渐进的方式，1993～2011 年对关税进行了七次重要调整。最高关税税率从 1990 年之前的 230% 降至 2011 年的 35%，而关税类别从 23 项降至 6 项（MOFED，2011a，2011c；ERCA，2012b）。简单平均关税税率从 1992 年的 41.6% 降至 2011 年的 20%，而同期的加权平均关税税率从 79.1% 降至 17.5%。政府还在特殊特殊情况下使用了进口禁令（如水泥进口禁令）和出口禁令（如 2012 年颁布的生皮出口禁令）（MOFED，2013b）。尽管如此，截至 2012 年，埃塞的关税依然高于许多撒哈拉以南非洲国家。作为世界贸易组织的申请国，埃塞还有待进一步降低其关税水平。

# 第六节　国家的直接经济参与者角色与私有化

## 一　国家作为经济活动的直接参与者

与主流观点相反，出于多重目的，积极主义国家往往以国有企业为直接生产者和产业参与者（详见第二章与第七章）。所有制结构与企业的低绩效表现或低行政管理效率并无直接关联，国有企业能在国家经济赶超过程中发挥关键作用（Chang and Singh，1997；Chandler，2004；Chandler et al.，1997；Nolan，2012；Amsden，1989）。国家直接参与经济活动对埃塞产业政策至关重要，其原因是多方面的（FDRE，2002；EPRDF，2011c；

EPRDF，2013e）。首先，埃塞工业化水平低，国内私人部门能力有限（尤其在长周期、高风险、大规模的投资项目方面），这要求政府必须借助私人部门之外的补充性经济部门实现经济的加速增长。1991 年之前，德格政府禁止私人部门参与工业生产。其次，由于埃塞基础设施薄弱、人力资源开发水平较低、市场失灵的情况普遍以及根深蒂固的政治风险观念，私人部门更倾向于投资回报快的领域，而缺乏对有利于长远发展的生产性出口产业的投资意愿。因此，埃塞政府有必要通过国有企业维持国家在战略性经济领域的存在。必要之时，政府也可以通过与境外投资者的发展合作实现这一目的。这一政策的意识形态基础似乎源于埃塞政府的发展观，该发展观始终强调政府应在经济赶超的过程中发挥关键的积极作用（EPRDF，2011b）。此外，国有企业在埃塞有着较长的历史，可以追溯到 1974 年之前的帝国时期与德格政权时期（1974 ～ 1991 年）。这段历史可能塑造了一

95 个倾向于这一政策理念的政治观，但要证明这一点并非易事。通过企业合并的方式成立新的更加合理化的国有企业实体是埃塞近期的政策重点。例如，政府通过合并原有国防工程工厂于 2011 年成立了金属工程公司（Metal Engineering Corporation，METEC）。2012 年，埃塞俄比亚航运公司（Ethiopian Shipping Lines）、埃塞俄比亚海运公司（Ethiopian Maritime and Transit Enterprise）及陆港公司（Dry Port Enterprise）被合并为埃塞俄比亚运输与物流公司（Ethiopian Shipping and Logistics Corporation，ESLC）。此外，政府还即将通过合并化肥厂、化工厂和水泥厂建立化学工业公司（Chemical Industry Corporation，CIC）。然而，从这些举措中，我们还不能断定埃塞政府是否能够一如既往地坚持培育优秀国有企业并使之成为工业化的主要驱动力的政策。

## 二 以私有化改革为补充性政策

1980 年以来，私有化已成为解决国有企业弊病的最通用的"药方"（Cramer，1999c）。① 因为主流经济学观点普遍认为政府本身就是个问题，

---

① 在《私人岛屿：为什么英国已经归他人所有》（*Private Island：Why Britain Now Belongs to Someone Else*）一书中，James Meek（2014）揭示了在英国多个行业实施的私有化改革没能为英国带来经济活力的原因。Rodrik（2012：151）强调，私有化本为常规（发展）路径之一。

应该尽量减小其对经济的干预作用（Stiglitz，1998；Cramer，1999c；Bayliss，2006；Bayliss and Fine，2008）。私有化是国际金融机构的结构调整计划（Structural Adjustment Programmes，SAPs）的重要内容，也是几乎所有非洲国家获得国际金融机构贷款的前提条件。然而，在 Stiglitz（1998）看来，私有化不应该被视为最终目标，为了取得更好的发展成效，政府还应该制定相关的私有化监管机制。私有化的功效包括：改进企业运营，有效配置资源，减少政府在国有企业的开支，增强资本市场与促进外国直接投资流入以及推动技术技能转让等。埃塞政府推行的私有化战略与国际金融机构的要求相悖，两者对此一直存在意见分歧。已故总理梅莱斯·泽纳维曾指出："国际货币基金组织一直督促我们出售国有企业，但我们始终持反对这种做法，它们会让我们的经济走向崩溃。"埃塞政府的这一反对意见多次被媒体引用。[①] 在机制建设方面，私有化改革主要由总理办公室下属的一个工作小组负责，该小组还得到了多个技术团队的协助。作为一个独立部门，埃塞俄比亚私有化委员会（Ethiopian Privatization Agency）成立于1994年，由总统直接任命的委员会成员共同领导。此外，埃塞政府还成立了国有企业监管委员会（Public Enterprises Supervisory Agency），负责监管那些具有自主权的国有企业。但由于运作方面的缺陷和工作人员的频繁变动，这两个机构最终被改组合并为埃塞私有化与国有企业监管委员会（Privatization and Public Enterprises Supervisory Agency，PPESA）。在德格政府的计划经济框架下，所有企业都以官僚企业的形式运作。直至埃塞俄比亚联邦民主共和国（Federal Democratic Republic of Ethiopia，FDRE）第25/1992号文件正式解散了这些机构，且将所有国有企业定性为以实现经济效益为目标的独立法人，受企业管理董事会的领导，董事会成员由埃塞私有化与国有企业监管委员会任命（FDRE，1992）。

96

从埃塞的私有化改革项目中我们可以得出以下结论。其一，在推行私有化改革的同时，政府依旧在其所认为的市场体系不会主动投资的领域进

---

① 如参见 BBC（2003年9月1日）"Ethiopia hits out at IMF"；AFP（31 August 2003）"Ethiopia rejects proposal to provatize loss – making state firms"；https：//brian. carnell. com/articles/2003/ethiopia – and – the – international – monetary – fund – at – loggerheads – over – privatization/ 'Ethiopia and the IMF at Loggerheads Over Privatization'。

行自主投资或合作投资。西贡·迪马纺织厂（Saigon–Dima Textiles）就是一个土耳其投资者发起的由埃塞政府与土耳其投资者间联合投资的项目。在私有化过程中，埃塞政府一直追求渐进务实的原则。这与 Janos Kornai 的观点一致，他认为私有化是"经济系统变革的首要任务"，主张政府通过循序渐进的方式带动私人部门的有机发展，鼓励国内私人部门投资者进行投资（Lindbeck，2007；Kornai，1990）。但也有学者认为，埃塞私有化进展过于缓慢（整个过程经历了 20 年的时间），这反映出埃塞政府并未竭尽全力推动私有化和私企的发展。埃塞政府近几年在制糖、化肥生产、金属和工程等产业的大规模投资也似乎为这种指责提供了更有力的证据。鉴于埃塞日益提升的机构能力、推动国内私人部门发展的宗旨及其日渐上升的信任度和信誉，相关部门对私有化项目的优先性排序总体而言是合乎逻辑的。私有化改革最早开始于较小的企业（如零售业），后来随着经验的日益丰富，政府开始着手对大型企业进行私有化改革。这种从易到难的私有化顺序与莫桑比克和赞比亚所采用的方法类似（Cramer，1999c，2000）。

其二，国内私人部门缺乏收购即将被私有化的国有企业的动力、资金，也不具备管理能力，这种情况对埃塞的私有化政策构成了主要挑战。

97　埃塞政府有意通过私有化计划培养国内企业。它不仅为私人部门收购国有企业制定了许多优惠性政策，而且许多国有企业的拍卖活动只对私企开放。因此，85% 的私有化公司被出售给了国内买家（表 3–2）。但这一结果仍然低于预期，尤其在大型企业的收购方面。国内私人部门的迟钝反应最终导致相关部门进一步加大了国有企业私有化改革的对外开放程度。其结果就是外国买家收购了许多大型企业。比如，2012 年，三家啤酒厂（Meta，Harar 和 Bedele）被帝亚吉欧公司（Diageo）和喜力公司（Heineken）这两家欧洲公司以 4 亿美元的最终成交价收购。政府修正了对国内私人部门较为不利的估值方法，并延长了付款时间。允许所有内资企业在五年内偿付收购成交金额的 65%，而外国买家则需要在三年内最少偿付 50% 的收购金额。延迟支付款项的利率为埃塞国家银行储蓄利率的上限。

表3－2 被私有化企业及其买方情况

单位：百万比尔，%

| 时 期 | 私有化公司 | | 年收入 | | 每年私有化企业数量 | 每家公司年收入 |
|---|---|---|---|---|---|---|
| | 公司数量 | 所占百分比 | 收入 | 所占百分比 | | |
| 第一阶段（1994~2001年） | 230 | 73 | 3100 | 24 | 29 | 13.5 |
| 第二阶段（2002~2011年） | 82 | 27 | 9600 | 76 | 8 | 117 |
| 总 计 | 312 | 100 | 12700 | 100 | 17 | 41 |

| 买方情况 | | |
|---|---|---|
| 买方情况 | 公司数量 | 所占百分比 |
| 国内买家 | 264 | 85 |
| 国外买家 | 31 | 15 |
| 总 计 | 295 | 100 |

来源：PPESA（2012）未公开数据。

其三，私有化改革的透明度和可靠性同私有化成果一样重要，它们可以缩减资源被滥用的可能性与腐败的滋生空间。约四分之三的企业转让是通过公开招标和拍卖的方式实现的。区域性留本基金从没有收购任何大型的私有化企业。与此同时，没有任何证据可以证明政府官员或与政治相关的个人从私有化进程中获得了任何经济利益（Kelsall，2013）。2000年，有两个部长因涉嫌与私有化相关的腐败案件而被捕入狱。[①] 第五章将对该事件展开更进一步的阐述。机构能力不足（政府部门之间缺乏协调、技术人才短缺、缺乏适当的评估方法和有效的促进方案）是私有化改革面临的主要问题之一。外来经验和专业知识的使用似乎也比较有限，但这一过程体现了埃塞政府"边干边学"的工作思路。这个问题在私有化进程的早期阶段尤其突出，但由于当时私有化的重点对象为小型企业，其造成的后果并不是非常严重。

## 第七节 协调与产业制度

### 一 国家出口协调委员会

List（1856）强调，国家的政治经济活力取决于其相关职能机构的效

---

① 参见 World Bank（2012b）。

力。职能机构在工业化过程中扮演着重要的角色，与此同时，职能机构本身需要根据国家的赶超战略而进行与时俱进的完善和提升（Amsden，1989；Rhee et al.，2010）。为促进工业化发展，埃塞俄比亚建立了一整套针对性的机构体系，其中包括国家出口协调委员会（National Export Coordination Committee，NECC）、埃塞俄比亚工业部及其附属机构，以及如埃塞俄比亚发展银行等国有企业。本节将有选择性地针对部分职能机构展开进一步分析和探讨。

2003年，即新工业化发展战略（2002）获得通过的第二年，埃塞俄比亚正式成立了国家出口协调委员会。该委员会的前身为出口促进委员会（Export Promotion Board）（1995～1998年）和埃塞俄比亚出口委员会（Ethiopian Export Agency）（1998～2002年）。在其各自存在的历史年代中，这两个机构都没能有效发挥应有的作用（FDRE，1998a，1998b）。国家出口协调委员会的主要宗旨和使命是促进出口和提升相关政府部门之间的协调性。该机构的最高负责人为埃塞俄比亚国家总理，其成员主要为各政府部委的代表。成立之初，该机构只有不到15个成员，目前其成员数量已超过25个。

国家出口协调委员会的会议议程主要是对出口部门和各政府部门进行绩效考核（含月度目标和实际绩效）。在委员会会议中，委员会成员就各政府部门和机构所提交的报告进行讨论，其讨论重点通常为急需解决方案的问题。2003～2012年，国家出口协调委员会共召开了90次会议。委员会月度会议由总理主持，通常要持续一天，很少出现会议被取消的情况。在必要的时候，由委员会的最高决策者即国家总理做出艰难的决定。关键经济活动者的参与提高了委员会的决策质量和效率。一般情况下，委员会的决定必须以委员会成员对相关问题的解决方案达成共识为前提。2006～2012年，埃塞俄比亚的年均出口额增长率长期保持在22%左右，这在一定程度上归功于国家出口协调委员会的领导作用。同期，埃塞商品出口收入由10亿美元增长到32亿美元，增长了两倍还多。国家出口协调委员会的创建者即其第一任主席——被称为埃塞俄比亚工业发展战略总设计师的梅莱斯·泽纳维总理去世后，国家出口协调委员会继续保持了有效运作（EPRDF，2013b）。

韩国类似的机制为成立于1961年的国家出口促进会议（National Export Promotion Meeting），该会议的第一任主席为韩国总统朴正熙将军，并每月定期举行例会。该机构共有 172 名成员，其中包括 36 名内阁成员和国家部长，50 名总统办公室行政工作人员，50 名企业代表和工业协会代表，8 名银行代表及 9 名来自各个大学和研究机构的代表。不久后，该机制更名为国家贸易促进会议（National Trade Promotion Meeting）。促进出口是出口促进会议的唯一宗旨。为实现这一宗旨，该会议的成员必须在月度会议上制定出相应月度的出口目标和务实、灵活的政策决定（Rhee et al.，2010）。Rhee 等认为该组织的高效率主要得益于有执行力的行政体系、国家与企业之间密切的同盟关系以及将出口作为经济增长主要驱动力的坚定决心等。通过这一机制，会议成员在协商的基础上制定了相关激励机制，相关产业也获悉了政府的政策意向及政策决定的相关信息。总而言之，国家出口促进会议是韩国政府促进出口和增强出口部门凝聚力的工具。得益于将出口增长与国家命运相关联的近乎超越理性的出口管理手段，韩国的出口额从 1962 年的 6000 万美元增长到 1982 年的 220 亿美元。在这一过程中，激励约束机制发挥了积极的作用，该机制将合理化目标、责任与制裁以及绩效标准等因素进行了有机的糅合（Chang，1994；Amsden，1989；Studwell，2013）。

尽管埃塞俄比亚的国家出口协调委员会在扩大出口创汇方面发挥了重要作用，但其成效远低于预期。以下几个因素导致了这一结果。第一，国家出口协调委员会的成员构成过于狭隘。很多重要的政府机构（如埃塞俄比亚商业银行、埃塞俄比亚发展银行、埃航以及关键出口部门的负责机构等）均没有成为国家出口协调委员会的成员。它们的参与能够改善决策的质量和效率，优化机构之间的协调性和促进政策的执行。企业家和产业协会也不在国家出口协调委员会的成员之列。它们的参与可以使国家出口协调委员会有机会更好地了解产业发展的困难与机遇，从而更好地做出周全的决定。此外，相关产业也可以更好地了解政府的目标及重点，并帮助政府合理化其出口目标和相关制裁举措。这有利于促进政府与产业之间形成更深层次的互信和更强力的合作伙伴关系。然而，企业家的参与的确也容易引起以下几个方面的技术和政治问题：其一，应该将哪些产业包括在内的问题；其二，需要从制度上确保企业家的参与不会导致国家出口协调委员会这一协调机制被特定的利益集团所"绑架"。此外，埃塞俄比亚还有

100

待进一步增强政府与特定产业之间的对话，为政府和中介机构对相关事项进行协商创造条件。政府也需要出台相应的政治决策以平衡"自主性"和"内嵌性"之间的关系（Evans，1995）。

第二，将国家出口协调委员会相关议程局限于出口问题的做法容易导致对其他制造产业的忽视，从而削弱出口和进口替代产业之间的互补性。在大多数成功的后工业化国家，进口替代产业的规模都超越出口产业，而且与出口行业共同成长（Amsden，2001，2007a）。对非出口导向型制造产业的忽视以及既得利益集团的政治压力共同导致了埃塞俄比亚进口替代产业的缓慢增长。

第三，国家出口协调委员会讨论的许多问题都是机构运作层面的问题，无力的问责制度是这些问题产生的主要原因（NECC，2012）。为了提升成员之间的协调性，出口委员会还专门设立了分委会，但这些分委会显然也没能完成其使命。如果多数常规协调问题能够在部委层面、区域层面或地方层面得以解决的话，国家出口协调委员会就可以将工作重点集中在主要的协调失败问题上。这凸显了形成有效的问责制，即对那些无法完成出口目标的企业进行制裁的必要性。

第四，较弱的供给反应是影响出口目标设定举措效力的主要因素，而生产力水平低则是埃塞俄比亚经济供给反应较弱的根本原因。这种结构刚性对出口增长有着重要的启示。国家出口协调委员会对出口增长监管作用的发挥需以合理的出口目标作为前提。这样的出口目标必须以国内经济的供应能力（能够反映各公司的具体目标）和实现目标所需要的支持（信贷、物流和土地等）为制定依据。而这些都是埃塞俄比亚所缺乏的。因此，出口目标（包括因未完成目标而施加的惩罚）或许是必要的，却是远远不够的。出口目标还必须与分析能力密切结合，这是一个近几年几乎没有进展的领域。我们将在后面的章节对这些问题展开进一步探讨。

## 二 机构：发展工业的关键组织

### 制造业的主管部门：工业部

埃塞俄比亚工业部是制造业的主管部门和领导机构。除此之外，埃塞俄比亚还设有用于监管和支持特定产业（如皮革与皮革制品产业、纺织与服装产业、基本金属提炼和工程产业等）发展的专业化机构，以及其他具有特殊使命（如国有企业私有化改革和监督等）的机构。这些机构都是埃塞发展和促进国家政府与特定经济领域或产业之间制度化互动战略的重要组成部分（Buur et al.，2012）。每经历一次五年一届的大选，埃塞俄比亚工业部几乎都要面临一次重组。不同时期的组织结构、领导层的级别（尤其在与其他联邦或地区政府机构的协调方面）及其受国家总理的重视程度等都会影响工业部的效力。由于权力有限且缺乏对其他机构的政治影响力，埃塞俄比亚工业部作为工业化领导机构的作用长期没能得到有效发挥。国家出口协调委员会便曾在不同场合多次提出这个问题，因为埃塞俄比亚工业部常常将协调方面的问题与阻碍交由它处理，而不依靠自身的能力进行有效协调。

**研究机构作为特定产业发展的驱动力量**

2009 年以来，独立研究机构已经成为埃塞政府用于领导和发展关键产业的主要机制。目前，埃塞政府建立的三大研究机构分别为皮革产业发展研究所（Leather Industry Development Institute，LIDI）、纺织产业发展研究所（Textile Industry Development Institute，TIDI）以及金属产业发展研究所（Metal Industry Development Institute，MIDI）。这些产业研究机构最初主要服务于出口导向型产业，后来被进一步推广至进口替代型产业。最初，埃塞政府曾多次尝试在相关政府部门设立专职研究部门以服务于特定产业的发展，但都以失败告终。这三个独立的研究所正是在此背景下得以成立的。埃塞政府正准备将这种做法推广到其他产业。尽管姗姗来迟，但这些研究所（指分别针对皮革、纺织与金属产业而设立的研究所）或委员会（针对花卉产业）已经在相关产业和企业的发展中扮演了重要的角色，尤其在动员政府和社会各界的支持方面。它们也有助于解决官僚机构的惰性问题，管理激励机制，促进政府与产业之间的信息流动与集体学习。由于相关政府机构的官僚体制阻碍（这也是很多企业面临的主要问题），这些研究机构不得不将大量精力放在行政和辅助性事务上。企业所有者和管理层普遍认为，提供公共服务和贸易与关税方面的支持远比提供培训与技术支持更加重要。相关政府部门的官僚机制问题是政府领导失败的铁证，因为这一问题的最终责任在于政治领导者。除非这个问题能够得到有效解决，否则这些研究机构将无法专注于提升企业的技术能力。此外，这些研究机构本身也面临着缺乏专业人才，对产业政策、产业以及相关问题理解不够充分等问题。它们也缺乏推动产业政策的热情。目前，相关产业的研究机构与国际组织之间已经建立了对口合作机制，其前景非常值得期待。但这些研究机构与高等院校之间的科研合作依然薄弱。在下面的三个章节中，我们将就这些问题展开进一步的探讨。

## 第八节　总结与结论

20世纪50年代中期至90年代初期，埃塞俄比亚经济长期处于工业化程度不足的落后局面，以进口替代型工业化为基础的工业发展未能带来经济的高速增长和结构转型。直到90年代初期，埃塞俄比亚才开始逐渐步入工业发展的正轨。20世纪90年代，埃塞俄比亚政府长期专注于战后重建、经济和政治改革（包括联邦制），以及多党制政治体制的构建。这一时期，埃塞俄比亚政府进行了多方面的政策实验和探索，但在很大程度上维持了其决策自主权。这部分归因于埃塞政府在战争时期以及从战争到和平的过渡时期赢得的权威性与合法性。另有部分原因在于政府在塑造和利用国家地缘政治优势方面的远见。这一时期，埃塞俄比亚取得了令人瞩目的经济增长，虽然其结构转型还远未完成。

本章表明，近年来，埃塞俄比亚已显示出发展型国家的某些特点。此
103 外，本章还表明，根据经济史与结构主义发展经济学原理，埃塞俄比亚有条件成为一个发展型国家，尤其是一个以工业化为重点的积极主义国家。关于这一点，我们可以从制造业，尤其是某些制造业的政策落实和发展表现中找到具体的证据。迄今为止，从就业机会和出口收入创造维度上看，制造业在埃塞俄比亚经济发展中发挥的作用依旧非常有限。但近年来埃塞俄比亚制造业的表现和相关政策实践对未来的发展具有重要的启示意义。笔者写这本书正是基于上述历史与推理，目标是详细考察和分析埃塞俄比亚这一积极主义发展型国家的发展表现、产业政策实践及其面临的挑战。更广泛地讲，本书旨在探索撒哈拉以南非洲国家在产业政策的使用方面成
104 为积极主义国家的可行性及其理论根据。

# 第四章 发展的催化剂？ 水泥进口替代产业的不均衡发展

## 第一节 引言

近百年来，埃塞对水泥的生产和使用发生了巨大的变化。1904～1917年，埃塞－吉布提铁路（Ethio－Djibouti railway）工程项目使用的水泥是从波特兰（Portland）进口的。意大利人于 1938 年占领埃塞时建造了迪雷达瓦水泥公司（Diredawa Cement Factory），其年生产能力为 3 万吨左右。20 世纪60 年代中期，埃塞政府在亚的斯亚贝巴市和现厄立特里亚（Eritrea）的马萨瓦市（Massawa）建造了两个水泥厂，年生产总量 15 万吨。1984～1991年，德格政府在穆戈尔水泥公司（Mugher Cement Enterprise，MCE）安装了两条水泥生产线，总装机产量为每年 60 万吨熟料。从 20 世纪 80 年代中期开始，所有的国有水泥企业均统一受埃塞穆戈尔水泥公司管理。

在经历了 20 世纪 90 年代之前长时间的缓慢发展后，埃塞水泥产业于2000～2012 年实现了令人瞩目的增长。从 1999 年到 2012 年，该产业的总装机产能实现了从 80 万吨到 1000 万吨的飞跃（MOI，2012b，2013）。在此期间，埃塞水泥产量的年均增长率是非洲或世界平均水平的两倍以上。截至 2012 年底，产业内的企业数量从仅有 1 家国有企业增加到 16 家。新企业采用了更加先进的生产技术并普遍采用规模经济的扩大再生产方式。在这一历史时期，埃塞水泥产业发生了一系列巨大的变化，埃塞很可能成为非洲三大水泥生产国之一。按照埃塞的人口增长速度估值和人均 300 千克的年消费量计算，2020 年埃塞国内的水泥需求有望达到 3600 万吨。2012 年，全球水泥人均消费量为 390 千克（MOI，2012b）。与跨国公司在非洲大陆整体水泥产业中占主导地位的情况不同，内资企业在埃塞水泥产业中占据主导地位。

埃塞政府通过其制定的产业政策对水泥产业的发展进行了直接和间接的干预，显著影响了该产业的发展。其出台的扶持性举措包括长期投资贴息贷款、投资促进激励举措以及确保为水泥产业的生产提供所需的矿产资源等。在需求方面，政府实施的大规模住房和基础设施建设项目以及私人部门规模的扩大引发了 2005 年以来的建设热潮（MOFED，2012b），有力推动了水泥产业的发展。尽管如此，水泥产业的发展依旧面临着重重挑战。面对这些新挑战，埃塞政府没有及时进行干预，而且也没有为产业的发展制定符合实际情况的长期发展战略。其结果是，埃塞政府未能防止和控制水泥产业的周期性危机。2006~2011 年，由于国内水泥供应一度严重短缺，埃塞不得不开始进口水泥。而在 2012 年，由于国内企业产能过剩，水泥供应出现了供过于求的情况。与此同时，该产业还面临着缺乏竞争力和生产率低下的问题。此外，国内技术能力仍处于较低水平。

为收集上述论点的相关依据，深化对水泥产业的了解，并在此基础上就相关问题进行进一步的探讨，本章综合采用了调查、访谈、实地考察、文献综述等研究方法和手段。本研究也总结和借鉴了其他主要水泥生产国家的经验（如中国、印度和韩国）。在研究过程中，笔者通过准普查式调查方法对产业内的所有 16 家企业进行了定量和定性调查；对来自 28 家企业、机构和相关组织的 40 个人进行了定性和深入的访谈；对 12 家水泥厂进行了实地调查和参观，进一步获得了更多的信息；查阅了数以百计的一手和二手资料；对两家主要水泥公司的详细历史数据和当前数据进行了收集和分析（2007 年之前，这两家工厂承担了埃塞 100% 的水泥生产任务）。为更好地了解该产业的最新发展趋势，本章尽可能多地使用了截至 2013 年 6 月的最新数据。为便于进行国家之间的比较研究，并将本研究的调查结果与埃塞中央统计局所做的调查结果进行对比，本研究采用了国际产业分类标准（International Standard Industrial Classification，ISIC）和美国地质调查局（US Geological Survey，USGS）对相关概念的定义。

本章的主要发现可以总结为以下几个方面。第一，国家为水泥产业提供了多方面支持，如国家通过对水泥产业和建筑产业的直接支持使水泥产业在政策引导下获得快速发展。第二，不同的政策产生了不同的成效，水泥产业吸收了大量的稀缺资源。某些政策甚至可以说是"多余的"，它们

106

对主要投资促进举措的补充作用非常有限，对快速增长的市场的促进作用也非常有限。第三，在一定程度上，间接政策，尤其是政府对住房和基础设施的投资，比某些直接扶持举措更为有效。这里面涉及了政策的权衡（如获得财政收入与为企业提供激励之间的权衡，鼓励投入品进口与通过货币贬值支持出口产业之间的权衡）和经验学习。外汇短缺的现状与政府为重要产业分配稀缺的外汇资源以促进其发展的干预行为及其好坏参半的政策结果之间的矛盾关系的处理和权衡尤为重要。

本章将着重分析埃塞水泥产业的发展表现并就埃塞水泥产业的新产业结构进行探讨。除此之外，本章也将探究产业关联和产业发展之间的关系。本章最后一节将重点讨论相关产业政策和工具、制度及决策过程。

## 第二节　产业表现

### 一　产出增长模式

2006～2010年，埃塞水泥产业年均增长率为12.4%，是世界年均增长率的两倍。同期，非洲大陆水泥产业年均增长率为4.5%（图4-1）。1991/1992年度埃塞水泥年产量仅为23.7万吨，到2010年，埃塞水泥总产量已经达到300万吨，增长了十多倍。这一时期，埃塞水泥产量总体保持了稳定增长的趋势。唯独2000年，由于第二家工厂正式投入生产，埃塞水泥产

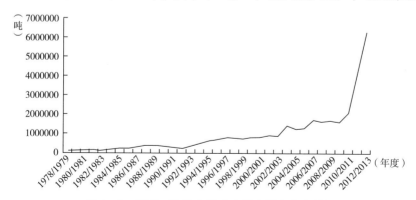

**图4-1　1978～2013年埃塞水泥产量变化走势图**

来源：CSA，Report on Large and Medium Scale Manufacturing and Electricity Industries Survey，1978/79-2010/11；MUDC July 2013。

量激增，翻了一番。2012 年，由于其他新水泥厂的投入生产和扩建项目，
埃塞水泥产量也出现了大幅增长。但由于投资的急剧增长和较长的投资酝
酿时间，水泥产业的年增长率往往容易出现波动。

2013 年，埃塞水泥产业的装机产能超过 1000 万吨/年，在撒哈拉以
南非洲地区的排名也从 2000 年之前的第十五名上升至第三名，仅次于南
非和尼日利亚。2005 年以来，东非地区水泥产业的发展速度显著高于非
洲其他地区。尼日利亚和肯尼亚的水泥产业也在快速增长（表 4 - 1）。
尽管如此，埃塞人均水泥消费量（2012 年为 69 千克）仍然落后于发展中
国家的人均消费量。2012 年，中国、越南、印度和非洲的人均消费量分别
为 1500 千克、700 千克、200 千克和 150 千克。这是基于联合国经济与社
会事务部（United Nations Department of Economic and Social Affairs，UN -
DESA）人口数据做出的估算。由于出口量有限，上述计算未除去各国的
水泥出口量。

表 4 - 1　相关区域和国家的水泥产量增长率及排名

| 描　述 | 年均增长率 | | 2013 年装机容量（百万吨） | 2012 年生产量 | |
|---|---|---|---|---|---|
| | 增长率（%） | 年份 | | 实际产量（吨） | 排　名 |
| 国际比较 | | | | | |
| 　世界 | 4.5 | 2006 ~ 2010 | | 3700 | |
| 　中国 | 10.7 | 1998 ~ 2010 | | 2150 | 全球第一 |
| 非洲各国比较 | | | | | |
| 　非洲总产量 | 4.5 | 2006 ~ 2010 | | 140 | |
| 　南非 | 1.8 | 2006 ~ 2010 | | 13 | 撒哈拉以南非洲地区排第一 |
| 　尼日利亚 | 14.2 | 2006 ~ 2010 | 35 | 5.4 | 撒哈拉以南非洲地区排第二 |
| 　埃塞俄比亚 | 12.4 | 2006 ~ 2010 | 12.2 | 4.2 | 撒哈拉以南非洲地区排第三 |
| 　肯尼亚 | 10.8 | 2006 ~ 2011 | | 4.1 | 撒哈拉以南非洲地区排第四 |

来源：基于 USGS（2010a，2010b，2011a，2011b）及 CSA（2012）的数据计算得出。

## 二 就业增长模式

由于水泥产业是资本密集型产业，它对就业的直接贡献相对有限。1992 ~ 2012 年，埃塞水泥产业从业人员数量仅从 1648 人增加到 7233 人（图 4 - 2）。水泥产业的平均工资比皮革和皮革制品产业高 122%。2011 年，皮革和皮革制品产业男性工人的平均月工资为 965 比尔、女性工人为 864.43 比尔。而水泥产业的平均工资为 1835 比尔。尽管工资水平较高，但劳动力成本仅占水泥企业总生产成本的 3.5%。

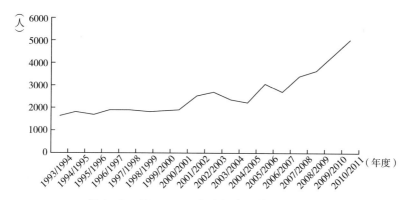

**图 4 - 2　1993 ~ 2011 年水泥产业从业人员总数**

来源：CSA，Reports on Surveys on Manufacturing Sector from 1993 to 2011。

另外，水泥产业的前向关联效应带动了下游水泥制品（水泥制品和预拌混凝土）产业的发展，创造了显著的就业效益。自 2003 年以来，为创造就业机会，提升水泥产业的产能，政府为水泥制品产业中的小型企业提供了帮助。2011 年，水泥和水泥制品产业创造的就业岗位数量占制造业总就业岗位数量的 10%，这反映了水泥产业创造间接就业岗位的显著效益。此外，一些未正式注册登记的生产家用水泥产品的小型作坊也创造了不少就业岗位。这也使水泥产业成为仅次于食品与饮料产业的第二大就业岗位创造产业，其排名超过了纺织产业和皮革与皮革制品产业等劳动密集型产业（表 4 - 2）。需要指出的是，建筑产业创造的就业岗位并未被计算在内，因为建筑产业与水泥产业之间的关联关系主要为从建筑产业到水泥产业的后向关联，而不是相反。尽管如此，由于水泥产业的扩张在国内建筑产业 109 的持续增长中发挥了至关重要的作用，因此水泥产业对就业增长的贡献远超过该产业直接创造的就业岗位及其前向关联效应企业创造的就业岗位数据。

表4-2 2006～2011年埃塞水泥产业年增长率

单位：%

| | 2006/2007年度 | 2007/2008年度 | 2009/2010年度 | 2010/2011年度 | 平均年增长率 |
|---|---|---|---|---|---|
| 总产量 | 5.2 | 13 | 24.7 | (1) | 4.2 |
| 水泥产业 | 26.6 | 7 | 21.1 | 4.3 | 14.7 |
| 水泥制品产业 | 70 | 20 | (10) | (17) | 15.7 |

来源：CSA Survey on Manufacturing and Electricity (2012)。

各地区房地产开发项目的缩减是2009/2010年度和2010/2011年度水泥制品产业增长放缓的主要原因。水泥企业对女性员工的需求较小（低于15%），但其专业技术人员比重是皮革与皮革制品产业等劳动密集型产业的两倍（表4-3）。

表4-3 水泥产业和皮革与皮革制品产业的从业人员构成情况

单位：%

| 变量或比率 | 水泥产业 | 皮革与皮革制品产业 | 方 差 |
|---|---|---|---|
| 女性员工所占比重 | 13.4 | 46.3 | 28.9 |
| 专业职员所占比重 | 8.2 | 4.3 | 190.7 |
| 工程技术人员占专业职员比重 | 42 | 22.2 | 189.2 |
| 技师占专业职员比重 | 16.3 | 6.5 | 250.8 |
| 外籍员工所占比重 | 7.9 | 4.5 | 175.6 |
| 生产部门员工与后勤员工之比 | 89：11 | 77：23 | 115.6 |

来源：Oqubay (2012)。

## 三 产能利用率和成本效率

产能利用率和成本效率是衡量产业发展表现的重要标尺。产能利用率是指企业在不增加单位成本的前提下可实现的最大产出。在水泥产业，企业的产能利用率一般通过单位成本的水泥熟料产量或水泥产量来衡量，熟料产能与企业的窑炉容量直接相关。水泥厂和设备制造商通常以水泥厂可110 实现的最大产能为基准调查的主要衡量指标。此外，在企业成本效率和生产率方面,资本生产率和生产能力则是关键的决定因素。由于资本密集型产业的高资本密集度特点和较高的固定成本,劳动力对总生产效率的影响相对较小。

表4-4 主要呈现了水泥产业的产能利用模式。虽然穆戈尔水泥公司(MCE)与麦塞博水泥公司(Messebo Coment Plc,MCP)相比,离亚的斯亚贝巴的主要市场更近(分别为90公里和870公里),但从成本效率和产能利用率角度上看,麦塞博水泥公司的效率更高。这主要归功于其工厂的技术优势和灵活高效的管理。在刚刚投产的前几年,水泥企业的产能利用率通常较低。2006~2010年,水泥产业的产能利用率随着市场需求的增长而"水涨船高"(表4-4)。电力供应不足是产能利用率下降的主要原因。2011年以来,随着新企业的不断加入和电力供应情况的改善,水泥产业开始出现产能过剩。国内市场需求的增长低于产能增长的速度。在水泥产业的众多企业中,有6家企业的产能利用率仅为50%,4家企业的产能利用率为60%~80%,只有4家企业的产能利用率达到了80%以上。2011~2012年度,麦塞博水泥公司和穆戈尔水泥公司都有着较高的产能利用率,但2012~2013年,两家企业的产能利用率仅为50%~60%,其总生产(销售)量为215万吨。企业之间产能利用率的差异与企业的过剩产能直接相关。接受调查和采访的企业普遍指出,市场需求有限和激烈的竞争是企业产能利用率较低的主要原因。他们还指出,需求的不确定性和季节性变化是他们最担心的问题。

表4-4 麦塞博水泥公司与穆戈尔水泥公司产能利用率

单位:%

| 年 份 | 穆戈尔水泥公司 | | 麦塞博水泥公司 | |
|---|---|---|---|---|
| | 水 泥 | 熟 料 | 水 泥 | 熟 料 |
| 2000~2002 | 105.26 | 101.18 | 33.61 | 34.80 |
| 2003~2005 | 106.25 | 101.41 | 101.74 | 83.73 |
| 2006~2008 | 92.19 | 96.09 | 139.03 | 109.53 |
| 2009~2011 | 69.01 | 67.97 | 101.14 | 80.85 |

来源:笔者基于麦塞博水泥公司和穆戈尔水泥公司的数据(2012)计算得来。

生产效率(成本效率)是衡量产业发展表现的另一重要标尺,它指企

111　业以尽可能少的投入与资源生产 1 吨水泥熟料或水泥的能力。而能源效率是衡量水泥企业生产效率的重要标尺，因为能源消耗是水泥生产活动的主要成本之一。由于全球燃料短缺和价格的不断上涨，能源成本正逐渐成为水泥产业最重要的开支项目。为了解埃塞水泥产业的发展水平，我们有必要将埃塞水泥产业生产每吨水泥所消耗的能源成本与产业最高水平和标准水平进行对比。2000~2011 年，埃塞的能源效率远低于世界标准水平（表 4－5）。2009~2011 年，穆戈尔水泥公司的能源消耗成本超过了 50 美元每吨。直到使用煤炭作为燃料之后，麦塞博水泥公司的能源消耗成本才有所降低。与日本、中国和印度等亚洲国家不同，埃塞没有国家节能计划。关于能源效率的研究发现，引入能源节约标准可以帮助一国减少15%~25%的能源消耗（World Bank，2009a；UNCTAD－UNIDO，2009）。在印度，能源开支占生产成本的40%，煤炭消耗占能源成本的一半左右（CSTEP，2012）。截至目前，埃塞水泥企业面临的竞争压力依旧很低（内资企业之间竞争不足，进口压力有限，出口压力更不值一提），这就削弱了企业提高绩效和生产率的动力。使用立窑（VSK）技术的小型企业的成本效率要高于使用回转窑技术的小型企业，且窑炉容量越高，单位生产成本就越低。整体而言，埃塞水泥产业已将其能源成本从 2011 年的 240 比尔削减至2012 年的 180 比尔。

表 4－5　穆戈尔水泥公司与麦塞博水泥公司的能源消耗支出和成本效率

单位:%，比尔

| 年　份 | 能源消耗占总成本比例 | | 生产每吨水泥的能源消费 | |
|---|---|---|---|---|
| | 穆戈尔水泥公司 | 麦塞博公司 | 穆戈尔水泥公司 | 麦塞博水泥公司 |
| 2000~2002 | 55.80 | 18.14 | 171.43 | 223.22 |
| 2003~2005 | 49.46 | 33.56 | 197.50 | 216.54 |
| 2006~2008 | 60.47 | 48.61 | 333.97 | 322.52 |
| 2009~2011 | 67.95 | 44.86 | 692.47 | 299.81 |

来源：Mugher and Messebo Data（2012）。

　　这些特点和埃塞水泥产业的发展趋势，对埃塞政府管理水泥需求以及提升水泥产业技术能力、产能利用率和能源效率而言具有重要的政策启示意义。再不投资节能技术和提高生产效率，埃塞水泥产业的竞争力将会进一步受到削弱。

## 第三节　水泥产业的产业结构

### 一　全球趋势

本节主要讨论埃塞水泥产业的技术和经济学特点、产业结构的变化、水泥制造企业的作用及其对国家政治经济的影响。近年来，尤其是 2008 年以来，埃塞水泥产业正在发生深刻的结构性变化。加工技术的进步和经济规模的扩大（如熟料水泥的产能增长了一倍）是推动水泥产业结构调整的主要原因。

**全球水泥产业**

自 20 世纪 70 年代以来，全球水泥产量的年增长率一直维持在 5% 左右。此后，水泥产量的增长开始向包括日本、韩国、中国、印度在内的亚洲新兴经济体转移。截至 2011 年，全球水泥总产量已经达到 37 亿吨（USGS，2013）。全球共有 2360 家综合型水泥企业和 750 家独立的研磨厂。其中，仅中国就有 1000 家综合型水泥厂和 350 家研磨厂（不含已经倒闭的工厂）。目前，亚洲是最主要的生产地区，全球 70% 的水泥生产和消费发生在亚洲地区（表 4-6）。新兴经济体的水泥产量占世界总产量的份额已上升至四分之三左右。中国是世界上最大的水泥生产国和消费国，其产量约占世界总产量的 60%（USGS，2013）。

表 4-6　2012 年全球水泥生产情况一览

单位：百万吨，%

| 国　家 | 产　量 | 所占份额 | 国　家 | 产　量 | 所占份额 |
|---|---|---|---|---|---|
| 世　界 | 3700 | 100 | 伊　朗 | 65 | 1.8 |
| 中　国 | 2150 | 58.1 | 土耳其 | 60 | 1.6 |
| 印　度 | 250 | 6.8 | 俄罗斯 | 60 | 1.6 |
| 美　国 | 74 | 2 | 日　本 | 52 | 1.4 |
| 巴　西 | 70 | 1.9 | 韩　国 | 49 | 1.3 |
| 越　南 | 65 | 1.8 | | | |

来源：USGS（2013）。

由于装运体积大，单位价值低，而且其原材料在全球范围内广泛分布，水泥通常被视为非国际贸易类商品。虽然航运和大规模运输的发展提升了水泥的可运输性和可贸易性，但过去的十年中，全球水泥贸易量不到水泥产量的10%（Selim and Salem，2010；COMTRADE，2012）。2010年，国际水泥贸易量仅占总产量的5%，共1.51亿吨（通过海运贸易成交量比重为67%）。这一数据与2007年相比，降低了8个百分点。世界前五大水泥出口国依次为土耳其（1900万吨）、中国（1700万吨）、泰国（1400万吨），日本和巴基斯坦（均为1000万吨）。跨国企业在全球水泥市场中占主导地位，其中包括法国拉法基公司（La Farge）、瑞士霍尔希姆公司（Holcim）、德国海德堡集团（Heidelberg Cement）、意大利水泥集团（Italcemento）、墨西哥西麦斯集团（CEMEX）和中国建材集团（CNBM）。2012年，这些跨国企业生产了约10亿吨水泥。在技术革新与设备制造方面，20世纪西欧制造商在全球水泥产业中占据主导地位。目前，这一主导地位已经被中国占据，全球超过40%的水泥设备来自中国（China Cement Association，2013）。这种变化也影响了埃塞水泥产业所使用的技术。2000年以前，几乎所有埃塞大型水泥厂的技术都来自欧洲。但在过去十年中，埃塞的技术来源开始转向中国。例如，中国中材国际工程股份有限公司（Sinoma International）是穆戈尔公司和丹格特集团（Dangote）的技术提供商。中国新型房屋集团（CNBC）也为麦塞博水泥公司和德坝水泥公司提供了生产技术。这有利于降低埃塞水泥企业的生产成本，提升产品的价格竞争力。

2011年，非洲水泥产量在全球产量中所占份额不足5%，跨国企业在非洲水泥产业中占主导地位（USGS，2010a，2010b，2011a，2011b；World Bank，2009a，2009b；Wu，2004）。同年，非洲30多个国家190家企业的水泥总产量为1.5亿吨。这些企业中仅四分之一是生产熟料和水泥的综合型水泥企业。非洲最主要的水泥生产国为埃及、阿尔及利亚、摩洛哥、突尼斯和利比亚这些北非国家，它们的水泥总产量占非洲水泥总产量的一半以上（USGS，2010b）。但产生这种现象的主要原因并不是上述北非国家内部的水泥需求，而是欧洲国家严格的环保法规迫使欧洲企业迁往北非（Selim and Salem，2010）。近年来，东非和西非地区水泥产量所占的比重出现了上升的趋势，而北非的比重则有所下降。2011年以来北非的政

113

治形势以及尼日利亚和埃塞等撒哈拉以南非洲国家投资的增长是产生这一变化的主要原因。目前，四大水泥跨国公司，即法国拉法基公司（15 个工厂），瑞士霍尔希姆公司（7 个工厂），德国海德堡集团（11 个工厂）和意大利水泥集团主导着非洲的水泥产业。大部分水泥生产活动集中分布于北非地区（Imara，2011）。2011 年，这些跨国公司的水泥产量约占非洲水泥总产量的一半。目前，一家新企业，即尼日利亚丹格特集团（Nigerian‐owned Dangote Industries）正在埃塞等国家投资办厂。与其他地区相比，非洲水泥产业的效率和生产力都处于较低的水平（World Bank，2009a，2009b）。

## 二　埃塞水泥产业的绩效宽容度及其经济与技术特征

### 经济和技术特征

由于其经济和技术特点，像埃塞这样的低收入国家的水泥产业有三大特征。第一，水泥产业的资本密集程度、规模经济以及水泥在类似埃塞这样的低收入国家的经济高速增长和结构调整过程中的战略意义所带来的日益沉重的压力迫使国家政府不得不积极干预水泥产业的发展。特别是水泥产业所需的投资规模对埃塞唯一的投资银行即埃塞发展银行造成了极大压力。第二，水泥产业的性质及其规模经济和范围经济特性都要求国家政府尽快获得高效的组织能力。与花卉产业中苗壮成长的家族企业有所不同，大型水泥企业要获得成功必须依靠专职经理人和有技术能力的专业人士。其他地区的发展经验证明，大型国有企业在可广泛用于其他产业的生产能力的创造过程中能够发挥更加显著的作用（Chandler，2004；Amsden，1989）。第三，水泥产业对失败的宽容度较低。严格的业绩标准可以在产业政策的落实中发挥积极的作用。然而，对失败的低宽容度并不能防止产业政策出现低效率和失误。

### 规模经济和范围经济

水泥产业的规模经济和范围经济与产业内企业所普遍采用的生产工艺密切相关，因此，不同的产业也往往有着不同的规模经济和范围经济（Chandler 2004）。Drucker（1999）指出，目前最常见的生产工艺包括"独特产品生产工艺、批量生产（柔性和刚性）和连续生产"。连续生产（或称流程型生产）系统是水泥产业中普遍采用的生产工艺系统之一。技术的先进程度塑造着生产工艺的品质。例如，由于生产规模小，早期的水泥企业普遍使用立窑，现代水泥企业使用的是容量较大的回转窑。水泥产业的连续生产工艺需要以能源和原材料的不间断供应为前提。这对电力供应者、燃料物流产业、生产投入和生产量的管理者提出了极高的要求。这也决定了水泥商品的分配和营销特色。

水泥产业的大规模生产特性是投资者进入和退出这个产业的主要障碍。随着规模的增大，水泥生产的单位成本便会降低。因此，市场需求的确定性既是水泥产业发展的先决条件，也是水泥产业的优势所在。这也是为什么国家政府，特别是发展中国家的政府，更适合也更愿意投资这样的大规模制造产业。这与 Hamilton 的观点一致。他认为，"要想在尽可能早的适当时机实现想要的变化，政府的激励和扶持非常有必要"（Hamilton，1934：1934）。

在埃塞水泥产业的发展过程中，随着水泥企业窑容量的逐渐增大以及技术水平（在生产自动化和生产工艺等方面）的日渐提高，企业的产能和投资规模也得到了显著的提升（表4-7）。

**表4-7 埃塞水泥产业的规模经济与资本集约度**

| 工　厂 | 时期 | 技　术 | 资本投入 |
|---|---|---|---|
| 第一代（马萨瓦水泥公司、迪雷达瓦水泥公司、亚的斯亚贝巴水泥公司） | 20世纪60年代 | 规模小；回转窑：100 吨/天（TPD）；年生产能力：30000 ~ 150000 吨 | 1000 万比尔以下 |
| 第二代（穆戈尔公司-1号生产线和2号生产线） | 20世纪80年代 | 规模大；回转窑：2×1000 吨/天；年生产能力：850000 吨 | 3 亿比尔以下 |
| 第三代（麦塞博水泥公司） | 2000 年 | 规模大；回转窑：2000 吨/天；年生产能力：850000 吨 | 12 亿比尔 |
| 第四代（穆戈尔水泥公司、麦塞博水泥公司、国家水泥公司、德坝水泥公司以及丹格特集团） | 2010 年 | 规模大；回转窑：3000 吨/天；5000 吨/天；年生产能力分别为：140 万吨和250 万吨 | 1.2 亿 ~ 3.51 亿美元 |

来源：笔者（基于企业文献和访谈记录）的总结。

在埃塞，国有的穆戈尔水泥公司以及提格雷州重建基金集团下属的一家位于提格雷州的水泥厂是水泥产业的开拓者和先行者。它们发挥了领导

者的作用，承担了巨大的风险并吸收或激发了产业的外部效应。看到日益 116
增长的需求和丰厚的回报后，许多民营企业开始投资水泥产业。2005 ~
2011 年，私人部门投资兴办了不少小型水泥厂。但是这些投资并非基于长
远的发展战略，而是为了获取国内水泥供应短缺带来的超额经济租金。此
外，尽管水泥价格飞涨，水泥产业投资项目的巨大资金要求对投资者的直
接投资决策造成了阻碍。也正因为如此，私人部门对水泥产业投资项目重
要意义的认知是相对滞后的。所以，政府和地方捐赠基金（尽管他们的起
步也较晚）在水泥产业的较大规模投资中扮演了先驱者的角色。

在范围经济方面，大型水泥企业不得不纵向拓展他们的经营范围。例
如，在产品的分配和销售方面，它们建立了自己的市场和销售团队（小型
水泥厂除外）而选择不依靠批发或零售商。同样，它们依靠自己或附属企
业的交通设施（例如麦塞博和德坝公司就是如此）。包装是水泥产业最关
键的生产投入之一，大多数水泥企业都建立了自己的包装工厂（如穆戈尔
公司、麦塞博公司和德坝公司）。在能源供应方面，包括麦塞博公司、德
坝公司、国家水泥公司、阿比西尼亚公司（Abyssinia）在内的许多水泥企
业已经开始进入煤矿开采领域，但在本研究的调研期间，这些水泥企业在
能源领域的纵向扩展还处于起步阶段。此外，几乎所有的水泥企业都有自
己的采石场，用以开采石灰石和其他相关的生产输入物资。这反映了水泥
产业规模经济和范围经济的显著活力。

**低绩效宽容度**

产业对失败的宽容度主要取决于该产业生产工艺的内在技术特征。
Hirschman（1967：87）强调，缺乏对失败的宽容度，或者换一个积极的角
度来说，"约束的存在"，能给决策者带来巨大的压力，从而对他们的行为
倾向产生塑造作用。他最常用的例子就是航空运输业，因为其对失败的低
宽容度，发展中国家也有可能培育出成功的航空公司。由于严格的安全要
求，航空运输产业对低于标准的运营水平的宽容度非常有限。安全问题和
水泥产业的其他特性给企业决策者带来了巨大的压力。水泥的易变质性给 117
水泥的生产和运输带来了额外的压力。水泥的保质期一般介于 120 天至
180 天之间。此外，需求的季节性变化和不确定性给企业带来了额外的压
力，因为雨季 6 ~ 9 月是埃塞建筑产业的萧条时期。需求的不确定性是水泥
产业和其他类似产业的基本特征，其较长的投产准备时间导致了需求的周

期性波动。这意味着谨慎之心和长远视角是政策决策的关键。

鉴于建筑物和建筑工程的安全问题，质量保障是对水泥制造商的基本要求。水泥质量的稳定对水泥制造商而言是必须满足的最基本要求。为确保产品质量的稳定性，大型水泥厂及小型水泥厂均要有配套的实验室设施。由于水泥用途广泛，其具体的规格则取决于地质、天气、地形和建筑规范等因素，所以水泥产业的发展需要不断进行产品开发。环境保护问题也很重要，因为水泥产业是主要的污染源之一。

### 三 产业结构的持续变化和政治经济视角

#### 所有制结构的变化

过去的 20 年中，水泥产业的结构发生了重大的转变。就所有权而言，该产业已经从 2000 年之前的国企（穆戈尔水泥公司）独家垄断转变为现在以私营企业为主导的新产业所有制结构。2000 年，穆戈尔水泥公司生产的水泥占埃塞水泥总产量的三分之二，这一数据到 2011～2012 年减少至原有的四分之一。埃塞水泥产业所有制结构的另一个问题与国内公司的作用有关。2005 年之前，两大本地水泥制造商（穆戈尔水泥公司和麦塞博水泥公司）主导着该产业，其水泥产量约为全国总产量的95%。当时的这种所有制结构是政府刻意制定的产业政策的结果。穆戈尔水泥公司之所以幸免于国有企业的私有化改革，是因为政府觉得有必要继续维持其在该产业的存在。而麦塞博水泥企业则是提格雷州重建基金集团的第一批投资项目之一。

国内水泥产业的私人部门出现了两大有趣的新发展动态。第一，年代
118 久远而又弱小的迪雷达瓦水泥公司被东非商业集团（East African Business Group，EABG）收购后重组为国家水泥公司。第二，在国企穆戈尔水泥公司前经理的努力推动下，哈贝沙水泥公司（Habesha Cement）得以成立。2002 年，东非商业集团购买了位于迪雷达瓦的一家废弃的小型国有水泥厂（由意大利人于 1938 年建立），并将其升级为产量达 15 万吨的工厂。东非商业集团随后委托开展了一项将该企业建设成为拥有 140 万吨年产能的大型水泥厂的可行性调研。2013 年年中，该厂正式投入生产。东非商业集团的所有人是一位埃塞籍的第三代企业家，他已经在埃塞建立了一个工业区和一个食品加工厂。哈贝沙水泥公司的创始人和东非商业集团均与国家政府或执政党没有任何政治裙带关系。哈贝沙水泥公司是该项目的发起者，

它从 16000 多位股东（大规模制造业领域中股东数量最多的企业）那里获得了大量的股本资金，吸引了两个南非合作伙伴，并从埃塞发展银行获得了抵押贷款。这个典型例子反映了私人部门企业家的活力。

此外，也有部分内资企业与外资企业合作建立了合资企业。图尔商业集团（Ture Business Group）（该集团 30 多年来一直从中国进口设备）与两家中国私人制造商合并成立了一家合资公司。该合资企业在亚的斯亚贝巴建立了一家水泥研磨厂，在迪雷达瓦兴建了两家小型水泥厂。目前，内资企业的装机产能依旧占该产业总产量的一半左右。这与跨国企业占主导地位的非洲其他地区形成了鲜明的对比（Global Cement，2012）。埃塞的外资企业不是传统的跨国公司。其境外投资者主要来自中国（共有 7 家公司），印度次之。埃塞最大的水泥企业德坝水泥公司的所有人是一位沙特大亨。该水泥厂隶属埃塞最大的企业集团——米卓克集团（Midroc Group），该企业集团的所有者为出生于埃塞的谢赫·穆罕默德·阿莫迪（Sheik Mohamed AI Amoudi）。丹格特集团是另外一个主要的投资商，在本研究的调研期间，其工厂仍在建设之中。外资企业的装机产能总体占了埃塞水泥产业另外一半的份额。

**竞争结构的变化**

两大国有水泥制造商主导埃塞水泥产业的同时，产业内竞争几乎不存在。2000 年之前，穆戈尔水泥公司完全垄断了埃塞水泥产业。2000 年，麦塞博水泥公司开始在埃塞北部投入生产。麦塞博水泥公司的水泥工厂建于1998 ~ 2000 年，其产能为 85 万吨火山灰硅酸盐水泥（PPC）。穆戈尔水泥公司的一大优势是临近亚的斯亚贝巴这一主要市场。此外，它在技术获取方面拥有先行者优势，但同时也有着更加陡峭的学习曲线。2005 年之后，小型水泥厂开始陆续出现，但它们的市场份额从未超过 10%，因此对水泥产业的影响还非常有限。

2011 年之后，埃塞水泥产业的市场结构开始日益呈现寡头市场垄断的趋势。新企业的成立和两大水泥厂扩张导致的产量增长是这一趋势出现的重要里程碑。2011 年，德坝水泥公司（到目前为止是水泥产业中最大的公司，产能为 250 万吨）和东部水泥公司（East Cement）（产能为 70 万吨），以及穆戈尔水泥公司和麦塞博水泥公司的扩建项目（额外增加的产能为280 万吨）全部投入生产。2015 年，在建项目投产后水泥市场的竞争将会更加激烈。在促销战略之外，为赢得市场份额，水泥制造商已经开始为客户提供免费的运输服务和信贷优惠（Nazret，2010）。

**产业结构与政府政策的相互作用**

在此背景下，从政治角度考察水泥产业竞争结构的变化具有重要的意义。Porter的通用分析框架在分析不断变化的产业结构特点、政策和产业表现方面具有一定的适用性。但需要注意的是，他的分析框架倾向于弱化国家的关键作用，导致市场和政府相分离的假象，其关注焦点过于狭隘（Aktouf 2004，2005）。

Porter（2008：80）认为，"产业结构源于特定产业的经济和技术特征，而产业的经济和技术特征也决定了产业内各种竞争力量的强度"。能够影响甚至决定产业结构变化的五大力量因素包括：新入行企业的威胁、购买者的议价能力、替代产品的威胁、供应商的议价能力以及国内现有对手之间的竞争（表4-8）。Porter还指出，每个因素带来的压力和各因素之间的关系会随着产业背景和时间的变化而变化。同样，产业的发展可能会经历由上述内在或外在因素所引起的结构变化。更重要的是，政府政策都会对这五个因素产生影响。从这个角度看，对埃塞水泥产业的重要变化和政府政策的影响进行评估非常有必要。

120

表4-8 产业结构变化与政府政策的相互作用

| 五大竞争因素 | 政策干预 | 变化与结果 |
|---|---|---|
| 新入行企业的威胁 | 由于规模经济和高资金要求，水泥产业的准入和退出门槛都很高。政府政策包括：<br>（1）为企业提供长期投资贷款；<br>（2）提供投资激励措施以抵消风险压力和吸引新企业；<br>（3）为企业提供临近市场的矿产资源；<br>（4）外汇分配优惠；<br>（5）政府通过国有企业和准国有企业直接参与产业发展；<br>（6）2013年底之后，对外商直接投资发布了禁令，缩减了新入行企业获得贷款的机会。 | 准入门槛高的问题得到解决；产业内企业已增至16家，主要为外商直接投资和国内私人部门：<br>（1）总生产能力显著提升；<br>（2）技术和设备的现代化程度有所提高，企业的总装机容量上升；<br>（3）因为外资参与受到限制，且无法获得银行信贷支持，水泥产业已经基本上对新投资者关上大门；<br>（4）穆戈尔水泥公司仍然是水泥产业的重要参与者，其市场份额为20%（目前装机容量为230万吨）；<br>（5）迪雷达瓦水泥公司的私有化带来了年产量达140万吨的私人投资项目。 |

续表

| 五大竞争因素 | 政策干预 | 变化与结果 |
| --- | --- | --- |
| 购买者的议价能力 | （1）政府是最大的买家（2005~2013年，政府采购份额超过50%或三分之二）；<br>（2）由于水泥短缺（2006~2011年），买家讨价还价的余地变小，出现高价格和延迟发货等问题；<br>（3）在水泥短缺时进口水泥；<br>（4）水泥短缺时对市场进行调控（配额、价格等）。 | （1）2011年之前，水泥产业的关键驱动因素为埃塞的建设热潮；<br>（2）供过于求，产能过剩；<br>（3）买家议价能力上升，水泥价格下降，供应充足；<br>（4）需求的季节性变化和不确定性以及较短的产品保质期迫使水泥产业提升其生产和管理能力；<br>（5）需要政府采取行动刺激需求（国内和出口）。 |
| 替代产品的威胁 | 相关替代品（如钢等）的使用还不广泛；政府开始在政府项目中使用合成岗石（替代品），效果不显著。 | （1）减少水泥需求的效果不显著；<br>（2）长远来看，替代水泥的潜力有限。 |
| 供应商的议价能力 | 交通和能源供应是水泥产业的关键投入。在这方面，政府：<br>（1）为所有企业供应重油燃料、煤炭、石油焦和电力；<br>（2）运输成本上升和运输能力不足增加了运输企业的利润，政府进口了1200辆卡车用于水泥运输，并允许水泥企业拥有运输车队；<br>（3）包装材料：大型企业都拥有自己的包装工厂[a]。 | （1）对投入品供应进行补贴[b]；<br>（2）受企业技术选择的影响（如水泥窑的类型和容量，距离原料资源的远近）[c]；<br>（3）运输成本受市场距离和运输工具供应的影响；<br>（4）具有后向或前向拓展的机会。 |

121

113

续表

| 五大竞争因素 | 政策干预 | 变化与结果 |
|---|---|---|
| 国内现有对手之间的竞争 | （1）不同企业拥有不同的竞争优势，没有专业化的空间；<br>（2）价格是主要的竞争手段，因为水泥企业的产品基本都大同小异。 | 德坝水泥公司展开激烈的价格战；穆戈尔水泥公司处于"休眠状态"；麦塞博水泥公司正致力于大力提升工作（生产过程和能源使用）效率和优化运输方案；国家水泥公司致力于开发邻国市场，减少投资成本并将水泥熟料销售给小型水泥厂；小型水泥厂则通过关注市场缺口得以生存。 |

注释：

a 穆戈尔水泥公司、麦塞博水泥公司和德坝水泥公司均拥有自己的包装工厂并提供包装服务。麦塞博水泥公司长期使用姊妹公司的运输车队。德坝公司进了700辆重型卡车。国家水泥公司也在进口卡车。当前，水泥货运服务供应短缺，缺乏可靠性。国家的激励措施（进口自用车辆免税）使水泥企业决定经营自己的运输车队。

b 政府负责进口重燃料油和煤炭，企业的相关行政成本下降。私人重油燃料经销商的利润几乎没有增加。虽然没有官方数据，但据估计，政府对能源消耗的补贴超过10%。

c 就水泥窑的种类而言，回转窑消耗的能量比立窑少，大容量窑消耗的能量比小窑少。具备煤炭（比重燃料油便宜）转化技术的企业通过使用煤炭而降低了能源消耗成本。因此，由于企业技术选择的差异和生产规模的不同，能源供应对企业的影响也不同。

来源：笔者（基于收集到的数据与分析）的总结。

从表4-8可以看出，埃塞政府对水泥产业的政策干预行为及其相对应的政策效果对水泥产业、水泥制造商及政府政策而言均具有重要的启示意义。第一，随着水泥产业的日益多元化，政府的杠杆作用和引导产业发展的能力并没有出现大幅度的下降。其实施的措施包括对穆戈尔水泥公司进行引导并影响其他公司（比如麦塞博公司、国家水泥公司和德坝公司）的行为，从国外市场采购水泥，为企业提供各种生产投入物资，成为最大的买家等。尽管新的制度机制必然会出现（如发挥好产业协会的作用），但内资企业的存在（这些企业与政府之间的工作关系普遍比较良好）使政府能够领导该产业的发展。

第二，政府可以通过激励、约束、强制性政策措施以及以提高生产率和质量为目标的扶持计划引导产业朝出口方向发展，利用新的竞争环境提

高该产业的长远地区竞争力和国际竞争力。此外，显而易见，国内市场的
刺激需要政府的干预。目前，水泥产业存在的低产能利用率和破产风险等
均对埃塞发展银行的财务状况有着重要的影响。埃塞发展银行是埃塞产业
政策不可或缺的重要组成部分。

　　第三，水泥产业是典型的寡头垄断式产业，少数企业占据着产业的主
导地位（Chandler，2004）。这一点可以通过四大公司的市场集中度即市场
份额得到证明。2012 年，四大公司的市场集中度为75%，这意味着四大公
司的装机容量（德坝水泥公司为250 万吨，麦塞博水泥公司为230 万吨，
穆戈尔水泥公司为230 万吨，东部水泥公司为70 万吨）占整个供应市场的
四分之三。水泥产业的总装机产能为1000 万吨。由于不从事水泥生产业
务，国家水泥公司和埃塞水泥公司（Ethio - Cement）没有被列入计算范
围。四大公司的主导地位可能会导致它们通过勾结垄断、分配市场份额、
联合提价或减少生产等行为迫使政府出台限制性的贸易政策。美国（1930
年开始）、印度、巴基斯坦及南非等国的水泥产业的发展经验都可以证明
存在出现这种产业行为的可能性。反竞争行为和（一定程度上讲）卡特尔
（垄断联盟）形成的条件包括高市场集中度、高产能过剩、高进入和退出
门槛、产业发展历史上曾出现勾结垄断行为以及行业协会的推动等。绝大
多数上述条件都非常符合埃塞水泥产业的情况。因此，埃塞需要制定新产
业政策以防止寡头垄断的出现。在“合适的竞争政策”和政府的引导下，
寡头垄断市场会朝着更加积极、有效的方向发展，带来更低的产品价格、
更高的产品质量和生产率。例如，2011 年，中国和越南这两个低成本生产
国每吨水泥的生产价格分别为53 美元和62 美元。巴西和美国属于中等成
本的生产国（91～92 美元），而撒哈拉以南非洲国家则属于高成本生产国。
就普通硅酸盐水泥（OPC）的生产成本而言，尼日利亚为223 美元，安哥
拉为250 美元，埃塞为175 美元。穆戈尔水泥公司的水泥价格为每吨2900
比尔（兑换汇率为1 美元兑16.5 比尔）。

## 第四节　水泥产业与基础设施建设的关联性

### 一　建筑产业与水泥产业间的关联性

本节着重强调埃塞建筑产业与水泥产业之间强有力的关联性和反馈

123 回路。2004～2011年，埃塞建筑产业的产值以每年13%的速度快速增长，超过了国内生产总值11%的年均增长速度。建筑产业在经济总量中所占的比例从2000年的4.2%增至2011年的5.8%。建筑业有着多重的社会和经济影响。第一，该产业解决了成千上万非技术人员及技术人员的就业问题，有助于减少都市失业人口（World Bank，2009c）。根据埃塞中央统计局2008/2009年度对建筑业的调查，埃塞共有1384家建筑公司（1～6级），其发展巅峰时期的就业人数高达252977人，不景气时期就业人数也达到171965人。此外，建筑材料生产商雇用劳动力86279人。实际数据可能会更高，因为有些小公司没有登记注册，未被计入总数。埃塞金融与经济发展部（MOFED，2012a）的数据表明，2011年，埃塞政府的房地产综合开发项目（Integrated Housing Development Programme，IHDP）创造了193000个工作岗位，城市道路建设项目创造了373800个就业岗位。第二，建筑产业也可以通过为企业及时修建廉价的厂房促进工业化的加速发展。第三，建筑产业有利于社会基础设施的建设与完善。第四，建筑产业刺激了建筑材料的生产。第五，它促进了财富创造，房地产开发，储蓄及金融业的发展。建筑产业在创造外汇方面也发挥着重要的作用。

二　从房地产开发项目中总结政策经验

政府出资实施的房地产综合开发项目表明，埃塞建筑产业/水泥产业的发展活力良好。该项目是更大的都市发展项目的组成部分，其目的为解决住房不足问题。住房问题也是大多数居民，尤其是亚的斯亚贝巴居民最关注的政治热点问题。据估计，由于人口增长和农村人口向城市转移（UN HABITAT，2010），2005年首都亚的斯亚贝巴居民住房缺口为大约45万间（AACG，2003）。住房需求的持续上升使埃塞政府不得不通过房地产综合开发项目大规模建设公有住房。

《联合国人类定居点计划》（United Nations Human Settlement Program）（UN HABITAT，2010）评价此项目为"大规模的、亲贫民的（项目）；是解决住房问题，消除贫民窟和促进经济发展的综合手段"；以及确保"居者有其屋"的有效举措。报告认为，"房地产综合开发项目不仅是安

124 居项目，也是通过低成本住房创造财富的项目……鉴于埃塞房地产行业

存在低效率和发展不协调问题，房地产综合开发项目为埃塞提供了一个非常高效的可大规模提供适价住房的政策工具"。房地产综合开发项目已经历三个阶段：在亚的斯亚贝巴进行试点实施，然后扩大实施范围，最后再逐步缩小实施范围。试点项目成功后，房地产综合开发项目在亚的斯亚贝巴建造了 3 万多所住房。此后，该项目成立了一个拥有合格敬业的管理队伍的独立管理机构。为了实施试点项目，市政府出资从德国技术合作署（German Technical Cooperation, GTZ – IS）获得了技术支持。此外，相关政府部门也就此项目与公众进行了广泛的讨论，约 453000 位申请人提交了住房申请。鉴于该项目在亚的斯亚贝巴的试点项目中获得了群众支持和经验的双丰收，埃塞政府开始着手在其他城镇推广这一项目。房地产综合开发项目的年水泥消费量超过 50 万吨，占全国水泥生产总量的四分之一以上。

第二阶段为该项目的全国推广阶段。该项目是《以消除贫困为目标的加速增长和可持续发展计划》（PASDEP）五年计划的重中之重，该项目计划通过房地产综合开发项目及私人部门项目建成 90 万所住房。此外，政府还在四个州和被选中的城镇设立了地区分支机构。城市发展与建设部（Ministry of Works and Urban Development, MWUD）是该项目的主管部门。

其他由政府出资建设的建筑项目包括 32 所公立大学，1000 多所卫生机构以及新制糖项目厂房等。国家动用财政资源与外汇储备为房地产综合开发项目提供了专项拨款。通过房地产综合开发项目，政府已经在 65 个城镇建造了 15 万所住房。其水泥需求达到每年 100 万吨，约占国家年产量的一半。房地产综合开发项目、其他公共基础设施建设项目以及私人房地产投资项目共同造成了水泥需求过旺的现象。因此，政府不得不开始进口水泥（表 4 – 9）。2011/2012 年度，国家建设项目规模开始缩减。但与此同时，亚的斯亚贝巴的住房需求依旧很高。有意申请公有住房的人数达到 100 万人（2013 年登记的人数达到 947376 人，其中女性占 42%）。房地产综合开发项目有多个成本分担方案，项目受益人只需酌情分担 10%、20% 或 40% 的费用，从而减少了受益者的开支，鼓励了民间储蓄。

125

**表 4 - 9   2006～2011 年埃塞水泥进口情况**

单位：吨

| 进口商 | 2006 年 | 2007 年 | 2008 年 | 2009 年 | 2010/2011 年度 | 总　计 |
|---|---|---|---|---|---|---|
| 私　企 | 306829 | 694362 | 839242 | — | — | 1840433 |
| 政　府 | — | 11000 | 335147 | 821547 | 650000 | 1817694 |
| 总　计 | 306829 | 705362 | 1174389 | 821547 | 650000 | 3658127 |

来源：MOI（2012b）and MWUD（2010，2013）（Unpublished）。

**对建筑材料生产的关联效应**

建设潮的兴起推动了埃塞国内建筑材料的生产。2004～2012 年，埃塞出现了第 1 家玻璃企业、10 家钢铁企业（主要是钢筋生产商）和 15 家水泥企业。尽管如此，国内水泥产量依旧无法满足建筑产业的发展需求。水泥产业的产能不足导致很多项目完成时间延期一年多，建筑成本上升了约15%（MWUD，2013）。为解决水泥供应不足的问题，政府对市场进行了宏观调控（如价格控制、水泥定量分配、颁布进口许可和政府直接进口水泥等）。鉴于水泥质量不达标已成为一个严重的问题，政府也加强了对水泥生产质量的监督以抑制质量不达标水泥的销售。同时，政府也通过相关举措提高了运输能力。尽管在 2012 年水泥产量足以满足需求之前，这些措施的效果并不十分明显，但这些举措的确在水泥短缺的时候发挥了抑制了水泥价格暴涨的作用。

### 三　能力建设与建筑产业现代化

埃塞政府通过公共建设项目有效提升了国内建筑产业的建设能力。住房开发项目很好地反映了埃塞政府决策对国内承包商、顾问公司及小型企业的能力提升的作用。建筑承包商不足是埃塞房地产开发产业的瓶颈问题。模块化、标准化、廉价化的住房设计和分包模式的创新应用鼓励了中小承包商的参与。通过修改承包商执照申请要求，政府放宽了该产业的准入门槛，鼓励更多的、年轻的专业人士进入建筑承包行业。此外，埃塞政策还为新建筑企业提供了政府资助的相关培训、免抵押贷款和可直接参与投标政府建筑合同的优惠待遇等支持。结果，建筑承包商的数量增长了 5 倍，达到 2500 多家。具备工程建筑业背景的承包商数量也显著增加，承包商的整体技术能力也得到了提升（MWUD，2009）。

126

同样，住房项目也促进了国内建筑和工程公司的发展。通过聘请建筑设计师和工程师作为顾问，咨询公司具备了承担设计、合同管理和监督等业务的能力。承包商和顾问公司的数量增长激化了行业竞争，从而改变了建筑行业的面貌。为了提升承包商的能力和产业的运输能力，埃塞通过政府资助和补贴的投资项目进口了约3000套建筑和运输机械设备。其中包括1200辆重型车辆、1000辆翻斗卡车、500辆轮式装载机以及150部其他机械设备。这项投资需要约30亿比尔的贷款。政府为之提供了免抵押贷款，其负债比率高达70%。此外，政府带头制定了细致的设备规格要求，并通过批量购买的方式节省了约一半的投资成本（MWUD，2010）。由于建筑公司参与了项目的设计和实施，这一项目的开展也有助于提高建筑行业的产能。据一家建筑公司称，政府对设备采购的干预使其每年节省了多达3000万比尔的采购开支。高校能力建设项目（University Capacity Building Programme，UCBP）也使建筑产业受益匪浅，该项目为纯政府资助项目，并获得了德国技术合作署的技术支持。通过参与13所大学的建设，当地承包商、顾问公司、项目经理人和小型企业的能力得到了进一步的提升。模块化、标准化和廉价化建筑技术的开发也提升了建筑行业的成本效率。正如《联合国人类定居点计划》（UN HABITAT，2010：vii）所言："该项目也提高了建筑行业的产能，解决了……目前的贫民窟问题并……极大地促进了就业。"

在政策制定方面，尤其是2005年的选举之后，"对决策失败的有限政治宽容度"对政府政策的设计和实施效率产生了巨大的影响。在2005年的大选中，虽然执政党赢得了全国性的胜利，但在首都亚的斯亚贝巴遭遇了挫折。直到2007年，执政党才在亚的斯亚贝巴的地方选举中重新获得胜利。这些选举结果反映了埃塞政府在城镇地区执政基础的脆弱性（Simon，2011；EPRDF，2013c）。对于执政党而言，2005年大选是一个重要的转折点，它使埃塞政府不得不着手制定全面的城市经济、社会和治理政策（MWUD，2007）。鉴于失业问题给年轻人带来的压力，房地产项目和小微企业的发展成为城市发展项目的核心内容。政府对建筑业发展和水泥运输能力提升的干预行为有着政策和政治方面的双重考量。但由于交通运输瓶颈的负面影响长期未被觉察，相关产业关联也迟迟未能得到培育。因为运输服务供不应求是具有重大政治意义的住房计划得以顺利实施的一大障

127

碍。这种情形凸显了关联效应的重要性，也迫使联邦和地方政府机构不得不采取行动，通过共同努力改善机构之间的协调性。私人部门的合作与参与是项目成功的关键（尤其在建筑、建材生产和运输领域）。在某种程度上，这反映了埃塞政策决策的"反脆弱性"（Taleb，2012），也就是解决冲突和政策矛盾的能力和在危机出现之前清除这些问题的能力。这种"反脆弱性"对水泥产业的发展产生了显著的影响。

四　基础设施建设：能源和运输

基础设施建设是制造业增长的关键决定性因素。以规模经济为显著特征的水泥产业的增长尤其依赖基础设施的改善。这一点得到了水泥制造商们的一致认同。反过来，水泥产业的发展带来的相关配套服务需求的增长（解决电力短缺、中断和质量问题）及其生产的建筑产品也推动了基础设施的建设。能源供应和散装运输服务是水泥产业的关键投入。事实上，水泥产业和电力产业是相互依存的关系。

埃塞政府在道路建设方面注入了大量的资金。例如，2013 年，联邦政府将 27% 的财政预算用于道路建设。此外，2010 年，埃塞着手建设一个覆盖里程超过 5000 公里的大型电气化铁路网。这个铁路网由八条铁路走廊组成，其中包括通往吉布提、肯尼亚、苏丹和南苏丹的铁路运输路线。项目成本超过 150 亿美元，中国、印度、土耳其和巴西（在建设过程中）为其提供了部分融资支持。

除煤炭、重燃料油和石油焦等能源投入之外，持续的电力供应也是水泥生产的必要条件。1992～2011 年，埃塞发电量由 370 兆瓦增至 2179 兆瓦还多（图 4 - 3）。随着 14 个在建项目的完工，埃塞的发电能力将增长近 4 倍，达到 10000 兆瓦（EEPCO，2012）。埃塞的电力价格比毛里求斯（便宜 35%）、肯尼亚（便宜 37%）和乌干达（便宜 66%）等许多其他非洲国家都更为便宜。埃塞有着巨大的水力发电能力，而水电也是最便宜、最清洁的能源。埃塞可以将剩余水电能力出口至周边国家，推动区域经济的一体化进程。

五　小结

前文关于关联效应开发的相关论述突出反映了产业政策在以下几个方

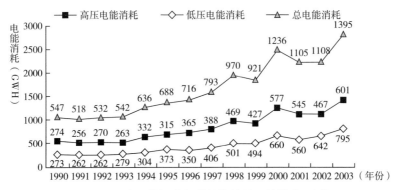

**图4-3  产业能源消耗增长趋势图（按埃塞历）**①

注：在年份上，埃塞历比公历晚7年。

来源：EEPCO（2012）。

面的作用。第一，相关激励机制，尤其是免税进口、免税期、外汇收益调回以及为产业提供土地和采石场等激励举措似乎已经对投资产生了积极的影响。没有这些激励措施，投资增长是不可能实现的。但是，仅靠这些刺激措施显然也是行不通的。在这些举措的基础上，政府还需要提振市场需求以吸引对水泥产业的投资。同时，政府的激励措施或"过渡性资产"的资金消耗也非常高。例如，因为水泥产业新投资项目规模巨大，埃塞政府不得不为其提供高额的长期信贷支持。这些贷款大量消耗了政府有限的资金（和外汇）资源。事实上，埃塞政府完全可以将这些资金用于支持其他产业的发展，而且埃塞也的确有这样的需要。还应强调的是，利用国有开发银行支持产业政策的做法在撒哈拉以南非洲国家并不多见，这种银行在亚洲和拉丁美洲国家更加普遍。

129

第二，政府应该学会根据环境变化对政策进行与时俱进的调整。Amsden 和 Chu（2003）指出，在工业化的每个阶段，产业政策都需要经过不断的升级和调整以满足不断变化的产业发展需求，在此过程中，国家的作用也会随之发生变化。鉴于目前国内水泥供应过剩的情况，埃塞政府已暂停相关投资激励机制，甚至颁布了禁止外商投资水泥产业的政策指令。随着时间的推移，激励机制可能已经不再适合产业发展的需求。但政府对水泥产业的投资禁令存在过于草率的嫌疑。因为，只有在完全掌握相关信息

① 原书如此，图表与数据似有误。——译者注

之后，政府才可以做出类似的政策决定。加之政府对水泥出口的重要性的忽视，这种草率的政策决定很可能产生更加严重的政策后果。结构主义观点尤其强调出口对增长和经济转型的战略性重要意义。这种观点认为，出口（商品）是特定经济系统中因另一经济系统的需求而存在的唯一"真实组分"（true component），而这一（来自另一经济系统的）需求必须是可以带动所需商品（如对经济增长至关重要的生产资料）进口的自发性需求（Thirlwall，2002）。此外，埃塞水泥产业的当前状态似乎还反映了以下几个更加严峻的问题。一方面，随着水泥产业自身的发展，以及水泥产业对建筑业增长的带动作用及其带来的间接就业增长，一个与水泥产业密切相关的强大利益集团已经形成。另一方面，由于对出口创汇的贡献有限，且严重依赖进口机械，水泥产业的战略重要性受到了质疑。水泥产业利益集团的力量或政策惯性会影响政府筛选和调整战略重点的灵活性吗？显而易见的是，强有力的外国工业利益已经渗透进埃塞的水泥产业。考虑到外资水泥公司的国际垄断联盟关系、规模经济和技术优势，埃塞水泥产业很可能难以抵抗外来工业利益的控制。但关键是，在埃塞水泥产业发展的现阶段，这个问题真的很严重吗？国家对这个问题怎么看？其相应的应对机制是什么？

130　对于这些问题，我们可以肯定的是，埃塞政府仍然可以通过穆戈尔水泥公司和麦塞博水泥公司来引导该产业的发展，而且埃塞政府是水泥的主要消费者，这也为埃塞政府影响水泥产业增添了额外的优势。尽管如此，当前埃塞政府也的确需要根据水泥产业的发展状况而制定新的政策和制度机制。

　　在水泥产业的发展过程中，埃塞政府在推进私有化的同时保留了部分国有企业并积极地将它们作为实施产业战略的重要工具。通过制定可以克服市场壁垒，动员和集中资本投资的创新型政策和制度机制，埃塞政府在水泥产业的发展过程中发挥了核心作用。在后工业化国家，制度的主要作用是调动资源并将其集中导向资本密集型项目。埃塞政府决定扩大埃塞穆戈尔水泥公司的规模，而不是将其私有化的政策决策集中体现了这一点。2006~2011年，埃塞政府出资1.5亿美元用于穆戈尔水泥公司的规模扩张，将该公司产能提高了3倍，达到230万吨，使其在埃塞占有20%的市场份额。此外，部长理事会还通过决议同意将穆戈尔水泥公司重组为一个更大的企业集团——埃塞化工公司（Ethiopian Chemical Corporation），其产品包括建筑材料、化肥和化工产品。麦塞博水泥公司是提格雷州重建基金集团的第一个工业投资项目，其投资范围主要集中在提格雷的北部地区。
与埃塞政府的做法相似，提格雷州重建基金集团也将麦塞博水泥公司的产
能扩大到 230 万吨。这两个案例再次表明，埃塞政府有意维持其在水泥产
业中的存在并在水泥产业的发展过程中发挥直接作用。

水泥产业的发展深受建筑产业增长的影响，而建筑产业的发展又深受
政府政策的影响。当前，水泥需求不振的问题可能会将水泥产业置于危险
的境地。因此，政府有必要通过扩大建设规模和（较温和地）促进出口为
目标的产业政策刺激国内需求的增长，从而促进水泥产业的持续增长。埃
塞也需要制定出有利于将水泥产业生产率提高至国际标准水平的产业政
策。此外，大型水泥企业的作用日益显著，它们在水泥产业的发展过程中
扮演着领导者的重要角色。埃塞制造业以中小企业为主，历史上，大型企
业发挥的作用并不显著。随着经济全球化进程的加快，规模经济和"全球
商业革命"（Nolan，2003，2012）的深入发展，发展中国家（包括埃塞）
也需要更大的企业实体。

131

## 第五节　水泥产业的产业政策

本节对埃塞政府针对水泥产业实施的产业政策和政策工具进行了广泛
的梳理和评析，重点讨论了埃塞政府针对水泥产业使用的直接政策工具。
2002 年之前，没有迹象可以证明埃塞政府对水泥产业有任何选择性和针对
性的发展规划。然而，自 2002 年以来，水泥产业先后被《埃塞俄比亚产
业发展战略（2002）》（FDRE，2002）、《以消除贫困为目标的加速增长和
可持续发展计划》和《增长与转型规划》的五年发展规划列为重点发展产
业。正如《增长与转型规划》相关内容所指出的，"这个结果（170 万吨
的实际产量与《以消除贫困为目标的加速增长和可持续发展计划》拟定的
470 万吨的发展目标之间的差距）说明，有必要提高（埃塞的）水泥生产
和供应能力以满足快速增长的建设产业的需求"（MOFED，2012b）。

### 一　投资促进与激励

水泥产业的投资促进政策涉及外商直接投资和国内参与者、激励机制
和矿产资源供应等方面。早在 1992 年埃塞政府颁布第一道投资公告以来，

水泥产业就已经对外开放。然而，直到国内消费增长至出现需求过剩之时，外商直接投资才开始进入该产业。第一，埃塞政府为投资者提供的激励政策包括最长可达三年的盈利免税期和亏损转结待遇等。投资者可以进口免税设备、机械及高达 15% 的备件。第二，外籍人士可免除两年的所得税。2012 年 9 月，政府颁布了一项新的法令，只允许国内投资者投资水泥产业。与此同时，政府也逐步取消了投资激励举措，尤其是免税期政策。总体而言，这一趋势反映了投资激励举措对水泥产业发展的重要性有所减弱。

第三，政府为水泥企业获得厂房建设用地以及生产石灰石、石膏、黏土和浮石等原料的采石场提供了便利。企业可以通过长期租赁的方式，以极低的价格（租赁价格为每平方米 10 ~ 25 比尔不等，视具体地理位置而定）获得用于建设工厂的土地。多数情况下，土地价格几乎相当于支付给农民的搬迁补偿费。这些厂房附近都有可供使用的采石场（大部分采石场距离工厂不足 25 公里），尤其是占生产投入成本 80% 的黏土和石灰石。联邦矿业部（Ministry of Mines，MOM）为外国投资者提供勘探和采矿许可证，而国内投资者可从当地矿业机构获得这些许可。在此期间，埃塞政府共颁发了 27 个采矿许可和 38 个勘探许可证（速度非常慢）（MOM，2012）。政府对每立方米石灰石、黏土、石膏和浮石收取的费用分别为 4.29 比尔、4.01 比尔、7.50 比尔和 12.48 比尔（Mugher，2013）。普通硅酸盐水泥的主要生产输入材料为石灰石和浮石。

第四，政府是电力的唯一提供者。在埃塞，水泥这一能源密集型产业一直享受着撒哈拉以南非洲国家和其他发展中国家中最低的电价。2008 年，埃塞水泥产业的电价为 0.043 美元/千瓦时，撒哈拉以南非洲国家为 0.02 ~ 0.46 美元/千瓦时，其他发展中国家为 0.05 ~ 0.1 美元/千瓦时（UNCTAD - UNIDO，2011；Mugher，2013；EEPCO，2012）。目前，埃塞水泥产业的电价为 0.039 美元/千瓦时。埃塞完全依靠可再生能源发电，特别是水力。

这些投资促进措施吸引了 100 多名投资者进入水泥产业，尤其是 2003 年以后，其引资效果更加显著（表 4 - 10）。2002 年之前水泥产业的投资额仅占该产业目前总投资额的 2%，出现建设热潮和水泥短缺后，投资流入开始显著增长。2012 年 7 月，所投项目已处于实施阶段与运营阶段的企业已超过 20 家。其中的 12 家为小型水泥企业（其特征为年生产能力不足

100 万吨，且使用立窑），其余的为中型和大型水泥企业。

表 4 - 10　埃塞水泥产业投资许可证审批情况

| 时　　期 | 水泥生产 | | 水泥产品生产 | | 总　　计 | |
|---|---|---|---|---|---|---|
| | 公司数量 | 所占百分比（%） | 公司数量 | 所占百分比（%） | 公司数量 | 所占百分比（%） |
| 1992 ~ 2002 年（10 年） | 2 | 2 | 40 | 22 | 42 | 11 |
| 2003 ~ 2012 年（10 年） | 101 | 98 | 239 | 78 | 340 | 89 |
| 1992 ~ 2012 年 | 103 | 100 | 279 | 100 | 382 | 100 |

来源：笔者基于联邦投资局未公开的数据计算得来（2012 年 8 月）。

激励机制缓解了投资者的资金压力，降低了项目的投资成本，提高了项目的盈利能力。这是一个重要优势，因为水泥产业必须在投产后的前几年以较低的产能保持运营。尽管如此，国内市场的扩张才是吸引水泥产业投资的主要原因。除了稳定的政治环境之外，国内水泥市场需求的增长是2002 年以后水泥产业投资增长的最主要原因。在此之前，疲软的国内市场对投资的带动作用非常有限。南非最大的水泥制造商之一即波特兰公司（Pretoria Portland）的首席执行官曾于 2012 年指出："该国家的投资规划加之非洲急剧上升的水泥需求使我们对这项投资的可持续性和增长非常有信心。"①

埃塞政府为水泥产业投入的大量资源对水泥产业的发展至关重要，尤其在宏观经济问题极为严重且为水泥产业提供补贴必须付出高机会成本（相对于激励举措的效果）的背景下。如果没有政府的大力支持和干预，埃塞水泥产业就不会有这样快速的增长，外资企业也很可能会在埃塞水泥产业中占据主导地位。埃塞政府的政策举措体现了典型的以经济租金的集中使用鼓励产业长远发展的战略思维，但这种发展模式可能出现经济租金耗散在小型企业中的情况，最终导致供应过剩、外汇消耗等问题。

另一个问题与《增长与转型规划》拟定的在五年内使产量增长 10 倍的目标有关。事实证明，这一目标是非常不现实的，没有以谨慎的市场研

① http：//www. cemnet. com/News/story/150263/south - africa - s - ppc - invests - in - ethiopian - cement - firm. html.

究作为制定目标的依据。2012 年，新旧水泥企业普遍面临市场需求不振的问题，不得不以低于三分之一的产能维持运营。因此，政府决定禁止（外资）对水泥产业的再投资，暂停或减缓处于初期阶段的项目。但问题在于，类似决策应该从长远的考虑出发，政府在对水泥市场还不完全了解的情况下做出的这一政策举措是否符合水泥产业的长远发展需要是个有待商榷的问题。同样值得注意的是，相对于政策决策而言，政策的执行相对容易，并不需要复杂的行政能力。

## 二　水泥产业的融资

水泥产业需要巨额的资金投入和长期融资。埃塞政府通过三个融资工具为水泥产业的发展提供了有效的融资支持。其主要的政策机制是埃塞发展银行的长期贷款。必要时，埃塞投资银行也会与商业银行合作作为水泥产业提供联合融资。此外，政府还通过工业发展基金为埃塞穆戈尔水泥公司提供了金融支持，并允许外国投资者通过海外股权融资和举债筹资的方式获得资金。

**埃塞发展银行的融资支持**

埃塞发展银行是水泥产业长期融资的主要来源。它为企业提供最长可达 15 年的贴息贷款（约 5%），为投资项目提供高达项目总投资金额 70% 的信贷支持。在信贷分配方面，水泥产业是埃塞发展银行的优先分配对象（DBE，2009，2012a）。发展银行为制造业提供的贷款中有四分之一流向了水泥产业（表 4 - 11）。此外，水泥产业的六大主要借款企业中有三个企业的贷款额超过了单一借款人上限，且水泥产业中共有约三分之一企业的贷款总额超过单一借款人上限。截至目前，从埃塞发展银行获得信贷支持的企业包括麦塞博水泥公司、德坝水泥公司、国家水泥公司和哈贝沙水泥公司，这几家水泥企业的总生产能力达 750 万吨。埃塞商业银行参与了对水泥产业的联合融资，为企业提供运营资金和国际结算服务（开信用证）。它也是中国进出口银行（Exim Bank of China）为穆戈尔水泥公司提供贷款的平台。水泥产业在融资方面的主要障碍包括借款企业在股本筹集方面遭遇的困难，单一借款人上限制度以及银行筹集资金的能力等。

**工业发展基金和国外股权融资**

工业发展基金是为国有企业的扩张提供融资的金融机构，其资金来源于国有企业的运营利润。在埃塞，国有企业最多只能保留 15% 的营业收入。穆戈尔水泥企业是这一基金项目的受益者，它从埃塞工业发展基金获得了 7 亿比尔的融资支持。部分外商投资项目从国外获得了信贷支持，但需要政府的特批或同意。国际金融公司、非洲发展银行和欧洲投资银行均为德坝水泥公司提供了融资支持。中非发展基金（China – African Development Fund，CADF）、中国进出口银行以及南非国家工业发展公司（South African Industrial Development Cooperation，IDC）也参与了埃塞水泥产业的工业融资。

135

表 4 – 11　贷款额超过制造业总贷款额 1% 的产业

单位：比尔,%

| 生产部门 | 贷款批次 | 总贷款额（含未拨付贷款余额） | 总贷款额（不含未拨付贷款余额） | 占制造业总贷款额的比重（含未拨付贷款余额） |
|---|---|---|---|---|
| 纺织产业 | 32 | 4994845112 | 3618933985 | 29.56 |
| 非金属制造行产业：水泥 | 16 | 3816033665 | 3261478706 | 22.59 |
| 农药和化工用品产业 | 22 | 668583821 | 530628318 | 3.96 |
| 皮革与皮革制品产业 | 21 | 465425456 | 412883257 | 2.75 |
| 食品产业 | 214 | 458803339 | 431980303 | 2.72 |
| 饮料产业 | 7 | 410370887 | 381208559 | 2.43 |
| 总　　计 | 312 | 10814062280 | 8637113128 | 64.01 |

注：未拨付贷款余额指贷款已获得批准但尚未拨付或尚未完全拨付的贷款余额，常见于尚在实施环节的投资项目的贷款中。

来源：DBE（2012b），loan portfolio concentration report，31 December 2011。

## 外汇

2010 年 6 月比尔的大幅贬值对水泥生产造成了负面影响。因为这一时期恰逢许多大型投资项目的建设时期，而水泥产业又严重依赖进口重型机械。比尔的贬值导致这些项目的成本增加了 20% ~25%。水泥企业普遍反映，比尔的大幅贬值打断了他们的现金流，导致企业投资成本的急剧上升，迫使它们不得不申请新的贷款。这是产业政策的一个典型困境：政府为某一特定产业生存和发展而制定的政策可能会对另一个产业的发展造成负面影响。

### 三 技能开发成效好坏参半

显然，作为主要买家和直接参与者，政府在水泥产业的发展过程中发挥了核心作用。它带动了产业的起步，并发挥了稳定水泥市场的作用。但鲜有提及的是，在水泥产业，国有企业的专长、经验、知识和技能催生了积极的外围经济，从而推动了产业的加速发展。原国企员工的专业知识在新投资项目的实施过程中得到了运用和推广。波特兰水泥公司的首席执行官在谈到哈贝沙水泥公司时说道："哈贝沙水泥公司的管理人员及其顾问的专业水平给我留下了深刻的印象。他们有着丰富的水泥产业的生产经验。我们已经和他们建立了良好的（工作）关系。"国有企业还通过提供培训和实验测试等方面的支持对新企业进行帮助。

然而，埃塞水泥产业错过了技术和技能开发发展方面的宝贵机会。在许多发展中国家，水泥产业被认为是拥有巨大的规模经济和高资本密集度的中间产业或重工业，需要专业化的管理。其投资项目的设计、执行和运营都很复杂，要求投资者具备良好的投资能力。许多国家将水泥产业视为实现后工业化和发展其技术能力的跳板。韩国便是其中之一，尤其是该国的现代集团（Hyundai）被公认为是个成功案例。现代集团是韩国水泥产业的开路先锋，在 20 世纪 60 年代通过出口发展了其技术能力。该集团的创始人，也就是 2001 年去世的该集团前董事长郑周永（Chung Ju - yung）先生于 20 世纪 60 年代初期建立了第一批水泥厂，之后逐渐将业务拓展到汽车工业（20 世纪 60 年代后期）、重工业（包括设在蔚山的韩国最大的造船厂）、电子、航空航天、国防、钢铁等领域。该集团的投资能力在其业务从水泥厂建设向承包基建工程和水泥项目建设扩张的过程得到了显著的提高（Amsden，1989；Studwell，1989）。

在中国，20 世纪 80 年代后，水泥产业的发展被纳入以提升资产集中度和规模经济的发展战略之中。更重要的是，中国提高了其设计水泥工厂的能力和制造设备的能力，也提升了其承包建设水泥厂的能力和在水泥产业进行创新研究的能力。中国最大的两家技术和机械供应商为中新房集团和中材国际集团。它们将自己的节能窑炉容量提升至 10000 吨/天（这是目前为止全球最高的产能）。所有埃塞新建的大型水泥厂，包括德坝水泥公司、麦塞博水泥公司、穆戈尔水泥公司、国家水泥公司以及丹格特集团的厂房均由中国制造商修建。国内不断扩大的市场及适当的政策使中国成为全球水泥产业的龙头。虽然国家和水泥产业可以从开创性的先例中汲取成功的经验教训，但埃塞在很大程度上错过了借助日益增长的国内市场以发展产业技术能力的机会（见下文）。

**提升投资能力**

埃塞政府在提升企业的投资能力方面扮演的重要角色证明，埃塞政府同样有能力在提升企业技术能力方面发挥作用。Amsden（2001）认为，技术能力包括生产能力、投资能力和创新能力。而投资能力涉及个人培训、投资前可行性研究、项目管理、工程设计、采购、物质资本的筹备和启动运营等。投资能力对于减少项目成本和时间，以及实现项目目标至关重要。它可以提高公司未来的竞争力和生产效率。这种能力可以确保未来的项目能够得到有效的管理，有助于提升国家实施重大项目的能力。

为发展其技术能力，韩国和日本均使用了多种政策工具，如制定本地化要求，对技术选择进行指导，禁止整套承包工程（交钥匙工程），偏重技术、设备和生产活动的分解等。相比，埃塞并没有追求技术能力的发展。第一，政府没有制定任何本地化要求以鼓励当地制造业的发展。作为水泥项目的主要资金提供者，政府完全可以凭借其影响力要求企业遵守这一要求。

第二，几乎所有大型项目（包括德坝公司、麦塞博公司以及穆戈尔公司）的工厂都是通过"交钥匙工程"建成的，这些企业也因此无法在建设过程中提升其投资能力。政府的激励举措与政策工具均没有以促进学习（或技术能力提升）为目的，也没有为企业的学习行为提供任何经济租金的激励。国家水泥公司没有采取整套承包工程的建设方案。其投资者成立了自己的项目办公室并聘请了国外咨询公司为之提供指导。他将土建和机电工程分包给中国的承包商，但通过自己的渠道从中国采购设备。他声称，通过这种方案，他们节约了四分之一的投资成本。他还与其他合作伙伴共同开发了一个煤矿，目前该项目还处于初期阶段。与其他公司的情况有所不同，麦塞博公司在没有采用"交钥匙"方案的情况下，用不到两年的时间建起了自己的第一个工厂（1998～2000年）。它还通过本地的一家工业设备制造商制造了部分机器，这也降低了许多其他成本（如运输）。一家当地的咨询公司（埃塞印度合资企业）为这个项目提供了指导。麦塞

137

博水泥公司的二期扩建项目（2008～2011年）采用了"交钥匙"的建设
方案，但项目的建设大约花费了30个月的时间，这表明"交钥匙"方案
不一定能保证项目的及时性和成功。许多小型水泥厂项目的投资人也没有
采用交钥匙的方式，而是自己修建厂房。他们采用这种方式的主要原因是
避免项目的延期完工，将风险最小化（表4-12）。这形象地说明，缺乏提
升技术能力的政策和制度会导致重要产业发展战略的失败。同时，企业在
各自的创新活动中获得的知识和经验也容易被遗忘或丢失。例如，当地的
设备生产商工业设备生产公司（MIE）于1998/1999年度在生产水泥生产
138 设备的过程中获得了一定经验，后来却没能将这一创举继续坚持下去。

表4-12　企业对选择"交钥匙"方案原因的反馈

| 企业反馈 | 频　　率 | 百分比（%） |
|---|---|---|
| 为减少风险 | 3 | 23.1 |
| 为优化项目投资 | 2 | 15.4 |
| 为避免延误 | 4 | 30.8 |
| 缺乏水泥产业的经验 | 3 | 23.1 |
| 为使项目管理更容易 | 1 | 7.7 |
| 总　　计 | 13 | 100 |

注：某些结果被统计的次数不止一次。
来源：Oqubay（2012）。

　　第三，埃塞政府未能在技术选择方面为水泥企业提供指导，而且由于
缺乏集体意识，国内企业无法从集体行动中获得技术选择方面的有益支
持，政府也不能从中获得发挥作用的便利。因此，埃塞水泥产业的项目实
施能力没有得到提高，项目实施时间依旧冗长，成本也没有降低。埃塞水
泥企业普遍没有在采用煤炭作为燃料的同时引进煤转换技术，这也是埃塞
政府没有为企业提供技术选择指导的例证之一。甚至连穆戈尔水泥公司这
样的国有企业也没有在该公司的产能扩张计划中引进这一技术。新古典主
义经济学观点认为技术是可轻易获得的货架物品，但事实并非如此，在发
展中国家或后工业化国家，技术的获取往往遭遇重重障碍。这些障碍的清
除通常需要国家的干预手段。这些干预措施包括发展技术基础设施、促进
技能形成和提高企业技术能力等（Lall，2003；Amsden，2001；Rodrik，

2011）。产业参与者的集体行动和国家的指导可以帮助企业优化其对窑炉容量的选择。同样，政府的指导也可以帮助小型水泥厂提升其技术进口的成效。但事实正好相反，（在缺乏政府引导的情况下）这些小型水泥厂进口的设备普遍效率低、质量差，生产过程中这些设备经常出故障。这些问题与市场需求问题共同导致了水泥产业停机时间长和不得不以低于三分之一的产能维持运行的现状。此外，企业在技术选择方面的相互扶持也有利于推动小型水泥企业投资者协会的产生。

政府失败的主要原因在于对水泥产业缺乏长期的发展规划，以及明确的用于建设技术能力的制度和政策框架。除了笼统的"五年规划"之外，政府没有为水泥产业的长期发展制定任何针对性的全面发展规划。此外，"五年规划"的关注重点是产量的增加，而不是技术发展或产业生产率和竞争力的提升。这与政府对技术指导缺乏重视有关。如果水泥产业存在一 139 个强有力的领导机构或行业协会的话，情况很可能会有所改观。

## 第六节 产业政策制定：政策工具和制度

前文中关于政策决策诸多方面的探讨旨在为大家提供一个了解埃塞水泥产业的政治经济背景的全面视角。为进一步了解埃塞产业政策的决策过程，本节将对其他问题，特别是水泥产业的相关制度、产业政策、能源使用政策和产业法规等内容进行针对性的分析和讨论。

### 一 水泥产业的相关机制和产业政策

官僚体制障碍和协调困难在很多方面削弱了产业政策的有效性。

**中介机构**

水泥产业至今一直没有建立行业协会。政府和水泥企业之间的对话缺乏机制支撑，两者之间只有少量的非正式的磋商。考虑到行业协会在其他国家所发挥的作用，埃塞水泥产业的这种现状着实令人困惑。然而，由于多种原因，这种缺失产业协会的情况好像并没有对水泥产业的发展产生严重制约。2000 年之前，国有企业长期垄断水泥产业；2005 年之前，埃塞也只有两家与政府密切相关的水泥企业。因此，他们可以直接或间接地接触决策者和政府机构。政府似乎也默许这些企业的存在，并通过它们的垄断地位获取经济租金。这主要因为政府有意推动水泥产业的发展和扩张，最小化埃塞发展银行的风险（水泥制造商需要偿还 2000 年之前获得的贷款和用于生产扩张的新贷款）。在此期间，两大水泥企业的利润率超过 20%。2005 年之后，大型水泥企业（私人和国有）的规模和影响似乎也有助于它们直接与决策者和政府机构进行对话。

140

**协调与支撑机制**

多家机构都参与了水泥产业政策的实施，如埃塞发展银行、埃塞工业部〔通过联邦投资局和化工署（Chemical Directorate）〕、城市建设工程部、矿业部以及埃塞金融与经济发展部。此外，服务提供商尤其是埃塞电力公司（Ethiopian Electricity Power Corporation，EEPCO）在水泥产业的发展过程中发挥了关键作用。埃塞石油公司（Ethiopian Petroleum Corporation，EPC）是这一期间唯一的重燃料油提供商。2012 年之后，该公司还成为埃塞的煤炭进口和供应商。此外，政府借鉴了出口产业的发展经验，于 2011 年成立了高级别的国家进口替代、建设和就业创造委员会（National Committee for Import Substitution，Construction，and Employment Creation，NCISEC）。该委员会由已故总理主持，其成员包括埃塞工业部、城市建设发展部（Ministry of Construction and Urban Development，MUDC）（其前身是城市建设工程部，MWUD），等等。该委员会为水泥产业制定了不少重要的政策决策，例如强制要求使用煤炭等。但是，与国家出口协调委员会相比，该委员会的成效相对有限。显然，该机制缺乏清晰的角色定位和议程。部分与出口活动相关的议题则归国家出口协调委员会负责，而其他议题则由基础设施建设部（另一个委员会）负责。2012 年，埃塞政府决定将进口替代产业（水泥和钢铁、医药、食品加工、饮料）纳入国家出口协调委员会议程。这有助于提升政策执行的协调性，使国家出口协调委员会更好地聚焦制造业的发展。

工业部的化工署以水泥产业、制药产业和其他化工项目为服务对象，目前拥有 16 名初级专业人员。该团队尚缺乏能够服务水泥产业的技能和知识。这对水泥产业的市场需求分析与预测、项目的实施和煤炭转换技术的引入等有着重要的影响。认识到现有制度机制与实际需求的差距后，埃塞政府已经于近期为建筑材料、制造业和化工等产业建立了一个新的研究所。

受访企业普遍反映,官僚体制是水泥企业发展的一大障碍,虽然没有以中、小型企业占主导地位的产业表现得那么严重(表4-13)。尽管如此,大多数企业认为,联邦机构之间的横向合作要强于联邦、地区以及地方政府机构之间的纵向协调。产业内企业数量、企业规模以及企业与政府之间已经形成的关系均是影响这一现状的主要因素。此外,相较于需要获得清关、进出口许可和退税等服务的出口导向型产业,水泥产业对公共政 141 管服务的需求较低。

**表4-13 企业在处理政府相关事务上耗费的管理时间**

| 管理时间所占比例(%) | 企业数量 | 所占比例(%) |
|---|---|---|
| ≤15 | 5 | 31.25 |
| 16~30 | 6 | 37.50 |
| >30 | 5 | 31.25 |
| 总　计 | 16 | 100.00 |

来源:Oqubay(2012)。

## 二 能源供应和能源使用效率方面的政策举措

对于水泥这一能源密集型产业而言,能源问题是个战略问题。而能源利用和原料的燃烧效率则是水泥产业的关键问题。能源消耗是水泥企业最大的成本开支。这对外汇储备也有很大影响。由于水泥产业依赖能源的不间断输入,能源供应的持续性会影响产品的质量和成本。如果能源基础设施不健全或电力供应不稳定,水泥产业就不能实现发展和扩张。尽管政府已承诺对能源基础设施进行投资,能源供应仍然是水泥产业发展的制约因素之一。在全球范围内,煤炭均是水泥企业的主要燃料。例如,在美国,煤炭消耗占水泥产业能源消耗的比例达到67%,其次是石油焦(14%)和重燃料油(1%)。在发达国家,能源成本仅占25%~30%,而在发展中国家却高达50%。埃塞的工业能源密集度(按每创造1000美元的制造业增加值所消耗的吨油当量计算)从1990年的1.989增长至2008年的3.275,增长了65%。而越南、中国和巴基斯坦分别于2008年将能源成本降低了17%、65%和28%(2008年工业能源密集度越南为0.928、中国为0.791、巴基斯坦为0.953)。

能源成本包括电力成本与燃料成本。在电力方面，94%的受调查企业反映，经常性的电力供应中断对他们造成了非常不良的影响。约四分之三的企业反映，电力不足对他们造成了显著的不利影响，尤其是在工厂建设期间。此外，90%的受调查企业强调，电力供应不足往往导致水泥厂投产时间的延迟。电力不足和中断给埃塞水泥企业带来了60～400个工作日不等的生产天数损失。表4-14反映了电力供应不足给埃塞穆戈尔水泥公司造成的严重收入损失。

表4-14 埃塞穆戈尔公司电力不足造成的收入损失

| 年 份 | 损失的生产天数 | 产量（吨） | 收入损失（比尔） |
|---|---|---|---|
| 1998 | 9 | 20160 | 9160704 |
| 1999 | 7 | 15680 | 7124992 |
| 2000 | 27 | 60480 | 30149280 |
| 2001 | 1 | 1859 | 986943 |
| 2002 | 8 | 17920 | 10571008 |
| 2003 | 13 | 29120 | 17177888 |
| 2004 | 1 | 2016 | 1383379 |
| 2005 | 0.3 | 717 | 492005 |
| 2006 | 0.3 | 650 | 663910 |
| 2007 | 0.3 | 605 | 617947 |
| 2008 | 45 | 100800 | 156240000 |
| 2009 | 119 | 266963 | 517240812 |
| 2010 | 42 | 93542 | 190591825 |
| 2011 | 97 | 217280 | 638803200 |
| 2012 | 5 | 11021 | 23695150 |
| 总 计 | 375 | 838813 | 1604899043 |

注：以出厂价格为收入损失的计算依据。2012年仅统计了9个月。
来源：Mugher Cement Enterprise records（2012）。数据取整。

埃塞国家进口替代、建设和就业创造委员会要求水泥企业在燃料消耗方面先转向石油焦，然后再逐步向煤炭过渡。该决定是为了推动企业的能源消耗向煤炭（含进口煤炭）转移并最终实现向国产煤炭过渡。但这一政策主要是出于外汇储蓄方面的考虑，而不是基于对产业关联效应的理解而做的决定。一套健全的政策举措完全可以推动煤矿产业茁壮发展。在这一政策出台之前，一个由来自埃塞石油公司（EPC）（该公司后来通过进口煤炭和石油焦替代重燃料油）、矿业部、埃塞工业部以及水泥企业的专家小组对这一政策举措的可行性进行了研究。政府的这一调研决定及其允许利益相关者参与决策的做法无疑是一个积极的发展趋势，但这也反映出埃塞政府决策是即兴的。毕竟没有任何部门和机构能够单独承担起保障能源供应和提升能源使用效率的使命。大多数受调查者承认能源消耗是企业最大的支出项目并对煤炭转换技术表示支持。但他们也表达了对企业尚未准备充分政府就开始推行政策改革的担忧。

在这一政策决定出台之前购买新厂房和设备的企业（含国有企业）并没有得到任何来自政府的关于购买使用煤炭转化技术的指导建议。这反映了政 143 府在（投资项目的采购和实施环节）技术能力指导方面的短视或自满，尤其是在热能的使用已经在大多数水泥生产国成为产业标准的情况下。

缺乏规划和相关研究机构可能是煤转换政策在实施过程中遇到问题的原因。尽管多数企业对这一政策表示支持，但是只有少数几家企业愿意采用这一技术。因此，尽管政府为水泥产业进口了煤炭，多半企业仍需要额外的资金和时间（12~18个月）引入煤转换技术。穆戈尔水泥公司之所以能源消耗开支高便是因为其工厂设备陈旧且使用重燃料油而不是煤炭。在笔者开展这一调查之时，政府还没有为小型水泥企业进口无烟煤。

总之，政府发展电力产业的承诺和规划是一项有助于水泥产业发展和扩张的重要战略举措。没有能源产业的发展，水泥产业近年来的发展是不可能实现的。此外，有了政治承诺和适当的政策，电力产业的发展本应该已经产生了带动煤炭产业发展的后向关联效应。但可惜的是，埃塞政府制定的产业政策并没能催生新的活动和产业的出现。使用煤炭的倡议并不是由水泥产业的领导机构或埃塞工业部提出的，而是由一些相关人士所提出的。而且这一倡议提出后，政府也没有充分重视这个问题或坚持贯彻煤炭转换的政策。

三 应对市场挑战：供应短缺和产能过剩

过去的20年见证了埃塞水泥产业的变迁和兴衰。2004年之前，水泥市场还比较稳定。但2005年出现的供应严重不足的局面让市场和政府都措手不及，这种情形一直持续到 2010 年。同样，对于 2011 年突然出现的供给过旺和产能过剩的情况，市场和政府依旧没有做好相应的准备。作为对市场供求关系变化的反应，埃塞政府采取了如下四个政策工具：价格控制、产品分配、进口许可和政府直接进口。

### 价格控制

为稳定水泥价格，埃塞政府对水泥市场进行了价格控制。例如，1992 ~ 2005 年，国有水泥企业的任何价格上涨都必须获得政府许可。2005 年之后，在水泥短缺时，贸易与工业部（MoTI）对麦塞博水泥公司和穆戈尔水泥公司引入价格控制机制。2005 ~ 2010 年，政府先后 20 多次批准水泥价格的上调要求。由于仅占市场份额 10%，小型水泥企业不是价格控制机制的重点关注对象。价格控制有助于政府项目的成本控制，但也滋长了各种形式的寻租行为。水泥交易商利用水泥供应的短缺从投机活动中获得了高额利润。虽然政府对投机行为采取了各种行政措施，但收效甚微。两大水泥公司也极力谋求利用政策和市场的漏洞获得不公平的优势。其中一家水泥企业通过其姊妹公司在零售商店以更高的价格销售水泥。这些水泥然后以更高的价格被再次出售，结果导致了两个平行市场的出现。新闻媒体对这些形形色色的漏洞进行了广泛报道（MWUD，2009）。2011 年产量超过需求后，价格控制政策也随之被取消。

### 产品分配

政府为水泥的供应制订了优先配给方案：最优先配给的项目为房地产开发项目，其次为基础设施建设项目，再次为私营企业，尤其是大型的制造企业。由于运输距离也是分配的依据之一，产品的分配也应有利于运输成本的最优化。城市建设工程部（其在 2006 ~ 2010 年负责协调和管理所有住房和建筑项目）负责制订水泥产品的分配方案。因为供需不平衡，这些方案引起了争议和分歧。尽管这一政策可以确保关键的政府和私人项目获得水泥供应的优先权，但也容易催生各种寻租行为。例如，部分承包商和企业存在以高价倒卖其通过优先待遇获得的水泥的寻租行为（MWUD，2009）。这种分文不花就可以凭借它们的特殊许可获得经济租金的行为是一种常见的寻租行为，[①] 也是 Kornai（1980）在其短缺经济学著作中提及

---

① 阿姆哈拉语为 "የሰሚንቶ የአየር በአየር ንግድ"。

的经济行为的典型案例（也见 Lindbeck，2007）。 145

**进口许可**

国内水泥需求超过了水泥产量之后，埃塞政府做出了进口水泥的决定。此前，埃塞政府一直通过进口禁令（而不是进口关税）保护国内的水泥产业。刚开始时，政府只将进口许可颁发给一家看似具备制度能力、财力和有外汇储备且同政府关系密切的企业。令政府失望的是，该公司未能按时进口水泥，因此此次进口计划以失败告终。此后，政府制定了一项新的政策指令，该指令授予了相关部门为从事贸易和建筑业务的企业颁发水泥进口许可证的权力，允许这些企业用他们自己的外汇储备进口水泥（franco - valuta）①。这种做法可以对外汇市场产生直接影响。由于黑市活动日益猖獗，埃塞政府开始要求以开具信用证的正规流程替代以前的货款交换合同。但鉴于难以监控进口商的外汇来源，这种策略的效果也非常有限，这一政策也很快被废止。

**直接进口**

鉴于进口许可申请数量的不断上升，埃塞政府最终决定通过城市建设工程部直接进口水泥。政府根据优先配给方案为水泥进口提供了充足的外汇储备。城市建设工程部还专门成立了一个物流项目办公室来实施这一计划。该办公室后来成为政府用于提升运输和建筑企业能力的重要机构。包括埃塞金融与经济发展部、贸易与工业部、税务和海关总局、标准与质量总局（Ethiopian Standards and Quality Authority，ESQA）、埃塞航运公司以及埃塞商业银行在内的政府机构都参与了这一进口计划，并在城市建设工程部的牵头下加大了各部门之间的协调力度。该决策出台后，埃塞参与国际水泥贸易的经验拓宽了政府与国内建筑行业的视野。经验证明，从巴基斯坦进口水泥是最好的采购策略。例如，2010 年，巴基斯坦卡拉奇港的水泥离岸价格为每吨 53 美元，吉布提的抵岸价格是 80 美元。而同年，埃塞的水泥价格每吨超过了 3000 比尔（按照 2010 年比尔兑美元汇率计算约合 200 美元）。尽管 2013 年埃塞国内水泥价格一度下跌至 100～120 美元，进口水泥和国内水泥的价格差距一度引起了人们对政府不惜将大量的稀缺资 146

---

① "franco - valuta" 模式区别于一般情况下用官方外汇储备进口水泥的做法，它要求进口商用自己的外汇储备进口水泥。

源分配给水泥产业以支持水泥产业发展的决定的质疑。但政策实施以后，埃塞国内水泥的价格逐渐开始下降。此外，水泥产业的发展还产生了更加重要和复杂的动态效应。正是因为水泥产业的发展，埃塞政府有史以来第一次获得了处理和运输易变质商品的经验。巴基斯坦的煤炭使用标准似乎也刺激了埃塞引进这一技术的决心。进口水泥主要分配给政府项目，由政府指定的批发机构即埃塞商品批发和进口贸易公司进行统一销售。该公司并不以高业绩表现著称，但它在城市建设工程部的密切监督下成功地履行了其承担的使命。运输服务能力短缺的问题也因为政府进口了 1200 多辆重型卡车而得到有效解决。政府通过公开招标的方式将这些卡车分配给不同的交通运营商。

2011 年，政府和水泥制造商被水泥产业的产能过剩问题打了个措手不及，多个大型水泥项目的同时投产让该局面变得更加严峻。尽管如此，埃塞政府并未做出通过促进出口或刺激国内需求的政策为水泥市场提供引导的决定。其第一反应是禁止新的投资，暂停投资贷款和减缓刚启动项目的实施速度。这些决定都只是因为紧张而产生的直接反应，而不是基于对市场情况的全面了解做出的科学决策。经验证明，埃塞俄比亚的产业政策决策依旧任重而道远。埃塞的一大特点和优势便在于埃塞政府具有及时纠正问题和调整发展路径的意愿，也因此不会造成额外的政策失误带来的损失。

## 第七节　总结

本章主要反映了以下几个方面的问题。第一，水泥产业的发展得到了快速增长的建筑产业的推动。尽管水泥产量与需求不匹配，水泥产业的快速发展已经使埃塞俄比亚成为撒哈拉以南非洲国家中的第三大水泥生产国。这主要归功于政府的政策（激励、信贷、住房和基础设施建设等）。但水泥产业发展过程中存在的矛盾和权衡问题需要引起注意，尤其是外汇短缺同为重要产业的发展分配稀缺资源之间的矛盾与权衡，以及政策带来的积极与消极的政策后果之间的矛盾和权衡等。

第二，国企和准国企在水泥产业所有权模式中的主导地位是水泥产业结构变化的主要体现，这与其他撒哈拉以南非洲国家水泥产业的所有权模 147

式不同。国内企业依旧在水泥产业的发展中扮演着重要角色，尽管外商直接投资所发挥的作用也得到了显著的提升。政府的政治选择是这种所有权模式形成的重要原因之一。

第三，不同的激励政策带来了不同的结果，部分举措的效果优于其他举措。虽然激励举措本身不足以带动产业的可持续发展，但是当需求达到或超过一定的水平，激励举措就会引发对水泥产业的投资，政府甚至不得不废止这些激励政策和举措以遏制过量投资。住房和基础设施建设方面的间接政策对国内需求的增长和水泥产业的发展产生了重要影响。

第四，政府没有针对水泥产业和企业技术能力的开发制定任何针对性的长远战略。政府在这方面所做的有限努力是碎片化、短暂和缺乏效力的。此外，旨在提高国内竞争强度、鼓励国内企业参与水泥出口的政策的失败似乎是埃塞水泥产业的低竞争力和生产率现状的原因之一。

尽管如此，水泥产业一直以多种方式发挥着经济发展和改革的"催化剂"的作用，虽然这一作用还没得到完全发挥。证据表明，水泥产业一直是经济发展过程中的变革型参与者。这个产业具备推动重工业发展的潜力。新兴大企业的组织能力有可能使他们成为全国性的领军企业。政府政策是水泥产业转型的关键因素，而非要素禀赋。

本研究表明了水泥产业发展经验的复杂性和两面性。水泥产业一直非常重要，也取得了一些显著的成功，并体现了国家参与的重要性。它也反映了产业政策和其他公共政策之间的协同效应，经济和政治因素之间的相互作用，政策决策的动态效应和低失败宽容度的重要意义。政府政策的成功之处是显而易见的，但也不乏失败和脆弱性，这在一定程度上影响了产业的可持续发展。适应性和学习是埃塞产业政策内在的品质，这也再次证明了埃塞政策决策的反脆弱性。148

# 第五章　花开花败之外？ 花卉产业的发展和挑战

## 第一节　引言和概述

　　埃塞的花卉产业的发展历程与水泥产业相似,但花卉产业的发展过程不仅证明了产业政策可以带来的发展成就,还揭示了埃塞产业政策效果不均衡的原因。埃塞花卉产业的成功表现已经引起了国际社会的关注和争论(《经济学人》杂志,2008年2月7日,2009年4月8日;路透社,2009年3月2日;Mano and Aya,2011;Gebreeyesus and Iizuka,2010;Rodrik,2008b)。与传统农业相比,花卉产业与生产制造业更具有相似性(UNCTAD - UNIDO,2011)。自2004年形成以来,花卉产业长期保持了增长的趋势。该产业几乎所有的产品都销往竞争激烈的国际市场。欧洲是主要的出口市场,而荷兰则是主要的贸易枢纽和出口目的地。出口到欧盟的花卉必须满足欧盟的技术要求,其中包括花卉产业环境可持续认证(MPS)及全球良好农业操作认证(Global GAP)。花卉产品的多样性、质量、一致性和观赏期都是需要重视的关键问题。花卉种植园主要聚集在首都亚的斯亚贝巴周边,因为该地区有良好的基础设施和物流体系。外商直接投资在花卉产业中扮演了关键的角色,它不仅促进了技术与知识的传播,还在埃塞花卉产品打入国际市场的过程中发挥了领导者的作用。

　　自2004年以来,花卉产业已创造了近100亿美元的出口盈利,使埃塞成为国际花卉产业的主要参与者之一(EHDA,2012a;UNCTAD - UNIDO,2011)。此外,花卉产业创造了约四万个直接就业机会,超过水泥产业和皮革产业就业人数的总和。同时,花卉产业的发展也带动了其他可出口商

149

140

品（如蔬菜、水果、香草等）的生产和出口，从而创造了更多的就业岗位和出口收入（EHDA，2011a，2011c，2012a）。目前，政府正致力于在现有的 1500 公顷土地之外开发出更多的可利用土地。

尽管经济学家都认可埃塞的花卉产业取得了巨大成功，但他们对花卉产业成功原因有着不同的理解和解释。"比较优势论"是被广泛接受的解释之一，这一观点认为花卉产业发展的关键决定因素是自然禀赋，而非政策或者国家的作用（Lin，2009；Dinh et al.，2012；Singh，2011）。自然禀赋非常重要，但类似推理不能解释为什么这个生机勃勃的产业没能更早地在埃塞出现或者说为什么这个产业没有出现在具备相似条件的其他相邻非洲国家。该观点也不能解释为什么荷兰这个高收入工业国可以在缺少廉价劳动力和自然条件的情况下成为该产业的领头羊。

另一种解释认为埃塞花卉产业的成功与"发现过程"及私人部门积极主义有关（Rodrik，2004）。尽管集体学习可能发挥了重要的作用，但没有令人信服的理由可以证明这是唯一或主要的因素。此外，集体学习和积极主义是双向的，涉及国家和私人部门的主观能动性，而不是单向的。例如，在该产业发展过程中发挥了积极作用的行业协会便是由政府参与发起并在政府的帮助下得以成立的。政府制定大胆的政策决定的意愿与其对花卉产业发展的政治承诺是同样重要的。因此，"发现过程"理论不能完全解释埃塞花卉产业的实际发展情况。

世袭主义理论也被用来解释花卉产业的发展原因。这一理论认为，在本质上，花卉产业的增长得益于执政党/政府的庇护主义行为。然而，本研究证明，埃塞花卉产业内没有任何一家企业属于政府或党政干部，投资机会是向任何有兴趣的个人或经济实体开放的，和政治或社会关系无关。另一种非主流的解释则强调"荷兰三因素"（Dutch trio actors）的作用。这种观点认为埃塞花卉产业的成功应该全部归因于三个外部因素所起的作用：荷兰的外商直接投资；荷兰的市场结构，尤其是花卉拍卖中心；荷兰的发展合作署（Melese and Helmsing，2010）。这种观点可能具有一定的道理，但它没有认识到这些因素并不是埃塞所独有的。这种观点没有将内部动力视为工业化的关键驱动因素，而是夸大了外部力量在非洲经济发展中的作用。

与这些观点相反，另一种观点认为埃塞花卉产业获得成功的主要原因是国家积极主义和产业政策。例如，联合国贸易和发展会议以及联合国工业发

150

展组织在关于非洲工业发展的 2011 年度报告中指出，"非洲也出现了产业政策在开发新出口产品或增加已有产品的附加值方面带来成功的案例。例如，在埃塞俄比亚，国家积极主义在鲜切花产业的成功发展中发挥了关键作用"（UNCTAD – UNIDO，2011：63）。这种观点与强调国家在经济发展中的重要作用的结构主义传统理念和政治经济学观点相关，它不认为自然禀赋发挥着决定性的作用。这一报告还指出，政治进程、利益和约束决定经济政策的选择和结果。

本章将对上述些观点以及埃塞花卉产业的发展经验进行深入的剖析，并致力于为埃塞花卉产业发展的原因提供一个更加综合、全面的解答。本章认为，政府政策在花卉产业的培育和扩张过程中发挥了至关重要的作用。为了更好地了解这个新兴产业的崛起原因，我们对政策决策和制度之间的相互作用以及产业结构和利益集团的动态特性进行了分析和探讨。在分析层面，本章引用了 Hirschman 提出的关联效应理论。此外，笔者也借助了 Rodrik 关于"产业政策"是一个"自我发现过程"的观点作为理论补充。埃塞欣欣向荣的花卉产业非常具有典型性地体现了一个国家可以通过什么样的方法发挥其在未就业劳动力、未充分开发的企业家潜能和自然禀赋方面的比较优势以推动经济发展。

比较优势，尤其是埃塞俄比亚有利的海拔高度、水源供应、温度、肥沃的土壤、廉价的劳动力以及地理位置靠近欧洲（相对于肯尼亚、坦桑尼亚、赞比亚而言）等良好的自然条件无疑在花卉产业的发展过程中发挥了重要的作用。但静态的比较优势只是埃塞花卉产业快速发展的推动因素之一。根据本章的相关证据，比较优势甚至也不是推动花卉产业发展的主导性因素。相对于其他因素，奉行积极主义的埃塞俄比亚政府为该产业制定的产业政策对花卉产业的发展至少起到了和比较优势一样显著的促进作用。

151

从这一章我们可以总结出一系列的研究发现。第一，埃塞政策工具所突出体现的明确性和一惯性反映了埃塞政府推动花卉产业发展的决心。这种现象常常被泛指为"政治意愿"，本章将会帮助我们更好地了解埃塞政府的这一决心。此外，本章也为我们呈现了埃塞政府是如何通过其精心设计和实施的产业政策带动花卉产业发展的。花卉产业的这一发展成就在放任主义体制下是不大可能实现的。第二，埃塞政府和花卉产业的集体学习行为也非常令人印象深刻，这反映了该产业对国家的能动选择以及国家对企业的能动筛选和培养。虽然学习是需要付出代价的，但在花卉产业，政府和企业学习行为的效益超过了学习的成本。第三，拥有相关技术、国际市场经验和渠道的国外投资者的到来为埃塞花卉企业提供了更加便捷的学习渠道，从而加速了这一学习过程。第四，花卉产业生产工艺的技术特征决定了该产业有着较低的绩效宽容度，这对花卉产业的发展产生了有利的推动作用。由于埃塞国内花卉需求很有限，出口管理对花卉产业的生存而言至关重要。这种局面推动了产业绩效水平和政策干预手段的不断完善。第五，随着花卉产业的发展，最初支撑该产业走上快速增长道路的政策已经不能有效应对新时期花卉产业发展的挑战，这就要求政府必须根据产业发展的新动态出台与时俱进的新政策。

　　本章的谈论主题为花卉产业增长的原因和驱动力量，其中也包括关联效应潜能的培养和实现及其对政策有效性的启示。本研究主要采用了定性研究方法，这一研究方法与笔者前期对花卉产业中62家企业（埃塞花卉产业共有69家企业）开展的初步定量调查紧密关联、互为补充。此外，笔者还对包括花卉企业所有人、经理和政府机构领导人在内的30名花卉产业参与者进行了半结构化的深度定性访谈；对多家花卉农场、包装工厂以及空运机场进行了实地考察；通过内容分析法和决策追溯法等分析方法对埃塞园艺发展协会（Ethiopian Horticulture Development Agency，EHDA）以及国家出口部门的领导机构即国家出口协调委员会等机构的相关文献进行了整理分析。

## 第二节　花卉产业的高增长表现

　　出口业绩、用工模式和生产率的变化趋势是衡量花卉产业增长的最重要指标。该产业对埃塞的重要意义在于它不仅缓解了这个国家的国际收支不平衡问题，还在埃塞广大农村和小城镇地区存在大量未就业人口的情况下为埃塞创造了大量非熟练工和半熟练工就业岗位。在相关数据的支撑下，本章还将埃塞花卉产业的发展表现同埃塞其他经济领域的表现以及其他国家和地区花卉产业的表现进行了比较。152

### 一　出口的快速增长

埃塞花卉产业长期以出口为唯一导向，出口贸易对该产业的生产与增长起着决定性作用，也是衡量该产业国际竞争力水平的主要指标。而产业的出口业绩主要通过出口增长、多元化和波动性等指标来衡量。

**出口增长**

2004 年以前，埃塞几乎不存在花卉产业。自 2004 年埃塞花卉产业形成以来，其出口便开始迅速增长（图 5－1）。2003/2004 年度到 2011/2012 年度，埃塞鲜切花出口量从 3 吨增长到了 50000 吨。出口盈利也从 32 万美元增长至约 2 亿美元。这一期间的平均年增长率高达 400%，这样高的增长率在埃塞的历史上前所未见。例如，同期，埃塞出口部门的整体年均增长率是 22.6%，工业制成品出口收益年增长率不足 16%。园艺产业一般被划分为花卉产业和园艺食品产业（包括蔬菜、香草和水果等）。在此期间，非花卉园艺产业的出口年增长率不足 33%。花卉产业在园艺产业中占据着主导性的地位，其出口收益占园艺产业出口总收益的 83%。

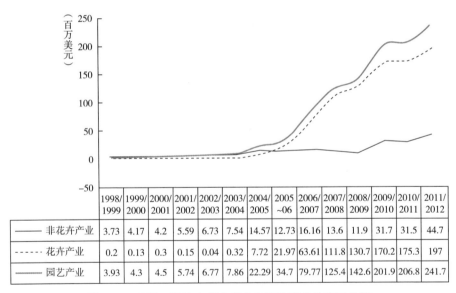

| | 1998/<br>1999 | 1999/<br>2000 | 2000/<br>2001 | 2001/<br>2002 | 2002/<br>2003 | 2003/<br>2004 | 2004/<br>2005 | 2005<br>~06 | 2006/<br>2007 | 2007/<br>2008 | 2008/<br>2009 | 2009/<br>2010 | 2010/<br>2011 | 2011/<br>2012 |
|---|---|---|---|---|---|---|---|---|---|---|---|---|---|---|
| 非花卉产业 | 3.73 | 4.17 | 4.2 | 5.59 | 6.73 | 7.54 | 14.57 | 12.73 | 16.16 | 13.6 | 11.9 | 31.7 | 31.5 | 44.7 |
| 花卉产业 | 0.2 | 0.13 | 0.3 | 0.15 | 0.04 | 0.32 | 7.72 | 21.97 | 63.61 | 111.8 | 130.7 | 170.2 | 175.3 | 197 |
| 园艺产业 | 3.93 | 4.3 | 4.5 | 5.74 | 6.77 | 7.86 | 22.29 | 34.7 | 79.77 | 125.4 | 142.6 | 201.9 | 206.8 | 241.7 |

**图 5－1　1999～2012 年花卉产业与园艺产业的出口总值**

来源：ERCA Planning Department, October 2012（未公开数据）。

在 10 年之内，埃塞在鲜切花出口方面已经成功跻身全球前五位，其出口收入占埃塞商品出口总收入的 6% 以上。2004～2012 年，该产业创造的出口收入接近 10 亿美元（表 5－1）。有人提出，花卉产业在净外汇收入方面的贡献微乎其微，因为该产业耗费了大量的外汇。虽然事实的确如此，

153

但我们还应该考虑花卉产业在带动国内投入品生产及其引发的进口替代增长以及它在航空运输部门的发展过程中发挥的重要作用。由于花卉产品保质期短、价值高、体积小,其运输依赖高效的空运服务。因此,国际空运费用占埃塞花卉企业总成本的一半左右。考虑到花卉产业对埃航主导地位和投入品出口替代的促进作用,对花卉产业净外汇收入的担心是没有必要的。换句话说,花卉产业已成为促进埃塞国际收支平衡的一个重要因素。因此,花卉产业具有显著的宏观经济意义。

表 5 - 1  2004 ~ 2012 年埃塞花卉产业出口表现(价值、数量和增长率)

| 年 份 | 价值 | | 数量 | | 比较对象:价值增长率(%) | | |
|---|---|---|---|---|---|---|---|
| | 数额(百万美元) | 增长率(%) | 数额(百万千克) | 增长率(%) | 总出口量 | 工业制成品 | 蔬菜/水果 |
| 2004 | 0.32 | 700.00 | 0.03 | 169.76 | 21.16 | (8.95) | 12.14 |
| 2005 | 7.72 | 2312.50 | 2.73 | 10265.28 | 10.41 | 4.56 | 93.17 |
| 2006 | 21.97 | 184.59 | 6.23 | 128.94 | 40.09 | 41.26 | (12.68) |
| 2007 | 63.61 | 189.53 | 13.60 | 117.72 | 14.64 | (0.60) | 26.98 |
| 2008 | 111.76 | 75.70 | 22.40 | 64.71 | 28.52 | 23.82 | (15.48) |
| 2009 | 130.70 | 16.95 | 29.17 | 30.20 | (1.18) | (27.85) | (12.81) |
| 2010 | 170.20 | 30.22 | 35.96 | 23.28 | 38.03 | (8.59) | 166.38 |
| 2011 | 175.28 | 2.98 | 41.56 | 15.58 | 37.40 | 97.16 | (0.72) |
| 2012 | 196.97 | 12.37 | 46.79 | 12.60 | 14.77 | 20.35 | (41.91) |
| 年均增长率 | | 392 | | 1203 | 22.65 | 15.68 | 33.21 |

来源:ERCA Planning Department, October 2012。

### 出口多元化

出口多元化是可持续发展和结构变革的一大特征,尤其是当高价值商品(工业制成品和现代农业产品)占主导地位的时候。在出口多元化方面,2004 ~ 2011 年,埃塞花卉产业的出口收入比例实现了从 0.05% 到 6.2% 的快速增长,成为埃塞第五大外汇收入来源。在此期间,蔬菜、水果、香草的出口收入比例却没有显著变化。埃塞对咖啡这一单一作物的出口依赖得到了削弱,从 1998 年的 60% 降低到 2011 年的 26% 。

### 出口目的地与价格模式

欧洲吸收了埃塞花卉产业 94% 的出口量,其次分别为中东(2.5%)

和亚洲/美国（2%）。埃塞花卉出口的主要目的地国家为荷兰和德国，其对这两个国家的出口额分别占花卉产品出口总收入的 85% 和 5%。与其他初级商品出口价格的波动幅度相比，花卉产品的价格模式相对坚挺。例如，咖啡的价格长期波动不定，仅在 2012/2013 年度就下降了 31%。2013年，埃塞出口收入排在前六位的花卉企业依次是谢尔埃塞俄比亚公司（Sher‐Ethiopia）、艾科玫瑰公司（AQ Roses）、红狐埃塞俄比亚公司（Red Fox Ethiopia）、赫堡玫瑰公司（Herburg Roses）、兹怀玫瑰公司（Ziway Roses）以及林森玫瑰公司（Linssen Roses），这六家花卉企业的出口收入占埃塞花卉产业出口总收入的 58%。

总体而言，埃塞花卉产业发展势头强劲，对埃塞的出口多元化产生了显著的影响。需要注意的是，埃塞花卉产业的增长速度在 2011 年和 2012年有所放缓。其原因既不是需求量的下降也不是来自其他国家的竞争。相反，国际市场环境依旧有利于埃塞，多数花卉种植企业都在寻求扩张，新成立的种植企业也在积极寻求投资机会。后文将重点探讨埃塞花卉产业增长放缓的原因。

## 二 显著的就业创造能力

就业创造是衡量埃塞花卉产业政策效果的另一重要指标。第一，花卉产业属于劳动密集型产业，尤其依赖专业技能。第二，创造就业是埃塞产业发展策略以及花卉产业发展战略的重要目标之一。鉴于城市青年的高失业率和人口的快速增长，就业创造计划的重要性也在与日俱增。埃塞是非洲第二人口大国（2012 年埃塞总人口约为 8500 万，人口增长率为2.6%），每年增长的人口数量超过 200 万（CSA，2011）。

2007 年，花卉产业的从业人数为 25000 人左右。2011 年，其从业人数上升至 40000 人左右，上升幅度超过 55%（图 5‐2）。据埃塞园艺发展协会资料显示，2012 年花卉产业的从业人数已经增长至 50484 人（EHDA，2012b）。如果将间接就业人数也统计在内的话，花卉产业的就业创造贡献将更为显著。通过其对关联园艺产业发展的带动作用，花卉产业还创造了大量的间接就业。总体而言，2012 年，埃塞园艺产业的从业人数高达183804 人（EHDA，2012a），大部分（133320 人）就业于非花卉产业。与其他农业活动（传统小农场或机械化的商业农场）或就业人数达 175000

155

人的制造业相比，花卉产业每公顷土地 20 人的就业创造贡献已经相当可观。相比。皮革与皮革制品产业和水泥产业总共只创造了不足 30000 个就业岗位。

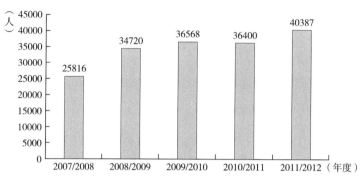

**图 5 - 2　2007～2012 年埃塞花卉产业就业人数**

来源：DLV, Quantitative Unified Information, and EHDA 2012a。

## 社会意义

前文提及的就业创造能力体现了花卉产业对减贫的重要贡献。这与Cramer、Sender、Johnston 和 Oya（即将出版）的研究发现相一致，他们发现花卉产业能够对减贫、直接就业和间接就业产生积极影响。花卉产业的女性雇员比例高达 75%，其为女性劳动力提供的大量就业机会也有助于社会平等。此外，花卉产业超过 95% 的雇员为介于 18 岁至 29 岁之间的青年劳动力，而且根据 41 家受调查企业的反馈，花卉企业 90% 以上的雇员来自种植园所在地。这些因素都提升了该产业的社会和政治意义。

花卉产业的多数雇员（76%）为永久雇员，其合同工和临时工的比例分别只有 14% 和 9%。这些种植园的雇员多数为工会成员。其生产工人比例超过 93%，仅 7% 的雇员从事管理工作和辅助工作，这也体现了花卉种植园的高生产效率压力。花卉产业的大多数工人为半熟练工或非熟练工，专业人员仅占 1.5%（其中仅十分之一是技术专家），技术人员不到 2%。这表明，与制造业（如水泥产业）相比，花卉产业的技术含量较低。

劳工问题已成为花卉产业和政府政策干预的严峻挑战。最近，许多花卉种植公司（尤其是亚的斯亚贝巴周边的花卉公司）都面临着老员工的流失问题。这一问题已经受到社会的广泛关注，埃塞新闻媒体（其中包括一系列的电视节目）多次对这一问题进行了专题报道。2013 年，埃塞总理还

156

在就这个问题召开的特别会议上对这一问题做了讲话。许多亚的斯亚贝巴附近的服装厂和就业中介机构都将花卉产业的工人作为优先"挖掘"的对象。由于人们普遍认为种植园工人具备更好的技能和职业道德，曾就职于花卉种植园的劳工往往成为各类企业的优先招聘对象。

这一问题长期没能得到有效的解决。2012 年 6 月至 2013 年 5 月，埃塞花卉产业中有五家花卉种植公司总共流失了超过 1350 名工人（大多数具有三年以上的工作经验）。这些劳动力多数流向了中东地区。这些劳动力当中，有 74% 来自位于兹怀和科卡地区的谢尔埃塞俄比亚公司，8.3%来自红狐埃塞俄比亚公司，7.4% 来自埃塞俄比亚鲜切花公司（Ethiopia Cutting Plc.），10.9% 来自拉夫托玫瑰公司（Lafto Rose）、埃塞俄比亚高地公司（ET Highland）以及达格达公司（Dugda）。谢尔埃塞俄比亚公司在 5 个月内流失了近 1000 名工人（EHDA，2013）。受损最严重的种植园平均每月流失 272 名员工。其结果是，许多种植园不得不以较低的产能维持运营。而且，企业培训一个员工使其具备最基本的生产能力需要 5~6 个月的时间。这一问题的解决急需政府和行业协会制定出综合对策，但截至 2013 年中期，它们依旧未能扭转这一局面。因此，2013 年 4 月 17 日，时任埃塞园艺生产商与出口商协会（Ethiopian Horticulture Producers and Exporters Association，EHPEA）主席在其工作报告中指出，"女性工人的短缺问题依旧是埃塞俄比亚高地花卉种植园和其他花卉种植园面临的严重制约因素"（Oqubay，2012），这一点也得到了其他观察者的认同。[①]

也许较好的技能水平和纪律性的确是花卉产业的员工成为各类企业争相招聘的对象的重要原因，但也不排除有年轻女性有意将这样的就业机会当作职业生涯的一块跳板。她们通过在种植园工作以获得收入（用于支付职业介绍所、交通以及其他相关费用），在工作的同时熟悉亚的斯亚贝巴及其周边地区并与有经验的移民建立联系，最后再经过职业介绍所进入工厂或海湾地区。在任何劳动力市场，这都是非常自然的事情，花卉企业也必须适应这一点。这就引出了第二个问题。考虑到埃塞城镇失业率高和乡村就业严重不充分的现状，这种人员流动未必完全没有益处，正如 Lewis 的剩余劳动力的无限供应理论所论述的那样。然而，尽管花卉产业的基层

157

---

① 2013 年末，由于居住许可方面的原因，许多埃塞移民从沙特阿拉伯返回。

职工基本上都不具备高技能水平，这种规模的人员流动依旧会给产业带来问题和成本。例如，包括比绍夫图（Bisheftu）周边地区和亚的斯亚贝巴东部地区在内的一些地方的企业都反映当地劳动力供应正在日益趋紧。从特定角度来看，这也反映了花卉产业的显著外部效应。如果其他产业的雇主确实更偏爱有花卉产业工作经验的女性劳工的话，这也就说明花卉企业有效地促进了可供其他产业使用的资本主义劳动力的开发。从另一方面来看，随着产业的日趋成熟，竞争的激化、劳动力成本的上升以及劳动力的流失也给花卉产业的发展带来了政策方面的挑战。尽管政府可以帮助创造合适的条件，但花卉产业竞争力的保持依旧要靠产业本身去开发有活力的比较优势。这种困境并非只存在于花卉产业，所有产业均需经历类似的变化、调整，甚至衰退。只有采取创新措施的公司才能得以生存，它们不会轻易倒闭——这就是资本主义发展的本质。

## 三　生产力：关键挑战与正在实施过程中的政策举措

将生产力提升至国际水平对发展中国家开发其在廉价的可培训劳动力方面的比较优势至关重要（Schwartz，2010）。生产力的提高取决于许多因素，如学习速度和学习水平以及政府对风险社会化的支持力度等。花卉产业主要的生产力指标包括劳动生产率（单位劳动力每人每小时的剪切数量）、每公顷产量（株）、每公顷投资额、每棵植株的成本以及人均利润等。

在花卉产业生产力方面，肯尼亚是与埃塞最接近的国家。《世界发展报告》（Global Development Solution，GDS）2006 年的数据表明，肯尼亚花卉产业每公顷可销售植株数量高于埃塞，而单位植株的整体费用却比埃塞低。基于花卉品种和生态方面的原因，埃塞鲜切花的销售价格要高于肯尼亚。出现这一生产力差距的原因主要是起步较晚的埃塞花卉产业在学习方面和肯尼亚相比还存在差距，其生产力提升的速度也相对较慢。尽管如此，2006～2012 年，埃塞花卉产业的生产力仍旧实现了可观的增长（表5-2）。每公顷可销售植株数量增长了 9% 以上，与此同时，单位植株的种植成本下降了 9% 以上。2012 年（DLV，2012）的数据显示，埃塞花卉产业每公顷的产量为 203 万株。许多埃塞花卉种植公司专程赴肯尼亚考察花卉种植园，这反映了埃塞花卉企业向更有经验的同行学习和汲取经验的主

158

动性。许多公司所有者认为，通过"边干边学"及其带来的产业发展经验的积累，埃塞与肯尼亚的差距已有所缩小。鉴于花卉产业激烈的国际竞争，学习能力对花卉产业的生存和发展是不可或缺的。

表 5 - 2　埃塞俄比亚与肯尼亚玫瑰种植指标对比

| | 单　位 | 埃塞（2006） | 肯尼亚（2006） | 埃塞（2012） | 肯尼亚（2012） |
|---|---|---|---|---|---|
| 种植成本/公顷 | 美　元 | 63334 | 81134 | 63131 | 85000 |
| 植株数量/公顷 | 数　量 | 65000 | 80000 | 75000 | 75000 |
| 每公顷产量 | 数　量 | 1685000 | 2300000 | 1850000 | 2000000 |
| 损耗（%） | 百分比 | 2 | 5 | 2.5 | 2 |
| 可销售植株/公顷 | 数　量 | 1651000 | 2180000 | 1803750 | 1960000 |
| 种植开支/株 | 美　分 | 3.84 | 3.50 | 3.5 | 4 |
| 收割后的运输和营销费用 | 美　分 | 11.66 | 8.60 | 12.35 | 13 |
| 总开支/株 | 美　分 | 15.50 | 12.10 | 15.85 | 17 |
| 售价/株 | 美　分 | 18.3 | 14.40 | 19.2 | 21 |

来源：2006 年的数据参见 Melese and Helmsing（也见 GDS，2006）。种植成本不含建厂成本。2012 年数据为笔者根据 EHPEA 数据计算而来的平均值。

　　笔者还发现，与其他产业相比，花卉产业"边干边学"的速度更快。工人们很快就能适应工作纪律，农业专业人员也能很快掌握工作技能。来自哈瓦萨大学（Hawasa University）、季马大学（Jima University）以及哈里玛雅大学（Haremaya）的数十名（甚至可能有数百名）农业专业的毕业生已经取代来自印度和肯尼亚的外籍人士成为许多种植园的经理。再如，2012 年时，埃塞最大的花卉公司即谢尔埃塞花卉公司以及第二大公司林森玫瑰公司已经不再雇用外籍员工。

159

## 第三节　花卉产业的产业结构

　　花卉产业的产业结构与经济及科技特征同传统农业活动有着显著区别，但与制造业相比有很多相同的特点。产业结构主要指特定产业的科技和经济特征、市场结构以及国际市场定位（Hirschman，1967；Chandler，2004；Evans，1995）。而劳动密集型产业又以较不显著的规模经济和范围经济为典型特征。产业结构是特定环境下影响产业发展表现的重要因素，也是政府决策的制约因素（有时也可以成为促进因素）。因此，对产业结构的了解程度是影响产业政策的决策设计环节和实施效果的关键因素。

## 一　企业所有制和企业结构

截至 2012 年，埃塞花卉产业共有 69 家企业，这些企业全部为私营企业。在笔者调查的 62 家企业中，外资企业占 63%（39 家），国内企业占 26%（16 家），其余 7 家企业为合资企业。几乎所有外资企业在进驻埃塞之前均有相关行业的经营经验。外资企业当中，32% 的企业来自荷兰，17% 来自印度，12% 来自以色列。其中，规模最大的谢尔埃塞公司也是最早投资埃塞的外资花卉企业。

在内资企业中，71% 的企业由本地投资人所有，剩下的则由埃塞海外侨民所有。埃塞有 100 多万海外侨民，主要集中在北美（有 50 万左右）和中东地区。多数内资企业均是初次涉足花卉产业，他们的行业背景可谓五花八门（表 5-3）。这与《埃塞俄比亚企业分布地图》（*Enterprise Map of Ethiopia*）的相关表述有较大出入，后者总结性地认为埃塞多数成功企业在创业之前均有相关行业的贸易背景（Sutton and Kellow，2010）。本研究发现，这种说法在埃塞花卉产业内的多数创业案例中均不成立。例如，埃塞花卉产业中有一家成功的侨资企业。其投资者曾在英国接受教育，在投资花卉产业之前，曾在包括英国银行在内的多家机构任职。在决定投资花卉产业之前，他先对花卉产业进行了调研，下定决心后在不到 6 个月的时间内从一家国有银行成功申请到优惠贷款，并在比绍夫图地区拿到了一块土地。有时候，侨资与国内资本之间并没有清晰的界线：这位投资者出生于埃塞一个历经四代人的传统马尔卡托式（马尔卡托 "*Merkato*" 是埃塞国内最大的露天集市，位于首都亚的斯亚贝巴）贸易家庭。另外一个成功的企业家最早曾是街边的一名擦鞋匠，后来也开过店铺，目前经营着一家综合性贸易公司。他不仅吃苦耐劳，而且自学成才，通过夜校学习获得了管理学学士学位。在正式投资花卉产业之前，他也做了产业调研，包括赴外资花卉企业和荷兰竞拍中心进行考察等。半年之内，他完成了从贷款到土地购置在内的所有前期准备工作。他还高薪聘请了一名印度籍经理人并且每个星期都定期主持管理例会。目前，这两个企业都发展良好。那些失败的案例中也不乏一些曾经从事重要贸易活动的创业者，但他们不够重视学习

160

和管理他们的花卉企业，相反，他们把花卉产业当成副业看待。

表5-3　企业家行业背景/工作经验情况

| 企业背景 | 企业数量 | 所占比重（%） |
| --- | --- | --- |
| 相同产业（花卉） | 32 | 56.1 |
| 新企业 | 11 | 19.3 |
| 贸易 | 8 | 14.0 |
| 制造 | 5 | 8.8 |
| 贸易与制造 | 1 | 1.8 |
| 总计 | 57 | 100 |

来源：Oqubay（2012）。

　　目前，埃塞花卉产业内的企业多数为家族企业，家族经验在该产业发展的过程中发挥着至关重要的作用。在外资企业中，42%的企业在其他国家也有投资，其中20%集中在荷兰，12%集中在肯尼亚。与水泥产业不同的是，中型企业在花卉产业中占绝大多数。业主经理管理着产业内73%的农场。55%以上的经理人在任职之前已经有相关产业的工作经验。83%以上的企业（60家企业中）的决策人为企业的所有者或者其家族成员，仅17%的企业由公司经理和董事会负责管理（Oqubay，2012）。相关研究成果显示，其他国家（包括荷兰）的花卉企业也多为家族企业，在规模上也多为中小型企业（CBI，2002，2013；Melese and Helmsing，2010；Nico，1998）。这种规模赋予了他们在决策上的灵活性和效率，减少了日常管理开支，也有利于企业所有者亲自参与公司的管理。虽然不同国家对企业规模的界定有着不同的标准，但在本书中，我们将种植规模小于25公顷的企业统一界定为中小型企业。

　　2008～2012年，埃塞花卉种植园的总种植面积已经从922公顷增长至1500公顷。在此期间，外资企业所持有的土地面积也从615公顷增长至1101公顷，其花卉产量所占比重也从67%增长至76%。内资企业所持有的土地面积从56公顷增长至104公顷，仅占总面积的7%。合资企业所持有的土地面积为237公顷，其比例从之前的27%下降至16.5%。在企业规模上，外资企业和内资企业差别不大。2005～2011年，内资企业的花卉出口额所占比重一直保持在较低水平，且从2008年的25%降低至2012年的13.3%，其产量占总产量的比重也从20%降低至不足10%。提升国内企业在总产量和总出口量中的比重以及加大技术转移程度应该成为该产业政策的首要目标。

## 二 市场和竞争强度

了解埃塞花卉产业的市场结构和市场竞争强度是认知埃塞花卉产业基本模式的重要前提。2009 年，全球花卉市场交易总额约为 262 亿欧元（表 5 - 4）。其中，欧洲市场所占比重最高（约 110 亿欧元），亚洲次之（约 76 亿欧元），北美排第三位（约 55 亿欧元）（FloraHolland，2010，2012，2014）。在 2007 ~ 2009 年金融危机期间，欧洲和北美地区的市场交易量总体平稳，而亚洲则保持了 10% 的小幅增长（FloraHolland，2010，2014）。根据国际贸易中心和联合国商品贸易数据，2011 年世界鲜切花出口第一大国为荷兰，其出口额超 32 亿欧元，占全球花卉出口总量的 53.7%。哥伦比亚远随其后（出口额为 8.58 亿欧元，所占比重为 13.5%），厄瓜多尔第三位（3.93 亿欧元，7.35%），肯尼亚第四位（6.5%），埃塞第五位（1.83%）。2010 年，肯尼亚出口鲜切花 117000 吨，其总价值约为 5 亿欧元（Rikken，2011）。同年，埃塞出口鲜切花 50000 吨，出口额约为 1.46 亿欧元。虽然埃塞花卉产业的增长看起来不甚起眼，但这些数据也显示出埃塞在拓展其全球市场份额方面的巨大潜力。

162

表 5 - 4 2007 ~ 2009 年全球各地区花卉产值情况

单位：百万欧元

| 年　度 | 总产值 | 非　洲 | 南　美 | 北　美 | 亚　洲 | 中　东 | 欧　洲 |
|---|---|---|---|---|---|---|---|
| 2007 | 24356 | 504 | 1450 | 4059 | 6891 | 220 | 11232 |
| 2008 | 24395 | 594 | 1382 | 3998 | 6865 | 220 | 11337 |
| 2009 | 26196 | 634 | 1441 | 5450 | 7608 | 220 | 10843 |

来源：FloraHolland (2010)。

**主要市场与目的地**

国际花卉市场可分为拍卖市场和直接销售市场两种。目前，阿姆斯特丹、迪拜、德国等地都设有鲜花拍卖市场。其中，全球最大的鲜花拍卖公司为总部位于荷兰阿姆斯特丹的荷兰鲜花拍卖中心（FloraHolland），其雇员有 4000 多人。2013 年，该公司年营业额达 43.5 亿欧元，销售量高达 124 亿件（FloraHolland，2014）。埃塞将近 80% 的鲜花销售于荷兰的鲜花市场。鲜花的直接销售市场主要为超市和利基市场（或小众市场）。其他销售目的地还包括德国、英国、法国、意大利、比利时，以及近年来的俄罗斯（EHDA，2012c）。花卉市场中的主要产品为玫瑰、插枝、康乃馨、满天星、金丝桃属花卉、刺芹属植物。一般而言，冬季花卉价格较高。这主要因为欧洲花卉农场产量较低，且情人节和新年等节日都在冬季。花卉市场上的买家通常寻求价格更具竞争力的大宗交易，这显示出他们不断上升的议价能力（CBI，2013），也凸显了国际花卉市场上供应方正日渐面临增加产量和在利润空间内提升价格优势的竞争压力。

**空　运**

多数鲜切花都有高价格重量比，但也都具有易凋谢和易损的特点。虽然消费者对鲜花的需求长年不断，但消费者在不同时期对鲜花的需求会有所不同。因此，花卉产业价值链的实现非常依赖空运和冷藏链物流。空运费用可占产品成本的一半以上（EHDA，2012b，2011b），和营销成本一起构成产品成本的75%。航班频次、其他物流安排的频繁性和及时性，对订单交付的及时性、交付时花卉的新鲜度和最大化鲜花的留瓶观赏时间等事项具有至关重要的影响。从这个角度看，埃航在埃塞花卉产业发展中扮演着重要的战略角色的原因便不言而喻了（参见第五章第四节）。

**价格驱动竞争**

鲜花的易逝性和空运服务深刻影响着国际花卉贸易。而消费者的收入水平和全球经济的景气程度也影响着鲜花产品的消费和价格。2008年爆发的全球金融危机就显著拖慢了国际鲜花贸易量增长的速度。2002～2012年，花卉产品价格下跌了5%～10%。大头玫瑰中，尤其以来自荷兰与厄瓜多尔的品种最为名贵，而小头玫瑰则是最低价的品种。来自肯尼亚和埃塞的大头玫瑰价格居中，而来自乌干达、坦桑尼亚和津巴布韦的品种则处于较低价位。杂交和育种是提高价格、产量和市场份额的主要方法。荷兰的育种公司处于世界领先水平，常常可以通过种苗专利在一定的年限内赚取2%的种苗使用费。

**竞争强度**

欧洲和美洲市场的主要竞争者包括哥伦比亚、厄瓜多尔、肯尼亚、埃塞、以色列、乌干达、坦桑尼亚和津巴布韦。基于高劳动力成本带来的压力，高企的能源价格和土地的缺乏，主要发达鲜花种植国都在缩减种植规

模。出于政治考虑和缺乏价格竞争力,津巴布韦也在缩减种植规
模。乌干达和坦桑尼亚也由于较高的种植成本而面临严峻的竞争。肯尼亚的鲜花种
植产业发展势头良好,且已经有 50 多年的发展经验。2012 年,肯尼亚鲜
花种植面积为 3000 公顷。同一时期,厄瓜多尔种植面积为 6000 公顷。相
比之下,埃塞花卉产业虽然只有 10 多年的历史,但发展迅速,已经成为世
界第五,非洲第二的鲜花出口国(表 5 – 5)。这主要归因于埃塞实施了积
极的产业政策。尽管如此,埃塞花卉产业的发展速度在 2012 年和 2013 年 164
有所下降,这意味着制定新的产业政策已经成为产业发展的需要。

表 5 – 5 世界主要鲜花出口国排名情况

| 国　家 | 出口量(千吨) | 出口额(百万欧元) |
|---|---|---|
| 荷　兰 | 639 | 3151 |
| 哥伦比亚 | 220 | 858 |
| 肯 尼 亚 | 117 | 500 |
| 厄瓜多尔 | 102 | 393 |
| 埃　塞 | 50 | 146 |

来源:Rikken(2011)。

## 三 花卉栽培业的技术特征

技术因素影响着产业的所有制结构、生产管理模式以及规模经济与范
围经济模式。

### 花卉产业的价值链

要实现花卉产业价值链的高效和集约化管理,管理者需要对从栽培到
最终销售在内的一系列环节采取综合化的管理手段。鲜花产品的易逝性、
有限的观赏周期和生产上的不确定性使这种高强度的管理模式成为农场主
的共同需求。几乎所有的农场主每周都需要将大部分时间花费在农场管理
上并需随时保持与中介及客户的联系。例如,埃塞最大的花卉农场的所有
者(荷兰人)每个月花费两周时间在埃塞的兹怀地区管理农场,另外两周
时间则在荷兰管理农场。除此之外,他的儿子还常驻兹怀。埃塞第二大花
卉栽培农场的所有者则几乎全天候地守着他在亚的斯阿莱姆(Addis Alem)
的农场。这也从侧面反映了花卉栽培业对管理和经营不善的低宽容度(或

者说对管理强度和效率的严苛要求）。

**规模经济与范围经济**

花卉产业和传统农场相比是更为劳动密集型的农业生产模式。此外，与小型农场和其他商业化农场相比，花卉农场在温室建设与维护、灌溉、冷藏链基础设施等领域需要更多的资金投入。每公顷大概需要 30 万到 50 万美元的资金投入。根据本研究所做的调查，埃塞 62 家花卉农场中的 45 家农场的投资总额超过 35 亿比尔，其中 58% 的资金用于土地开发、温室及其他设施建设，17% 用于购买机器、设备和交通运输工具。从另一个角度看，花卉产业也是科技密集型产业，因为该产业的生存依赖于新品种的培养（需要投入大量精力进行研究和资源开发），依赖于持续的增植和在生产过程中大量使用栽培技术。许多荷兰的企业专门从事育种和品种杂交业务，大量利用复杂的科技以实现生产力的最大化。

埃塞多数农产种植面积低于 20 公顷。47% 的花卉农场拥有 11~21 公顷不等的种植面积，四分之一的农场拥有不到 10 公顷的种植面积。只有 20% 的农场拥有超过 21 公顷的鲜花种植面积。谢尔埃塞农场拥有或租赁了 350 公顷已开发土地（配有温室和灌溉设施），是埃塞花卉产业中的特例。

**低绩效宽容度**

鲜花产品具有易逝性。据栽培者所言，在花卉产品价值链的实现过程中，稍有不慎，60 多天的努力便可能在数分钟之内付诸东流。在栽培阶段，生长在温室里的鲜花全年需要精细的照顾。鲜花成品的易逝性则直接影响着从农场到市场的价值链的顺利实现。鲜花产品的有效观赏时间也直接受价值链周期的影响。卡车冷藏运输与机场及空运途中的冷藏保鲜是花卉产业价值链中至关重要的一环。卫生和植物检疫是价值链中有着严格要求的重要环节，它能够影响花卉产品的销售，给花卉农场经营者带来巨大的压力。植物检疫环节主要涉及检查、测试、检验和植物疾病的治疗等内容。

良好的交货及时性、产品质量、优势的价格竞争力和品种是花卉企业获得成功的关键。这些因素共同导致花卉产业对花卉种植企业的绩效表现有着较低的宽容度，显著低于埃塞纺织业、服装业、皮革制造等产业。这种低宽容度不仅使花卉企业时刻处于生存压力之下，也对相关支撑产业（如包装产业）、空运服务公司、交通和物流公司、埃塞园艺发展协会及其他监管机构产生了深刻的影响。

正是如上这些特征与花卉产业在技术上的不确定性一起构成了提升花卉企业竞争性的关键因素，而非加工技术、产能利用或需求上的不确定性。花卉企业，无论其温室设施与灌溉科技如何，都极度依赖于水源供应、风向和气候变化等自然因素。其生产过程处处充满不确定性。集约化管理、知识、经验和经常性的细微调整成为花卉企业必须具备的素质和能力。因此，花卉农场很少能够如某些人士想象的那样可以作为一种副业。

四 小结

综上，花卉产业的独特性和产业结构具有重要的分析价值和政策启示意义。第一，花卉产业为高竞争性出口导向型产业，这也导致花卉企业必须尽最大努力才能实现生存和发展。这种压力可以与政府政策形成合力共同推动产业发展。第二，花卉产业管理的集约化、产品的易逝性、生产过程中的不确定性以及国际市场的高竞争强度对政府政策具有非常重要的启示意义。它们使花卉产业对经营和管理不善的低宽容度转化为对政策决策失误的低宽容度。因此，在该产业，政策的决策必须以更具针对性的政策学习为基础，这对其他产业的产业政策决策也有着潜在的（但不是必然的）启示意义。正如其他产业的雇主偏好有花卉产业工作经验的职员一样，目前埃塞相关政府部门也需要一批有相关知识和经验，懂得如何根据产业发展的需求调整政策干预手段的官员。

第三，外资在花卉产业中占主导地位。境外资本不仅是产业发展的资金来源之一，更重要的是它还可以带来更先进的技术、更广阔的市场准入和示范效应。埃塞本地花卉企业普遍认识到了外资企业的重要作用，并与之保持着良好的关系。目前，埃塞已经有一批数量可观的本地企业从竞争中脱颖而出。我们将在本章稍后部分进一步探讨这个话题。

第四，中等规模企业、家族企业在埃塞花卉产业中占主导地位。这也意味产业内缺乏成体系的可以被普遍借鉴和使用的发展知识及经验，"边干边学"发挥着关键的作用。

第五，花卉产品及其市场属性决定了空运是产业竞争优势中与成本、质量和交货及时性密切相关的重要组成部分。这也对航空公司提供的空运服务业提出了更高的要求。

第六，产业的前向关联和后向关联效应对经济活动和其他相关机制的影响为新产业的产生和发展、新产品和新生产加工方法的研发提供了广阔的空间和机遇。但这一潜力的充分开发需要以适宜的产业政策和政策工具作为前提条件。

## 第四节　关联效应与产业发展：花卉产业价值链的衍生品

本节主要对包装、航空货运及其他因为花卉产业的发展而形成的新增长领域、新产业和衍生企业进行了分析和探讨。虽然关联效应这一概念已为众所周知，但在现实中，产业关联却往往难以被发现并得到充分开发和利用。因此，有必要对特定产业的潜在关联进行分析和思考，将关注点聚焦于可以促进或直接带动相关领域投资决策的因素。换言之，关联关系并不总是天然存在的。与水泥产业的成本集中于能源消耗方面有所不同，花卉产业的主要成本包括空运费用、化肥和化学药品、包装材料和劳动力费用（表5－6）。

表5－6　花卉产业成本构成情况

| | 成本（百万比尔） | 比重（%） | 来　源 |
|---|---|---|---|
| 空运费用 | 961 | 55.0 | 国内为主（埃塞航空） |
| 化肥和化学药品 | 311 | 17.8 | 进口 |
| 劳动力 | 182.6 | 10.4 | 当地 |
| 包装材料 | 171 | 9.8 | 国内制造 |
| 总成本 | 1748 | | |

数据来源：Oqubay（2012）基于40个企业的数据。

花卉产品的成本构成元素可以分为本地制造类投入、进口类投入、公共设施和运输投入以及劳动力及相关服务投入几大类。例如，2011年包装材料费用占本地制造类投入的98%，而化肥与化学药品占进口类投入的90%，空运费占服务和设施类投入的92%。对各种投入进行归类和比例分析有利于我们了解花卉产业的关联关系。

### 一　后向关联与价值链衍生品

**包装产业**

本节主要根据 Hirschman 提出的关联效应理论（Hirschman，1958，

1981，1992）对埃塞花卉产业的关联关系进行了分析和探讨。埃塞花卉产业的发展受到国内投入不足及产业支撑较弱的制约。据最新研究结果显示，埃塞花卉产业80%的投入均来自进口，其交货时间长、成本高、对周转资金量也有更高的要求，这在很大程度上影响了埃塞花卉产业的竞争力。此外，大量的进口会造成得之不易的外汇储备的流失，失去创造就业和提升国家生产力水平的机遇。进出口分析数据显示，包装材料花费是花卉产业三大主要成本投入之一（约占35.5%）。包装材料花费作为花卉产业的基本投入之一，具有不可替代性、高附加值和可观的市场效益。它影响着鲜花产品的质量、装运空间的利用和空运费用。2011年，花卉产业包装费用达1.71亿比尔（三大成本投入板块总额为4.82亿比尔），占其生产成本的10%。2011年，埃塞进口了大量的包装材料（价值超1亿比尔或750万美元）。2012年，埃塞包装材料进口量又增长了一倍（EHDA，2012d，2012e）。

根据 Hirschman（1958：110）的"工业制成品进口的逐渐吸收"设想中"进口增长带动国内生产"的经济学理论，在适当的产业政策支撑下，进口可以带动国内新产业的发展。Hirschman（1958）尤其强调进口在催生新的比较优势方面的作用。他认为，"传统经济学理论不大可能发现这样一个规律：国家往往在它们所进口的商品上形成新的竞争优势……在此我们特别强调进口在经济发展过程中能够扮演的'创造性'角色，这个角色长期以来几乎被完全忽视"（Hirschman，1858：113）。这个过程需要涉及价值链的创造及进一步扩大就业，强化产业的后向与前向关联。埃塞的包装产业便是一个如上观点的例证。随着埃塞花卉产业的发展，国内对包装材料的需求必定会达到某个特定的临界程度，这一需求使包装材料的国内生产成为可能。这就反过来带动了包装产业的投资。

截至2012年，埃塞包装产业已经有16家企业，其总设备生产能力已达75000吨，主要生产用于包装花卉产品的瓦楞纸箱。政府部门的大力支持加速了包装产业的发展。埃塞园艺发展协会和埃塞行业标准委员会（Ethiopian Standards Agency）通过合作为相关产品设定了标准。尤其是埃塞园艺发展协会在包装产业的发展过程中发挥了积极的带动作用，进一步巩固了埃塞花卉产业的产业支撑（EHDA，2012d）。

为推动埃塞包装产业的发展，埃塞政府出台了一系列政策措施。简言之，该直接关联的发展与演化主要依赖于政府的政策。这些用以提升花卉产业竞争力的政策举措由激励性政策和惩罚性措施构成。第一，对花卉产业的鼓励性措施被推广至包装产业，使之在进口物资上获得竞争优势。工厂的出厂价也通过协商而定。第二，为之设立行业标准并为生产企业提供技术支持以帮助它们达到相关标准。制定企业名单以便于监督和督促企业遵守产品质量标准，推动产业的标准化发展。相关举措落实后，埃塞包装产业的产品质量逐渐提高，日渐为埃塞花卉企业以及其他园艺产品出口企业所接受。这也在很大程度上减少了外汇流失，为埃塞国内生产力水平的建设创造了更好的条件。

和花卉产业不同，国内资本在埃塞包装产业中占主导地位。内资企业占比高达60%，其装机生产能力约占产业总生产能力的75%。由于埃169 塞纸浆和造纸产业的欠发达现状，国内生产原料的缺乏已经成为埃塞包装产业面临的主要挑战。学者们普遍认为（如 Khan，2011），事前激励（ex ante incentives）和中期激励（intermediate assets）常常被耗尽而失去作用，事后激励（ex post incentives）举措更具效力。虽然这种观点可能是正确的，但埃塞包装产业的发展证实了事前激励举措同样可以发挥效力。重要的是将适用的易于操作的监管机制落实到位。但是，事前激励机制实施起来可能缺乏操作性，因而难以发挥其激励经济元素发生作用的效力。例如，埃塞在花卉和皮革产业实行的退税政策便因为难以兑现而失去效力。

## 二 空运与国有航空公司的推动作用

花卉产业的繁荣和发展需要一个能够提供可靠和有价格竞争力的空运服务的空运产业作为支撑。直至目前，埃塞还没有找到能够在空运频次、价格竞争力和服务质量方面满足其出口需要的空运服务提供商。这主要因为航空公司可能会因为埃塞鲜花出口量的波动而承受损失。不少航空公司都会偶尔提供花卉运输服务，但都无法在运输频次和价格上满足埃塞花卉产业的需求。成立于1945年的埃塞国有航空公司即埃航已经成为埃塞的旗舰航空公司。虽然日趋激烈的国际竞争已经淘汰了不少航空公司，埃航却实现了发展和扩张，完成了其机群的现代化和基础设施的升级改造。埃航不仅能够自己培养飞行员、技师和其他员工,还有能力在其维护中心为己方飞机和其他航空公司的飞机提供全面的检修服务。为实现其航空货运能力的现代化计划,埃航购买了波音 777 飞机,并成为非洲第一个拥有波音787"梦幻客机"的非洲航空公司。埃航的成功经营充分验证了 Hirschman 提出的低表现宽容度可以帮助发展中国家发展航空事业的猜想,也是对传统的新自由主义经济学流派批评国有企业的有力反驳。

**航空货运挑战**

冷藏运输链管理(含农场、冷藏货运工具和机场冷藏设施等环节)是埃塞花卉产业发展的一个紧迫制约因素,尤其在产业发展的早期阶段。货运航班的不规律性则是最为紧迫的一个问题。埃航对这种不利形势的扭转起到了关键性的作用,前者有时甚至不惜亏本运营为埃塞花卉产业提供航空货运服务。埃航、埃塞园艺发展协会、埃塞园艺生产商与出口商协会及其他监管机构共同为埃航的关键性介入创造了条件。埃塞政府欲通过埃航发挥建设性干预作用的动机也验证了 Hirschman(1981:80)关于"国家对某一特定行业的成功干预经验可能会促使其获得通过干预手段推动其他产业发展的能力和欲望"的理论设想。

花卉产业的发展从多个方面给埃航带来了巨大的压力。过去,航空货运只是埃航的第二业务。在花卉产业日渐增长的空运需求压力下,埃塞政府和埃航果断抓住机遇发展航空货运业务。然而这也意味着埃航要在运输设备购买和基础设施建设方面进行数十亿美元的长期投资。2009 年,埃航订购了含波音 777 在内的 35 架飞机用于鲜花运输,并在此之外租用部分飞机作为临时的解决方案。2009~2012 年,埃航的易腐货品运输能力增长了52%,达到约 40000 吨/年(表 5-7)。

表 5-7  2009~2012 年货运航班的易腐货物装运能力

单位: 千克,%

| 年 份 | 2009 | 2010 | 2011 | 2012 | 2009~2012 |
|---|---|---|---|---|---|
| 月均装运能力 | 2130411 | 2863439 | 2984180 | 4467010 | 2804332 |
| 年装运能力 | 25570411 | 34361265 | 35810164 | 38866096 | 33651982 |
| 年增长率 | | 34 | 4.2 | 8.5 | 52 |

来源: EAL (2012)。

**应对方法**

埃航在埃塞花卉产业发展中扮演的重要角色是政府通过国有企业促进产业政策决策和产业发展的经典案例（Amsden，1989；Chang and Singh，1997）。易腐货物运输已作为重要货运业务被列入埃航的《2025 年战略规划》（Vision 2025）。从 2003 年到 2012 年，埃航的货运能力从 37000 吨增长至 181000 吨，增长了 4 倍。在《2025 年战略规划》中，2025 年埃航的航空货运能力将达到 710000 吨（EAL，2012）。运输机编队将扩编至 10 架波音 777 和 7 架波音 757，总投入高达 20 亿美元。为了满足埃塞花卉企业的运输需求，解决花卉产业的瓶颈问题，埃塞于 2013 年在博莱国际机场的货运码头新建了一套临时冷藏设施。默克莱（Mekelle）、巴哈达尔（Bahirdar）和迪雷达瓦等地也相继新建了类似的冷藏设施以满足园艺产业的发展需求。到 2020 年，博莱国际机场货运码头的货物装运能力有望达到 120 万吨。

2008 ~ 2009 年，燃油价格的成倍上涨给埃航和埃塞花卉产业带来了艰巨的挑战。面对如此剧烈的燃油价格上涨，一般情况下，航空公司会将成本压力转嫁至末端用户。但鉴于空运费用占花卉生产成本的 50% 以上，埃塞政府和埃航的首要挑战就是确保埃塞花卉产业的生存。在 2008 年 1 月召开的一次会议上，部长委员会做出艰难而大胆的决定，国家将补贴花卉企业 30% 的上涨运费（表 5 - 8）。另外 30% 的上涨运费则由埃航进行补贴。

补贴花卉企业 30% 的上涨运费对当时的埃塞政府而言是一个艰难的政治决定，因为它刚刚取消了对交通、工厂和家庭的燃油补贴。同时，这一决定也引起了对这种政策可能成为一个不良先例的担忧。但如果花卉企业大量倒闭，严重的失业问题必定接踵而来，新的关联产业也将面临绝境。这个案例充分证实了产业政策在埃塞的重要性，尤其是国家积极主义和国有企业在市场经济体制不健全的情况下发挥了关键作用。它也充分证明政府可以在产业发展中发挥有效的协调作用。

表 5 - 8  2008 ~ 2009 年政府对花卉产业的燃料补贴情况

| 时　　期 | 原价格 | 新价格 | 变动（增长） | 变动值 30% |
| --- | --- | --- | --- | --- |
| 2008 年 4 月 | 5.16 | 8.64 | + 3.48 | 1.04 |
| 2008 年 5 月 | 5.16 | 9.66 | + 4.50 | 1.35 |

| 时　期 | 原价格 | 新价格 | 变动（增长） | 变动值30% |
|---|---|---|---|---|
| 2008 年 6 月 | 5.16 | 11.01 | +5.85 | 1.75 |
| 2008 年 7 月 | 5.16 | 11.13 | +5.97 | 1.79 |
| 2008 年 8 月 | 5.16 | 11.05 | +5.89 | 1.77 |
| 2008 年 9 月 | 5.16 | 9.41 | +4.25 | 1.28 |
| 2008 年 10 月 | 5.16 | 8.48 | +3.32 | 1.00 |
| 2008 年 11 月 | 5.16 | 7.84 | +2.68 | 0.80 |
| 2008 年 12 月 | 5.16 | 6.99 | +1.83 | 1.55 |
| 2009 年 1 月 | — | 6.27 | +1.11 | 0.33 |

注：不含埃航所提供的30%补贴。

来源：MOTI（14 April 2008）。

## 三　模式推广：园艺产业与新增长走廊

产业关联不仅可以催生新的衍生行业，还可以带动区域发展。Hirschman（1981：76－77）认为在广义的关联概念中，新经济活动也可以定义为在新的地方进行同一产品生产的活动。新证据表明花卉产业已经带动了新的经济活动的产生，但埃塞区域发展的多样化程度还非常有限。近年来，非花卉种植业（蔬菜、水果、草药）发展迅速，企业数量已经达到32家之多。2012 年，它们共产生了 5300 万美元的出口收入，创造了约133000 个就业岗位，总种植面积12552 公顷（表 5－9）。

将近90% 的非花卉农场集中分布在位于埃塞中部地区的亚的斯亚贝巴市周边，也就是花卉农场集中分布的地区。三大因素促进了相关产业的发展。其一，花卉企业所经营的业务已经多元化至其他园艺活动，32 家非花卉园艺企业中有将近一半企业最早是从事花卉产业。其二，由于花卉产业和其他园艺产业有着相似的专业技能需求，花卉产业的外部效应和溢出效应（技术转移、管理技术和技术工人）带动了关联关系的产生。虽然地方政府也出台了不少鼓励性政策（如免费提供土地，这一政策曾成功吸引了15 家企业），但目前仅在阿姆哈拉和提格雷地区尚存 4 家企业。可见政府政策的效力会因为产业聚集的反面作用而减弱，这与 Mano 和 Suzuki（2011）对埃塞鲜切花产业的调查结果一致。

其三，机制建设对关联效应的产生有着积极的促进作用。例如，起重要作用的埃塞园艺发展协会、埃塞园艺生产商与出口商协会、埃塞国家出口协调委员会都面向整个园艺产业（而不单单是花卉产业）提供支持和服务。花卉产业的关联效应是毋庸置疑的。值得一提的是，非花卉园艺产业较花卉产业有着更大的就业岗位创造潜力，也有较大的国内市场开拓潜力。此外，非花卉产业似乎在带动小型农场发展方面更具关联效应（如外包种植方案）。由于对低经营效益存在较大宽容度，内资企业参与非花卉产业的比例相对较高（43%，显著高于花卉产业内25%的比例）。

综上，虽然花卉产业的后向关联效应弱于皮革及皮革制品产业，但在更有效的产业政策的支撑下，花卉产业的关联效应得到了有效的利用和开发。下一章我们将对花卉产业和皮革产业进行直接的对比分析。

表 5 − 9  2008 ~ 2012 年埃塞非花卉园艺产业的发展表现

| 年 份 | 已开发土地（公顷） | 就业岗位 | 出口量（千吨） | 出口额（百万美元） |
|---|---|---|---|---|
| 2008 | 1124 | — | 41120 | 18.53 |
| 2009 | 1665 | 33300 | 39830 | 17.41 |
| 2010 | 1841 | 36820 | 66410 | 31.86 |
| 2011 | 5214 | 62570 | 93010 | 40.00 |
| 2012 | 11110 | 133320 | 123600 | 53.15 |

来源：EHDA Statistical Bulletin Issue 01, October 2012。

## 第五节  新增长点的发现：花卉产业的兴起

1995 年，埃塞联邦政府制定了"以农业发展驱动型工业化"的经济发展战略，视农业为国家经济发展的引擎。该战略重点关注小型农场、劳动密集型和出口促进型经济活动，尤其强调了高价值农产品和劳动密集型产业的重要性。尽管如此，2002 年之前，花卉产业一直没有成为埃塞农业经济发展的重点产业。

### 一  新产业兴起

德格政权（1975 ~ 1991 年）时期，阿瓦什河上游国家农场（Upper A-wash State Farm）和埃塞水果农场（ET Fruit）便开始种植花卉，其种植面积达 160 公顷，部分鲜花出口至欧洲，出口额亦达数万美元。这些鲜花都是夏天开放的品种，且均是非温室培养。20 世纪 90 年代后期，埃塞人投资创办了一家名为埃塞花卉公司（Ethio - Flora）的夏季花卉栽培农场。2001～2003 年，埃塞梦想（Ethio - Dream）、埃塞高地（ET Highland）和金黄玫瑰（Golden Rose）等花卉企业相继成立。这些先驱企业没有得到政府在金融和土地方面的任何扶持。由于产业内没有全面的指导性经验和知识，其发展遭遇了许多困难和挑战。

2004 年，为动员政府帮助解决产业面临的发展问题，上述 5 家小型内资花卉农场创立了埃塞园艺生产商与出口商协会。这一富有远见的集体行为借鉴了肯尼亚的产业发展经验，是当时埃塞私人部门中的独创。埃塞园艺生产商与出口商协会成功说服埃塞政府成立了产业的领导机构。此后，大型企业和外资企业开始纷纷投资埃塞花卉产业。可见，有时候起先驱带头作用的企业并非境外资本或大型企业。鼓励企业发挥类似的作用是产业政策的一个重要特征。那么，埃塞政府对这些先驱企业都有什么特殊的优待呢？ 174

从 2003 年一直到 2008 年埃塞园艺发展协会这一产业领导机构成立，埃塞工业部通过埃塞出口促进委员会为花卉产业的发展提供了长期的支持。2004 年，埃塞政府成立了国家出口协调委员会以协调和引导出口型产业的发展。该委员会在产业诸多发展问题的解决中发挥了关键性的作用，这充分显示了国家支持产业发展的政治意愿以及顶层决策者甄别和打造成功企业的能力。政府先是"选中"了花卉产业，然后通过国家出口协调委员会进一步将其定位为重点发展产业。随后，政府进一步将首都亚的斯亚贝巴 200 公里之外的奥罗莫州国有农场的土地划为花卉产业发展用地。

**从发展潜力到政策驱动下的竞争优势**

多数投资埃塞的花卉企业之前在荷兰、肯尼亚、厄瓜多尔、印度或以色列等国已经有过经营花卉产业的经验。据他们所言，他们之所以投资埃塞主要是考虑到埃塞有着适合的自然条件（土地、纬度、水和土壤）、廉价的劳动力和政府的投资激励政策。第一，埃塞较优惠的土地价格是吸引来自肯尼亚等其他主要花卉种植国投资者的关键因素，这也是政府政策的直接结果。和肯尼亚相比，埃塞的土地租赁价格更低。每平方米一级土地〔如位于瑟伯塔（Sebeta）和比绍夫图（Bisheftu）等地〕的年均租赁价格在 1.23～4.01 比尔不等。每平方米二级土地的租赁价格为 1.01～3.01 比尔不等。第二，由于空运费用是花卉产品的主要生产成本，埃塞和其他主要花卉种植国家（如肯尼亚、津巴布韦和厄瓜多尔）相比拥有另外一个优势——在地理上更接近主要欧洲市场。第三，廉价可培训劳动力（埃塞的费用为 1 美元/天，而肯尼亚为 2.5 美元/天）的可得性是劳动密集型产业的重要优势。然而，在政府出台适当的产业政策和完成能力积累之前，所有这些优势都没能转化为产业的竞争优势。埃塞政府适时提供了所有必要的支持（如投资金融服务），最终引起了投资者的投资兴趣。科技能力建设可以有效弥补自然条件的不足，荷兰便是最佳的案例。尽管面临着高劳动力和能源消耗成本、严冬以及接近海平面的低地海拔高度等困难，荷兰依旧保持着全球花卉生产和贸易的领导者地位。在相应的产业集群、基础设施建设和贸易设施的支撑下，荷兰通过提高科技含量有效推动了花卉产业的发展。

## 二　带动新产业的发展：投资、出口鼓励和其他政策工具

### 招商引资

目前，埃塞政府实施的招商引资政策主要包括旨在吸引国内外资本投资花卉产业的引导性政策，以及提供长达五年的利税免税期和亏损期间延期偿还债务等鼓励性政策举措。此外，埃塞政府还为花卉公司提供免关税进口资本货物及其零部件（价值在资本货物总价值的 15% 以内）和建筑材料的优惠待遇。联邦投资局（FIA，2012）的数据显示，截至 2012 年，埃塞共有 314 个项目获得投资许可证书。但从项目实施情况上看，只有 32% 的项目处于运营阶段，14% 的项目处于实施阶段，还有 46% 的项目处于未实施阶段。1992～2001 年，只有 27 个注册项目（仅占约 9%）获得投资许可。2002 年后，花卉产业开始迎来投资热潮。2008 年是花卉产业的投资最高峰，这一年的注册项目多达 75 个（表 5 - 10）。2008 年以后，花卉产业的年度投资项目数量开始呈逐渐下降的趋势，这一期间的年均投资项目数量甚至不到 2003～2008 年的三分之一。这与埃塞政府在花卉产业发展过程中遇到的难题紧密相关，尤其是埃塞政府在金融支撑方面遇到的困难。

表 5 –10　1992 ~ 2011 年埃塞花卉产业投资许可证审批情况

| 时　期 | 数　量 | 比重（%） | 年均数量 |
|---|---|---|---|
| 1992 ~ 2011 | 315 | 100 | 15.7 |
| 1992 ~ 2002 | 27 | 8.6 | 2.45 |
| 2003 ~ 2011 | 288 | 91.4 | 32 |
| 2003 ~ 2008 | 249 | 79.1 | 41.5 |
| 2009 ~ 2011 | 39 | 12.4 | 13 |

来源：FIA（2012a）。

埃塞花卉产业中外商直接投资的增长主要受益于荷兰花卉企业的定向投资促进战略，该战略得到了荷兰政府的支持，是荷兰政府对外发展援助项目的一部分。2004 年，荷兰贸易访问团成功访问埃塞之后，荷兰政府开始鼓励荷兰企业投资埃塞。荷兰政府为这些投资埃塞的荷兰企业提供了60% 的初始投资经费贷款支持。荷兰国内更为严格的环境保护和土地规划规定、有限的国内扩展空间以及日益增长的生产成本也是推动荷兰企业投资埃塞的重要因素（Melese and Helmsing, 2010）。另外，埃塞政府提供的激励政策也非常具有吸引力。除了优惠贷款之外，埃塞政府还以优惠的租赁价格为外资企业提供已具备公用设施的土地。而且，埃塞可利用土地存量（政府可支配土地）充足。 176

总体而言，埃塞政府实施的激励政策具有较强的操作性，不需要经过繁琐的管理程序。三分之二以上的受调查企业均认为，五年利税免税期政策在实施过程中没有出现问题。花卉产业已经成为埃塞经济中一个净利益创造产业，尤其是在出口创汇、就业机会创造、技术转移和企业能力建设等方面。但这些效益并不来源于埃塞花卉产业的固有比较优势，而是埃塞政府进行持续且有效的政策干预的结果。荷兰资本的引进则是埃塞和荷兰两国政府双重补贴的结果。这种情况明显偏离了林毅夫对比较优势的强调和 Rodrik 关于产业政策是一个自我发现过程的相关论述。尽管如此，在下一小节我们将会发现并非所有的政策支持都是有效的。

**出口促进和货币贬值**

埃塞政府也出台了若干出口促进政策（参见第三章）。如 2010 年 8 月，为了提升竞争力，埃塞政府通过汇率政策使埃塞比尔大幅贬值。笔者的调查结果也显示该政策的实施对埃塞花卉这一净出口产业的发展起到了积极的作用。货币贬值政策不像其他激励政策一样需要经过繁琐的政府程序，其显著成效得到了花卉产业相关部门的普遍认可。该政策一方面给花卉企业带来了更多的可用于扩大再生产的利润收入，另一方面也有效缩减了进口投入占总投入成本的比重，使花卉企业可以通过其他保留账户承担这一部分的开销。

在本研究所开展的企业调查中，62% 的企业认为埃塞目前的出口奖励制度在贯彻和落实环节存在严重的问题，另外还有相同比例的企业认为埃塞政府目前实施的增值税和退税制度存在类似的问题。55% 以上的企业相信埃塞目前实施的出口外汇保留制度存在同样严重的问题。尽管如此，仍有 68% 的企业认为埃塞博莱国际机场的海关部门和埃塞航空为花卉产业的发展提供了令人满意的运输服务。总体而言，就如埃塞皮革与皮革制品产业一样，政府实施的出口鼓励政策并不完全有效。其主要原因在于决策当局在政策制定环节没能制定出完全符合产业发展需求的政策，而且也未能有效贯彻落实相关政策。

### 三　产业融资

埃塞发展银行是埃塞花卉产业长周期融资的主要来源。该银行为花卉企业提供无须任何抵押的贴息贷款，其最高额度可达投资项目总额的 70%（DBE，2012a）。埃塞发展银行总裁曾坦言，由于没有贷款抵押且花卉产品具有典型的易逝性，埃塞发展银行为花卉企业提供贷款的行为有巨大风险（Oqubay，2012）。尽管如此，埃塞发展银行仍然为花卉产业中近三分之二的企业提供了总计约 12 亿美元的贷款。跟随埃塞发展银行的步伐，部分私人银行也向埃塞花卉产业提供了一定额度的贷款。2012 年，埃塞发展银行对该产业提供的 84% 以上的贷款（约 10 亿比尔）为良性贷款（表5 -11）。其项目均贷款额为 2900 万比尔，单个项目最高贷款额为 1.49 亿比尔，单个项目最低贷款额为 600 万比尔。2012 年，未偿还贷款总额为 2 亿比尔，在总贷款额中所占比例相对较小。只有 10 家企业因破产出现抵押品赎回权被取消的问题，其总贷款额为 1.2 亿比尔。这 10 家企业中有 7 家为内资企业，2 家为外资企业，1 家为合资企业。2013 年 6 月，所有破产企业都已经被第三方收购。埃塞发展银行的调研结果（此调研结果得到了相关企业的认可）显示，上述企业破产的原因主要包括管理不善、缺乏经营

花卉产业所需要的知识和技术（选种、栽培方法、营销方法）、缺乏专业
人才等问题。如（部分企业）过多地投入到非必要设施的建设上、种植了
大量的廉价花卉、过多地依赖拍卖市场等。除此之外，还存在如股权所有
人或项目发起人之间出现分歧，银行筛选环节不够谨慎等问题。

表 5 – 11　2007～2011 年埃塞发展银行对花卉产业贷款的执行情况

单位：个，百万比尔

| | 数　额 |
|---|---|
| 企业数量 | 40 |
| 总批准贷款 | 1167 |
| 单个项目均贷款额 | 29 |
| 单个项目最高贷款额 | 149 |
| 单个项目最低贷款额 | 6 |
| 优良贷款 | 981 |
| 未偿还贷款 | 199 |
| 逾期贷款 | 243 |

来源：DBE（2012c）。

　　综上，企业相关管理能力与经验的不足以及埃塞发展银行决策能力和
政策执行能力的缺乏是贷款逾期和企业丧失抵押品赎回权的两大主要原因
（DBE，2012c）。尽管如此，埃塞政府通过其政策银行鼓励花卉产业发展
的决心没有动摇，如果没有埃塞发展银行的建设性介入，埃塞花卉产业不
可能得到如此巨额的金融支持。其他国家或地区（如韩国、中国台湾）的
发展经验都证明了发展型政策银行在经济赶超中扮演的重要角色（Ams-
den，2001；Ocampo et al.，2009；Wade，1990；等等）。

　　笔者（Oqubay，2012）的调查结果显示，近83%的企业认可埃塞发展
银行提供的金融支持，这是所有埃塞政府机构获评最高的一次。但埃塞发
展银行的金融支持也存在几个主要的问题。其一，埃塞发展银行对花卉产
业缺乏了解，这不利于埃塞银行进行项目甄选、企业贷款资质评估、贷款
决策和监督。其二，埃塞发展银行的政策、标准和相关条款的制定流程较
为僵化，实施起来也缺乏灵活性。例如，埃塞发展银行曾拒绝一个当时看
起来最节约成本（每公顷投资额为25万美元）的贷款项目。其原因主要
是该企业拟用木材建设温室，用埃塞传统方法（泥土）建筑仓库。换言

之，相对于高投入的大量依靠昂贵科技手段和材料的项目而言，这个项目显得过于"廉价"了。这种通过对比进行甄选的做法已经成为埃塞银行发挥更大作用的主要障碍，解决这一问题需要更高的透明度和更加合理的决策。

荷兰驻埃塞俄比亚大使馆的一项调查结果显示，商业银行不仅收取更高的利息，而且其提供的金融支持额度也相对较少（Royal Netherlands Embassy，2012）。该调研也指出从商业银行"获得贷款的过程较长且手续比较繁琐"，并表示了对商业银行滥用具有吸引力的贷款的担忧。2012 年 5 月，一家成功企业抱怨埃塞发展银行只接受 30∶70 的股权对负债比率（尽管该企业所提议的比率对银行而言更加有利）。该企业的所有人还抱怨埃塞发展银行拒绝接受提前还贷申请。部分为了加快项目实施进度而使用了自己资金的投资者在申请贷款时遭到了拒绝，因为银行僵化的程序不允许
179　类似贷款行为。其中一家贷款申请遭到拒绝的企业在厄瓜多尔已经取得了卓越的投资业绩。目前，埃塞发展银行已经开始着力于解决这些问题。

**激励约束机制的实施**

激励原则是产业政策的一个重要内容，虽然它是对国家规范资本主义企业行为并为之提供激励政策的委婉说法。激励原则对完善相关标准，通过经济租金分配和借贷等方法促进生产力发展有着重要的启示意义（Amsden，1989；Khan and Jomo，2000）。例如，在土地供应方面，如果一家企业不能按时投入运营或者出现土地使用不当的行为，该土地将被收回以供其他投资者使用。在花卉产业，激励约束机制不完善所引起的风险和土地使用许可的漏损似乎不是非常显著，因为包括出口产业的高竞争性等在内的一系列因素共同发挥了积极的作用。此外，受花卉产品的易逝性、成熟的出口渠道和国内可种植土地资源相对有限等因素的影响，花卉产业土地使用许可的漏损率并没有其他出口商品如咖啡、恰特草（Chat）种植业那么严重。虽然埃塞发展银行有自己的贷款申请标准和一套主要基于还贷及时性的贷款监控措施，但这一举措还不足以有效影响投资者的行为。相关激励政策与企业的绩效表现或激励原则之间还没有形成有效的关联，虽然政府一直在努力尝试。埃塞花卉产业在发展早期曾出现企业在设备引进环节高报进口的现象。埃塞发展银行是花卉产业的新金融参与者，对此往往无能为力。埃塞国家银行长期致力于对出口收汇的调回进行严格的管控，

最近埃塞发展银行已经被指定为企业出口交易的主要管理机构。鉴于这些贷款的敏感性和高风险性，埃塞发展银行采取了果断措施。通过对所有农场开展调研，埃塞发展银行将埃塞花卉企业划分为三个类型，并选取两家外资农场和两家内资农场作为试点企业。其涉及的企业类型主要为有管理问题和经营道德问题的企业以及当前面临困难但有良好发展前景的企业。其目的在于引导和规范这些企业的行为。① 对于受 2007 ~ 2008 年经济衰退影响的多数企业，埃塞发展银行也给予了延期偿还贷款的优惠待遇。

180

## 四　适价土地、基础设施和物流服务的供应

埃塞的土地归国家所有，政府在博莱国际机场 160 公里之内为投资者提供了可长期低价租赁的土地。2012 年，近 1500 公顷的土地被用于发展花卉产业（表 5 - 12）。2008 年，埃塞每平方米土地的租赁价格低于 10 美元，而同期肯尼亚每平方米土地的租赁价格为 30 ~ 40 美元。根据一家企业的年度报告，2011 年，其土地租赁成本仅占总成本的 1% 左右。最初，国家租赁给投资者的土地多为原国有农场的土地。后来，随着花卉产业的不断发展壮大，土地供应变得越来越困难，因为政府必须提供已开垦过的土地，或者需要通过复杂的程序由地方政府提供。三分之二以上的受调查企业都表示他们在土地租赁方面遇到了困难。土地的延期交付和租赁价格的上涨已经成为花卉产业发展的最大障碍。此外，部分地区政府支持花卉产业的意愿较弱，各级政府机构只热衷于谋求土地租赁收入，从而给这些地区花卉产业的土地供给造成了额外的困难。荷兰大使馆 2010 年、2011 年和 2012 年对埃塞花卉产业的调研结果显示，埃塞官员腐败现象有所抬头，这一问题在基层政府机构和地方政府尤其严重。近期，埃塞政府正致力于在埃塞园艺发展协会机制框架下建立土地储备库。其租赁条款更为优惠，它允许企业在长达 25 ~ 30 年的租赁期内按年结算租金（EHDA，2012b；EHPEA，2007）。

埃塞国内多数农场都集中分布于城镇周边地区，因此基础设施供应方面的问题不算特别严峻。电力断供是埃塞花卉产业发展的主要制约因素，因为温室内温度的控制对花卉的生长至关重要。多数受调查企业还抱怨了

① 来自 2012 年 5 月对埃塞俄比亚投资发展银行行长的采访。

181 其他配套基础设施的供应问题。近85%的受访企业表示物流服务方面存在的问题尤为突出。此外，约三分之二的企业认为埃塞国家运输与物流服务公司以及埃塞电力公司不能提供令人满意的物流和电力服务。显然，这些配套基础设施和服务还有巨大的改善空间。

表 5 – 12　花卉产业土地开发与利用情况

| | | 外　资 | 内　资 | 合　资 | 总　额 |
|---|---|---|---|---|---|
| 2007/2008 年度 | 面积（公顷） | 615.6 | 56.5 | 249.9 | 922.0 |
| | 占比（%） | 66.8 | 6.1 | 27.1 | 100.0 |
| 2008/2009 年度 | 面积（公顷） | 840.2 | 62.2 | 337.5 | 1239.9 |
| | 占比（%） | 67.8 | 5.0 | 27.2 | 100.0 |
| 2009/2010 年度 | 面积（公顷） | 886.0 | 72.6 | 347.4 | 1306.0 |
| | 占比（%） | 67.8 | 5.6 | 26.6 | 100.0 |
| 2010/2011 年度 | 面积（公顷） | 963.0 | 86.0 | 251.0 | 1300.0 |
| | 占比（%） | 74.1 | 6.6 | 19.3 | 100.0 |
| 2011/2012 年度 | 面积（公顷） | 1100.9 | 103.9 | 237.6 | 1442.4 |
| | 占比（%） | 76.3 | 7.2 | 16.5 | 100.0 |

来源：EHAD Report to NECC（2012b）。

### 五　小结

综上所述，发展的视野、适当的政策、政府的政策执行意愿以及政策学习能力是国家发挥比较优势以提升新产业竞争力和促进产业发展的关键因素。除此之外，本节的研究发现可以归纳为五个方面。第一，花卉产业的发展成果是自然条件、政策机制、企业、政策试验和政策学习等多重因素共同作用的结果：它既是政府政策的成果，也是国家政治的产物。产业政策可以包含多种政策工具，但这些政策工具必须与国家的战略大局保持方向上的一致性和兼容性。埃塞政府通过不断完善产业政策及其相关政策工具为花卉产业的发展创造了有利的环境。这些政策工具的实施也得益于其他"推动因素"的促进作用（如荷兰政府鼓励并扶持荷兰企业投资埃塞的政策）。

第二，产业政策往往因为政府机构缺乏执行能力或因为政府部门之间沟通不畅而得不到有效贯彻。此外，缺乏长远发展战略也已经成为花卉产业持续发展的重要障碍。花卉产业的各类参与者似乎已经满足于当前的发展成就和前景。

第三，有效的激励约束机制还未落实到位。这一缺陷之所以没有引起花卉产业在经营表现上的不良后果，主要原因在于花卉市场对低业绩表现的低宽容度在很大程度上抵消了其可能带来的负面影响。信贷政策和国有发展银行在产业发展中所扮演的角色也应得到重视。

第四，政策执行环节出现了问题和失误（部分企业的破产便是其直接后果之一）。尽管如此，研究表明政策产业的实施效果利大于弊，任何产业范围内的成本效益分析都必须充分考虑动态的且常常无法预估的因素，而不应该从僵化、狭隘和静止的视角看待问题。值得强调的是，政府坚信发展一个有竞争力花卉产业的效益远超其成本，尤其是政府的产业政策催生了多个有着多重长远经济效益的新产业。

182

第五，该案例证明，尽管国家投入了大量成本，积极主义产业政策依旧优于自由主义政策，后者迄今为止没能成功推动花卉产业的发展。埃塞政府也在逐渐积累经验并已初步显示出其在土地租赁管理和规范企业行为方面的能力（如政府对破产企业的处理）。

## 第六节　决策过程与决策机构

该研究表明产业政策的收效不仅取决于政策的内容，还同政策工具与政策本身之间的互补性和协调性相关。此外，产业政策的实施效果也有赖于有效的机制、政府和经济参与者之间的协作及共同成长。

### 一　专业化的支撑机制

本书第三章已经概括介绍了埃塞相关产业的协调机构、领导机构和中介结构，此处不再赘述。值得一提的是，成立埃塞园艺发展协会这一旨在支持花卉产业发展的领导机构是个意义深远的制度创新决定。该机构的宗旨为"确保埃塞花卉生产和生产力的快速与可持续发展；促进满足国际食品安全标准的埃塞各类花卉产品的出口；协调和推动相关配套服务设施的建设和发展"（FDRE，2008b：2-4）。埃塞园艺发展协会在履行这些义务和责任时应与埃塞园艺生产商与出口商协会（埃塞花卉产业的产业协会）

合作，维持双方行动的协调性。该机构在成立后 6 个月之内实现了正常运作，并正式任命了委员会的总负责人。机构的组织结构完全按照产业发展的核心经济活动、科技能力和市场开发而设定。埃塞园艺发展协会现在已经成为国家出口协调委员会成员。

相关政府部门官员和其他产业参与者通过工作访问和考察旅行的方式赴肯尼亚、厄瓜多尔和荷兰等国进行了学习考察。在荷兰大使馆的合作与协助下，埃塞还引入并应用了行业基准点、执业守则和行业标准等理念。这体现了埃塞政府在政策学习方面做出的努力及其政策能力的显著提升。这种学习方法（包括模仿其他国家的发展模式）是得到普遍认可的发展中国家实现经济赶超的重要手段（Amsden，1989，2011）。此外，政府和产业协会之间的公开对话也是促进产业发展的有效方法，但这种做法并没有形成如日本磋商论坛那样的系统化的对话机制（参见 Johnson，1982）。

70% 以上的受调查企业认为埃塞园艺发展协会与产业参与者们建立了良好的互动关系。尽管如此，只有 53% 的企业认为埃塞园艺发展协会在推动产业发展的过程中发挥了显著作用，这暗示着花卉产业参与者对埃塞园艺发展协会有着更高的期望，或至少反映了产业参与者还不能清晰地辨识影响产业发展成效的因素。另外，57% 的企业认为埃塞园艺发展协会更多情况下是在规范企业的行为，而不是为企业提供支持。还有近四分之一的企业认为埃塞园艺发展协会尚缺乏关于花卉产业的知识。总体而言，埃塞园艺发展协会需要进一步提升其机构能力，致力于实现从管理型到服务型机构的转型，尤其是在产业发展的下一阶段。

## 二 机构协调性和政策一致性

埃塞出口产业的主要协调机构为国家出口协调委员会。在诸多银行中，埃塞发展银行是主要的产业融资来源。埃航则是空运设施和空运服务的主要提供者。埃塞国家银行以及国家税收和海关总局则是出口活动和收汇调回的管理机构。埃塞园艺生产商与出口商协会则是关键的中介机构。

### 埃塞国家出口协调委员会

2004～2011 年，埃塞国家出口协调委员会长期将花卉产业作为重点扶持产业，在埃塞花卉产业的发展过程中（尤其是在埃塞园艺发展协会成立之前）发挥了重要的协调作用。埃塞园艺发展协会成立之后即作为埃塞国家出口协调委员会的一部分，为花卉产业寻求政策扶持，也为其发展障碍的发现和讨论提供了平台。2004 年以来，埃塞园艺发展协会在 80 次会议中就 365 个产业问题进行了商讨。在其主要讨论的四类问题中，被提及次数最少的为产业关联问题（18%），排第三位的则是物流和市场问题，提及次数居第二位的主要为企业和能力建设问题（27%），谈论次数最多的问题为配套激励措施问题（32%）。就单个问题而言，最受关注的主要为投资和出口鼓励政策、土地和基础设施、产业融资、能力建设以及冷藏物流系统等。虽然如上分类和排序暗示了产业问题的全面性和优先程度，但它们与相关问题的重要程度没有任何关联。 184

**长期存在的协调缺陷**

产业政策的落实往往需要依赖于多个组织机构的支持和推动，而跨机构合作网络的构建需要耗费大量的人力和物力资源。政府机构和中介机构都与产业政策的制定和实施相关。公共和私人部门之间的对话也是跨机构协作的重要内容。机构之间的互动与协作依旧是主要的难题，它与政府机构的官僚惰性和低机构能力共同构成产业政策制定和实施过程中的薄弱环节。花卉产业容易受联邦政府、区域及地方政府影响。47% 的花卉企业认为政府职能部门之间缺乏协作，54% 的企业提出联邦、区域与地方政府部门之间存在更加严重的协作问题。尽管如此，60% 的企业对州政府的表现给予了肯定。这些受访企业一致认为政府机构之间的协调障碍应该得到清除。对于政府机构与经济参与者之间的对话与协作程度，近三分之二的企业表示满意，但他们也强调了进一步加强协商与沟通的必要性并倡导建立常态化的对话论坛。此外，他们也对政府部门在未与产业参与者进行充分协商的情况下频繁修改政策指令的行为表达了不满。他们认为政府部门应该致力于提供一站式公共服务并深化相关部门政府官员对于花卉产业的了解。这也暗示着进一步加强政商对话的必要性。

多数企业认为花卉产业发展正面临严重的官僚体制障碍，以至于企业所有者和管理团队需要花费大量的精力处理与政府部门相关的问题：四分之一的企业反映这方面事务的处理占据了他们近 30% 的时间，另外 41% 的企业也反映为此耗费了 16%～30% 的时间。简言之，政府部门、产业参与者以及中介机构之间还没有形成有效的协调机制，这已经成为花卉产业发展的一大障碍。上述观点也反映了埃塞小规模和家族所有制花卉企业的现状：它们无法承受官僚体制问题带来的时间和精力消耗。

**中介机构及政府与产业之间的对话**

不仅在花卉产业，中介机构在所有产业中都发挥着关键的作用。荷
185 兰、厄瓜多尔和肯尼亚都具备较为成熟的专门为产业发展寻求政府支持、市场和技术开发的产业协会。例如，肯尼亚花卉产业发展较为成熟，有300 多家花卉企业。成立于 20 世纪 70 年代的肯尼亚园艺作物发展管理局（Horticulture Crops Development Authority）设有一个总部和 24 个分支机构。而截至目前，埃塞园艺发展协会还没有任何分支机构。肯尼亚产品卫生检验服务（Kenya's Product Health Inspection Service，KPHIS）机构通过其在内罗毕机场的检验实验室为花卉产业提供了高标准的植物检疫服务。肯尼亚花卉产业的相关产业协会即肯尼亚生鲜农产品出口商协会（Fresh Produce Exporters Association of Kenya，FPEAK）成立于 20 世纪 70 年代，其 121 个成员中有 49 个来自花卉产业。荷兰不仅成立了非常强有力的产业协会组织，还有着世界闻名的拍卖机构和设施。厄瓜多尔花卉产业的产业协会也在市场开发中发挥了重要的作用。

本研究的调查结果显示，埃塞近 91% 的花卉企业都是埃塞园艺生产商与出口商协会的成员，这个比例显著高于其他产业协会。90% 的企业认为埃塞园艺生产商与出口商协会在知识传授与技能培训方面发挥了重要作用，四分之三的企业认为它在争取政府支持和吸引投资方面发挥了积极作用。这是个难得的成就，尤其是与埃塞其他产业协会相比。另外，还有80% 的企业认为荷兰大使馆对花卉产业的发展起到了积极的推动作用。

埃塞花卉产业内的工人基本上都已经加入工会组织。虽然工会组织的作用因为劳工的不断流动而有所减弱，但它依旧是工人与雇佣者就工资和工作条件问题进行协商的重要平台。

三 政策决策

为直观体现埃塞花卉产业政策的决策过程以及决策过程所反映出的政府机构在政治观念和利益方面的分歧，笔者挑选了 2011/2012 年度颁布的三条政府指令进行案例分析。这三条政令分别为埃塞国家银行的新出口政策、新货物运输政策和新包装标准。它们集中体现了看似简单的政策思路

后面隐藏着的"政治意愿"的复杂性和矛盾性。除非实现决策过程的透明化和公众参与，否则政府和私人部门之间的相互猜忌将会进一步恶化。但是，当透明化和公众参与威胁到权力集团的既得利益之时，权力部门的"政治意愿"便会减弱。"政治意愿"的缺乏和政府俘获问题是同一枚硬币的两面。

186

### 新出口政策

2012 年，埃塞国家银行和埃塞园艺发展协会颁布了一条新的出口政策指令。在征求了部分企业的意见并对政策文件稿进行审议和讨论后，该政策很快正式生效执行。依据该政策，花卉产品的度量由按"枝"计算变为按重量计算。此外，收汇的调回比例也变为以平均拍卖价格为计算基准。在本研究所开展的调研中，71% 的企业认为该政策的决策过程过于仓促。对于该政策的效果，59% 的受调查企业认为它给产业发展带来了负面的影响。在所有被列入违令名单的企业中，超过一半的企业坚持认为它们是因为政府部门（埃塞发展银行、国家银行及埃塞税收和海关总局）的工作失误或政府部门之间的协调与沟通问题而被错误地列入了该名单。16% 的企业将它们被列入名单的原因归为双方交易银行造成的延迟。

直到 2013 年年中，关于这一政策在解释上的分歧（是根据离岸价格还是抵岸价格执行）才最终得以消除。这个问题与相关出口政策指令在执行环节对企业的过度限制多年来长期困扰着花卉产业。目前，埃塞国家银行出口政策指令对出口收汇实行了严苛的控制，而不是采取更具灵活性与合理性的可以鼓励出口和收汇调回的措施（NBE，2012a）。企业认为有必要对当前的月出口许可及可接受利润进行重新审议和修改。国家银行则指责企业不按时或者足额调回出口收汇。例如，2012 年 6 月 1 日，埃塞国家银行就曾要求所有银行停止向 91 家企业颁发当月的出口许可。然而，企业对现有出口政策指令的不执行行为并非一定出于欺骗性的目的。正如其他国家或地区的发展经验所示，严重的国际收支平衡问题有时也会迫使国家对出口商进行严格的管控，其严苛程度甚至可能导致出口创汇产业出现严重的发展问题。

### 新包装标准

埃塞园艺发展协会、相关政府机构正致力于同花卉产业一起制定新的包装标准以提升当地包装产业的包装能力和服务质量。虽然几乎所有受调查企业都认可这个新标准的重要性，但他们坚持认为新标准的制定过程过于仓促，且没有充分咨询企业的意见。77%的受调查企业反映，由于只能从几家符合行业标准的政府指定包装企业购买包装产品，他们都遭遇了成本上涨的问题。但多数（54%）企业都承认这一政策要求有利于减少易腐产品的损失。它们建议政府鼓励更多的企业投资包装行业以降低价格，并坚持认为政府应该取消强制性的定向购买要求。

### 新货物运输政策

2012年，埃塞政府出台了一项新的空运政策指令。新政策要求中介物流公司退出花卉产品的运输链，意在建立从埃航到企业的点对点货运合作模式。约三分之二的受调查企业对政府的这一政策表示支持，但它们同样对过短的政策筹备时间以及缺乏与企业的协商表达了不满。花卉企业普遍期盼有更多的运输选择、更好的机场货运服务质量以及更廉价的运输成本。本书在该政策出台不久后就已初次出版，最新的反馈（在新的临时冷藏仓库启用后）显示，企业对埃航的满意度有所上升。

### 四 新的挑战

### 过度依赖外资

境外资本在花卉产业中的作用不仅体现在出口创汇、就业增长和产业关联等方面，更体现在其在埃塞花卉产业的整体发展中发挥的重要推动作用。这一点连内资企业的所有者都不得不承认。本研究的调查结果显示，超过三分之二的内资企业认为境外资本在知识和技术转移（87.5%）以及市场开拓（约69%）方面发挥了积极作用（表5–13）。

表5–13 内资企业对外国直接投资的看法

| 看 法 | 知识和技术转移 | | 市场渠道拓展 | | 外国直接投资的贡献 | |
|---|---|---|---|---|---|---|
| | 企业数量 | 所占百分比(%) | 企业数量 | 所占百分比(%) | 企业数量 | 所占百分比(%) |
| 重 要 | 11 | 68.75 | 7 | 43.75 | 12 | 75 |
| 一 般 | 3 | 18.75 | 4 | 25 | 4 | 25 |
| 很 小 | 2 | 12.5 | 5 | 31.25 | —— | —— |
| 总 计 | 16 | 100 | 16 | 100 | 16 | 100 |

注：问卷有效率为90%。

来源：Oqubay（2012）。

187

　　境外资本有着显著的外部和溢出效应,它们为内资企业带来了到附近农场、荷兰拍卖公司或肯尼亚农场学习的机会。多数情况下,行业发展初期类似的学习机会都得益于外资企业的支持和推动。它们促进了荷兰育种公司、物流供应商以及国外市场营销基础设施的引进。花卉农场的集群分布使通过实践与复制进行学习成为可能,事实上也鼓励了这种创业方法。农场的集群化发展也确保了充足的技术工人(农场主管、技师、半熟练工)供应。目前,多数外资企业都只聘用埃塞劳工,包括农场经理人。外资企业的主导地位引人注目,但也导致埃塞花卉产业过度依赖境外参与者,从长远角度上看为埃塞花卉产业带来了风险。

　　过度依赖外资,缺乏与外来投资者的战略谈判,缺乏内资企业和外资企业之间的关联是当前产业政策局限性的突出表现。这些缺陷也反映了政府在最大化内资企业治理、技术知识和花卉产业其他方面的利益时过于小心翼翼。第一,经常有人抱怨外资企业对埃塞金融贡献较小,因为它们常常高报海外成本和低报出口价格(通过补贴或姊妹公司)。这种做法会造成外汇收入的流失。第二,荷兰育种公司通常将新品种或高效益品种先卖给外资企业。第三,不少外资企业利用它们的垄断优势(由于它们的规模、物流优势、市场渠道和规模经济)大量占有土地。此外,有充足的证据显示外资企业并不认同政府干预市场失灵问题的解决(例如包装和空运费用)。对外资的过度依赖也使花卉产业容易演化成为游移性产业(footloose industry)。这并非杞人忧天,一家外资企业所有者(匿名)告知笔者,早在2012年,他的公司就已经决定进一步扩大在肯尼亚的种植规模,而不是埃塞。所以,虽然外资企业总体上发挥着积极的作用,对外资的依赖也对产业的发展造成了根本上的挑战,这就要求政府做出相应的政策反应以推动内资企业的发展壮大。

**培养大型内资企业**

　　早在2004年2月,国家出口协调委员会第二次会议就提出了发展内资私营企业的议题,但没有将这一议题作为重要内容纳入《增长与转型规划(2010~2015)》。目前为止,尽管存在发展不平衡的问题,在优胜劣汰的市场竞争中存活下来的内资企业都取得了良好的发展业绩(表5-14)。这一积极成果主要归功于政府部门和产业的共同努力。

表5-14 基于国际能力建设项目基准的内资企业表现情况

| | 国际基准 | 非常好 | 良 好 | 差 |
|---|---|---|---|---|
| 生产力（株） | 8千克/平方米 | 0 | 4 | 14 |
| 植株管理消耗 | ≤5% | 7 | 7 | 4 |
| 化肥优化程度 | 100% | 3 | 4 | 11 |
| 冷藏链管理 | 2~3℃ | 9 | 9 | 0 |
| 冷藏链管理 | 15℃ | 11 | 7 | 0 |
| 人力资源利用 | 10人/公顷 | 0 | 2 | 16 |

来源：基于埃塞园艺发展协会数据（EHDA, 2012b）计算得来。

　　本研究的调查（Oqubay, 2012）结果显示，埃塞内资企业在冷藏链管理和植株管理方面的能力已有所提升，但生产力（最高产量为6.3千克/平方米）依旧相对落后。园艺产业的专业人才供应情况有所改善，许多本地专业人才已经替代了来自肯尼亚和印度的侨民。但在品种的研究与开发、栽培方法、栽培设施的添置等方面则基本上处于未发展的状态，而且政府也没有做出相应的政策反应。目前，埃塞花卉产业已经从国外引入多种行业标准和认证，且行业内多数企业已经参与其中并开始接受相关行业标准和认证要求。这一项目得到了荷兰大使馆的支持，后者为埃塞聘请行业专家提供了经济支持。这些标准包括荷兰的《观赏植物环保计划A级标准》（MPS-A），《观赏植物环保计划·社会接受标准》（MPS-SQ），《全球良好农业规范认证》（Global Gap Certification），《良好行为规范》（Codes of Good Practice）以及《农药综合管理标准》（IPM）。然而，不同企业能够达到的标准也会有所不同。例如，目前有14家内资企业还在申请MPS铜牌认证，而另外4家企业已经获得MPS银牌认证。

　　另外，内资企业比重的不断下降也是一个值得关注的重要问题。考虑到内资企业发展的潜在利益，其在花卉产业中所占的比重应该得到提升，政府应该制定相应的政策以实现这一目标。要改变目前内资企业比重下降的趋势政府需要制定相应的战略对策。此外，内资企业仍然在使用中介机构而不是致力于打造直通最终消费者的营销渠道，且仍然以栽培低价值的花卉品种为主要业务。吸引新企业或适合的企业进入花卉产业并加快其学习和赶超步伐的关键挑战依旧存在。此外，花卉产业的总体规模应该得到进一步扩大以提升其国际竞争力，充分挖掘其创造就业岗位的潜力。

190

### 新发展阶段的挑战

目前,埃塞花卉产业依旧处于发展初期,面临着这个阶段的特殊挑战。例如,虽然土地、工业融资、埃航的空运服务以及政府提供的激励措施在花卉产业这一阶段的发展过程中起着至关重要的作用,但这些很可能还不够。这一发展阶段有其独特的发展障碍和挑战,这些障碍和挑战的清除和应对要求政府出台适当的政策。例如,科技和市场营销手段的升级就至关重要。埃塞的生产力远落后于国际基准水平,需要追赶肯尼亚、厄瓜多尔乃至荷兰的发展步伐。要实现这一目标,最大限度开发其现有和潜在的产业关联效应至关重要。这要求政府进行政策调整,将重点聚焦于新的战略问题,并建立适合的发展和管理机制。

需要注意的问题主要有两个方面。其一,应重视新投资项目和已有农场的扩张。截至目前,埃塞花卉产业仅开发了1500公顷种植面积。为促进企业进行规模扩展,政府必须提供土地、信贷和货物运输等方面的关键支持。其二,内资企业角色转变的实现及其在科技、生产力、市场多元化等方面的需求都要求政府制定相应的政策和机制。

# 第七节 总结

第一,埃塞花卉产业在出口创汇、出口多元化、促进就业增长和关联效应等方面取得了显著的发展成果。政府为推动花卉产业发展制定了一系列颇有成效的产业政策和管理机制。花卉产业相关政策的落实程度远高于其他产业,且相关支撑机制也较其他产业更加有效。尽管如此,受政策落实环节的缺陷和新出现的发展挑战的影响,花卉产业的潜力还没有得到充分开发。

第二,花卉产业对绩效表现的低宽容度能够对利益集团的行为产生积极的影响,从而推动政策干预的落实。花卉产业产生了多种关联效应,其中包括后向关联(包装产品)、前向关联(空运和冷藏链物流)、产业的横向增长、新发展带的形成及其他溢出效应。埃塞花卉产业的发展催生了关联效应,并在多种机制的作用下推动了埃塞经济的发展。

191

第三,小规模内资企业在埃塞花卉产业的发展中扮演了先驱者的角色。其他企业,尤其是外资企业紧随其后。这与长期以来人们所认为的一直是外国直接投资和大型公司起带头和先驱作用的观点相正好相反。

第四，外国直接投资发挥了重要的作用，尤其是在促进技术发展和开拓市场渠道等方面。外资企业多数为具有相关行业经营经验的中等规模家族式企业。尽管政府长期给予支持，内资企业在花卉产业中的份额依旧有限。越来越多的埃塞人开始进入管理层和其他技术岗位。这要求政府进一步推动花卉产业所有制和产业人才的本地化。

第五，埃塞花卉产业的政策决策过程也是一个独特的集体学习和自我发现的过程（这在其他产业并不多见）。这一案例说明花卉产业的发展是企业和国家双向选择的结果，在政府致力于甄选和培养成功企业的同时，成功企业也在能动地选择国家。政府通过国家出口协调委员会、埃塞园艺发展协会、埃塞发展银行和埃航等机构在花卉产业的发展过程中扮演了关键的特殊作用。产业中介机构，尤其是埃塞园艺生产商与供应商协会也在花卉产业的发展过程中发挥了重要的推动作用。

总而言之，国家政策和机构的核心推动作用、积极活跃的实业家、企业以及行业协会是推动产业发展的主要因素。尽管如此，花卉产业的发展潜力依旧巨大，这一潜力的进一步开发将为政府及其他经济参与者提供大量的学习机会。数据分析结果显示，埃塞花卉产业政策依旧存在很多缺陷。例如，2008 年金融危机之后花卉产业的放缓发展、缺乏技术革新、内资企业参与不足等。

乍一看，花卉产业的迅速扩张似乎说明埃塞政府在产业政策的决策和执行上获得了巨大的成就。花卉产业政策的明确性和稳定性似乎也反映了政府推动花卉产业发展的强烈"政治意愿"。但研究结果表明，埃塞花卉产业的发展过程不能简单地用"成功或失败"来概况，其发展经验也不能用"比较优势相对于积极主义政府"的二分法进行简单化的概括。花卉产业的相对成功离不开国家产业政策的推动作用，但它也不是国家产业政策的直接产物。实际上，关于埃塞花卉产业的发展经验的探讨还需要强调以下几个问题：

192

其一，"政治意愿"这一概念本身就是个问题，尤其是它常常被简单地理解为政府（对某一产业）自发的、持续的政策行为和意愿。相反，"政治意愿"或政府执行某一发展战略的动因应该内生于产业（以及其他相关产业、制度和相关利益）的政治经济特质之中。例如，在埃塞花卉产业这一案例中（尤其是将花卉产业与本书中提到的其他产业进行对比时），有充足的证据证明相关产业政策之所以比较有效主要是因为花卉产业涉及的利益群体相对较小（且其相关利益群体产生的时间也较短）。这有利于政府和产业利益群体之间形成简单有效的沟通机制。然而，随着花卉产业的日益发展壮大，新的利益群体与挑战也随之产生，政府与产业利益集团之间的关系也日趋复杂化，政策的连贯性也开始受到负面影响。

其二，虽然花卉产业取得了令人瞩目的发展成果，其产业政策的效力也相对显著，但这并不能掩饰花卉产业依旧存在两个方面的缺陷。本研究表明，埃塞花卉产业在发展过程中还存在一系列的问题，尤其在政策设计和落实环节还存在较为严重的缺陷。这些缺陷与发展成效一样，对学者和决策者而言具有重要的启示意义。

其三，花卉产业的发展经验证明产业政策应该具有行业针对性，也就是说，适用于水泥产业的政策不一定适用于花卉产业。政府在将某一发展阶段能够发挥积极作用的政策用于其他发展阶段之时，应该根据相关产业的实际情况对该政策进行调整。了解产业关联关系之间的相互作用、产业的政治经济特质和产业结构有利于产业政策的科学决策。

其四，本研究也突出体现了相关产业发展过程中埃塞政府非凡的决策实践与政策学习能力，以及时刻可能出现的严峻挑战和产业政策实施过程中可能出现的需要政府及时做出反应的政策结果对产业发展的重要影响。这也使得对产业战略的实施效果进行预测成为不可能，尤其在缺乏对产业的政治经济特质和产业结构的深度了解的情况下。无论是自由主义还是结构主义经济发展模式，任何人都无法通过概括性的发展模式直接复制成功或者避免失败。

最后，政府与企业间的对话或者说政府与产业的共同学习和进取是产业政策获得成功的必不可少的条件，政府必须充分发挥积极的领导作用才能确保产业政策的效力。Mazzucato 的一段话很完美地诠释了埃塞花卉产业 193 政策的精神：

　　　　如果不能够发挥领导作用，国家就成为私人部门行为的可悲模仿者，而不能扮演更具建设性的角色。政府是私人部门的关键伙伴——而且往往应该更具胆魄，愿意冒私人部门所不敢尝试的风险……国家政府不能也不应该轻易对意欲向国家寻求补贴、融资租赁和税费减免等不必要特权的利益集团低头。相反，它应该致力于让这些利益集团与之一起积极推动经济增长和科技创新。（2013 a：

194　　5－6）

# 第六章 提振疲软产业？ 皮革与皮革制品

## 第一节 产业概况与分析视角

埃塞皮革与皮革制品产业起步于 20 世纪 20 年代，且在 20 世纪 90 年代之前长期在埃塞有限的工业制品出口中占据主导地位。该产业内几乎所有企业均为外资企业，尤其以美资企业为主。早在 1925 年，埃塞国内便出现了第一家制革厂［阿斯寇（Asco）制革厂］。1927 年，埃塞第一家制鞋厂［达玛（Darma）制鞋厂］也正式成立。但产业的发展步伐缓慢，而且产品结构中，低端产品占绝大多数。产业的总出口额也长期保持在数千万美元，其中 95% 以上的出口收入来源于半成品皮革出口以及部分成品皮革和皮革制品出口（ERCA，2012a）。2011 年，非洲皮革与皮革制品产业的总出口额不到全球同类产品出口额的 1%，而埃塞同类产品出口额不到非洲出口总额的 1%（FAO，2011）。埃塞鞋类产品出口额不到非洲鞋类产品出口总额的 0.3%。突尼斯（61%）与摩洛哥（37.5%）几乎垄断了非洲鞋类产品的出口。在半成品皮革出口方面，埃塞落后于尼日利亚（40%）位居第二，排在第三位的是肯尼亚（17%）。

令人困惑的是，尽管有着悠久的生产历史以及大量的牲畜资源，埃塞皮革与皮革制品产业却长期表现不佳。不思进取的产业惰性和路径依赖不仅拖累了埃塞皮革与皮革制品产业的发展，而且已经成为政策革新的障碍。研究证据显示，埃塞皮革与皮革制品产业丰富的原始生产原料的产业关联效应还远远没有充分发挥。

人们对埃塞皮革与皮革制品产业表现不佳的原因作了多种解释，但这些解释均不能令人信服。部分解释已经在前面几个章节中提到，读者们应该不会感到陌生。其中，多数解释与埃塞皮革与皮革制品产业的资源优势相关。

195

鉴于非洲具有丰富的牲口资源和廉价的劳动力成本优势，人们普遍认为非洲国家应该集中力量发展皮革与皮革制品产业。埃塞牲畜数量居全球第六位，非洲第一位。其牛群数量占非洲总量的四分之一左右；山羊数量居非洲第二位，世界第八位；绵羊数量居非洲第二位，世界第十位（FAO，2011）。尽管拥有上述优势，埃塞皮革与皮革制品产业的发展表现依然欠佳。不可否认，自然资源优势是影响决策的重要因素，但类似观点没有认识到产业的发展与优势的发挥需要有效的产业政策与机制变革的带动。这一点可以从埃塞萎靡的皮革与皮革制品产业同意大利在该产业的领导地位的鲜明对比中得到体现。作为一个工业化国家，意大利在高劳动力成本和缺乏原料的双重困难下长期保持着产业领导者和最大出口国的地位（其出口量比除中国之外的所有发展中国家的出口总量还多）。通过不断提升科技水平和竞争力，意大利长期保持着世界皮革与皮革制品产业领导者的地位。可见，资源问题还不足以充分解释埃塞皮革与皮革制品产业表现不佳的现状。

另一种解释与全球价值链相关。持这种观点的人认为一个国家在特定产业中的社会分工是由该国在全球产业链中的位置决定的。Schmitz（2004：1）认为，"地方企业发展前景的不同取决于它们所融入的全球价值链的模式"（也见 Gereffi and Fernandez - Stark，2011；Kaplinsky，2005；Humphrey and Schmitz，2004）。虽然，这些尝试从国际价值链视角解释埃塞皮革与皮革制品产业发展问题的文献有助于增进对该产业的了解，但它们本身也有着严重的缺陷。它们往往过于强调核心工业化国家在全球经济结构中的重要性和影响力，存在无视发展中国家的能动性（与依附理论相呼应）和相信宿命论的嫌疑。它们将社会的注意力从更重要的国内政策问题转移至其他问题。而实际上，在国内产业政策的制定过程中，政治经济因素与国际价值链之间的相互作用有着显著的重要性。

与上述解释相比，政治经济和结构主义视角（前几个章节已经对这一概念进行了探讨）更可能为埃塞皮革与皮革制品产业的发展问题提供一个全面的解释。尤其是影响政策决策和机制（制度）建设的政治因素以及不同利益集团的角色及其与国家政府的关系等问题将为我们了解埃塞皮革与皮革制品产业提供新的分析路径。另外，Hirschman（1958，1981，1992）的关联理论为我们了解产业关联即产业的发展潜力并探讨如何将该潜力转化为物质产出提供了科学的理论支撑。在这一理论的基础上，本研究使用

196

了大量的原始和次级数据。本研究在分析方法上将埃塞的皮革与皮革制品产业分为皮革制造和皮革制品制造两个子产业，其中皮革制品子产业主要生产鞋、手套、皮带及其他服装饰品。与本研究所涉及的其他产业相似，本章的主要研究工具包括：覆盖整个产业的准普查式调查（本研究所涉及的 57 家受调查企业在数量上占该产业企业总量的 90%），定性的深度访谈（75 次访谈），对企业的实地访问和考察（主要针对皮革制造企业和皮革制品企业）以及文献查阅与分析。本研究主要根据《国际标准行业分类》（第四版）（International Standards of Industrial Classification，Revision 4）对产业进行分类。为了解产业的发展历史并进行跨时段的对比分析，本研究也使用了来自埃塞中央统计局、联合国粮食及农业组织（Food and Agriculture Organization，FAO）、国际贸易中心[①]、联合国商品贸易统计数据库（UN COMTRADE）的数据。[②]

　　本章对埃塞皮革与皮革制品产业的研究发现主要包括以下几个方面。第一，与花卉和水泥产业相比，埃塞皮革与皮革制品产业在工业产出、出口和就业增长等方面的表现均大为逊色。受不恰当的产业政策的影响，该产业发展严重滞后。在皮革与皮革制品产业，埃塞政府制定的政策长期无法推动产业的发展或者说无法充分发挥产业的关联效应使之在全球价值链中占据一席之地。尽管如此，埃塞皮革与皮革制品产业的情况近年来已经开始发生变化。

　　第二，埃塞皮革与皮革制品产业陷入发展困境的主要原因之一在于政府对原料供应问题缺乏有效的政策反应。皮革与皮革制品产业是原料密集型产业，因此可靠而物美价廉的原料供应是影响其发展的关键因素。针对该产业的投入分析显示，原料成本占该产业生产成本的 70% 以上。尽管拥有显著的牲口资源优势，埃塞皮革与皮革制品产业却长期面临着原料短缺、价格上涨和质量低下等困难（制革厂的原料为动物生皮，皮革制品厂的原料为成品皮革）。例如，2009~2011 年，原料价格增长了 3 倍。而 1991~2012 年，原料的质量却总体呈下降之势（FAO，2009；LIDI，2012；ELIA，2012）。埃塞皮革与皮革制品产业发展的最大失败之处莫过于缺乏

---

① 参见 ITC（2012）。
② 为了对产业内的运营企业进行调查，本研究参考了埃塞中央统计局 2012 年制造业调查企业名录。

行之有效的可适用于广大农村生产者的产业政策，尽管埃塞政府有扶持小生产者的政治意愿且在其制定的《发展与转型规划（2010～2014）》中将皮革与皮革制品产业设为优先发展领域。

第三，利益冲突充斥整个产业，进一步恶化了产业的发展环境。截至目前，作为产业的主力军，皮革厂没有显示出任何技术革新的兴趣或意愿。此外，政府对埃塞皮革与皮革制品产业还缺乏有效的政策反应（例如，鼓励附加值创造和引入综合运输体系）和完善的制度（尤其是投资制度的缺失）。产业升级方面的投资缺失也意味着该产业已经成为买方驱动型全球价值链的牺牲品（Schmitz，2004）。这种状况也许不会影响埃塞政府加快产业升级的决心，但已经给埃塞皮革与皮革制品产业带来了严峻的政策挑战。

第四，如下文所示，近年来埃塞皮革与皮革制品产业的发展已经开始吸引越来越多的投资，也带来了更高的产品质量和更多高端产品的出口贸易。在20世纪90年代，埃塞制鞋产业一度在激烈的市场竞争（尤其是来自中国的竞争）中濒临绝境。尽管如此，埃塞制鞋产业最终不仅在竞争中存活了下来，还进一步提升了其在国内市场的份额。然而，我们还不能因为这些有限的成就对埃塞制鞋产业的发展前景持过于乐观的看法，因为目前制鞋产业内还存在相互矛盾的政府未能及时协调或干预的利益诉求（如关于路径依赖和低价值陷阱），而且基本的投入供应问题还没有得到解决。

## 第二节　产业发展表现与政策效果

埃塞政府制定的产业发展战略强调动物资源、肉类加工及皮革与皮革制品等产业的综合发展。动物资源开发是肉类加工产业与皮革产业的基础。政府还在该战略中制定了战略目标，希望通过提升产品质量和现有企业及新投资皮革企业的生产能力提高国家的皮革出口能力。此外，埃塞产业政策还强调皮革制品子产业的就业创造潜力的开发，以及通过人力资源开发与管理、改善原料供应、逐渐在国内发展原料和装饰品产业等方式提升产业的生产能力。在产业发展表现的分析环节中，我们认为有必要对近20年来埃塞皮革与皮革制品产业政策的有效性进行评估。鉴于该产业为出

198

口导向和劳动密集型产业，用以衡量其发展表现的评估指标应包括产量、出口量、就业和劳动生产率。

## 一  产量增长

埃塞皮革与皮革制品产业在不同时期的产量波动较大，一定时期内的大幅增长往往伴随着剧烈的产量下降，随后又会出现产量的快速恢复（图6－1）。1992～2011 年，埃塞皮革制造子产业产量的年均（以平方英尺作为计量）增长率高达 20.6%。同一时期，埃塞制鞋子产业的年均产量增长率也高达 13%。尽管如此，高年均增长率的后面实际上隐藏着产量的剧烈波动。1992 年，埃塞皮革产量将近 1.01 亿平方英尺。2000 年，产量已经缩减至 0.702 亿平方英尺。2001 年，产量又反弹至 1.457 亿平方英尺。此后，埃塞皮革产量又开始下降，直至 2009 年达到 1.6 亿平方英尺的新历史最高峰。近几年，埃塞皮革产量似乎又开始呈现下降的趋势。

199

同样，埃塞制鞋产业的年均产量增长率也呈现大幅波动的特点。1992 年，埃塞共生产约 87.4 万双鞋。此后，产量总体呈上升之势，并于 2000 年达到 160 万双的新高峰。2005 年埃塞制鞋产业的总产量一度缩减至 84.6 万双，比 1992 年的产量还低。此后，制鞋产量开始逐渐恢复并于 2011 年增长至 220 万双。尽管如此，这个数量与 2010 年非洲的制鞋总产量（9100 万双）及世界制鞋总产量（44 亿双）相比仍微不足道。同年，仅摩洛哥和突尼斯的制鞋产量就分别高达 2930 万双和 2510 万双。

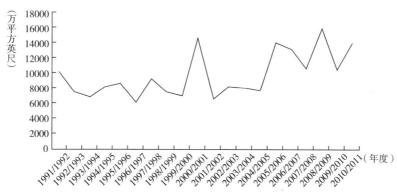

**图 6－1  1992～2011 年埃塞半成品皮革与成品皮革总产量变化趋势**

来源：基于埃塞中央统计局关于 1992～2012 年埃塞制造业情况的调研报告计算得来。

## 二 出口表现

### 出口量与出口收入

数十年来，皮革与皮革制品产业长期是埃塞的主要出口收入来源。其出口表现与产量表现大体相似。尽管在过去的数十年中其出口收入总体上呈增长之势，但其在不同时期的出口收入也出现了大幅波动的情况。1991~2012年，埃塞皮革与皮革制品产业累计出口总额已超10亿美元。这个数字看似庞大，但考虑到该产业在埃塞长达一个世纪的发展历史以及埃塞巨大的产业发展潜力之后我们便不会对此感到惊奇。埃塞的皮革与皮革制品产业在全球乃至非洲市场的占有率几乎可忽略不计。

1999~2011年，埃塞皮革与皮革制品产业的出口收入变化情况呈现出显著的不稳定性和明显的波动。2003年，埃塞皮革制造业的出口量仅为3000吨。2007年，其出口量一度增长至16000吨。2004年，该产业出口总收入为6000万美元，但2010年的出口收入缩减至5600万美元（ERCA，2012a；LIDI，2012g）。2002~2012年，该产业实际出口收入与目标出口收入存在巨大的差距（图6-2）。实际出口额低于预期出口额的50%，其原因很可能为计划本身存在缺点或计划的落实环节存在问题。这种偏离凸显了政府有心推动产业发展却无力实现这一目标的现状。另外，目前还没有确切的证据以估算转移定价/低报出口、偷漏税款/资本外流或者货物走私等部分的具体数额。

由于发展缓慢，1999~2012年埃塞皮革与皮革制品产业的出口收入占全国总出口收入的比例从7%下降至3.5%，占全国制造业出口的比例也从86%下降至52%。其出口额比例的下降并非因为其他产业的快速增长。

该产业从低附加值产品出口向高附加值产品出口过渡的进程缓慢，直至近期才开始有所起色（图6-3）。2006年，埃塞成品皮革出口额出现小幅上升。2011年，这一出口额进一步增长至5000万美元（1357吨），皮革制品出口额亦达到1100万美元（586吨）。2009年埃塞政府禁止坯革出口后，埃塞生皮出口开始大幅下降（从15000吨下降至5000吨）（LIDI，2011）。尽管如此，在附加值产品出口增长的带动下，产业出口额总体上实现了增长。1999年，埃塞生皮出口收入为5.3美元/千克，同期加工过

200

190

的附加值皮革与皮革制品的出口收入为生皮的 4.7 倍，达 25 美元/千克
（LIDI，2012g）。然而，并非所有制革厂都能实现产品结构的成功升级，
因此企业出口总收入的增长在产业内存在分布不均的情况。

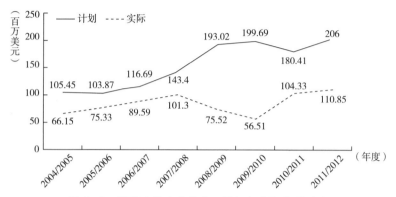

**图 6 - 2　埃塞皮革产业的出口目标与实际表现对比**

来源：基于皮革产业发展研究院 2012 年 12 月未公开数据计算得来。

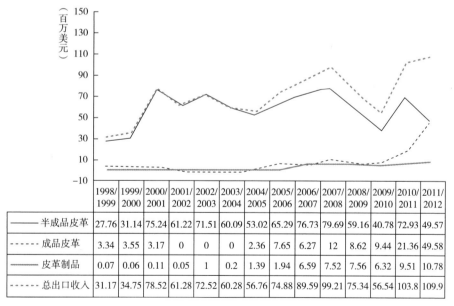

| | 1998/1999 | 1999/2000 | 2000/2001 | 2001/2002 | 2002/2003 | 2003/2004 | 2004/2005 | 2005/2006 | 2006/2007 | 2007/2008 | 2008/2009 | 2009/2010 | 2010/2011 | 2011/2012 |
|---|---|---|---|---|---|---|---|---|---|---|---|---|---|---|
| ——　半成品皮革 | 27.76 | 31.14 | 75.24 | 61.22 | 71.51 | 60.09 | 53.02 | 65.29 | 76.73 | 79.69 | 59.16 | 40.78 | 72.93 | 49.57 |
| -----　成品皮革 | 3.34 | 3.55 | 3.17 | 0 | 0 | 0 | 2.36 | 7.65 | 6.27 | 12 | 8.62 | 9.44 | 21.36 | 49.58 |
| ——　皮革制品 | 0.07 | 0.06 | 0.11 | 0.05 | 1 | 0.2 | 1.39 | 1.94 | 6.59 | 7.52 | 7.56 | 6.32 | 9.51 | 10.78 |
| -----　总出口收入 | 31.17 | 34.75 | 78.52 | 61.28 | 72.52 | 60.28 | 56.76 | 74.88 | 89.59 | 99.21 | 75.34 | 56.54 | 103.8 | 109.9 |

**图 6 - 3　1999 ~ 2012 年半成品、成品皮革出口收入与产业总出口收入情况**

来源：基于埃塞税收和海关总局 2012 年 10 月未公开数据计算得来。

鉴于上述问题，对埃塞皮革与皮革制品产业与其他国家进行比较具有

特别的意义。出于多方面的原因，越南目前是埃塞最具可比性的国家。越南有着和埃塞相近的人口数量，且从1986年后开始从计划经济转型。从此，越南作为一个从未跻身世界皮革与鞋类产品生产国版图上的国家逐渐发展成为世界五大皮革与鞋类产品出口国之一。2000年，其皮革与鞋类产品出口额超过10亿美元，2007年进一步超越40亿美元，目前已经达到100亿美元。在2007年至2011年期间，越南鞋类产品出口增长了164%，皮包产品类出口增长了近2005%（LEFASO，2012）。该产业贡献了越南总出口收入的10%，皮革产品已经成为越南的第六大出口商品。该产业总共为越南创造了65万个就业岗位，接近全国就业总量的10%。其产品主要销往欧盟（48%）和北美（30%），同时也销往包括东欧、巴西和中国在内的其他国家和地区。

**出口目的地**

埃塞的皮革与皮革制品主要销往几个地区。例如，2011年前十个出口目的地依次为意大利（32%）、中国内地（22%）、印度（14%）、中国香港地区（12%）、英国（10%）、印度尼西亚（2%）、德国（2%）、土耳其、罗马尼亚和泰国（ERCA，2012a）。然而，埃塞的主要出口目的地正在发生变化，2009年，西欧国家吸收了埃塞皮革与皮革制品产业近55%的出口，而同期亚洲国家和地区所占比例不到37%。近期，亚洲国家（地区）的比例已经上升至51%，而西欧的比例下降至43%。埃塞与亚洲国家（地区）贸易的增长似乎与中国及印度在埃塞的投资增长直接相关。埃塞的传统贸易伙伴意大利依旧是最大的进口国（其进口量约占埃塞出口量的三分之一），但中国、印度和英国的进口量已经出现增长趋势。尽管市场多元化有其不可否认的优势，但现有证据还不能证明出口目的地的多元化在产品价格、技术转移和开发方面存在任何优势。

**产业集中度**

在坯革与成品皮革出口方面，出口量排前五位的5家企业在全国总出口中所占比重高达56%，这5家企业分别为埃塞制革厂（Ethiopian Tannery，为英国皮革制造商皮塔兹公司旗下的一家私营企业，出口比重为15%）、埃塞皮革工业公共有限公司（Ethio – Leather Industry PLC，ELICO，为米得拉克集团旗下的一家私营企业，出口比重为12%）、中非制革厂（China – Africa Tannery，出口比重为11%）、寇芭制革厂（COLBA，埃塞

202

内资企业,出口比重为9%)以及戴尔制革厂(DIRE,埃塞内资企业,出口比重为9%)。在制鞋产业中,截至2012年,德国鹦鹉鞋业(ARA,出口比重为29%)及其他4家埃塞内资企业主导了埃塞鞋类产品出口。近年来,随着中国最大的女鞋制造商"华坚鞋业集团"等新企业的入驻,埃塞皮革制品子产业的情况正在发生变化。就目前而言,埃塞皮革与皮革制品产业的集中程度还不如越南。目前,5家企业占据了越南皮革与皮革制品产业出口总量的70%左右(GIZ,2009)。随着越来越多外资的注入,埃塞的产业集中度将会有所上升。

**竞争优势**

低产品质量也是埃塞皮革与皮革制品产业出口表现不佳的原因之一。该产业目前还无法以有竞争力的价格生产和出口优质产品。其顾客导向和竞争意识低于应有水平。受访者认为原料质量低和技术人才缺乏是产品质量不佳的主要原因。该产业之所以缺乏成本竞争力主要因为生皮供应的短缺和过高的生皮价格。如表6-1所示,埃塞皮革与皮革制品生产过程中原料投入占生产成本的85%左右。其中购买生皮(对制革厂而言)或成品皮革(对皮革制品厂而言)的成本占总成本的66%~70%。可见,高成本投入已经严重制约产业发展。这一研究发现与世界银行的研究报告(Dinh et al.,2012)以及Cramer(1999d)的研究结论基本一致。截至2014年,皮革产业面临的原料危机还没有得到根本解决。

表6-1 埃塞皮革与皮革制品的主要生产投入

单位:%

| 主要投入 | 皮革生产子产业 | | 皮革制品子产业 | |
| --- | --- | --- | --- | --- |
| | 2010年 | 2011年 | 2010年 | 2011年 |
| 本地原料与半成品投入 | 60.6 | 66.4 | 44.8 | 70.6 |
| 进口原料与半成品投入 | 24.5 | 26.9 | 31.6 | 16.2 |
| 设备、运输与物流 | 11.2 | 4.2 | 3.2 | 3.3 |
| 劳动力及相关服务 | 3.7 | 2.5 | 20.3 | 9.9 |
| 总　计 | 100 | 100 | 100 | 100 |

来源:Oqubay(2012)。

203

三　就业创造

皮革与皮革制品产业为劳动密集型产业,其皮革制品子产业尤其如此，而且它比皮革生产子产业雇用更多的女性劳工（占用工总数的46%）。根据埃塞俄比亚中央统计局的调查报告（1991~2012年），埃塞皮革与皮革制品产业年均创造就业机会的增长率为4.54%。1992年至2003年，该产业的用工总数增长至7352人，年增长率仅为1.04%。2003年至2007年，该产业用工数量的年均增长率达到3%左右。2007年至2012年，受新投资项目的驱动作用影响，产业用工总量年增长率高达6%，为2003年至2007年的两倍。自1992年以来的15年内，申请投资许可的企业数量从87家增长至2007年至2011年的133家。尽管如此，实际投资并没有出现相同幅度的增长。

截至2012年，57家接受调查的中型和大型企业的用工总量为15443人，其中57%为长期雇员，20%为合约制雇员，其余的为临时雇员。与之相比，埃塞水泥产业与花卉产业长期雇员所占比例分别为70%和76%。

## 四 劳动生产率与产能利用率

### 劳动生产率变化趋势

在本研究中，劳动生产率指固定时间单位（天）内的人均产量，皮革生产子产业的产量计量单位为"平方英尺"，制鞋子产业的计量单位为"双"。皮革服装生产方面，目前还没有可靠的数据。许多现有的皮革制品企业并不专门从事皮革服装生产，只是在主要业务之外生产少量的皮革服装。制鞋子产业的数据需要再次分类为皮革鞋类和非皮革鞋类（帆布、橡皮、塑料）两个模块。皮革鞋类的生产率变化趋势显示该子产业的发展已经长期停滞。如图6-4所示，埃塞皮革鞋类的生产率在20世纪90年代初期至中期开始呈持续下降趋势。如1993年，埃塞皮革鞋类的生产率为每人每天1双，2002年为1.17双，2011年为1.06双。与其他国家相比，埃塞皮革鞋类子产业的生产效率明显较低。跨国生产率对比分析有其固有的缺点，因为很多变量可能导致其分析结果不能如实反映真实情况。尽管如此，进行跨国生产率对比有利于了解埃塞皮革鞋类子产业的发展程度与国际水平的差距。目前，中国的皮革类男鞋生产率约为每人每天6双，越南和印度为4双，南非为3.3~3.5双。而根据印度鞋类设计与发展机构（Footwear Design and Development Institute，FDDI）的调查，目前埃塞的皮革类男鞋生产率为每人每天3~3.5双。

204

皮革生产子产业的表现相对较好，但其劳动生产率非常不稳定（图6-5）。其在 1993 年、2002 年和 2011 年的劳动生产率分别为每人每天 77.85 平方英尺、61.32 平方英尺和 63.64 平方英尺。在某些特定时期如 2001 年和 2009 年，其劳动生产率曾一度增长至平时的两倍。

205

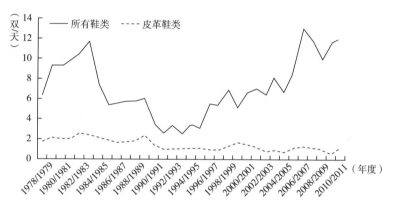

**图 6 - 4　1979～2011 年制鞋业人均劳动生产率变化趋势**

来源：基于埃塞中央统计局关于大中型制造企业和电力产业的调研报告（1979～2011）计算得来。

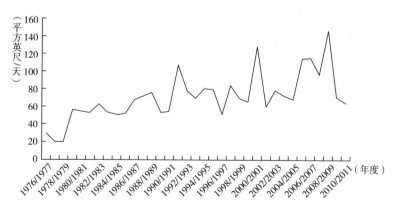

**图 6 - 5　1977～2011 年皮革生产产业人均劳动生产率变化趋势**

来源：基于埃塞中央统计局关于制造业的调研报告（1978～2012）计算得来。

### 产能利用率

装机产能的利用率是衡量生产效率和生产能力的又一重要指标，尽管这一指标若使用不当很容易出现偏差。调查结果显示，埃塞皮革产业存在较为严重的产能利用不足的问题。根据本研究的调研结果，三分之二企业的产能利用率低于60%（表6-2）。产生这种现状的主要原因包括原料不足、投入供应的延迟、市场或需求问题、运营资本以及技术工人的缺乏。

与皮革制品子产业相比，皮革生产子产业更具资本密集型的特征，其产能利用率也更低：皮革生产产业的皮革浸水能力利用率约为67%，皮革涂饰能力利用率约为57%。此外，其在绵羊皮与山羊皮方面的涂饰与浸水产能比率仅为68.7%（表6-3）。

总体而言，政府在《增长与转型规划》中计划在2015年使总产值达到5亿美元，皮革产业要实现这一目标还有很长的路要走。其创造的就业岗位数量长期低于2万人，这与越南皮革产业65万人的用工数量相比微不足道。中国皮革产业高达500万的工人数量凸显了该产业在创造就业机会方面的巨大潜力。

表6-2　埃塞皮革与皮革制品企业产能利用率

| 产能利用率（%） | 企业数量 | 百分比（%） |
| --- | --- | --- |
| < 20 | 6 | 13.0 |
| 20-40 | 12 | 26.1 |
| 41-60 | 12 | 26.1 |
| 61-80 | 12 | 26.1 |
| >80 | 4 | 8.7 |
| 总　计 | 46 | 100 |

来源：Oqubay（2012）。

表6-3　2011年埃塞制革厂产能利用率

单位：%

| 产品类型 | 浸水能力利用率 | 涂饰能力利用率 | 涂饰与浸水产能比率 |
| --- | --- | --- | --- |
| 绵羊与山羊皮 | 70.63 | 57.87 | 68.17 |
| 牛　皮 | 57.29 | 54.80 | 93.33 |
| 总　计 | 66.53 | 56.82 | 74.83 |

来源：基于皮革产业发展研究院未发表数据计算得来。

## 第三节　产业结构、经济学与技术特征

本节对埃塞皮革与皮革制品产业的产业结构进行了着重分析，其主要

依据为笔者对该产业进行的准普查式大范围调查（Oqubay，2012）。从调查结果中我们可以看出，埃塞皮革与皮革制品产业的主力军为中小型企业，其准入和退出门槛较低，对低绩效表现有着较高的宽容度。

## 一　埃塞皮革与皮革制品产业的产业结构

### 企业的地理分布与产业集群

产业集群指生产相同或相关产品的企业在特定地理范围内的集中化或区域化分布（Sonobe and Otsuka，2006）。Marshall（1920）曾在其先驱性著作中指出集聚经济能够在信息溢出（共享）、社会劳动分工与专业化生产以及劳动力市场开发等方面带来优势。Porter（1998）也强调了产业集群在产业发展中的作用，他指出："一个国家在各产业的竞争优势往往是通过地理上的集群分布获得的。产业的区域集中化分布对产业竞争优势的形成至关重要，它放大了那些可以促进产业升级和维持产业优势的力量……政府政策能够在产业集群的培养和发展中扮演重要的角色。"

埃塞皮革与皮革制品产业由集中分布在亚的斯亚贝巴市及其周边的65家中型和大型企业构成。其中，56%（32家企业）的企业分布在亚的斯亚贝巴，36%的企业（17家企业）分布在奥罗莫州，22%的企业分别分布于阿姆哈拉州和提格雷州（各6家企业）。[①] 除亚的斯亚贝巴市之外，位于亚的斯-吉布提经济走廊上发展迅速的工业和运输枢纽城市莫焦市（Mojo）也集中分布着大量制革厂。在亚的斯亚贝巴之外的企业中，将近70%的企业分布在距离亚的斯亚贝巴市200公里之内的区域。历史上，所有老制革厂和鞋厂都分布在亚的斯亚贝巴市和莫焦市的河流旁边，因为亚的斯亚贝巴市是埃塞国内最大的市场，且两地均有较为充足的技术工人供应以及较好的基础设施和服务。巴西、中国、意大利和越南等国也出现了类似的产业聚集现象，这也说明了产业聚集在皮革与皮革制品产业发展中的作用。虽然近年来，埃塞政府也开始鼓励产业集群发展，但这一政府举措还处于初步阶段，需要更进一步的研究为之提供理论支撑。

### 企业规模

根据埃塞中央统计局（CSA，2012b）的调研数据，埃塞制造业企业的

---

① 原书如此，各地企业的数量及其所占比重似有出入。——译者注

平均用工规模为 81 人，但埃塞皮革或皮革制品企业的平均用工人数达到了
149 人。这一现象似乎与埃塞多数皮革与皮革制品企业都曾是国有企业的
经历相关，国有企业的规模一般大于私营企业。尽管部分外资企业的规模
也显著大于内资私营企业。例如，华坚鞋业 2012 年的用工数量多达 1200
人。此外，越南企业的用工数量普遍为它们埃塞同行的 4 倍以上（GIZ，
2009；LEFASO，2004，2012）。越南最大的制鞋企业（该企业为中国台湾
的清禄集团所有，是耐克鞋的主要生产商）雇用了 24000 多名工人，其年
产量高达 2000 万双。越南 70% 的企业为提供转包生产服务的企业，但埃
塞尚不存在这种生产模式。

**所有制机构与企业结构**

国有企业长期主导着埃塞的皮革与皮革制品产业，这种情况一直持续
到 21 世纪初期。德格统治时期的指令性经济背景下，所有大型皮革与皮革
制品企业均为国有企业。20 世纪 90 年代初期，埃塞经济开始向市场经济
过渡，民间资本也因此获得了进入皮革与皮革制品产业的许可。截至 2012
年，埃塞所有 9 家国有企业均实现了私有化，其中三分之二的企业被私人
企业收购。与水泥和花卉产业不同的是，埃塞国内资本在皮革与皮革制品
产业中占据主导地位。这并非政府政策所致，因为目前埃塞政府已经允许
外资进入该产业。此外，埃塞侨民在皮革与皮革制品产业中发挥的作用相
对有限，这也与水泥及花卉产业有所区别。目前，该产业中只有 4 家企业
为侨资企业。整个产业中约有四分之三的企业为独资或私人有限公司，合
资企业的数量非常有限。将近三分之二的受访企业认同它们为"家族企
业"。这些企业的总经理多为家族成员、企业所有人或者合伙管理人。这
种模式与花卉产业相似，在花卉产业中，72% 的企业的管理人为企业所
208 有人。

截至 2011 年，皮革生产子产业中外资企业数量占企业总数的 23%，
皮革制品（鞋类、手套）子产业中外资企业数量占企业总数的 28%。外资
皮革生产企业的皮革产量约占埃塞皮革总产量的 25%，其皮革出口量占埃
塞皮革总出口量的 35%。外资皮革制品企业的产量占埃塞皮革制品总产量
的 30%，其皮革制品出口量占埃塞皮革制品总出口量的 55%。可见境外投
资在皮革制品产业较为活跃且出口导向性更强。而内资企业约 38% 的皮革
生产和 68% 的皮革制品销往国内市场。该产业的外资来源较为分散，其中

中国、英国以及一家中国－意大利合资企业的外资各占外资总量的21%，印度资本约占14%。

和埃塞相比，越南的制鞋产业中，境外资本扮演着更加重要的角色（45%），国有企业也占据一席之地，虽然其影响正在减弱。2009年，越南在该产业共有465家中型和大型制鞋企业以及42家制革厂。其中，内资企业256家，约占企业总量的50%，合资企业17家，国有企业6家，其余均为外资企业（GIZ，2009；LEFASO，2012）。2004年，在越南的制鞋产业中，外资企业数量占44%，内资企业占28%，国有企业占21%，合资企业占6.5%。

## 二  产业的经济和技术特征

### 技术特征与低绩效表现宽容度

皮革与皮革制品产业有着独特的经济与技术特征。在产业类别上，皮革与皮革制品产业属于轻工业和劳动密集型产业。在技术密集程度方面，Lall（2000b，2003）将皮革与皮革制品产业定性为低科技含量产业（级别－1）。其生产过程有着明显的产品导向特征，工人的劳动技能和不同市场订单的需求是影响其生产的关键因素。与水泥产业相比，皮革与皮革制品产业的规模经济和范围经济程度较低。但目前该产业已经呈现出日益集群化的趋势。

因为资本要求相对有限，加之对生产机械的低依赖性和生产机械的低科技含量特征，皮革与皮革制品产业的准入门槛较低。然而，在时装产业以及全球服装零售连锁店的驱动下，企业产品进入国际市场的竞争非常激烈（Schmitz，1999；Schmitz and Knorringa，2000；Gereffi，1994；Gereffi，Humphrey，Sturgeon，2005）。在皮革制品子产业，企业的交货时限越来越短，产品却日趋多样化，成本效益的实现也变得更加困难。因此，皮革制品产业对低绩效表现的宽容度也相对较低，与皮革生产企业相比，皮革制品企业普遍面临更高的竞争压力。皮革生产子产业对低运营表现的宽容度不仅高于皮革制品子产业，也相对高于水泥与花卉产业。正如Lall（2000b）所言："这种出口结构，尤其是它对出口路径的依赖和难以改变的特点，对产业的增长和发展有着重要的影响。低科技含量产品生产效率往往提高最慢，而科技密集型产品则往往增长最快。"这也暗示着自上而下

209

的发展模式的必要性，也就是说，政府可以通过皮革制品产业的发展拉动制革产业的发展（UNIDO，2012）。这也与20世纪70年代以来所有产业的资本全球化进程相符，包括耐克（Nike）、阿迪达斯（Adidas）、锐步（Reebok）和彪马（Puma）等运动服装品牌在该产业内的主导地位都是在这一过程中形成的（Nolan，2012）。如上四个品牌在750亿美元的运动鞋市场中占据着主导地位，占近20%的市场份额。该产业的全球价值链正日益呈现出买方占主导地位的趋势（UNCEA‐AU，2013；Gereffi et al.，2005；Schmitz and Knorringa，2000；Kaplinsky and Morris，2000；Schmitz，2007）。

　　皮革与皮革制品价值链的几个主要环节包括生皮的收购与供应，生皮的半成品化和成品皮加工，以及皮革制品的生产和销售。该产业为原料密集型产业，具有较强的后向关联效应，尤其在农业方面。为了解埃塞皮革与皮革制品产业的关联效应，我们将产业关联关系的发生顺序梳理为：埃塞皮革与皮革制品产业的产生主要归因于埃塞畜牧部门的存在，前者是后者的后向关联效应发挥作用的结果。随着皮革产业的发展，其通过前向关联效应推动牲畜业产量增长（生产效率和质量提升）的潜力亦日益显著。这证明，皮革产业和畜牧部门之间可以通过产业关联关系形成相互促进的"反馈回路"（feedback loop）。然而，由于埃塞皮革制品产业缺乏活力，这一潜力在埃塞并没有得到充分开发和利用。此外，农业（特别是畜牧部门）容易受旱灾和降水变化的影响，这就造成了原料供应的不稳定性。这一特性对产业政策的制定有着重要的启示意义，尤其在制度支撑、衍生服务和兽医服务、信贷、放牧和蓄水设施、饲用禾草栽培、屠宰后处理和销售等方面。再者，由于分布较为分散，缺乏有效的组织，且彼此之间常常存在相互矛盾的利益诉求，埃塞牲畜饲养者和皮革生产企业还没有能力向政府施加有效的影响。这直接关系到政府对产业的政策承诺以及产业参与者之间的团结与合作。

　　另外一个与该产业的产业政策相关的关键因素为来自环保方面的压力。皮革生产往往容易对环境产生显著的影响，包括空气、水和土地污染。皮革替代品（人造革）的使用越来越广泛，与此同时，消费者和监管者也对企业提出了日趋严格的环保要求，要求企业使用LITE标准（低环境影响标准）等环保标签。近期，埃塞皮革与皮革制品产业正面临国内民众呼吁禁止制革企业在生产过程中使用铬的难题。这对皮革企业来说是一个巨大的挑战，因为铬在皮革制造工艺中发挥着重要的作用，且价格低廉，已被全球80%的皮革企业广泛使用。此外，国内还存在要求在生产过程中减少用盐的呼声。另外，环境污染的可追溯性正日益得到重视，尤其是对碳足迹的追踪。与此同时，由于皮革与皮革制品企业在消费者和政府监管部门或民间组织的压力下不得不遵守严格的环保标准以提升其环保形象，它们也因此长期面临降低生产成本和开发新产品的压力（FAO，2008；Kaplinsky，2005；OECD，1976）。

**技术能力和员工构成**

学习能力与学习速度是企业提高竞争力和生产效率的推动因素，而企业的员工构成则直接影响其技术能力，关系到企业的专业与技术核心的水准。在埃塞皮革与皮革制品产业中，54家接受调查企业共有技术工人440名，仅占产业用工总人数的2%。而在这些技术工人中，技术专家和工程师的比例还不到三分之一（或者说仅占产业用工总人数的1%）。技术工人的比例严重低于应有水平。此外，该产业仅有4%的工人接受过技术或职业培训。由于该产业的技术工人缺口和高流动性，企业普遍缺乏投资技术开发的意愿。

## 三　市场结构与国际竞争

**全球市场结构**

2011年，国际皮革与皮革制品市场总额为600亿美元（FAO，2011）。皮革制品子产业的增长取决于全球经济景气程度和消费需求。而皮革生产子产业的发展则取决于皮革制品子产业以及肉类和乳制品产业的发展情况（FAO，2008；OECD，1976）。[①]在全球鞋类产品生产领域，中国独占鳌头，其产量占世界总产量的42%，让所有其他国家的产量相形见绌，其产业总共用工人数更是高达500万人（FAO，2011）。中国的制鞋产业可以说是世界上首屈一指的就业机会创造者（China Leather Industry Association，2012）。在鞋类产品出口方面，越南、巴西、印度远随中国之后。意大利则在高端产品出口方面保持领导者地位，中国、印度、巴西主要生产低端

211

---

[①]　全球皮革市场在1981~2006年呈持续增长之势，总成交额从130亿美元增长至600亿美元，此后，其增速受2008年全球金融危机影响开始放缓（FAO，2008）。2007年，生皮、制革与皮革制品销量分别占产业总销量的12%、30%和58%（FAO，2008）。

产品。①

欧洲、中国和其他远东国家主要的生皮来源为美国。美国平均每年出口75万吨生牛皮，而中国则是全球最大的生牛皮进口国（FAO，2013）。2011年，巴西的年均生皮消费量为1200万张。其养牛数量高达2.13亿头（约占世界牛群总量的14%），过去10年内增长了23%。这一快速增长主要归功于巴西政府的政策支持以及巴西皮革产业相关行业协会在提升产业的持续发展能力、产品质量、创新和创造能力方面做出的努力。

四 小结

经过本节的分析，我们可以发现埃塞的皮革与皮革制品产业存在以下几个方面的特点。第一，小型和中型企业（多数为家族企业）在皮革生产子产业与皮革制品子产业中均占多数。产业的规模经济程度较低，其准入和退出门槛也较低。因为不属于需求约束型产业，该产业的企业数量还有望实现增长。企业能力的不足和存在的缺陷也客观上反映了埃塞皮革与皮革制品产业迫切需要来自政府机构和产业的营销、研究、发展机构以及产业协会的支持。

第二，皮革与皮革制品产业为劳动密集型产业，劳动生产率发挥着关键作用，这也意味着产业发展的当务之急为提升生产能力。高生产率和低生产成本国家（如中国、越南和印度等）的主导地位以及全球价值链中买方议价地位的提升给埃塞这样的新生产国带来了巨大的挑战。产业集群化在意大利、中国、巴西等国相关产业的发展过程中发挥了重要的作用，但其在埃塞皮革与皮革制品产业中的作用和潜力仍有待开发。

第三，埃塞皮革与皮革制品产业对低绩效表现的宽容度较高，产业政策的有效性往往因为企业缺乏持续的生产压力而大打折扣。企业也满足于有限的国内市场，缺乏开拓更具竞争性的国际市场的意愿。此外，内资企业规模小、资本基础差的特征限制了企业专业化生产的程度，投资者倾向于将多元化投资作为应对企业经营风险的选择。这在一定程度上说明了国家决策创新和制度调整的必要性。相较而言，皮革制品子产业面临着更大的出口下降压力。

---

① 就产量和出口而言，巴西有着世界上增长最快的皮革制品产业。2000～2011年，巴西的皮革制品产业总出口额从7亿美元增长至22亿美元（353222吨）。这也证明皮革产业并非"需求约束型"产业，相反，新的竞争者正从全球市场中获得更多的份额。

第四，如同能源之于水泥产业，运输之于花卉产业，由于埃塞皮革与皮革制品产业的原料密集性特征，投入供应问题已经成为产业发展的主要制约因素。鉴于埃塞皮革与皮革制品产业得天独厚的先天禀赋（这已经成为其吸引投资的关键原因），埃塞政府最主要的政策挑战便是解决投入品供应方面的问题。

## 第四节　产业关联、路径依赖和工业化

### 一　皮革与皮革制品产业的路径依赖和低价值陷阱

路径依赖"塑造着……那些深刻影响制度模式的偶发事件的历史顺序或具有决定性质的事件链"（Mahoney，2000）。它具有不可变更性和难以摆脱的特点（Vergne and Durand，2010）。埃塞皮革与皮革制品产业已经陷入"低价值陷阱"（low value trap）的路径依赖之中。多种因素强化了这种依赖。第一，全球价值链带来的压力并不显著，因为埃塞皮革与皮革制品产量主要受制革厂影响。鞋类产品低迷的的生产和出口表现进一步拖累了皮革产量。在1975年之前，埃塞制革厂长期依赖生皮出口。2011年12月之后，半成品皮革成为主要出口产品。在计划经济时期（1975~1991年），为了确保国有制革厂的原料供应，解决价格高涨的问题，埃塞政府不得不颁布了生皮出口的禁令。有证据显示，德格政府这一举措并非出于升级皮革产业的目的，而是另有所图。①

直到2007年，当湿蓝皮和浸酸皮成为埃塞皮革产业的主要出口商品时，埃塞政府才开始通过提高关税的方法抑制低端半成品皮革的出口，并开始鼓励坯革的出口。2011年以后，埃塞政府开始通过提高出口关税限制坯革出口，并转而鼓励成品革的出口。尽管如此，该产业依旧面临严重的低附加值问题，且在生产投入的本地化（本地投入低于60%）、产业升级以及产品设计和开发方面面临严峻的挑战。这与成功打入国际价值链的越南形成了鲜明对比，后者在20世纪80年代打破中央计划经济的桎梏之后开始凭借成本优势同其他国家（如中国及其他国家）展开竞争，目前已经

①　做出这一决定的部分原因为德格政府欲确保其军队的皮靴供应，当时的德格政权已经陷入严重收支不平衡的困境。

成为世界第二大产鞋国家。

第二，埃塞制革厂之所以倾向于半成品出口，主要因为在半成品出口过程中它们只需要与有限的几家欧洲制革厂保持业务联系（这与鞋类及其他皮革制品企业不同）。这可以减少买方的不确定性，也有利于维持与高价值含量皮革制造厂的合作关系。1991～2008 年，半成品皮革的价格长期保持稳定，这种状况直至 2008 年全球零售需求下降后才开始出现变化。例如，2009 年美国生皮价格的下跌幅度超过 50%（FAO，2008）。皮革制品消费模式的变化还不能直接影响坯革的生产。皮革制品制造商是成品皮革的购买者，它们在产品规格、成本、交货时间和质量等方面对皮革制造厂施加了巨大的压力。此外，化学类生产投入物品的物流程序更加复杂，而且也带来了更高的运作资本要求。在 2008 年石油价格暴涨后，埃塞制革企业的运作成本受化学成本上升影响开始上升。2009～2012 年，由于新制革企业，尤其是外资企业的进入，国内生皮价格增长了 3 倍，埃塞制革企业的运作成本压力进一步加大。制革企业的生存压力陡增，皮革制品产业也因此而遭遇挫折。

第三，得益于皮革鞋类需求的上升，制革厂和制鞋产业能够从国内市场获取足够的利润。此外，货币贬值也导致鞋类产品进口价格大幅上升，本地企业因此从中受益。埃塞家族企业的优势和主导地位进一步得到巩固，其中相当一部分家族企业涉足制鞋产业。1992 年以后投资制革厂的企业多为生皮贸易商，他们视皮革生产为生皮贸易的延伸，视他们对生产投入的垄断为有利条件，而普遍对政府在改善生皮供应方面不够坚决的努力缺乏兴趣。相反，他们认为当前的产业现状能够在原料供应、产品价格和质量方面给他们带来优势。

第四，埃塞皮革产业协会（Ethiopian Leather Industry Association，ELIA）的成立和发展，以及埃塞制革企业在该产业协会中影响力的进一步提升巩固了埃塞制革厂的地位。制革企业的利益深刻影响着产业协会的行为，尤其在游说政府方面。1994 年，8 家制革企业共同创立了埃塞皮革产业协会。2012 年，该产业协会的成员已经发展至 39 家企业，其中 61% 为制革企业，而且其制鞋厂成员中还有 12 家为制革企业的下属企业。虽然这些企业没有共同的目标，但它们似乎有意避免竞争。比如，正如 Hirschman 在《拉丁美洲出口替代产业的政治经济》（Hirschman，1968）一书中所预言的那样，埃塞制革企业通过协力合作成功推动政府出台了相关政策抑制外资企业进入埃塞制鞋产业。这一政策便是 2012 年埃塞政府出台的临时性政策，目前已经成为新投资规定的一部分。在缺乏强有力的激励约束机制的情况下，私人部门投资者的组织能力似乎在强化产业的路径依赖，而不会起到打破路径依赖的作用。

第五，产业的低价值陷阱和路径依赖同产业的技术工人和管理人员都有密切的关系。多数企业的管理层和技术工人长期在配额制和集中计划体制下工作，缺乏竞争热情。一位不愿透露身份的知情人士指出，该产业的化学工作者普遍缺乏技术创新意识或对之持不接受的态度（见 2012 年 8 月的访谈）。他还认为企业所有者对某些领域的专业化生产缺乏兴趣，例如羊皮或牛皮加工、坯革或成品皮生产等。

适当的政策、制度或行业组织可以消除产业发展的一些限制性因素。但鉴于多种原因，这种情况在埃塞皮革与皮革制品产业中并没有发生。首先，除了发展战略中提及的一些广义的抽象概念，政府并没有就提升埃塞皮革与皮革制品产业在全球价值链中的地位而制定全面的发展计划。它们对全球价值链方面的相关讨论主要涉及"生产部门内部的相互关联，尤其强调全球范围内企业与国家成为一个综合体的方式……"此外，相关讨论也思考了"将概念转化为产品和服务所需要的一系列生产行为，包括生产过程的不同阶段（涉及生产资料的物理变化过程和生产性服务投入的有机结合），向最终客户交货以及产品使用后的处理等"（Kaplinsky and Morris，2000：4）。埃塞皮革与皮革制品产业相关政策的制定缺乏企业的参与，且没有以充足的产业知识作为决策依据。例如，埃塞工业部长期无法获得国内或全球皮革与皮革制品产业发展现状与前景的相关数据。多数提交给国家出口协调委员会的报告以产业的出口表现及其较为紧迫的制约因素为主要内容，而不涉及产业的基本结构。多式联运物流系统的设计也没有以全球皮革以及相关产品市场的特征作为依据。政府升级产品结构的政策决定也没有相关的长远发展计划作为支撑。

其次，相关企业（尤其是皮革生产企业）的强力游说削弱了政府政策的一致性和持续性。部分政策似乎相互矛盾，如鼓励活畜出口的政策与鼓励肉类加工行业发展的政策。此外，一些政策决定并没有得到贯彻和落实，缺乏对企业的监督和问责机制。例如，原料出口和半成品进口问题早在 2004 年便已经提出，但一直没有得到解决。这主要因为乐于维持现状的皮革生产企业向政府施加了压力，而决策者没能保持应有的决策魄力而顶住压力。就连产品结构升级方面的相关政策举措也拖延了很久才得到贯彻实施（直到 2012 年 10 月）。

最后，机制构建相对滞后，不能为产业发展提供有效的支撑。目前，皮革与皮革制品产业在生产投入方面还缺乏强有力的机制，且政府在贸易便利化和物流设施建设方面没有作为。埃塞皮革与皮革制品产业不仅需要进口产品部件，还需要根据紧张的交货时间表和成本控制方案出口产品，上述机制的建设至关重要。国内的科研和培训机构同皮革与皮革制品产业之间也缺乏关联。直至 2010 年，该产业领导机构的能力才得到强化。总体而言，相关机制的缺乏进一步加剧了产业的惰性。这种情况与巴西形成了鲜明对比，后者为皮革与皮革制品产业提供了积极的科研与发展支持（参见 Di John, forthcoming）。

埃塞皮革与皮革制品产业的发展惰性还体现在缺乏产品多元化的能力，其原因之一在于该产业内不存在转包生产的模式。例如，埃塞制鞋企业主要生产男鞋，而外资企业则生产女鞋，后者的市场更大且需求变化也更快。政府在设计政策工具和机制以提高企业生产力和推动产业升级方面投入不足。相反，政府选择了一条看似更容易的道路，继续实施错误且有害的产业保护举措和外资限制举措，对出口和产业升级缺乏兴趣，导致企业之间缺乏关联和专业化生产分工（具体请参见下一小节）。Porter（1998：598）认为，"最严重的问题莫过于那些支持削弱真正的竞争优势、减弱产业的发展和创新动力、造成对政府的依赖性的错误政策"，这也凸显了上述问题的严重性。

在其他国家，如巴西西诺斯谷鞋业集群（Sinos Valley）和意大利的中东部鞋业集群，产业协会、企业、地方和中央政府在产业升级中均发挥了重要的作用。巴西西诺斯鞋业集群中的 1821 家企业（制革企业、鞋类企业和皮革制品企业）的总用工人数高达 153400 人。1991 年，该鞋业集群共出口 1 亿双鞋，出口产值约 9 亿美元。在国际竞争和成本提升的压力下，该集群的活力不减反升。合作与集体行为是其获得成功的关键（参见 Schmitz, 1995a, 1995b, 1998；IDS, 1997）。

## 二　后向关联：被忽视的制约因素与机会

研究证明，产品的质量问题以及价格和原料的供应不足问题是皮革与皮革制品产业发展的主要障碍。这一点，可以从多个方面得到证明。

**投入供应问题是产业生产率和出口竞争力的主要制约因素**

多数受采访的企业代表认为，企业产能利用率低的主要原因在于缺乏运营资金，原料供应的不足和质量问题。这些都是相互关联的问题。在出口表现方面，40%的受访企业认为原料供应的延迟、高价格和低质量是企业产品出口的主要障碍。关于企业在价格和供货及时性方面缺乏竞争力的原因，受访企业普遍认为原料价格和供应不足是主要原因。多数企业认为上述因素也是埃塞企业在产品质量方面缺乏竞争力的主要原因。根据埃塞皮革产业协会的数据，埃塞国内属于 1~3 品级的生皮占生皮总量的比重不到20%，而 4~6 品级的生皮数量占总量的80%（MOI，2012a；ELIA，2012）。这与其他相关研究的发现是一致的（USAID，2008；Dinh et al.，2012；Global Development Solutions，2011）。一项关于埃塞和博茨瓦纳牲畜养殖业发展的对比研究显示，埃塞的养牛生产率居世界最低水平，且其供应链为数量众多的中介和中间商所主导，这种情况大大增加了交易成本（UNECA，2012）。

**皮革与皮革制品产业的关联效应**

上述证据与关于产业关联效应的分析相一致，尤其是皮革生产子产业的投入与产出环节和皮革制品子产业的投入环节。皮革生产子产业和皮革制品子产业都具有原料密集的特性。根据32家企业的反馈，生皮是皮革与皮革制品产业在投入与产出环节关联关系的主要源泉。在制革产业（2011年），生皮收购成本占国内生产投入的97%，其中羊皮收购成本所占比重高达69%。相似的，在皮革制品子产业，成品皮革投入占国内生产投入成本的79%。生皮占生产投入的绝大部分。在皮革制品产业，成品皮革占总投入成本的56%。可见，对于制革企业而言，生皮的供应、质量和价格对它们的增长和竞争力而言至关重要。

生皮的价格长期保持上涨的趋势，这不利于产业的发展和竞争力的提升。1993~2012 年，埃塞羊皮的价格从 7.71 比尔上升至 91.53 比尔。仅 2010~2012 年，随着制革企业产能的提升，羊皮价格就增长了 3 倍。相似的，1993～2012 年埃塞山羊皮价格增长了 7 倍，虽然涨幅相对较小，但仅在 2010～2012 年便增长了 183%。相应时期牛皮价格分别上涨了 5 倍和
218  166%。调查结果显示，上述时期内，其他生产投入的价格相对稳定，虽然部分生产投入显示出较为显著的价格增长趋势。

埃塞中央统计局的调查数据显示，埃塞牛存栏量超过 5200 万（几乎占牲畜总量的一半），绵羊存栏量 2420 万，山羊存栏量 2260 万（CSA，2012a）。其畜牧区主要集中分布在奥罗莫州、阿姆哈拉州和南方州人口最集中的区域。埃塞畜牧业存在严重的发展问题。例如，牛的商业化率（埃塞传统畜牧家庭所饲养的牲畜大部分作为劳动工具、家庭口粮或其他生活必需品，商业化率指除此部分消耗之外用于销售的牲畜数量占牲畜总数量的比重）为 12%，绵羊商业化率为 25%，山羊商业化率为 18%，所有牲畜的总体商业化率仅为 10%。在埃塞传统的畜牧家庭中，牛主要作为劳作工具，绵羊和山羊主要用于再繁殖和家庭日常食用消耗。牲畜产量占埃塞国内农业生产总值的 45%（埃塞金融与经济发展部估算这一数字应该为 25%）（Behnke，2010：7）。在埃塞这样的低收入国家，牲畜具有更加广泛的社会意义，它们不仅是经济资产或粮食来源，还是民生之本和民族文化认同的体现（Economist at Large，2011）。

虽然埃塞牲口数量庞大，但其屠宰率总体较低，难以满足制革企业对生皮的需求。牲畜出栏率也相对较低，其中绵羊出栏率为 40%，山羊出栏率为 27%，牛出栏率仅为 14%（MOA，2012）。根据埃塞中央统计局的农业抽样调查结果，约 61% 的绵羊和山羊皮以及 48% 的牛皮被饲养者用于家庭方面，而非用于销售（CSA，2012a）。此外，由于传统的畜牧方法，埃塞牛羊繁殖率仅为 37%（也就是说 2800 万只绵羊仅繁殖出大约 900 万只羊羔），居世界最低水平。与埃塞的世界最低水平相比，新西兰、澳大利亚和英国则处于另一个极端，它们的牲口繁殖率高达 150%。对埃塞来说，改善农业推广体系，出台激励举措势在必行，但这还不够。这些举措还需要其他政策措施的辅助，如专业化的基础设施建设等。

此外，在过去 20 年中，埃塞生皮质量呈下降趋势。虽然埃塞的高原羊皮（阿比西尼亚绵羊皮）有着良好的天然品质，但其质量往往因为传统的屠宰方法和不恰当的收集方法而大打折扣。根据埃塞皮革产业协会的相关数据，在 20 世纪 80 年代和 90 年代初期，由于强制性的浸水要求，50% 的

制革厂的原料为 1 ~ 3 品级的生皮。到 2012 年,这一比例已经下降至
20% 。研究显示,埃塞生皮的质量缺陷主要由皮外寄生物造成,这种由皮
外寄生物造成的皮肤疾病在当地被称为"cockle"或"ekek"(有皱纹之 219
意)(USAID,2008;MOA,2012;ELIA,2012)。类似皮肤疾病的大范围
传播给埃塞牛羊的皮肤造成了严重的伤害,也降低了新养殖方法的效率,
但类似疾病的传播本可以通过有效的兽医服务得到控制。这些研究发现与
埃塞农业部官员、制革厂以及其他皮革制品生产企业的反馈结果一致。然
而,由于牲口和牲口皮料的跨境流动,对生皮的来源进行跟踪非常困难,
但总体而言,产自戈贾姆地区(Gojjam)和贡德尔(Gondar)地区的羊皮
品质相对较高,售价也相对较高,而产自沃洛(Wollo)地区的羊皮品质
则相对较低,售价也较低。

20 世纪 80 年代,严重的牲口健康问题给南部非洲地区国家造成了约
20 亿美元的损失,这已经成为非洲农牧业发展的主要障碍,这一问题的解
决迫切需要非洲国家政府发挥积极的领导作用(de Haan and Umali,
1994)。不幸的是,埃塞的兽医服务和农业推广体系非常落后,且长期受
到忽视(Embassy of Japan,2008;USAID,2008;UNIDO,2005),这一情
况在多份政府档案文献中得到了体现(CSA,2012a;MOA,2012;MIO,
2012a;MOFED,2010;也见 Little et al. ,2010;Mahmoud,2010)。为解决
该问题,包括美国国际开发署和英国皮塔兹公司在内的多家机构(企业)
开展了针对性的研究和试点项目,其结果证明现有科技可以将皮革质量提
升 80% ,且牲口的繁殖率也能够得到大幅提高。

大农场经营模式的引入和发展可以作为解决肉类加工产业和皮革与皮
革制品产业原料供应问题的中期战略。大农场是拉丁美洲常见的农场经营
模式。与拉丁美洲相比,非洲尚缺少大农场经营的经验。政治因素能够显
著影响大农场经营的模式。[1]然而,埃塞却没有选择大农场经营模式作为其
畜牧业的发展战略,这很可能是因为埃塞政府担心该政策选择会使埃塞更
加依赖畜牧业,给小型农场带来风险。

目前,小农场主将畜牧业视为粮食生产的辅助性经济活动,而非维
持生计的可持续来源(这有利于产业结构调整和工业化)。政府需要通

---

① 关于政治因素对产权和农场系统的影响请参见 Mwangi(2007)的相关论述。

过综合有效的方法对畜牧业和皮革制品产业的发展进行必要的干预，并在资源分配方面给予倾斜。证据显示，虽然埃塞政府的政策明确赋予畜牧业和皮革制品产业以优先的发展地位，但长期没有出台全面而有效的政策举措。

220

此外，埃塞不同产业政策之间缺乏兼容性。正如前文所提到的，在埃塞，活畜出口增速高于肉类产品的出口。在过去的 14 年中，前者占总出口的比重已经从可忽略不计的 0.16% 增长至 6.57% （图 6 - 6）。尽管如此，由于牲口供应不足，价格过高，国内屠宰场和肉类产品出口商已经濒临破产。为此，2012 年 11 月，埃塞肉类加工厂和屠宰场行业协会向政府提出了禁止活畜出口的要求（MOI，2012a）。

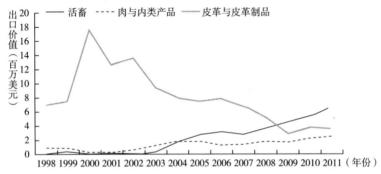

图 6 - 6　1998～2011 年活畜、皮革与肉制品出口量变化趋势对比图
来源：基于 ERCA（2012a）数据计算得来。

小农场畜牧业在管理上的结构性问题需要通过有效的针对性政策工具来解决。巴西、博茨瓦纳和南非的发展经验有助于上述问题的解决。例如，博茨瓦纳有 700 家大型农场，但由于收益低下，它们拥有牲口的数量占全国牲口总量（2010 年为 300 万头）的比例已经从 30% 下降至10%。非洲许多国家的大型农场正因为过度放牧和缺乏牧区放牧行为规范的协调化管理而面临日益严峻的挑战（Behnke and Scoones，1992；Ash，Bellamy，and Stockwell，1994）。在埃塞，间歇性发生的环境灾害减

221　少了埃塞牲口的数量，削弱了埃塞畜牧业的生产力，人们已经开始认识到过度放牧引起的巨大危害（Hardin，1968；Economists at Large，2011；Aklilu and Wekesa，2002）。值得一提的是，埃塞的小农场经济同发展或实验大规模畜牧业并不存在内在的矛盾：两者之间并不存在不可共存的

排斥关系,而是互为补充关系。

总体而言,肉类与肉类加工产业以及生皮的供应是相互补充和相互促进的关系,它们所形成的合力足以带动新兴产业的蓬勃发展。这便是 Hirschman 所强调的"受忽略问题"的典型案例:

> ……我将所有问题分为"受优待问题"(privileged problem)和"受忽略问题"(neglected problem)两种类型。我将那些受害者拥有足够的影响决策者的能力并使后者因为政治稳定问题尤其是他们的政治生存问题而不得不采取行动的问题定义为"受优待问题"。相对的,"受忽略问题"的受害者没有与决策者直接打交道的渠道和资源,但他们可以通过间接的方式获得决策者的关注……相关问题的受优待程度取决于如下问题的答案:其受害者的数量有多少,他们的集中程度如何,这个问题对他们的重要程度如何,以及他们的影响力如何。(Hirschman,1981:150)

## 三 附加值和产业升级的政治经济内涵

埃塞政府在提升皮革附加值方面的尝试很好地反映了埃塞产业政策的决策过程。产业升级可以指工艺流程升级、产品升级和产业链升级。研究表明,在皮革与皮革制品产业的全球价值链中,一国乃至多边合作框架内产品和工艺流程的升级都是可能实现的。然而,在当前全球价值链的治理结构下,实现产业链升级的可能性较低(Humphrey and Schmitz,2004;Gereffi et al.,2005;Kaplinsky and Morris,2000)。这一全球价值链治理体系反映了不同参与者的相对实力及其维护利益的能力,而全球零售链居于产业的顶端,它们的影响力可直接延伸至制革产业。产品附加值的创造与企业技术水平密切相关。例如,意大利皮革与皮革制品产业的科技发达程度远远超过肯尼亚和埃塞(表6-4)。

表6-4 埃塞、肯尼亚、意大利的价值链比较

| 比较因子 | 肯尼亚 | 埃 塞 | 意大利 |
|---|---|---|---|
| 生皮原料的供应 | 大量 | 大量 | 低 |
| 生皮原料的质量 | 总体较低 | 低-高 | 高 |

| 比较因子 | 肯尼亚 | 埃　塞 | 意大利 |
|---|---|---|---|
| 持续的资本投资 | 低 | 低 | 高 |
| 设施和设备的科技含量 | 低－中 | 低－中 | 非常高 |
| 加工技能 | 有限 | 有限 | 非常高 |
| 研发能力 | 有限 | 有限 | 非常高 |
| 产品开发能力 | 有限 | 有限 | 非常高 |
| 技术独创 | 很少 | 很少 | 高 |
| 纵向一体化程度 | 低 | 低 | 高 |
| 全球市场的产品感知 | 低 | 低（羊皮感知度高） | 非常高 |

来源：基于联合国非洲经济委员会和非盟数据整理得来（UNECA and AU, 2013）。

222　在帝国及其后的德格政权时期，埃塞曾长期出口生皮，这一情况一直延续到 1983 年政府颁布禁止生皮出口的政策之前。1983 年之后，湿蓝皮和浸酸皮成为主要出口产品，主要销往意大利。在意大利，这些湿蓝皮和浸酸皮被进一步加工为成品皮革。2007 年，湿蓝皮和浸酸皮的出口也被禁止。此后，可出口产品变为加工程度更高的坯革。2008 年，第 567 号政府公告（Proclamation No. 567）宣布政府将对出口没有显著附加值生皮的企业征收出口税（FDRE, 2008a）。出口税的税率为生皮价格的 150%，出口湿蓝皮和浸酸皮的税率为 5%～20%。2011 年 11 月，埃塞金融与经济发展部第 30 号政策指令将所有的生皮或半成品皮的出口税率提升至 150%。2011 年 11 月，埃塞政府开始对坯革征收高额的出口税以抑制其出口。目前，只有成品革及皮革制品不会被征收高额出口税。在与企业进行讨论和协商之后（通过埃塞皮革产业协会），埃塞工业部进一步落实了关于坯革出口的政策指令。尽管该产业国内产品附加值的增长看似是一个简单的过程，事实上这一过程的实现需要经历一系列彻底的变化与升级。

从原料到半成品阶段的升级过程固然重要，但产业升级关键性的飞跃还在半成品升级至成品这一环节。这要求产业在技术、科技、产品质量和生产资源供应、市场渠道、企业和其他产业参与者的心态等方面实现提升。自 2005 年开始，关于禁止出口半成品皮的讨论成为国家出口协调委员会会议的重要议题之一。例如，在国家出口协调委员会的第 18 次和第 22 次会议上，埃塞政府决定不再为不生产成品皮革的制革企业提供政策鼓励和信贷支持。在其第 31 次会议上，国家出口协调委员会决定对不生产成品

223

皮的制革厂征收出口税。

2011 年 8 月，埃塞政府做出了禁止出口坯革的政策决定，并将 2011 年 12 月作为旧政策的最后截止日期。企业在认识到这一决定的不可撤销性之后开始于 9 ~ 11 月大量出口坯革，导致了产业出口收入的临时性增长（图 6 - 7）。另外，已呈日趋升高之势的生皮价格也随之出现了急剧上升的现象。然而，2012 年 1 月之后，埃塞成品革出口量在数月内持续下降，充分反映了埃塞制革企业尚未充分做好出口成品皮革的准备。这些企业还没有做好充足的准备，也缺乏更为全面的一揽子计划。不少企业对这一政策持抵制态度。简言之，虽然这一政策非常重要，但其贯彻和落实造成了大量的资源浪费和破坏。

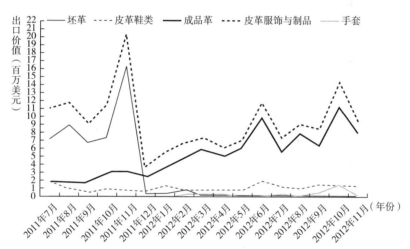

**图 6 - 7 2011 年 7 月 ~ 2012 年 11 月埃塞皮革产业月出口量变化趋势图**
来源：基于皮革产业发展研究院 2012 年 12 月 20 日数据计算得来。

### 发展皮革制品子产业

皮革制品子产业的发展是皮革与皮革制品产业升级的另一个方面。在 20 世纪 90 年代，埃塞仅有两家制鞋厂。埃塞国家出口协调委员会的会议记录显示，埃塞政府开始致力于通过招商引资（主要指 2008 年以后）和开发现有内资制鞋厂产能的方法拉动皮革制品产业的发展。其引进的部分外资企业为全球皮革制品产业的领导者（如德国的鹦鹉女鞋公司和中国的华坚集团）。自 2008 年以来，埃塞政府为吸引类似企业做了大量的努力，也为此清除了许多制度上的障碍。

224

1992～2001 年，多数投资流入了制革产业（91.5%）。而 2002～2011 年投资趋势和企业数量开始出现变化。到 2006 年，该产业 50% 的企业投资了皮革制品产业。皮革制品企业数量在 2007～2012 年一度达到 106 家的最高峰，拿到总投资的 80%。这显然归功于政府针对皮革制品产业所实施的定向投资促进举措。埃塞国家出口协调委员会会议记录显示，2004 年以来该委员会所探讨的 384 个问题中将近 90% 的问题主要涉及皮革制品产业，其年均 39 个政策决定中有 34 个决定与皮革制品产业相关。此外，埃塞皮革制品的附加值也已经开始增长，虽然速度缓慢且幅度还比较有限。

**制革企业与皮革制品企业对坯革出口禁令的看法**

坯革出口禁令对不同的产业参与者都产生了或多或少的影响，这些产业参与者对这一政策指令的看法则反映了它们不同的利益立场（UNIDO，2003）。在笔者开展的访谈中，笔者发现许多在其母国也拥有制革厂的外资制革企业倾向于向其母国出口坯革并在其母国进行成品革加工和附加值创造。它们的利益与埃塞政府的利益相冲突。许多内资企业不喜欢这一政策决定，因为这一政策破坏了它们与买方（国外制革企业）之间的利益链条，且它们无法应对新环境带来的竞争。多数企业认为这一政策决定的缓冲时间太短，且只有一半的制革企业认为这一政策对埃塞制革企业的发展产生了积极的作用。与之不同的是，有 88% 的皮革制品企业认为这一政策发挥了积极的作用，因为它们认为这一政策使它们可以通过更加优惠的价格购买成品革。这一观点很可能是建立在认为埃塞制革厂无法生产出满足出口标准的成品革的假设之上。事实上，由于供需不平衡，2012～2013 年成品革的价格依旧呈上升之势。

**企业对暂时性的制革产业投资禁令的看法**

由于生皮供应的短缺，内资制革企业开始向埃塞政府施压，要求后者禁止投资者投资制革产业。虽然埃塞工业部最终做出了这一政策决定，埃塞皮革产业发展研究院却并不认同这一政策的必要性。它认为类似的保护政策会减少产业内部的竞争，对皮革制品产业造成不利影响。就这一点来看，埃塞皮革产业发展研究院的观点似乎是正确的，因为这一政策的受益者主要为现有制革企业。政府大可以将产业的发展情况告知投资者，将是否投资制革产业的选择权交给投资者。（在供应问题得到解决后）这一政策也损害了产业在未来发展过程中的产能拓展能力。关于该政策对企业的

225

影响，将近70%的制革企业认为这一政策有着积极的意义，53%的皮革制品企业持有相似的观点。其他国家的发展经验证明，类似政策的成效主要取决于特定的条件（如国内竞争和加工能力等）。很显然，这一政策决定并没有以客观的产业研究作为决策依据。

总体而言，相关政策决定似乎已经产生了一些积极的效果，尤其是成品革的出口量开始逐渐上升。尽管如此，该产业经历了一个痛苦的适应过程，尤其是上述政策导致了将近一年的产能下降，且目前制革产业的成品革加工能力还远远低于浸水能力。这至少有两个方面的政策启示：产业政策可以在产业的发展过程中发挥积极的作用，但成功来之不易。它需要大量的规划、监管、协商、制裁并经历不可避免的阵痛。尽管如此，如果政策制定环节有深度的产业分析和全面的有长远谋划的一揽子计划作为支撑，类似政策将会更加有效。

四　紧迫制约：物流与贸易设施

对于内陆国家而言，国际贸易的发展需要有效的物流和贸易设施作为支撑。埃塞尤其如此。世界银行在其相关研究中指出，埃塞的物流和贸易设施障碍近年来有恶化的趋势。例如，埃塞落后的关税与贸易设施已经成为中国对埃塞进行投资的主要障碍（World Bank，2012a）。其他主要制约因素包括贸易条例、税务管理、融资渠道、税率、宏观经济上的不稳定性、 226 劳动法规和电力供应等。根据世界银行和国际金融公司发布的2011年、2012年和2013年《经商环境报告》（World Bank and IFC，2011，2013），在跨境贸易领域，埃塞2009年、2010年和2013年的排名分别为第152位、157位和161位。也就是说，在某种程度上，在2009年至2013年期间，世界其他国家在跨境贸易方面比埃塞取得了更大的进展。就企业的反馈情况来看，内资企业普遍认为进出口物流和贸易设施是贸易发展的主要障碍。在出口交货时间方面，55%的企业认为物流是最主要的障碍。

简言之，在埃塞开展国际贸易的成本比任何国家都高，而且需要在进口和出口上花费更多的时间。一个20英尺集装箱的出口成本为2160美元，进口成本为2660美元。在交货时间上，进口一个相同集装箱所需要的时间为42天，出口一个相同集装箱所需要的时间为47天。而目前，鞋类商品的产业标准交货期限为自订单当天开始计算的45天之内。其严峻挑战可见一斑。鉴于日益激烈的竞争和主要生产国在全球价值链中的主导地位，埃塞需要在亚洲制造国的强力竞争之下在国际市场开拓出一片容身之地。世界上最成功的出口型经济体（韩国、德国和新加坡）有着世界上最短的交货时间和最低的物流成本（交货时间低至 4 天，成本低至 439 美元一个标准集装箱）。如越南（21 天，600 美元）、埃及（12 天，625/755 美元）等发展中国家的交货时间和成本也显著低于埃塞。此外，内陆国家的陆路运输成本也可能会很高，具体则取决于交通方式的种类。

其他国家的发展经验告诉我们，成功的物流和贸易设施政策需要发展综合性的运输体系或者多式联运体系和廉价的铁路运输，提升物流行业的竞争强度，保持与邻国在关税和交通方面的协调与衔接。许多国家还采取了网络化的单一窗口、进出口贸易信息的自动化处理、保理风险控制等政策举措。而机制建设则是影响这些政策实施效果的关键。

埃塞政府为改善物流体系做了很多努力，其中包括于 2011 年决定修建的无水港口，以及多式联运体系、产业园区、税务当局的授权经营等政策举措。但这些举措并未全部奏效，物流障碍依旧存在。许多产业内部人士认为，多式联运系统的引入失败在很大程度上给埃塞加工业的发展带来了负面影响。这一系统在许多国家的发展过程中发挥了积极的作用，但其在埃塞没能得到有效实施。这导致集装箱的跟踪成为不可能，且货物的装运需要花费长达 4 个月的时间（是先前的两倍）。这一系统引入失败的原因是多方面的。第一，其设计环节没有以充足的相关知识以及对陆路货运和港口相关问题的研究成果作为依据。第二，其实施机构是埃塞航运公司、埃塞海洋运输服务公司以及无水港港务局三家国有企业通过企业合并形成的企业（合并过程尚未全部完成）。而这三家企业均无良好的业绩记录。第三，对于这一广泛应用新科技的复杂运输系统，政府没有实施任何试点项目以让相关政府官员通过试验性的尝试和部分项目的实施情况获得有益的经验，也没有充分征询使用者、企业家以及其他参与者的意见和建议。时机的把握情况是政策落实成功与否的重要影响因素。很多人认为政府应该将这一系统的引入与新亚的斯 - 吉布提铁路经济走廊的启动相结合。第四，政府没有考虑聘请有经验的合作伙伴或顾问参与项目的实施和管理，或者通过委托管理的方式将项目的管理交给有资质和能力的企业或机构。第五，在项目的实施过程中，埃塞政府禁止任何货运和清关代理商参与相

227

关活动。这很可能是埃塞政府对中间商人、市场中介和贸易商的政治和经济考量的体现。

一个相关的案例便是 2000 年 5 月埃塞政府赋予了埃塞航运公司对所有进口货物运输的垄断权，该公司没有相关货物的运输能力或没有相应的运输服务路线的情况除外。这一以官方书信形式下达的政策指令对埃塞物流产业的发展产生了深远的影响。第一，埃塞政府在给予埃塞航运公司垄断权力的同时，没有指定任何单位对其进行监管。这也印证了 Stiglitz（1998）于 20 世纪 90 年代中期提出的在有效的监管机制得以建立之前不应该推进私有化的论点。第二，这一政策使埃塞航运公司脱离了竞争环境，其后果是负面的。尽管该公司已经占据了长达 12 年的垄断地位，合并之时该公司依旧缺乏竞争力和航运服务能力。这与同样身为国有企业，但需要面对激烈的国际竞争的埃航的表现形成了鲜明的对比。目前，埃航已经成为非洲领先的航空公司之一。第三，因为埃塞航运公司旗下拥有所有货物始发港经停能力的船舶数量有限，埃塞制造商和出口商经常遭遇货物延迟交付的情况。货物的延迟交付导致了大量订单的流失和成本的提升，进一步压缩了埃塞皮革与皮革制品产业有限的利润空间。 228

## 第五节 皮革与相关产业的政策举措

本节主要就出口和投资促进、工业融资和私有化等政府政策工具进行了探讨。

### 一 投资和出口促进举措

**出口促进计划**

埃塞政府制订的出口促进计划主要包括所有出口商的外汇留成以及与其他制造商相关的出口退税、出口奖励计划和保税仓库等。但是这些出口促进政策举措中，似乎只有外汇留成制度发挥了一定的积极作用。这一点得到了 78% 的受调查企业的认可，它们认为这一政策举措在落实环节也没有出现大的问题。相反，85% 的企业认为政府制订的出口奖励计划没有发挥其应有的效力，且企业在寻求出口奖励的过程中往往会遭遇大量的官僚主义问题。根据一份未出版的出口促进政策评估报告，在目前已注册成为出口奖励计划受益单位的 187 家企业中，52 家（28%）企业为花卉企业，42 家（23%）为皮革与皮革制品企业，38 家（20%）为纺织和服装企业，28 家（15%）为农产品加工企业。所有皮革与皮革制品企业中，只有 42 家企业（约占企业总数的 60%）注册成为该计划的受益企业，这说明皮革与皮革制品产业对这一出口鼓励政策缺乏兴趣。此外，并非所有注册的企业都是这一政策的受益者。出口退税和保税仓库这两个政策举措也未能充分发挥作用，其主要原因在于政策缺乏科学合理的设计以及相关政府部门有限的政策落实能力。

**汇率政策**

2010/2011 年度，埃塞货币贬值了 25%。政府正致力于通过汇率政策鼓励商品出口，且正如前文所述，皮革与皮革制品是政府认定的优先出口产品。但笔者对企业的访谈结果以及 2005~2011 年的出口数据显示，这一政策也没有充分发挥其应有的作用。只有 43% 的受访者认为货币贬值具有积极的影响，在花卉产业中，持类似观点的受访者占三分之二。这与认为货币贬值将会对出口产生积极促进作用的普遍观点相矛盾。一个可能的原因是，多数皮革与皮革制品企业的产能没有得到充分利用且其产品主要销往国内市场，这导致出口收入所占比例下降。企业更倾向于根据收益较好的国内市场的需求进行生产。例如，笔者对皮革与皮革制品产业开展的大范围调查显示，2005~2011 年，埃塞皮革与皮革制品产业的出口收入占总收入的比例下降了 33 个百分点（表 6-5）。这暗示着相关出口激励政策还没能有效影响企业的行为，提升企业的出口兴趣，也没能将出口促进和国内市场开拓相关联。

表 6-5 2005~2011 年埃塞内资企业的出口和内销比例（按销售量）

单位:%

| 年　份 | 出口销售 | 国内销售 |
|---|---|---|
| 2005 | 95.73 | 4.27 |
| 2006 | 97.41 | 2.59 |
| 2007 | 71.23 | 28.77 |
| 2008 | 50.52 | 49.48 |
| 2009 | 67.71 | 32.29 |
| 2010 | 62.14 | 37.86 |
| 2011 | 62.47 | 37.53 |

来源：Oqubay（2012）。

**投资促进举措**

直至 2012 年，埃塞政府早期出台的引资政策的初衷一直为吸引不同行业的资本对埃塞进行投资。该激励政策的设计既非为了保障投资项目的对等性，也非为了吸引各行业中表现最佳的企业到埃塞投资，以提高埃塞的科技能力和市场份额。1992～2012 年，埃塞共颁发了 220 项投资许可。然而，在 2003～2007 年注册成立的企业中只有 12% 已经实现运营，7% 的项目还处于落实阶段，81% 的项目还处于前期准备阶段。2002年以后，投资开始逐渐增长，并在 2007 年一度达到历史最高值。1992～2001 年，86% 的投资者为境内投资者，且它们主要投资皮革生产子产业。投资者之所以热衷于皮革生产子产业是因为他们已经具备该产业的相关经营经验或行业背景（表6－6）。

2005 年后，政府开始进行有目标的招商引资。在埃塞政府审批给外资企业的 31 项投资许可中，68% 的许可颁发于 2007～2011 年。此外，部分新兴国家（包括中国）劳动力成本的上升也可能是一个有力的推动因素。2007 年以后，资金流入也开始从在 20 世纪 90 年代占主导地位的皮革生产子产业向皮革制品子产业转移（表 6－7）。皮革制品子产业的投资比例也因此上升至 80%。在地理分布上，超过 50% 的投资项目分布在亚的斯亚贝巴市，34% 的投资项目则分布于奥罗莫地区。

230

**表6－6　埃塞内资企业投资皮革与皮革制品产业的原因**

| 原　因 | 将其列为首要原因的企业 | |
|---|---|---|
| | 企业数量 | 所占比例（%） |
| 自然资源 | 16 | 30.2 |
| 经营经验和对产业的了解 | 14 | 26.4 |
| 家族背景 | 12 | 22.6 |
| 廉价劳动力 | 5 | 9.4 |
| 国家需求增长 | 2 | 3.8 |
| 其他：激励政策、政治稳定性、廉价土地、临近欧美市场 | 4 | 7.6 |
| 总　计 | 53 | 100 |

来源：Oqubay（2012）。

表 6-7   1992~2011 年埃塞皮革制品产业投资许可证审批情况

| 时间 | 所有企业数量 | 企业数量/年 | 外资企业（FDI） | | 皮革生产子产业 | | 皮革制品子产业 | |
|---|---|---|---|---|---|---|---|---|
| | | | 数量 | 所占比例（%） | 数量 | 所占比例（%） | 数量 | 所占比例（%） |
| 1992~2001 年（10 年） | 47 | 4.7 | 4 | 8.5 | 43 | 91.5 | 4 | 8.5 |
| 2002~2006 年（15 年） | 40 | 8 | 6 | 15 | 20 | 50 | 20 | 50 |
| 2007~2011 年（15 年） | 133 | 26.6 | 21 | 15.8 | 27 | 20 | 106 | 80 |
| 1992~2011 年（20 年） | 220 | 11 | 31 | 14.1 | 90 | 41 | 130 | 59 |

来源：基于埃塞联邦投资局 2012 年 7 月未公开数据计算得来。

尽管投资项目总数有所上升，项目管理却困难重重，投资者也普遍面临难以获得土地和其他服务的问题。受访企业普遍认为，收益税免税期政策落实起来更加容易。超过 55% 的企业抱怨称，关税和土地交付方面存在问题，这给企业造成了交付延迟和成本上升等困难。三分之二的企业抱怨称各级政府相关部门之间存在较为严重的协调问题。

## 二  皮革与皮革制品产业的工业融资

埃塞发展银行为埃塞加工业的各产业都提供了工业融资（DBE，2012a，2012d）。其主要受益者为纺织与服装产业（46%）、非金属矿业（35%）、食品加工与化学产业（将近 15%）。其中，埃塞皮革与皮革制品产业得到的工业援助不到 5 亿比尔，约占总融资金额的 4.3%（表 6-8）。皮革与皮革制品产业融资项目的平均额度为 2200 万比尔，显著低于制造业每笔 3500 万比尔的平均额度。虽然该产业较小的工业融资比例与该产业相对较低的投资需求不无关系，但这也让我们不得不思考该产业是否得到了足够的支持，以确保其在出口和就业创造方面的潜力得到充分的开发和利用。

表 6-8   埃塞发展银行的工业融资情况

单位：百万比尔,%

| 产　业 | 贷款批次 | 受益者所占比例 | 平均额度 | 总额度 | 所占比例 |
|---|---|---|---|---|---|
| 纺织 | 32 | 10 | 156 | 4995 | 46.2 |
| 非金属矿业 | 16 | 5 | 238 | 3816 | 35.2 |

续表

| 产　业 | 贷款批次 | 受益者所占比例 | 平均额度 | 总额度 | 所占比例 |
|---|---|---|---|---|---|
| 食品加工、饮料 | 221 | 71 | 4 | 869 | 8.1 |
| 化学物品与化工产品 | 22 | 7 | 30 | 669 | 6.2 |
| 皮革与皮革制品 | 21 | 7 | 22 | 465 | 4.3 |
| 制造业总计 | 312 | 100 | 35 | 10814 | 100 |

注：表中平均额度为四舍五入后的数据。

来源：DBE（2012d）。

88%的受访企业认为信贷支持的不足是皮革与皮革制品产业面临的主要挑战之一，它们一致认为该产业获得的工业融资和产业的营运资金需求之间存在巨大的差距。营运资金在皮革与皮革制品产业中扮演着重要的角色，因为企业常常需要高库存运营。高原料密集程度、贸易和物流基础设施的缺乏以及企业管理效率的低下是产生大量库存的主要原因。皮革与皮革制品产业的库存周期是制造业平均库存周期的两倍（CSA，2012c）。产业的低运营效益也在一定程度上影响了银行的借贷意愿。例如，在与笔者的访谈（Oqubay，2012）中，埃塞商业银行的一位高层管理者透露，银行不愿意为皮革与皮革制品企业提供营运资金的原因主要在于银行担心企业没有能力在12个月内还清贷款。出于如上原因，金融政策对该产业的推动作用也没有得到充分发挥。此外，皮革与皮革制品产业也无法从国家的出口信贷担保计划中受益（表6-9）。

232

**表6-9　埃塞不同产业活动的出口信贷担保情况（2011年9月1日~11月30日）**

单位：百分比尔，%

| 商品或产品 | 贷款批次 | 额度 | 所占比例 |
|---|---|---|---|
| 含油种子 | 17 | 316 | 61 |
| 谷类与豆类 | 6 | 88 | 17 |
| 纺织和服装 | 4 | 64 | 12 |
| 牲畜 | 3 | 37 | 7 |
| 口香糖、香料和蜂蜜产品 | 2 | 14 | 3 |
| 总　计 | 32 | 519 | 100 |

来源：DBE（2012d）。

### 三 皮革产业的私有化

私有化是政府在皮革与皮革制品产业实施的又一项政策举措。目前，该产业所有 9 家大型国有企业都实现了私有化，且都处于营运之中。前德格政权为提升这些企业的产能为之投入了大量的人力和物力资源。整个皮革与皮革制品产业的私有化过程历经了 15 年，这一改革不以意识形态作为指导，而是政府出于现实利益的考量。在国有企业的私有化过程中，政府赋予了内资企业在收购国有企业方面的优先权，并为之提供了优惠贷款（其贷款利率等同于埃塞中央银行的储蓄利率）。因此，约四分之三的国有企业被内资企业收购（PPESA，2012）。此前，国有资产的估价过高曾一度使内资企业对其敬而远之。为此，政府对其进行了重新估价。目前，还没有证据可以证明这些国有资产经私有化之后落入了与执政党密切关联的利益集团手中，地方的留本基金也没有参与国有企业的收购，而是以自有资本成立企业。例如，提格雷州重建基金集团（EFFORT）以自有资金在提格雷地区投资成立了一家名为示巴制革厂（Sheba Tannery）的企业。埃塞政府通过两种模式实现了国有企业的私有化改革。其一，通过公开竞标的方式将其拍卖给私人企业，多数国有企业以这种方式实现了私有化。其二，政府通过收购协议直接转让给外资企业。埃塞最大的国有制革厂——埃塞制革厂——便是通过这种形式由国家直接转让给英国的皮塔兹公司。后者通过委托管理的模式提高了该制革厂的生产效率，此后又通过追加投资加强了该企业的生产管理。2011 年，皮塔兹公司进一步扩大了在埃塞的投资规模，成立了皮革手套制造厂。此后，又于 2012 年在埃塞投资成立了另一家皮革制品企业。

2007～2011 年，这些原国有企业的新所有者总共在该产业追加投资 2.34 亿比尔，用于提升生产能力。2011 年，完成私有化的制革企业与皮革制品企业的产能利用率分别为 69% 和 56%，高于该产业整体偏低的平均产能利用率。但这并不意味着所有完成私有化的企业都有着更好的营运表现。这个问题还有待更进一步研究。私有化改革成效的评估涉及多个方法上的难题，例如直接效果和间接效果的区分问题。2011 年，部分私有化企业在出口表现上依旧位列前五。但它们面临着与其他企业类似的问题和挑战（表 6 - 10）。

233

表 6 – 10　私营企业面临的主要问题

单位:%

| 问　题 | 所占比例 |
|---|---|
| 原料的缺乏、高价格和低质量 | 49 |
| 技能人才和能力的缺失 | 20 |
| 缺乏融资 | 9 |
| 物流、海关和贸易设施 | 13 |
| 其　他 | 9 |
| 总　计 | 100 |

来源：Oqubay（2012）。

四　小结

综上所述，可以得出以下几个结论。第一，政府针对皮革与皮革制品产业的政策举措并未完全奏效，其力度远不能与政府对水泥及花卉产业的政策支持力度相提并论。第二，许多政策举措存在设计缺陷，相关政府部门缺乏政策执行力，各部门之间也存在协调不足的问题。第三，企业在政策的设计和落实过程中处于被动地位，这一问题尤其值得反思。

# 第六节　专业化机构：发展和转型的驱动力量

本节内容主要涉及埃塞皮革与皮革制品产业中的三类机构，即出口协调机构、领导机构以及中介机构。

一　国家出口协调委员会与出口协调

埃塞国家出口协调委员会做出的有关皮革与皮革制品产业的最重要的政策决定为国有企业的私有化政策（2004 年 5 月），以及取消新制革企业获得国家扶持资格的政策（2006 年 2 月）。其他重要政策还包括，支持制革企业生产成品革的政策（2005 年 9 月），以及将埃塞国家发展银行的信贷发放与上述政策挂钩，取消新制革厂获得信贷支持资格的政策（2005 年 10 月）。此外，2007 年 1 月，埃塞国家出口协调委员会进一步出台了对不生产成品革的制革企业征收额外税费的政策。然而，

234

223

2007 年 5 月，埃塞国家出口协调委员会却出台了鼓励土耳其投资者投资皮革生产子产业的政策。可见，埃塞国家出口协调委员会在政策决策上依旧存在缺乏一致性的问题。此外，其制定的其他政策，如鼓励活畜出口的政策与进口生皮以缓解供应压力的政策之间也存在相互矛盾的关系。类似矛盾政策的层出不穷反映了相关政府部门的迟钝反应和不称职，或者说缺乏决策能力和可靠性。

虽然国家出口协调委员会将皮革与皮革制品产业视为重点产业，但其在政策决策上存在很多问题。第一，相关政府报告仅仅局限于解决眼前问题，缺乏深度和战略分析视角。因此，其政策与相关决定也缺乏事实与理论根据。例如，国家出口协调委员会关于生产投入供应问题的判断便缺乏详实的研究结论和综合性的分析方法作为依据。第二，相关政策没能得到有效的贯彻和落实。第三，政策的决策过程没有生产商、企业所有者与工会的参与，这加剧了政府与上述产业参与者在信息共享方面的不匹配以及在政策落实环节的意见分歧和矛盾。更重要的是，政府也因此错失了与企业建立信任关系的机会。政府应该在私人部门的发展过程中扮演更加积极的角色，因为国家的工业化进程在很大程度上有赖于政府的积极性和能动性。

## 二 产业领导机构：埃塞皮革产业发展研究院

埃塞皮革产业发展研究院是埃塞皮革与皮革制品产业的领导机构。其前身是由部长委员会于 1998 年成立的皮革与皮革产品技术研究院（Leather and Leather Products Technology Institute）。其主要任务包括产业技术工人培训、信息服务、帮助企业提升生产效率以及产业质量标准的设定等。除埃塞政府之外，意大利政府、东部和南部非洲皮革与皮革制品研究院（Eastern and Southern Africa's Leather and Leather Products Institute）、联合国工业发展组织（United Nations Industrial Development Organization，UNIDO）也为其提供技术和资金支持。但该机构的建设速度缓慢，尤其是相关设施的建设耗时 5 年之多。2010 年 6 月，该机构被重新命名为埃塞皮革产业发展研究院，作为皮革与皮革制品产业的领导机构被赋予了更多的使命：

235

……通过研究为政府建言献策，开展研究，支持与促进皮革与皮革制品产业的投资，提供培训服务，促进技术与技能的转让，提供实验室服务，协助开发市场，增进投入与产出的关联，提供产品设计与开发服务，构建与潜在市场参与者和相关机构的合作网络。（FDRE, Council of Ministers, Regulation No. 181, 2010）

该机构设总干事之职为领导核心，其下设皮革制造技术、鞋类产品制造技术、皮革服装制造技术、市场支持、研究、投资支持（设计工程）六个事务部。该机构共有 265 名雇员，所有雇员几乎平均分配于职能部门与后勤部门。其中，64% 为专业人员，32% 拥有技术证书和学位。在所有技术专家与技师当中，34% 就职于皮革制造领域，31% 就职于鞋类制造领域，另有 34% 就职于皮革服装及皮革制品领域。

埃塞皮革产业发展研究院装备有最先进水平的科技和现代设施。这些设施包括一个制革车间、一个制鞋车间以及一个皮革服装和制品厂的模型车间。此外，研究院还设有废水处理设施、装备齐全的实验室、一个计算机辅助设计与制造中心、一个图书馆以及电脑设备和训练馆等设施。研究院目前的主要缺陷在于不具备使用这些设备与设施以促进产业发展的能力。2011 年，埃塞政府与两所印度研究院签署了合作协议，致力于通过与印度中央皮革研究院（Central Leather Research Institute）合作支持皮革制造产业发展，通过其与印度鞋类产品设计与开发研究院（Footwear Design and Development Institute）的合作支持制鞋与皮革制品产业的发展。有证据显示，埃塞皮革产业发展研究院与这两所印度研究院的合作关系已经对研究院的能力建设以及埃塞皮革与皮革制品产业的发展产生了积极的促进作用（LIDI, 2012a, 2012b, 2012c）。

84% 的受调查企业认为埃塞皮革产业发展研究院在支持产业的发展方面做出了有价值的贡献，并承认其与各企业建立了良好的合作关系（86%）。81% 的受访企业认为研究院更加专注于为产业提供支持，而不是管理和规范，这一评价高于对埃塞园艺发展协会的评价。但没有证据能够证明研究院的学习速度已经达到了产业发展的需求。能力缺陷依旧是埃塞皮革产业发展研究院的最大挑战（表 6 - 11）。此外，政府机构之间的协作相对薄弱，这也对研究院的效力产生了不利影响。根据笔者的调查结果，69% 的企业认为联邦政府部门之间的协作关系相对薄弱，61% 的企业认为

236　联邦政府部门以及各级地区政府管理部门之间的协作关系过于薄弱。

表6-11　受调查企业对埃塞皮革产业发展研究院主要缺陷的反馈

单位：%

| 主要缺陷 | 所占比例 |
|---|---|
| 缺乏技能人才 | 24.6 |
| 缺乏执行能力 | 22.9 |
| 缺乏对国内市场的重视 | 13.1 |
| 缺乏培训支持 | 9.8 |
| 缺乏授权 | 9.8 |
| 缺乏科技革新和升级 | 8.2 |
| 其　他 | 11.5 |
| 总　计 | 100 |

来源：Oqubay（2012）。

　　笔者对不同企业在365份函件中（LIDI，2012e，2012f）对埃塞皮革产业发展研究院提出的要求的分析结果也凸显了政府部门在跨机构协作方面存在的问题。分析结果显示，40%的外资企业信件提到了劳工事务办公室对外籍雇员居住许可的申请资质要求问题。如果政府能够授权研究院代替劳工事务办公室审批外籍员工的居住许可申请，则这个问题很可能得到缓解。内资企业提到最多的问题（37%）与样本鞋或样本皮的跨境寄送有关，它们普遍认为样品的寄送本应该不用申请许可。政府部门只要颁布一道政策指令就可以解决这个问题。这也显示出本不该出现的行政障碍却往往能够难倒一个机构，使之无法集中精力关注产业政策核心问题的解决以推动产业的发展。

　　数据还显示，上述问题的出现有随时间推移而日渐频繁化的趋势（2010年8次，2011年55次，2012年88次）。由于行政管理机制上的瓶颈，为应对这些问题，企业往往需要耗费两到四周时间，不仅导致延迟交货，而且显著提升了企业的成本。笔者的问卷调查（Oqubay，2012）结果也证实了这一结论：多数皮革与皮革制品企业表示它们在政府相关问题上耗费了大量的管理时间，其数量甚至超过花卉和水泥产业内持类似观点的企业（表6-12）。

表 6 – 12   企业在处理政府相关事务上耗费的管理时间

| 管理时间所占比例（%） | 花卉产业 | | 皮革产业 | | 水泥产业 | | 总　计 | |
|---|---|---|---|---|---|---|---|---|
| | 企业数量 | 所占比例（%） | 企业数量 | 所占比例（%） | 企业数量 | 所占比例（%） | 企业数量 | 所占比例（%） |
| ≤15 | 19 | 35 | 19 | 34 | 5 | 31 | 43 | 34 |
| 16 ~ 30 | 22 | 41 | 23 | 41 | 6 | 38 | 51 | 41 |
| >30 | 13 | 24 | 14 | 25 | 5 | 31 | 32 | 25 |
| 总　计 | 54 | 100 | 56 | 100 | 16 | 100 | 126 | 100 |

来源：Oqubay（2012）。

这也凸显了埃塞工业部和埃塞皮革产业发展研究院在提供有效的跨部门支持方面的失败之处。在笔者与企业的访谈中，多数企业认为埃塞皮革产业发展研究院和埃塞工业部在这方面是"没有牙齿的狮子"。这从侧面反映了埃塞国家出口协调委员会在引导相关机构和决策执行方面的缺陷，同时也进一步证实了物流、贸易设施以及政府官僚程序方面的缺陷依旧是产业发展的关键制约因素。从长远角度看，在竞争力方面最受类似制约因素影响的很可能是内资企业。

### 三　埃塞皮革产业协会的媒介作用

皮革产业协会是埃塞皮革与皮革制品产业的行业协会以及主要中介机构，其前身为成立于 1994 年的埃塞制革厂协会（Ethiopian Tanners Association）。埃塞制革厂协会于 2004 年重组后更名为埃塞皮革、鞋类产品和皮革制品制造商协会（Ethiopian Tanners, Footwear and Leather Products Manufacturing Association）。2004 年，该协会拥有 20 家企业会员，其中多数为制革企业。2007 年，该协会正式更名为埃塞皮革产业协会，其成员也上升至 44 家企业，其中 60% 为制革企业。制革企业群体长期在协会中占主体地位。相比而言，在越南的全国产业协会之中，占多数和主体地位的为皮革制品企业。

55 家受调查企业中有 12 家企业不是埃塞皮革产业协会的成员。虽然皮革产业协会的能力在很大程度上反映了其成员的能力，但受访企业普遍承认该协会的效力还有待提升。它们认为其在市场开发（61%）、目标设定和监控（78%）以及投资促进方面（66%）发挥的作用非常有限。关于其在培训与知识传授方面的作用，90% 的受访企业给予了差评。只有不到

237

60%的受访企业对其在政策创议和政府游说方面的作用表示满意（表6 –
13）。

表6 – 13　受访企业对埃塞皮革与皮革制品产业协会作用的反馈

| 评　价 | 政府游说 | | 市场开发 | | 培训与知识传授 | | 目标设定与监控 | | 政策创议 | | 投资促进 | |
|---|---|---|---|---|---|---|---|---|---|---|---|---|
| | 数量 | 所占比例（%） | 数量 | 所占比例（%） | 数量 | 所占比例（%） | 数量 | 所占比例（%） | 数量 | 所占比例（%） | 数　量 | 所占比例（%） |
| 优 | 1 | 2 | — | — | — | — | — | — | 4 | 9 | 2 | 5 |
| 满意 | 25 | 58 | 17 | 39 | 4 | 10 | 9 | 22 | 23 | 52 | 11 | 29 |
| 差 | 17 | 40 | 27 | 61 | 36 | 90 | 32 | 78 | 17 | 39 | 25 | 66 |
| 合计 | 43 | 100 | 44 | 100 | 40 | 100 | 41 | 100 | 44 | 100 | 38 | 100 |

注：—表示无此项数据。
来源：Oqubay（2012）。

　　尽管协会成员普遍对协会和产业之间的协作关系表示满意，但它们仍然
呼吁协会举办更多的对话论坛，提高产业参与者的参与程度，并寄希望于协
会能够争取到政府的进一步支持。然而，这些企业的许多观点都对政府的角
色寄予了过高的期望。相当一部分企业已经在产业现状中找到了较为舒适的
位置，因而不愿意过多地参与协会事务。64%的企业认为协会成员的参与积
极性不高。此外，该协会没有吸收新成立的企业，包括新成立的外资企业。
另外，生皮的供应商既不是埃塞皮革产业协会的成员，也不属于其他任何行
业组织。所有这些都表明政府没能很好地解决产业机制方面的问题。

238

## 第七节　总结

　　政府政策并非万能灵药，埃塞皮革与皮革制品产业令人失望的表现为
我们敲响了警钟。本章对埃塞皮革与皮革制品产业的研究结果可以总结为
以下几个方面。第一，从政策效果来看，埃塞皮革与皮革制品产业发展缓
慢且缺乏稳定性。与水泥及花卉产业相比，皮革与皮革制品产业的发展表
现令人失望。显然，埃塞大量的动物资源没有得到有效的利用。相关证据
也充分显示，自然禀赋方面的比较优势并不会自动转化为可持续的竞争优
势。此外，埃塞政府没能通过有效的政策使产业的关联效应发挥作用。尽

管如此，该产业的表现也并非人们想象中的那么糟糕。近年来，该产业的发展已经出现积极的变化和复苏的迹象，例如推行标杆管理等。现有产业政策也的确推动了现有皮革制品企业的附加值创造（从半成品到成品），并吸引了新企业对皮革制品子产业的投资。此外，值得强调的是，一个有吸引力的汇率水平可能是有效最大化产业关联效应的宏观经济条件。　239

第二，在决策与政策能力方面，政府已经在政策完善与机制发展方面投入了大量的资源。决策者与相关机构已经发现产业发展困难的症结在于生产投入供应和物流等环节。尽管如此，他们却囿于现行政策的缺陷和不恰当的政策选择而无法解决这些问题。供应方面的机制缺陷（畜牧业发展和原料营销链）已经成为产业政策的一大败笔。在公平性方面，埃塞皮革与皮革制品产业充斥着零散的小生产商和原料供应商，其公平性的保障远比只有为数不多的几家现代化企业的水泥产业更加困难。

第三，产业的主要经济参与者之间缺乏组织性，且存在利益矛盾。因此，和其他产业相比，它们发挥的作用比较有限，这也在一定程度上影响了产业的发展速度和竞争力。不同于花卉产业的中介组织，埃塞皮革产业协会没能充分发挥作用，协会成员缺乏凝聚力和共同的发展计划。企业不思进取，满足于国内市场，对出口缺乏兴趣。这也反映了激励政策没能有效引导企业的行为。因此，政府与企业之间的对话机制有待进一步完善。

第四，值得一提的是，埃塞皮革与皮革制品产业的发展表现与路径依赖密切相关。路径依赖深刻影响着产业经济参与者、中介机构与政府部门对产业的理解、解决问题的思路以及政策的决策与落实。皮革与皮革制品产业的路径依赖至少部分解释了产业长期停滞不前、产品附加值增长缓慢、产业参与者及其中介组织不思进取的惰性以及产业政策效率低下的原因。两项政策举措可能会给产业发展带来积极的变化。一是允许外资企业投资制革产业。二是在继续保持对制革产业的保护的同时，引入激励约束机制，对企业设立明确的目标和要求作为其获得政策保护的条件。　240

# 第七章 在挫折中前行：埃塞俄比亚的政治经济与产业政策

虽然新工业化国家的工业化进程各有特色，但均以学习为基础，其学习能力决定了它们的发展表现。

——Alice Amsden，《亚洲的下一个巨人》(*Asia's Next Giant*, 1989)

## 第一节 相对表现

### 一 发展表现、政策学习与埃塞式"反脆弱性"

虽然无意鼓吹埃塞政策决策的优越性，但笔者相信确有证据可以证明埃塞产业政策存在"反脆弱性"。"反脆弱性"一词是 Nicolas Taleb (2012) 为形容一个体制在压力下不但不崩溃反而实现了自我增强的能力而"发明"的一个词。反脆弱性与鲁棒性 (Robustness) 有所区别，后者指抵御威胁和保持原有状态的能力。在了解埃塞政策的反脆弱性根源之前，我们有必要先了解埃塞政府的"边干边学"政策决策理念和适应能力，这两个特征很少被关于发展中国家的政策与发展表现的相关研究所提及。①在前几个章节对三个产业的案例研究中，我们提到了反映类似政策活力的例子。此外，了解反脆弱性（而不是鲁棒性或脆弱性）得以存在的前提条件也非常重要。在埃塞，反脆弱性得以存在的前提条件包括执政党曾经作为解放力量组织长期与德格政权做斗争的经历。在后解放时期，埃塞

241

---

① 更多关于特大项目的决策过程中的"适应能力"（Adaptive Capability）的信息请参见 Giezen et al. (2014)。

人民革命民主阵线不仅顶住了巨大的外部压力，而且形成了颇具凝聚力的意识形态和内部分歧解决机制，多次从内部危机中迅速恢复，并能够将实验主义、现实主义以及长远视角和原则融入其发展理念中。相比较而言，非洲国家许多成功的解放运动组织在掌握政权后开始衰败，并将国家带进了灾难性的动荡之中（参见 EPRDF，2011b；Young，1997；Clapham，2009；Tareke，1990，1991）。

虽然从前几章的案例分析中，我们似乎不难发现不同政策的成功与失败之处，但本研究的本质与成功或失败无关。成功与失败只是一对简单化的评价概念，没有什么现实意义。从后续章节的内容中，我们便会了解成功与失败这两个概念的局限性，尤其在以产业作为基本分析单位的综合性研究与分析之中。例如，尽管皮革与皮革制品产业综合表现欠佳，但近期还是取得了值得借鉴的重要发展成效（如附加值创造）。花卉产业的发展看似成功（UNIDO – UNCTAD，2011：63），但其实在多个领域还存在表现不佳的情况，且总体上面临诸多新的挑战，亟须政府出台新的应对举措。因此，本章的重点将放在问题和挑战及其原因方面，这是对自我陶醉的有效防范之举。眼前的成功也可能带来新的问题和挑战，而失败则可能催生新的意料之外的机遇。产业的振兴最终要依赖政府决策学习的杠杆作用和采取果断行动的政治魄力以及确保不同产业参与者之间的协作关系。

从前几章可以看出，埃塞产业政策的效果在不同产业具有明显的不均衡性。这已经成为决策者与学者们心中亟须解答的普遍疑惑。正如第四至六章所述，花卉、水泥、皮革与皮革制品产业在埃塞国民经济发展和产业发展战略中具有重要的分量和地位。同样的，埃塞总体国情也对上述三个产业的整体情况产生了相似的影响。本书认为，埃塞政府在市场经济中发挥了重要的发展性作用，其作用远超许多人认为的"仅仅促进了埃塞比较优势的利用"。联邦制、处于发展初期的多党制以及 1992 年以来执政党在埃塞政坛中的主导地位是埃塞政治形势的主要塑造力量。人们相信，这些因素也有利于上述三个产业的发展。埃塞经济出现了前所未有的长达 10 多年的快速增长也并非偶然。但这并没有回答为什么在同一国情中相同的政策却在不同产业产生了截然不同的效果。

本章将通过三个产业的比较分析探索上述问题的答案。关于这一问题，目前较为"标准化"的答案包括：政策成效是产业比较优势发挥作用

242

的结果，或是"新世袭主义"的产物，或为产业"自我发现"过程的结果。也许这些解释不全无道理，但它们都没有足够的实证和逻辑说服力。相反，本章认为，Hirschman 关于产业关联和不平衡发展的相关论述更适合作为解读埃塞产业政策的实施经验和成效的依据。从这一角度出发，政策瓶颈和制约也可以往相反的方面转化，成为创造性的力量。正如塞缪尔·贝克特（Samuel Beckett）在他的散文集 *Worstward Ho* 中所说的，"尝试过，失败过，没有关系。要勇于再次尝试，敢于失败，在失败中前行"（Ever tried. Ever failed. No matter. Try again. Fail again. Fail better）。[1]

## 二 三个产业的比较分析

水泥、花卉、皮革与皮革制品产业的发展表现反映了三个事实。其一，产业发展明显不均衡。同皮革与皮革制品产业令人失望的不稳定发展表现相比，水泥与花卉产业的增长更加显著。这一点可以从三个产业的产量、就业创造和出口数据中得到体现（图 7 – 1）。

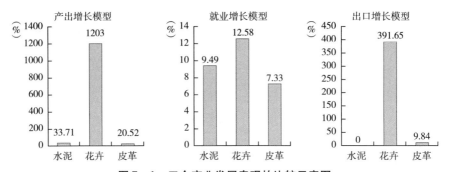

**图 7 - 1　三个产业发展表现的比较示意图**
来源：基于对前面章节的总结（以上数据为百分比数据）。

其二，三个产业 2002 年之后的增长表现均比 1992～2002 的表现更佳。这与 2003 年以来埃塞政府在政策学习方面做出的努力以及埃塞经济发展战略和产业政策的进一步完善相契合，前者的发生可能在很大程度上归因于后者。另外，这也反映了新政府取代德格政权以来稳定的政治环境的重要

---

[1] 2013 年澳大利亚网球公开赛的冠军得主斯坦尼斯拉夫·瓦林卡（Stanislaw Wawrinka）将这句话纹于肩膀之上，作为对自己的勉励。

性。需要注意的是，这一发展阶段也是埃塞经济从计划经济到自由市场经济过渡的时期，同时还是埃塞在资源极度匮乏情况下进行战后重建与政治改革的历史时期。这一重要历史转折为 20 世纪 90 年代后期埃塞经济的复苏和稳步发展奠定了基础。此外，1991 年之后，埃塞的经济增长速度也显著高于 1991 年之前的水平。"边学边干"已经成为埃塞政府决策、企业改进生产技术和管理的共同模式。可以说，稳中有乱是埃塞产业政策总体决策背景的突出特点。一方面，与产业保护政策的作用相似，1991 年以来稳定的政局为政府在政策实践中进行学习创造了有利的环境。另一方面，2005 年大选给埃塞造成了剧烈的政治冲击。这场始料未及的政治风波几乎成为推动埃塞政府重视发展要务和兑现政策承诺的"隐形之手"。

以政策实践带动政策学习或者说政府与时俱进的能力（Giezen et al.，2014）的重要性在关于非洲产业政策的政治经济内涵的相关文献中普遍没有得到应有的重视。但埃塞的发展经验验证了 Whitfield（2011）与 Buur 等（2012）的观点，他们认为政治连续性以及执政联盟的稳定性对发展战略的落实和成效有着巨大的影响。Whitfield（2011）认为加纳的园艺出口产业虽有巨大的发展潜力，但民主化之后的政治环境所招致的激励机制问题削弱了政府对该产业的扶持力度。事实上，政治精英往往缺乏支持新产业发展的意愿，不管该产业发展前景如何：一方面，新兴的园艺产品生产商的实力还不足以形成足够的影响力；另一方面，新产业给政府带来的有限收益还不足以吸引政府的支持。莫桑比克独立后，政治和政党的稳定性虽总体呈上升之势，但依旧存在影响政府对某一产业政策支持的稳定性和连续性的派系分歧问题（Buur et al.，2012），虽然在其他产业，例如制糖产业，政府的支持更具持续性和有效性。

埃塞的发展经历证明，从长远角度看，发展导向型国家的发展表现优于没有出台积极产业政策的国家，且其产业政策也带来了更显著的增长。政策举措、机制变革以及产业表现方面的现实情况均支持这一论断。其意义在于它证明了适当的产业政策可以在埃塞这样的欠发达国家发挥作用。此外，埃塞这样缺乏稳定周边环境的内陆经济体的发展和产业扩张比著名经济分析师的预言和象征论更具说服力（Collier，2006，2007，2009；Collier and Gunning，1999；Easterly，2002；Easterly and Levine，1997；Fosu，1992，2012）。

其三，尽管相关产业在这一时期（1992～2013年）的增长表现相当显著，但其在结构转型方面的成效却相当有限，这也反映了相关产业政策的局限性。此外，制造业在国民经济中所占的比重以及制造业出口占总出口的比重依旧较低。这也反映了埃塞相关产业及其他产业政策存在的固有问题，正如前文所述，这一点同韩国与中国分别在1960～1980年以及1985～2005年实现的经济转型案例形成了鲜明的对比。这进一步证实了埃塞政府的产业政策能力依旧处于较低的水平，需要得到进一步的强化和提升。但埃塞经济良好的总体表现以及部分产业的良好发展趋势凸显了埃塞政府在维持政策独立性方面做出努力的重要性，因为相关政策常常会对非洲国家普遍遵循的布雷顿森林体系的相关要求或惯例构成挑战。

## 第二节　传统观点和标准解释

### 一　比较优势论

比较优势论将资源优势（尤其是廉价劳动力和自然资源）视为影响产业政策效力的最关键因素。基于这种观点，世界银行（World Bank，2012）曾以埃塞作为案例，以越南作为比较对象和标准，以中国作为基准，分析了非洲发展轻工业的可行性。世界银行首席经济学家林毅夫是这一观点的主要代表人物。比较优势论的观点认为，类似于埃塞这样的低收入国家可以凭借它们的比较优势集中发展如皮革与服装产业等轻工业以实现工业化进程，并采用相关政策工具解决价值链中存在的关键问题。这种观点没有考虑影响工业化的政治经济因素，如政府的特质及其作用以及政策在决定或消除路径依赖中扮演的角色等，它犯了笼统地将经济发展视为技术挑战的普遍性错误。在丹麦国际问题研究院资助的主题为"精英、生产与贫困"的研究项目中，Buur等（2012）及其他经济学家为解释产业发展的成功与失败而提出了一个新的分析思路，这种观点对产业发展（或停滞）的政治经济因素的考量更加贴近现实。

这种观点认为资源优势固然重要，但不能作为政策决策的唯一考量。Lall（1999：9）认为，"长期作为政府决策依据的传统比较优势理论是以无规模经济、零信息流动成本、零风险为特征的高度简单化的'理想市场'作为模型"。这一理论设想过于极端和理想化，不符合现实，而且其许多回归分析不能为比较优势理论的设想提供实证依据。Greg Mankiw 曾表示他"不惊讶于跨国回归分析结果稳健性的缺乏，因为调查国家所涉及的备选变量的数量过于繁多"。他认为，经济学家支持自由贸易的原因在于他们对李嘉图的迷信，而不是源于他们对回归分析结果的认可和接受，这也使其不能作为政策的理想依据。其理论设想是对以市场普遍性和信息不完全（至少在新古典主义经济学家看来是这样的）为特征的真实经济体的一个过度简单化的构建。现实经济体的这些特性也要求政府出台积极的 246 产业政策以加速经济体的工业化进程和结构转型。然而，产业政策需要以市场的现实情况为依据，而不应该基于理想的抽象模型。韩国与中国台湾的经济转型之所以能够实现，是因为它们通过产业政策成功实现了从简单生产到高技术与高科技生产的过渡，而不是依赖它们在传统优势领域的专业化生产（Lall，1999；Chang，1999；Singh，2011）。

资源优势无法为上述问题提供有说服力的解答的原因是多方面的，而且禀赋要素也不是埃塞俄比亚不同产业或成功或失败的发展表现的唯一原因。禀赋要素论也许可以预测埃塞在皮革制造领域的优势，但在皮革制品（尤其是高端手套、装饰品等方面）领域或高产花卉种植领域未必如此。因为一些比较优势观点（Owens and Wood，1997）认为在荷兰花卉产业的发展过程中技术比可耕种土地更加重要，意大利的皮革制品产业也是如此。然而，在埃塞，类似产业却出现了生产力和技术大幅提升的趋势，但在更加基本的生产领域（如生皮的加工）表现欠佳（在不同的政策体制下均是如此）。此外，还有许多国家成功突破了禀赋要素的限制而推动了经济的增长和结构转型。

同样的，埃塞俄比亚水泥产业的发展也并没有依赖禀赋要素。水泥产业是一个资本密集型产业或基础产业，依赖规模生产和专业化管理。在埃塞，水泥产业也是因为国内市场迅速增长的需求而产生的战略性进口替代产业。它既不是轻工业，也不是劳动密集型产业，没有依赖埃塞在劳动力价格和自然资源方面的禀赋优势。此外，该产业发展的主要驱动力量为内资企业，尤其是国有企业和留本基金集团，不同于国际上较为普遍的大型跨国企业主导水泥产业的趋势。这证明，部分学者提出的撒哈拉以南非洲地区国家应该集中发展轻工业，避免发展资本密集型产业的建议是建立在 247 没有客观依据的理论设想之上的。

当然，李嘉图式比较优势理论已经被许多国家所接受，至少多数发展中国家在不同发展过程中或多或少地借鉴了这一理论。李嘉图式比较优势理论以借助和开发现有比较优势为主要发展思路。也就是说，低收入国家应该从事初级产品的专业化生产和出口或者发展一些对科技和劳动技能要求较低的轻工业。这种发展战略尤其受奉行低干涉主义和自由贸易原则的国家的支持，也的确可以提供一个能够彰显比较优势价值的"价格信号"。然而，历史现实证明，李嘉图式比较优势发展战略只有转化为第二种战略——"卡尔多战略"时才可以带来可持续的发展（Schwartz，2010）。①与前者相比，卡尔多战略更加复杂，也更加强调制造业发展的重要性，因为该战略认为制造业在经济增长和经济结构转型过程中发挥着不可替代的作用。该理论认为在没有保护政策的情况下，国家无法通过规模经济和技术学习推动工业化进程和经济效益的提升。

　　在埃塞，本书所提及的三个产业的产业政策及其发展表现的主要驱动因素都不是静止的比较优势。例如，尽管埃塞有着丰富的牲畜资源，但埃塞的皮革与皮革制品产业的发展陷入停滞，也就是说，比较优势没有发挥作用或未得到充分开发。埃塞政府长期无法促进该产业的升级或吸引有活力的私人资本进入该产业，其产业政策也缺乏持续性和一致性，导致其政策效力非常有限。相比之下，在政府的有效政策干预下和对产业发展或复兴（指巴西）的政策支持下，巴西、中国以及意大利的皮革产业长期在国家经济发展中扮演着重要的角色。而埃塞的皮革产业却长期在国际上缺乏竞争力，就连埃塞廉价的劳动力也不能帮助该产业扭转发展停滞和生产率下降的趋势。不过在中国女鞋制造商华坚集团以及其他外资企业的投资的驱动下，近期埃塞皮革制品产业的生产率已经出现积极的变化。

248

　　同样的，尽管埃塞长期存在自然禀赋方面的优势（水资源、土壤、气候、市场临近性等），直到20世纪初期埃塞花卉产业才开始出现繁荣发展的趋势。而驱动产业发展的主要原因是政府"选中"了（以及政府对符合其总体发展战略的花卉产业投资行为的许可和支持）该产业作为重点发展产业，并出台、落实了符合该产业发展需求的产业政策。此外，国内外投资者的投资积极性也是重要原因之一。

---

　　① 关于李嘉图与卡尔多战略的相关内容，请参见第二章第三节第二部分。

这些案例也反映了政治经济学因素（而非抽象的技术性经济原则）在产业发展过程中的关键作用。正如，关于莫桑比克不同产业的发展表现，Buur（2012）认为影响产业发展表现的一个重要因素为政府政策支持的持续性，另一个因素则为产业内部的组织能力。此外，外资企业可以提升产业的组织能力，就像埃塞皮革产业近期的外来投资所产生的作用一样。埃塞花卉产业则既展现了内资企业良好的产业组织能力，又反映了外来投资对产业组织能力的促进作用。

## 二　庇护与新世袭主义观点

新世袭主义是关于产业政策决策的另一个理论流派。20 世纪 90 年代以来，庇护与新世袭主义流派在全球援助国团体和奉行新自由主义发展理念的国家中广为流行，且以多种形式出现。其中具有代表性的观点包括 Weber（1947）的三个"理想"或"纯"权威模型，也就是传统道德合理性、宗教合理性与法律合理性。根据 Clapham（1985：48）所赋予的已被广为接受的定义，"新世袭主义是一种社会关系的组织形式，在该关系的组织形式中，广义的承袭关系渗透到在理性和法律基础之上建立起来的政治和行政体系之中"。因此，新世袭主义是由韦伯式公道与法制型国家构成的治理体系，以权力分立和非个人化统治原则以及现存个人关系作为决策、资源分配、人事任命等事务的依据。Weber（1947）将该词用于形容东方、近东以及地中海地区的传统权威性。然而，基于 Clapham 的定义及其对包括美国、法国、英国在内的发达工业化国家的政治过程和行为的观察，新世袭主义式规律和现象是全球普遍存在的、持久的治理特征。这似乎进一步削弱了这一概念对非洲经济政策与发展表现的独特分析意义。

然而直到近期，新世袭主义的提倡者才开始将这一概念用于解释非洲经济发展过程中出现的普遍而持久的"慢性衰竭"现象。根据这一悲观的看法，非洲没有作为发展型国家的基础和潜力。这一流派认为，产业政策无法在非洲发挥作用，因为它只能强化新世袭主义或为新世袭主义所挫败。Altenburg（2011：8）认为：

> 产业政策在巩固新世袭主义方面发挥着重要的作用，因为它为政

客和官僚向特定利益集团分配政府资源创造了政治空间。这可以被用于强化个别政客或官僚同其私人受益人之间的利益和忠诚关系，也可以用于购买那些对现任政权的存亡具有重要意义的特定社会群体或民族的政治支持……因此，将产业政策用于庇护主义意图的政客可以毫不费力地通过技术性正当化手段掩饰他们的政治目的。

一些非洲国家的成功发展经验也因此被视为特例或不具备可持续性，这也催生了一种新的补充性理论——"发展型新世袭主义"（developmental neopatrimonialism）。其代表人物 Kelsall 等（2010：28）曾经指出："集中化的长远寻租行为，一旦与资本主义政策相结合，便能推动经济的蓬勃发展。"

基于此类认识，产业政策被视为执政党施利于政党成员及其支持者、党属企业（如某一政党的留本基金企业）以及特殊民族的工具。埃塞政府制定的微型和小型企业发展项目也被视为执政党巩固其执政地位的途径。多数颇具影响力的非政府组织、捐助团体、政党、异见人士都持这种观点（Kelsall，2013）。尽管如此，到目前为止，还没有强有力的理论或实证依据可以解释其他政治体制（如英国与美国政治体制）在这些方面是如何区别于非洲国家的。

新世袭主义观点在概念上存在根本性的缺陷，因此不足以为本研究提供一个客观的分析方法。第一，新世袭主义观点有着浓重的"非洲悲观主义"色彩，处处渗透着认为非洲文化或非洲人没有进取能力的偏见（Mkandawire，2001；Padayachee，2010）。所有问题都被归因于非洲领导人或非洲社会的失败和无能。因此，它犯了无视非洲国家的国别特性和多样性的错误。历史证据表明，许多非洲国家都具备推动经济高速发展的战略眼光和能力，例如，非洲曾在 1960～1980 年经历了一段被称为"非洲黄金时期"（golden period of Africa）的发展阶段（Soludo et al.，2004）。甚至在 20 世纪 80 年代以后，毛里求斯和博茨瓦纳也成功实现了经济的持续发展。进入 21 世纪之后，十余个非洲国家（如埃塞）都实现了经济的高速增长。

第二，新世袭主义观点是静止的、简单化的观点，它忽视了经济和政治力量处于永恒运动状态的客观事实以及政策决策的复杂性。Ottaway

250

（2003）指出，"新世袭主义是用于分析困扰非洲大陆的政治问题的不恰当的理念"。Clapham（1996：820）则认为，"……以文化作为解释问题的依据本身就是极度无礼和唐突的行为"。Mkandawire 进一步从概念和分析角度反驳了新世袭主义观点：

（1）……虽然（新世袭主义）对权威的行使方式展开了论述……这一概念没有任何分析性的内容，也不具备对经济政策及经济表现的预测作用……（2）经济决策是一个涉及观念、利益、经济力量和结构、"路径依赖"与机制的极为复杂的过程，新世袭主义逻辑无法为之提供足够的理论依据和支撑。它要求政府在理解影响或拖累非洲发展的相关观念、利益以及结构方面做出艰苦卓绝的努力。新世袭主义分析方法过于简单化和公式化，无法为我们了解非洲大陆正在上演的这出发展大戏提供有益的帮助。

此外，Altenburg（2011）的相关论述仅以有限的选择性访谈作为依据，这种访谈依据很可能无法带来客观的观察结果。例如，留本基金企业不为任何个人所有（Altenburg 亦承认这一点），且其运作规则也不允许其将资源转移至任何政党。政府领导人在国有企业或留本基金企业管理层的席位也并不足以作为新世袭主义论断的依据。此外，多数花卉企业（包括外资企业）均有享受政府信贷支持的资格和机会。如果韩国对韩国大企业（或大财阀）的支持没有被视为新世袭主义，凭什么将埃塞政府对地方公有的留本基金的支持定性为新世袭主义做法呢？关于埃塞政府对花卉产业的优惠贷款的配给及其贷款绩效方面的证据——埃塞政府最初甚至无法对贷款企业进行有效的规范和约束（Amsden 的"激励约束机制"）——显示，埃塞政府的这一决策并没有老谋深算的承袭式资源不合理分配的意图，反而凸显了其决策能力的不成熟。

251

与新世袭主义观点相矛盾的还有，国有企业的存在与政府培植既得利益集团和支持者群体的意图之间并不能简单地画等号。相反，埃塞穆戈尔水泥公司是埃塞水泥产业的先驱，在埃塞水泥产业的发展过程中扮演了重要的角色。此外，其他国有企业，如埃航、埃塞发展银行等，也都在埃塞的工业化进程和政治经济转型中发挥了关键性的作用。其他国家的经验也证明，企业的所有制结构——私有或国有——并不是企业绩效表现的主要决定因素，且国有企业往往在经济赶超中发挥着更加基础性的作用（Musacchio and Lazzarini，2014a，2014b）。①埃塞政府对重点产业中私人部门的支持也没有出现新世袭主义观点所预测的培养支持者的现象。这再次证明，埃塞国有企业与私有企业之间的模糊界线没有异常的地方。正如 Milhaupt and Zheng（2014：8）所言："美国在 2008～2009 年金融危机中采取的应对政策显示，就连企业私有制有着深厚意识形态和历史根源的国家，国有与私有之间也可能并没有清晰的界线。"此外，国有企业以及留本基金所有制企业对大规模制造领域和战略项目的重点关注也反映了它们在克服"市场失灵"中扮演的发展型角色。证据显示，不合理的价格和产权制度（Amsden，1989）才是影响埃塞经济结构转型过程（虽然还处于初期阶段）的关键因素。留本基金集团甚至冒着巨大的风险（或通过风险社会化）为水泥、饮料、皮革与皮革制品、纺织和服装以及交通运输产业的发展注入了关键性投资。总而言之，新世袭主义分析方法的倡导者的观点总体上缺乏事实与实证依据。

### 三 "产业政策发现过程论"的局限性

"产业政策发现过程论"是近年来较有影响力的关于产业政策以及产业表现的分析视角。以埃塞花卉产业为例，这一设想可能将花卉产业的成功发展经验归功于产业参与者的集体学习与发现的过程。在这种观点看来，工业化过程就是一个学习的过程。这种观点与本书强调的适应能力和创造性处理问题的赫希曼（Hirschman）式思维有着一定的相似之处。因此，在我看来，这也是一个有趣的、有一定现实意义的分析视角，虽然它与其他主流分析视角一样，莫名其妙地忽视了发展经济学的根本传统及其与产业政策的相互关系。与此同时，它似乎也是一个过于简单化的、描述性的、后此谬误型的解释方法。私人部门的发展程度，现有利益与潜在利益的冲突，国家政治沦为产业利益"俘虏"的风险等都是这一视角没有充

---

① Musacchio 和 Lazzarini（2014b）指出，正因为国有企业的存在和发展，巴西发展了一系列私人部门没有涉及的大型产业，如钢铁、飞机制造、电话制造、石油、天然气、石油化工、采矿和综合电网……且国家机关［如巴西农业研究公司（Embrapa）］和国有企业［如巴西国家石油公司（Petrobras）和巴西航空工业公司（Embraer）］也是多数应用创新成果的获得者。

分考量的重要变量。其预测结论也有一定的宿命论色彩，它倡导政府在发现新的有发展前景的产业之前采取较为被动的产业政策，这与 Rodrik 的悲观主义看法完全一致。Rodrik（2014）曾坦言："（对此）我持悲观的看法，因为我觉得非洲的工业化前景并不乐观。"[①]但如果所有问题都归结于不可捉摸的发现过程，那么决策者该何去何从？坐等发现过程自己发生吗？

所谓的发现主义分析框架也没有意识到，在没有约束的情况下，私人部门不一定代表着经济大局的最佳利益。私营企业家很可能倾向于"发现"不利于经济大局的发展与转型模式或不利于人民福祉的发展模式。在缺乏恰当的政府干预的情况下，私有企业很可能化身为食利者，将相关产业作为寻求食利机遇的场所（Mazzucato，2013a）。私人部门往往更加关注短期收益，而忽视产业的长远发展利益。另外，由于需要应对派系纷争或频频出现的民主化压力，政府也常常会过多追求短期效益，从而忽视对具有良好发展前景的新产业的扶持（Whitfield，2011）。

埃塞年轻的私人部门曾一度只关注短期利益，热衷于投机倒把而忽视生产性行为，倾向于轻工业而不愿意投资风险较大的中间产业或重工业。但这种投资倾向并非匆促之下做出的决定，也不是因为缺乏决策依据。相反，这是它们的发展经验、可支配资源以及占绝对优势的诸多诱因共同发挥作用的结果。鉴于投资制造业的高风险以及投资服务业与贸易产业的高收益，埃塞私人部门存在这种投资倾向也就无可厚非，不再令人费解了。产业特色以及政治经济因素也塑造着投资兴趣和投资结构。与花卉产业有所区别，政府（通过国有企业）在水泥产业的起步和发展过程中扮演了开拓者和主要参与者的角色。政府通过国有企业的示范作用以及日渐增长的水泥需求（尤其是建筑行业）的吸引力（或者说关联效应）带动了私有企业积极投资水泥产业。政府应该积极地向私有企业展示产业发展的潜力，而不是坐等私有企业自己去发现。概括地说，埃塞水泥产业的发展经验说明，尽管埃塞总体经济战略对大型基础设施建设项目的重视以及埃塞建筑产业的快速增长有助于水泥产业的发展，但政府的积极性和领导作用依旧

253

---

[①]　参见 https：//www.sss.ias.edu/files/pdfs/Rodrik/Research/An_African_growth_mira-cle.pdf，"An African Growth Miracle?"，Institute for Advanced Study，Princeton，April 2014（p.2）。

是水泥产业发展必不可少的条件。

虽然，产业政策的决策过程的确是一个学习和发现的过程，国家同私人部门之间的沟通与交流也非常有必要（通常情况下企业家更了解产业的发展问题），但"发现论"（Rodrik，2004）将这一发现过程简单化为一个脱离现实的寓言故事，它设想人与人之间永远充满善意，乐于倾听彼此的诉求，这也是自由主义设想的魅惑之处。产业政策决策也永远不会像 Hirschman（1958）所强调的那样仅仅是一个创造性不平衡的问题，它还是一个充满了利益矛盾和冲突的问题。这些矛盾冲突时常非常尖锐，资源的匮乏更加剧了这些矛盾。因此，国家有时候需要奉行更加积极的干预主义政策。在韩国早期的快速工业化进程中，韩国政府的行为颇受诟病，更曾因为关押异议人士而在国际上一度声名狼藉。虽然这不是一个值得学习的地方，但它很好地反映了工业化过程中利益冲突的激烈程度。正是类似的利益矛盾和冲突阻碍了埃塞皮革与皮革制品产业的发展和转型。

正如前几章所示，关于埃塞产业发展问题的"发现论"解释都缺乏客观和正确的分析依据。真正推动埃塞花卉产业发展的不是政府与企业的对

254 话本身，而是政府针对产业发展问题做出的政策反应。为了推动埃塞花卉产业的发展，埃塞政府在为企业确保土地供应、信贷支持和运输及物流基础设施建设等方面做出了果断的政策决定。在应对资源约束和政治敏锐性问题方面，埃塞政府也显示了其管理经济租金、社会化风险以及做出重大政治决定和决策等方面的能力。在这一发展过程中不可避免地会出现腐败和资源浪费，也会有个别企业或个人在缺乏有效的"激励约束机制"的情况下占政府激励政策便宜，尤其在初期阶段更是如此。但总体来看，埃塞花卉产业在出口收入、就业创造、结构调整以及企业管理能力的提升方面实现了净收益。政府愿意倾听私人部门的意见则是政府发展花卉产业的战略定位和强烈政治意愿的结果。花卉产业的土地供应问题是一个高度敏感的政治问题，此外埃塞政府在停止煤油和化肥补贴的同时做出为花卉企业提供空运补贴的政策决定也冒了一定的政策风险，为花卉企业提供低息贷款也具有一定的风险性。如果没有国有发展银行、国有航空公司以及公有土地（含前国有企业的土地），这些关键政策恐怕都将成为不可能。这些都证明了发展型政府的重要性以及其政策依赖性，也证明了埃塞政府并没有沦为庇护主义的"俘虏"。尤其是它与其他撒哈拉以南的非洲国家不同，

埃塞政府顶住了国际金融组织和新自由主义观点（Joseph Stiglitz 称其为市场原教旨主义）的双重压力，坚决反对国有发展银行的私有化并坚持土地的公有化。这些均非政商对话过程中产生的问题，而是来源于政治因素和政治经济。

此外，有观点认为私人部门是埃塞花卉产业的引导者。这种观点与那些视外资企业为花卉产业的主要驱动力量的设想密切相关。但这些观点都是不正确的。例如，埃塞政府明确鼓励埃塞花卉产业通过成立埃塞园艺生产商与出口商协会以提升产业的组织能力，克服发展障碍，并为产业的利益发声。埃塞园艺生产商与出口商协会目前已经发展为埃塞最有效的中介组织，成为其他产业协会学习的典范。因此，产业的发展是双向且互为补充的，而不是单向的。 255

## 第三节　产业政策决策的关联分析法

### 一　三个产业的关联效应

正如前文所述，从产业关联的角度看，经济发展尤其是工业化发展的速度取决于那些拥有显著前向和后向关联效应的产业的发展。本研究的证据显示，产业发展的"压力机制"或"定步装置"（Hirschman，1992）发挥作用的途径可以是多种多样的。产业关联效应的产生不是自发的，它不仅依赖于政策，还依赖于政治以及产业的特性和结构。

**产业关联效应既不是同质的也不是自发产生的**

产业关联理论并不认为关联效应会自发产生（就如某种发现过程一样）并催生新的经济生产活动，而且也不会永远以某种固定的方式发挥作用。产业关联也不会总以相同的形态、规模或活力出现。正如前三个章节所示，这与现实世界是不相符的。事实上，产业关联有着惊人的多样性，例如在本研究中，不同产业的关联效应从未以相同的形态出现。产业关联的第一个特点为，其可能由内而生，也可能由外而生，这也是不同产业关联之间的一个重要区别。一些关联最初可能产生于其他产业、部门或为相关产业的产生创造了条件的经济活动。其典型的例子就是，埃塞建筑业的后向关联效应带动了水泥需求量的增长和水泥产业的发展。相比之下，催生了埃塞花卉产业的最初关联来源于境外（主要来源于出口市场，而不是国内）。但在此之前，埃塞显然已经存在能够产生自主出口需求的产业发展资源。但这种产业发展资源本身并不足以吸引投资。埃塞花卉产业的发展趋势是区域（肯尼亚花卉产业的成功经历）示范效应、政府在招商引资方面做出的努力及其出台的一系列产业政策共同发挥作用的结果。随着其自身的不断发展和壮大，埃塞花卉产业开始逐渐获得吸引投资的能力以及带动包装和物流等相关产业发展的关联效应。

256

产业关联效应的第二个特点在于，关联的方向和活力可能会随着产业的发展而逐渐发生变化。在皮革与皮革制品产业发展的最初阶段，带动产业发展的主要力量为畜牧业的前向关联效应，前者为制革厂提供了充足的生皮。但随着这一前向关联效应对皮革产业发展推动作用的不断减弱，原有的关联关系发生了逆转，皮革产业对生皮的生产产生了影响，从而形成了后向关联效应。这一关联效应之所以能够发挥作用（但经历了一个缓慢的、断断续续的过程）主要是因为历届埃塞政府对产业发展潜力的重视（得益于一系列外部咨询报告的政策建议）。

产业关联的第三个特点体现在其潜在关联效应的利用不仅取决于政策设计和执行，也深受国家政治环境的影响。本研究的主要发现之一可以总结为：几乎所有产业关联效应的利用都需要政府出台并落实相应的政策，其发挥作用的大小则取决于相关政策和机制反应的质量与有效性。值得一提的是，许多政策反应的有效性取决于政府对相关问题的重视程度。花卉产业对航空货运和物流产业的关联效应、建筑产业对水泥产业的关联效应、水泥产业对能源产业的关联效应以及国家发展银行对三大产业发展的信贷支持之所以能够发挥作用，主要还有赖于政府在关键时期的政策决策（含政府指令、号召、决策设计和机制建设等）。

在某些案例中，如包装产业的发展（基于服务花卉产业的需求）中，关联作用之所以能够发挥作用，关键在于花卉出口的增长带动了包装需求的增长，而包装需求的增长则吸引了投资者对包装产业进行投资，后者还得到了政府的支持。在水泥产业，水泥生产企业则直接参与后向关联效应的开发，将投资扩大到包装袋生产行业（规模经济）。在皮革产业，开发和利用潜在产业关联效应的使命则直接落在了放养牲畜的小农场主肩上。在根本经济结构与社会转型还未实现的情况下，这些小农场主根本没有充分利用皮革产业带来的发展机会的能力。通过数量众多且地理分布非常分

散的小型畜牧业农场主打造出一个可靠的投入品产业似乎比支持若干个现
代大型制造企业更缺乏可操作性。　　　　　　　　　　　　　　　　　257

**埃塞政府开发产业关联效应的成功与失败经历**

可见，相同政策对不同产业发展的推动作用的差异性主要在于政府在
不同产业关联效应的开发方面实施了不同的政策举措。研究证据证明：

其一，在花卉产业，下游（前向）关联比上游（后向）关联更加显
著。如果冷藏链运输和航空货运服务方面的问题没有得到有效的解决，花
卉产业的发展将很可能陷入困境。这些发展障碍的扫除主要依赖于政府的
支持。埃航充分利用了花卉产业的发展为之带来的机遇。为此，它做出了重
金购买新型飞机以现代化其运输编队以及在必要的时候为花卉的航空货运提
供补贴等战略举措。埃塞政府也通过埃塞园艺发展协会有力支持了步履蹒跚
的包装产业的发展，提升了本地投入品供应能力，进而进一步增强了产业的
竞争力。这些政府行为不仅帮助产业发展消除了障碍，也有利于新产业的发
展机遇的充分利用。此外，政府还为花卉产业解决了土地供应问题，并为花
卉企业（包括外资企业）提供了近15亿比尔的信贷支持。不仅如此，资源
（土地和农业气候）等方面的比较优势的利用也需要政府通过土地政策（尤
其是租赁政策）等手段进行政治与政策干预。这充分体现了埃塞政府推动花
卉产业发展的强烈政治意愿，及其对外资的欢迎程度。

其二，在水泥产业，埃塞近年来出现的建设热潮带来了有力的关联效
应。建筑产业的增长是政府政策干预的结果，这些政策干预包括带动了埃
塞经济持续发展的宏观经济战略、住房和基础设施建设项目、建筑产业的
能力建设等。保持经济的持续发展具有重要的政治意义（2005年的选举风　258
波揭示了埃塞民众对政府政策失败的低宽容度）。这与东亚地区出现的国
内外压力强化了政府推进工业化进程的政治意愿的政治经济现象有着惊人
的相似之处（Doner et al.，2005）。住房开发是城市化进程的标志性项目，
也是水泥产业产量呈指数增长的关键驱动力量（住房开发直接影响水泥需
求和政府解决水泥产业发展问题的政治意愿）。能源与运输方面的障碍也
因为政府对基础设施建设领域的大规模投入得到了解决。该产业的资本密
集性以及规模经济特性也在客观上要求政府通过国有企业即穆戈尔水泥公
司对水泥产业进行投资。

其三，笔者对皮革与皮革制品产业的分析充分证明，产业关联效应并

非总是自发产生的或总似想象中那般具有不可抗拒性。皮革与皮革制品产业的发展依赖于持续的物美价廉的生皮供应，鉴于埃塞存在大量的牲口资源，该产业的发展似乎不应该存在问题。发展皮革与皮革制品产业是埃塞基于其比较优势（廉价的劳动力和丰富的牲畜资源）而制定的战略。目前，该产业已经被列为埃塞农业发展驱动型工业化（Agricultural Development – Led Industrialization，ADLI）和埃塞产业发展战略（Industrial Development Strategy of Ethiopia，IDSE）的重点扶持产业。此外，埃塞牲畜资源分散于全国各地，皮革与皮革制品产业日益增长的原料需求的满足迫切需要传统农牧业的转型。鉴于牲畜主要分散地掌握在数量巨大的低收入牧民手中，牲畜蓄养（畜牧业）的纯商业化和转型还有很长的路要走。传统农业的收益正日益降低，但埃塞皮革产业的反馈回路效应还非常有限，无法给传统农牧业带来必要的压力。政府动员资源的能力（主要通过国有企业）对该产业关联效应的影响非常有限。考虑到埃塞政府制定的农业发展驱动型工业化战略对皮革产业的重视程度，这种结果着实令人惊讶。就农业的落后性问题，Hirschman 在《经济发展战略》（*The Strategy of Economic Development*）（Hirschman，1958）一书中援引了 Gerschenkron 提出的"它越落后，政府的干预就越必要"的观点，阐述了政府干预行为的重要性。然而，埃塞所发生的一切正好与之相反：皮革与皮革制品产业没有得到强有力和有效的政策支持。但笔者并不排除埃塞政府可能在未来推行一项更有现实意义的政策决策——发展现代大型农场以及现代屠宰和肉类加工企业——的可行性。

## 二 产业关联作为应对机制与政策学习

厘清产业关联之间的平行和交叉关系非常有必要，尤其是一种经济活动催生或带动另一种经济活动或带动政府决策与机制化进程的效力。关联效应分析方法和不平衡增长分析方法的核心是对瓶颈和不平衡性的潜在创造力的认可——它们有助于我们发现那些迫切需要解决的问题，并使解决方案的价值得到体现和认可。①尽管如此，这种情况并非总能发生。这种情

① 这里，我们发现 Hirschman 的关联效应理论和他在《发展项目之观察》（*Development Projects Observed*）（Hirschman，1967）中所提出的"隐形之手"（hiding hand）的概念之间存在直接的关系。在后者中，对大型项目的成本和潜在挑战的了解是决定项目是否具有可操作性的必要前提，但这些问题一旦产生，就会启发创造性的有助于解决问题的适应性。

况一旦在经济活动中发生，那么它就可以被称为"关联效应"。在决策层面，这一效应更多地体现为"边干边学"、适应性等方面。此外，政策学习和政策经验的积累可以用于解决其他问题。圈外人很难看清这一点。但事与愿违，他们常常以外来专家（Hirschman 所谓的"访问经济学专家综合征"）的身份带来发展蓝图、模式和最佳实践，这些往往缺乏现实意义和不具备可操作性，限制了政策创新的空间（可能偏离 Hirschman 的"压力机制"，阻碍"定步装置"发挥作用）。

当然，机制建设或政策决策过程可能发生在产业关联效应已经成功带动新产业的形成而且新产业已经处于自我学习和发展阶段之前，也可能发生在之后，但这两种情况会产生截然不同的结果。埃塞政府为花卉产业提供的优惠贷款便是其中的一个例子。政府对花卉企业的补贴贷款造成了两个负面的效果：其一，许多资金被用于截然不同的用途（甚至可能通过高报进口的方式被转移至国外）；其二，部分资金虽然被用于投资用途，却被用于购买不必要的高价设备和技术上。产生这种问题的原因在于提供优惠贷款之前，埃塞发展银行尚缺乏行之有效的贷款资质审核机制和对借款人的管理机制。但目前看来，埃塞发展银行至少从中吸取了些许教训：它已经开始加强事前管理，如要求借款人提供现金质押而不仅仅是一块围上篱笆的土地等。此外，发展银行还强化了贷款监管（与埃塞花卉产业的领导机构埃塞园艺发展协会开展合作），并采取了将资产或贷款转让给第三方等举措。这反映了埃塞政府机构也在与时俱进，尽管其步伐依旧有所滞后。可以说，国家发展银行对企业的激励约束机制以及监管机制还有待进一步完善。

另一个例子为埃塞园艺生产商与出口商协会、埃航、政府以及大型荷兰外资企业之间的互动关系。在这一关系的演化过程中，埃塞政府也体现出了与时俱进的适应能力。刚开始，埃塞政府在没有充分理由的前提下做出了为企业提供货运补贴的决定，并允许中介企业垄断从兹怀到博莱国际机场鲜花产品的运输业务。后来，政府调整了政策，通过埃航建立了从每个农场直接到机场的冷藏链运输服务网络。这里出现了一个问题：埃塞花卉企业应该如何（以及能够在多大程度上）提升商业决策能力和"软"技术或企业运营能力？这些能力如何从发挥主导作用的埃塞企业转移至其他企业，或者从外资企业〔如规模较小的法国企业 Gallica（法国玫瑰）或荷

260

兰企业谢尔埃塞俄比亚公司〕转移至埃塞企业？此外，政府如何影响这一"软技术"的转移过程？研究证据显示，埃塞花卉农场的生产效率有所提升，产业平均水平与肯尼亚的差距正日益缩小，但在产品和市场开发以及技术进步方面进展有限。其原因还有待进一步的研究。

综上可见，埃塞皮革与皮革制品产业的失败表现应部分归因于埃塞政府对产业关联发挥作用的潜力与挑战缺乏充分的认知或反应能力，尽管不少机构和学者（如联合国工业发展组织、日本人以及 Cramer）对此进行了专门的研究。对农业进行彻底转型升级所面临的挑战（所需时间、规模和政策干预的政治考量）远远超出了政府政策反应的能力范围。政府政策反应的滞后可能与那些认为农业与制造业相比有着较低的关联效应的观点有关。埃塞农业部及其区域延伸服务、产业中介机构（尤其是埃塞皮革产业
261  协会）和皮革产业协会的机构惰性，以及缺乏能够代表供应链中所有企业和相关参与者利益的机构的现状进一步加剧了这一挑战的严峻性。鉴于埃塞农业在结构上的僵化性，以发展现代化大型农场和现代化屠宰场为重点的替代方案可能有助于解决皮革与皮革制品产业在投入品供应方面的障碍。

### 三　皮革与皮革制品产业的路径依赖问题

Lall（1999，2003）认为，学习过程本身也存在"路径依赖"的特性。他指出："一旦开始，技术轨道便难以在短期内改变，因为专业化模式趋于持续较长时间。"埃塞皮革与皮革制品产业尤其如此。数十年来，低端产品生产一直是该产业的主要特点。制革企业长期在该产业中占主导地位，这些制革企业已经与意大利制革企业形成了既定的利益链条。在这一不甚光彩的利益关系中，埃塞制革企业为其意大利合作者提供半成品皮革。这种利益关系等于为埃塞皮革产业提供了一个可以安于现状的"伪温床"和"伪护盾"。埃塞皮革与皮革制品产业这种缺乏进取精神和竞争意识的状态同计划经济时期埃塞国有制革厂之间以及国有制革厂与其他国家的制革厂之间不存在任何竞争关系的传统有关。在鞋类制造子产业中，原本停滞的生产力平衡状态被市场化及随之而来的进口产品以及新企业所带来的竞争打破。由于遭到了来自中国鞋类产品的剧烈冲击（尤其从 20 世纪 90 年代至 21 世纪 00 年代中期），该子产业内几乎所有的企业都因为缺

乏竞争力而濒临破产。为此，多数企业开始注重技术和技能积累方面的投资。外资企业的进入进一步促进了这一过渡过程。

但由于市场化没有直接带来半成品皮革的大量进口，埃塞皮革子产业没有遭受类似的外来冲击。就连国有企业的私有化改革也没有打破原有的路径依赖。因此，平衡关系依旧保持原状。到 2005 年，几乎整个产业都呈现出满足于国内市场的心态，缺乏开拓出口市场的意愿。此外，产业内几个主要的制革厂还有生皮投机贸易的背景。因此，这些企业并不面临原料短缺的问题，对供应链的根本性转型缺乏兴趣。制革厂的利益主导着埃塞皮革产业协会，这就使后者不接受政府出台的鼓励出口的新政策。由于深化产业结构的努力遇到了消极抵抗，政府不得不长期推迟了许多政策。此外，现有的制革企业视皮革生产子产业的新投资为威胁，因而极力游说决策者出台限制投资的政策，并达到了这一目的。在皮革与皮革制品产业，埃塞政府依靠现有的产业参与者对产业发展实施的零星的政策干预并没有为该产业带来必要改变。

不同的政策决策在突破路径依赖和探索新的发展路径方面可能会有不同的结果。例如，埃塞政府坚定地坚持了发展皮革制品（如鞋类和服装）子产业的政策。皮革制品子产业对低绩效表现的宽容度较低，因为其产品生产的特性迫使企业不得不面对全球性的竞争。拥有相关产业发展经验的投资者的加入，提高了政府干预措施发挥作用的可能性，有助于打破产业惰性并开拓出一条新的发展路径。这也可能会促进后向关联活动的产生，尤其在皮革生产子产业。禁止半成品革出口和鼓励附加值创造的政策举措也可能对路径依赖的打破产生突破性的影响。此外，投入品（生皮、半成品革、成品革）进口也可能有助于打破路径依赖。

然而，禁止新投资者投资皮革生产子产业的禁令（虽然政府是出于保护国内企业的良苦用心）可能会强化产业现有的惰性，因为它减少了皮革产业内部的竞争，削弱了推动投入品价值链转型的竞争压力。可以说，鉴于该产业路径依赖的顽固性，最好的政策选择应该是有针对性地支持有良好绩效表现的企业，而不是从投资方面进行限制。此外，引入企业绩效表现评估标准（绩效事后评估）可以更加有效地引导政府的能动性往正确的方向发挥作用。

## 第四节 产业结构的不同与政策启示

产业结构本身并不代表一切。然而，研究结果表明，产业结构和产业特有因素是影响不同产业的发展表现以及相同政策在不同产业所产生的不同效力的主要因素。了解特定产业的产业结构，有助于提升产业政策决策的选择性和针对性，也有利于我们了解经济参与者的角色和特点，以及特定产业经济和技术的特点和要求及其带来的机遇。产业结构揭示了特定产业的潜在力量和基本特点，以及由产业的资本集约程度、规模经济、生产柔性、资产/要素柔性等特性决定的经济活动的模式（Evans，1997：61 - 87）。企业和投资者的特点、绩效宽容度和产业化的程度（阶段）对埃塞产业政策的决策有着显著的启示意义。

### 一 经济参与者与政策决策

不同产业中企业和生产者的特性与行为也各不相同。例如，在水泥和花卉产业中，大中型企业为主导力量。这使得政府更容易与产业领导者进行互动和交流并为之提供支持。而皮革与皮革制品产业的经济参与者更加多样化。皮革生产子产业（主要是大中型企业）、皮革制品子产业（主要由数量众多的小企业构成，也有部分大中型企业）、缺乏组织性和凝聚力的投入品贸易商、分散的生皮供应者各自有着不同的产业利益。这些参与者在不同的机制框架下运作，而且经常出现利益冲突。

2003 年底，在产业对资本投资需求的驱动下，政府出台了吸引外资的政策举措。也正因为如此，政府并没有为之制定针对性的产业发展目标或对之进行严格的监测。最近，三个产业在引资选择性方面出现了新的变化。花卉产业的投资鼓励对象主要为产业领导者，如在国际花卉产业中居领导地位的荷兰企业。多数外资企业拥有能够让埃塞花卉产业在全球市场上占据一席之地的市场营销和技术能力。政府则通过为产业提供信贷支持的举措增加其对外资企业的吸引力。当地企业则得到了培训方面的支持（由政府、行业协会和荷兰大使馆提供），这有利于专业知识和技能的转让。这一特殊案例证明，国际援助、外交政策和企业的跨国利益能够形成促进产业发展的合力；代表荷兰资本利益的双边国家机构（荷兰大使馆）

263

在为荷兰企业投资埃塞花卉产业提供便利的同时，也为埃塞花卉产业的发 264
展提供了支持并推动了技术转让（其支持力度甚至可能比荷兰花卉企业更
加显著）；跨国企业往往依靠原产地国家扩展它们的国际生存空间。外资
花卉企业一般为中等规模的家族企业，具有快速适应新投资环境的能力。
埃塞花卉产业的发展经验证明，外资企业带来的政治风险和压力并非不可
控。埃塞花卉产业存在诸如补偿、环境和劳动力等问题，这些都要求政府
做出适当的政策反应。一直以来（2004~2012 年），这一状况与（国内
外）企业家及产业中介机构（主要指产业协会和荷兰驻埃塞大使馆）在花
卉产业发展中扮演的积极角色，共同塑造着埃塞花卉产业的发展模式和发
展趋势。

埃塞皮革与皮革制品产业则长期为内资企业所主导，其内部利益格局
不利于竞争机制的形成，因此产业发展严重依赖政府的保护和支持。2008
年之前，埃塞政府在定向投资鼓励政策的制定方面做出的努力非常有限。
内资企业对境外资本或向外资企业学习生产技术和管理经验的兴趣相对不
强。2008 年以后，埃塞政府通过私有化进程和引资政策引入了包括英国皮
塔兹集团（2009）、中国华坚集团（2011）、德国鹦鹉品牌（2010）和中国
香港新翼鞋业亚的斯亚贝巴公司（New Wing Addis）等大型外资企业。尽
管如此，在埃塞政府做出如上努力之前，埃塞皮革与皮革制品产业已停滞
多年，相关问题也已经根深蒂固。在皮革与皮革制品产业，政府政策强化
了产业原有的惰性。而在花卉产业，政府政策塑造了一个富有活力的政企
伙伴关系，强化了政府与企业的共同行动和共同学习。

在水泥产业，国有企业穆戈尔水泥公司以及后来的麦塞博水泥公司是
产业发展的主要风险承担者和先驱者，其领导地位不仅为其他企业进入水
泥产业奠定了基础，也增进了产业内企业行为的一致性。此外，与非洲其
他国家或其他地区的国家相比，埃塞水泥产业中外资企业所占比重较小。
这可能对内资企业的发展及其自主产业技术能力的提升有着积极的促进作
用，但这无疑是以牺牲产业竞争性和效率作为代价的。政策决策，尤其是
产业政策和"发展型国家"相关问题同特定产业的产业结构、投资者以及
其他相关参与者之间的利益格局都是密切相关的。正如不同产业的"治理
能力"有所不同一样，不同产业在不同时期的"自主性"也不尽相同。 265

最后，水泥产业的产业结构允许或者说客观上要求政府通过国有企业

直接干预产业的发展。这也使水泥产业成为政府发挥的关键作用的受益者。其他两个产业的情况则所有不同，它们更有利于中小型家族企业的生存和发展。国有企业之所以被赋予重要角色或者说之所以能够在产业发展中扮演重要角色，主要因为工业化的实现需要国家发挥积极主义作用，而国有企业则是国家发挥作用的必不可少的工具。新古典主义宏观经济学流派强调市场在经济发展中的主导地位，而不认可政府对经济的干预行为。例如，世界银行的研究（World Bank，2013）认为："私人部门主导性行为似乎受到更加倾向于公共投资的政府政策决策的限制。"类似观点否定了国家通过大型国有企业参与经济活动的作用（World Bank，1995；Shirley，1997），并主张国家行为应该局限于为私有财产提供保护和减少交易成本（North，1990）。因此，国有企业的私有化已经成为"华盛顿共识"的重要内涵（Williamson，2008）。新古典主义观点没有认识到市场的作用并非永远优于政府，且也不能"免疫"政治因素（Stein，2006；Chang，2006）。认为决策"官僚化"是国有企业特有问题的观点缺乏客观性，事实上，"官僚化"是所有私有和国有大型企业的共同特征（Chang and Singh，1997；Chandler，2004）。

国家成立国有企业的目的是多样的，可以是为了推动经济发展和转型，也可以是为了实现经济赶超或是出于其他原因（Amsden，1989；Chang，1994）。那些因为其企业规模或国家所有制特点而认为国有企业的增长表现普遍较差的观点也是没有实证依据的（Chang and Singh，1997；Jalilian and Weiss，1997）。事实上，本研究的研究结果并不支持认为私有企业比国有企业更有效益的观点（Mühlenkamp，2013）。虽然，国有企业的发展表现各不相同，其原因也没有得到充分的了解（Musacchio and Lazzarini，2014a，2014b），但私有企业的表现也是如此。大型国有企业和私有企业的区别在经过细致的分析之后往往消失无踪：大型企业，不管属于哪种所有制形式，在市场主导地位、接受政府补贴、与国家权力关系的密切程度、执行国家政策等方面呈现出惊人的相似性，但这些领域被普遍认为是国有企业区别于私有企业的地方（Mihaupt and Zheng，2014）。关于这一点，巴西便是一个很好的例子，巴西依靠国有企业发展了钢铁、飞机制造、电话制造、国家石油、天然气、化工、采矿和综合电网等私有企业未能涉足的大型产业（Musacchio and Lazzarini，2014b：16）。此外，多数

266

应用创新也是由类似巴西农业研究公司这样的国家机构或巴西石油公司这样的大型国有企业所带来的（Musacchio and Lazzarini，2014a）。

## 二 企业绩效表现的宽容标准

当前，埃塞私人部门的激励结构（如寻租机遇的长期存在，以及缺乏鼓励企业加快学习和积累技术能力的激励政策）给埃塞社会和国家政府加速经济发展和结构转型带来了巨大的压力和挑战。Hirschman（1967：87）指出，企业绩效的宽容标准是决策者需要面对的潜在生存规则和压力，部分项目或经济行动因为过于"结构化"而缺乏或失去宽容度。在这些案例中，笔者将主要谈及宽容度的缺失或存在以及投资项目中存在的"约束性规则"。但这些压力和规训机制在不同产业中得以实现或者说得以发挥作用的程度并不一致。例如，发展中国家以生产过程为中心的产业（如精炼厂或水泥制造）的典型优势比以产品为中心的产业更加显著。

不同的技术和经济特性为本研究重点探讨的三个不同产业带来了截然不同的企业绩效宽容度。花卉产业对企业绩效的宽容度较低，原因主要在于花卉产品具有易腐性且从生产到消费的所有环节均需得到精细的照料。供应方技术的不确定性更加强化了这一趋势。这也是花卉产业中聚集了大量中型家族企业的原因之一。产业的出口指向也使其不得不面对国际市场竞争的压力。这对花卉企业，尤其是新进入花卉产业的内资企业而言具有重要的规训效应。花卉产业对企业绩效表现的低宽容度也有利于在早期淘汰那些专注于寻租而拒绝改变的企业。

水泥产业也是如此，其经济规模、资本密集性、高投资与退出门槛以及持续生产的要求都是促进产能利用的积极因素。但这也意味着其失败的风险非常显著。产品的天然属性，尤其是水泥产品的易变质性意味着产品 267 质量如果达不到标准将给企业带来巨大的风险和法律后果。相反，皮革与皮革制造产业不需要面对这些压力，尤其是皮革生产子产业更是如此。埃塞皮革与皮革制品产业的主导力量是皮革生产子产业，而非皮革制品子产业。相比而言，皮革制品子产业对企业绩效表现的宽容度显著低于皮革生产子产业。但皮革生产子产业的制造商普遍满足于利用国内市场需求的漏洞，而不愿意向更具市场潜力和竞争力的国际市场进军。产业对企业绩效表现的高宽容度同政府政策的缺乏及其政策一致性的不足之间也存在着相互关联。

Lall（1999）认为，"国内市场在国家能力的形成过程中扮演着重要的角色"，因为国内需求影响着产品的开发质量等诸多方面。这对埃塞这样的国家而言具有重要的启示意义，由于埃塞拥有大量的人口，其市场潜力巨大。国内市场作用的发挥需要增强国内竞争的强度，这有助于消除不以生产为本的寻租行为。Porter（1998：119-120）认为：

> 国内竞争不仅有利于优势的创造，而且可以防止不利因素的产生……随着企业之间的相互模仿和人员流动，民族工业的知识和技术也在积累。国内竞争不仅给企业带来了创新的压力，而且有利于促使企业寻找可以升级其竞争优势的方法。在国内竞争的磨炼之下，内资企业提升了其扩展国际生存空间的能力。

就算不能创造开放和公平的竞争环境，国家也必须出台相应的举措，例如激励约束机制以及其他规训举措。

国内市场在国家能力建设方面所扮演的角色也证明出口导向型产业和出口替代产业之间并不存在对立关系：出口的价值并不会影响满足国内需求的生产能力的培养。这与认为出口导向型产业不利于进口替代性产业发展的观点相反，后一种观点不利于两种战略的综合使用以最大化它们的互补作用。在埃塞的三大产业中，出口战略与竞争压力似乎发挥了关键的作用，尤其是在花卉生产方面。皮革与皮革制品市场竞争强度不够以及企业缺乏出口意愿是产业发展不尽如人意的主要原因。埃航需要面对激烈的国际竞争，它却获得了成功（区别于其他国有航空公司）。与之相比，埃塞国有航运公司享有垄断和收取高额运费的特权，其增长表现却令人失望。这一对比充分证明了竞争在产业表现和提升竞争力中的关键作用。但竞争并非魔法般的存在，因为它不一定能够带来成功（全球有很多航空公司倒闭的案例）。尽管它并不完美，而且既不是促进学习、适应和生产效率的唯一因素，也不是最重要的因素，但竞争的确是一个可以缩小失败宽容度的有效"约束"机制。

### 三 产业化的不同阶段

产业政策在三个不同产业产生了不同作用的原因可以部分归结于不同

产业在不同发展时期内面对的机遇和挑战所产生的影响。与人们的普遍认识相反，培育一个新的产业在一定程度上比推动现有产业的发展更加容易。例如，Hirschman（1968）曾强调出口替代产业发展早期所面临的挑战远比产业化的第二个阶段所面临的挑战要容易应对得多，在后一阶段，不同集团的利益关系和政治结构已经成型。此外，决策者是否有充足的能力以跟踪和了解产业结构在产业发展过程中出现的变化并据此做出政策调整也是一个潜在的问题。例如，埃塞花卉产业在经过第一个十年的发展之后，似乎已经在 2010 年进入了一个新的发展阶段，但国家依旧在沿用以前的政策。研究表明，2009 年之后花卉产业发展放缓与政府政策的滞后性存在关联，政府急需出台新的适合产业下一阶段发展需求的政策。埃塞水泥产业也已经从 2012 年开始步入新的发展阶段，目前似乎也存在类似的风险。不同的发展阶段都有其特有的制约因素、挑战和机遇，这就需要政府对此做出有针对性的政策反应。从某种程度上看，产业发展早期的成功经验容易造成高失败宽容度的错觉，深刻影响产业参与者的行为机制模式和利益关系，所有这些都给决策者带来了新的挑战。这也反映了决策者维持长远眼光以及保持动态监控和跟踪能力的重要性。

269

## 第五节 政策举措和机构的不平衡性

政策决策是一个动态的复杂过程，其中充满两难抉择、矛盾冲突和不确定性。它涉及"诊断式"的政策设计、执行和效果评估等多个环节。例如，如果政策效果没有得到有效的监控，决策者以及其他人就无法了解政策实施过程中是否存在障碍或者政策的实施带来了什么样的具体效果。政策也是不同利益集团协商一致的结果，而不仅仅是个技术性问题或是顶层设计和战略的具体化和行为化成果。也就是说，政府出台的具有可操作性和相关性的政策在理论意义上不一定是最有效的政策选择。

政策效果与其他相关变量的区分非常困难，而且特定政策全部效果的显现往往需要一个较长的时间。由于新的制约因素、挑战和机遇的出现，成功的政策也可能在漫长的岁月中失去其原有效力。虽然计划是产业政策的一个必要成分，但发展计划的有效性会因为数据的不确定性和永恒变化的现实而大打折扣。在这一复杂前提下，决策失误也在所难免。决策能力可以帮助决策者减少决策失误，提高政策学习的速度和范围。重要的是要确保决策效益高于成本，从经验中总结教训以减少决策失误的可能性，提升其适应能力和从错误决策中恢复的能力。

更重要的是，政策举措的选择是政治决定和政治限制因素相互博弈的结果。相同的政策举措可以用于不同的目的，而不同的政策举措也可以用于实现同一个目的。例如，私有化政策或境外直接投资政策可以用于实现不同的目的，而同一激励约束机制则可以用于许多激励政策。在埃塞，政府明确的战略方向和政治倾向塑造出最具体的政策工具，提升了政策的一致性。联邦制、相对较弱的国家官僚机构、执政党较强的制度能力、相对不发达的私人部门以及国家政府的积极主义倾向共同塑造着政府的政治决策。例如，在市场不能带来最佳的生产效益和发展成果之时，积极借助国有企业的力量同国家的私有化政策并无冲突之处。这与莫桑比克以及南非等其他非洲国家出台和实施的政策有所区别（Cramer，2000）。鉴于国内私人部门的相对薄弱以及政府的重视，埃塞政府有关境外投资的政策就目前来看也具有一致性。政府执政联盟的凝聚力以及促成这一凝聚力的政治压力为政府实现增强埃塞发展银行和为关键产业提供长期贷款的政治承诺创造了条件和动力。尽管如此，政策举措及其贯彻机制的一致性和使用上的差异性导致了政策效果的不同。

一　激励约束原则在应用上的不一致性

虽然多数政策（如投资激励政策、出口促进政策和汇率政策）都在三个产业中得到了使用，但它们在三个产业呈现出不同的可操作性、重要性和实施效果。出口促进政策要求政策实施者有强大的行政能力，而投资鼓励政策实施起来则相对容易。证据表明，在各行业普遍应用的激励政策比针对特定产业而出台的激励政策实施起来更容易，而激励约束机制的实施则困难重重：因为激励政策与企业表现之间没有直接而显著的关联关系。与没有这一要求的激励政策相比，互惠原则的贯彻依赖于管理者管理激励政策的更复杂的能力。出口促进政策对皮革与皮革制品产业的作用相对较小，它没有产生塑造产业参与者行为的效力。在2006年以前，外资吸引政策在皮革与皮革制品产业内的效力也非常有限。在激励政策与企业表现之间缺乏显著关联的情况下，政策的效果主要依赖于参与者的本性、出口战略和竞争压力。也就是说，互惠性和以企业表现为考量依据的激励政策在产业的发展过程中起着核心的作用。

在韩国，"激励约束原则几乎在每个产业都得到了应用"，"作为在国内市场获得政府保护的条件，政府要求企业至少将它们的一部分产品用于出口"（Amsden，2007a：96，2001：151）。尽管如此，埃塞的政治环境与韩国不同。韩国的政治经济背景允许其将中期资产（主要指机器、设备等）集中于几个占主导地位的企业手中（Amsden，2001）。而联邦制的要求和政府对区域平衡发展的政治承诺使这一点在埃塞成为不可能。Amsden认为在具有广泛公平性的地区，中期资产的集约化更容易实现，因为其政治风险更小。讽刺的是，在之前存在高度不平等问题的地区（如拉丁美洲），惧怕风险的领导人却不敢推动中期资产的集中化。埃塞的经验证明，尽管并不存在显著的不公平性，联邦政府依旧选择限制中期资产的集中化程度，并趋向于支持中期资产的分散化，尽管这可能不是产业发展的最优选择。留本基金可以用于减少区域不平衡问题，但也容易引起其他没有大量留本基金的地区的嫉妒和反对。

激励约束机制发挥作用的一个重要前提是出口要求的引入，因为它可以长期推动企业提升其生产效率。例如，Ocampo（2007：2）坚定地认为，"……一个成功的出口战略高度依赖于出口产业融合于国内其他经济活动的方式，尤其在就业创造方面"。出口战略还应该以竞争日益激化的国内市场作为辅助条件。正如前文所引用的，Porter（1998：119 – 120）也认为，在国内竞争中得到磨炼的企业更有机会在国际市场的竞争中获得成功。如果激励约束机制或其他相关机制的实施无法实现，政府就只能以无情的出口竞争机制作为促进企业提升适应能力（或淘汰企业）的主要方式。这也是竞争政策成为任何产业政策必不可少的一部分的原因（也见Roberts，2004）。与主流观点不同，Possas 和 Borges（2009：450）认为：

　　　竞争政策应该被视为培养或刺激创新行为的一系列激励政策或"大棒"……简而言之，企业所承受的竞争压力必须大到足以打破垄断利益，更重要的是，引导企业采取积极的竞争战略而不是满足于产业和科技政策提供的激励。

皮革与皮革制品产业的国内竞争强度非常低，它允许企业在一个较为

272 安逸的环境中生存，削弱了企业提升竞争力和出口的意愿。相反，水泥产业的竞争强度已经在近期得到提升，而花卉产业的国内竞争强度则一直维持在较高水平。这并不意味着制定和落实竞争政策是一件容易的事，因为它常常为特殊利益所阻挠。

2006 年，埃塞开始实施出口目标制定和监管机制，但证据显示这一方法并不非常有效。其主要原因在于缺乏可靠的产业数据，以及相关产业参与者在决策过程中的参与度不够。尽管如此，出口目标制定和监管政策并非全然无效，因为研究也证明该政策还存在某种程度上的"政策关联"和"制度关联"效应。例如，出口目标制定有助于发现产能方面的瓶颈，为政策反应提供依据，虽然这一效力在不同产业也有所不同。比如，根据埃塞皮革与皮革制品产业的年度出口收入目标，其在 2014/2015 年度的出口目标为 5 亿美元，尽管这一目标的实际执行情况远落后于该计划，但它也引起了对其原因和瓶颈的研究。

## 二　政治举措的兼容性和一致性

不用产业在通用政策和产业特殊政策的实施方面也存在不同之处。除了适用于多个产业的通用政策（如汇率政策和投资鼓励政策）之外，政府还针对不同产业的发展需求制定了相应的产业政策。如为了解决花卉产业的冷藏链运输问题和包装投入品的供应问题而出台的政策举措，为解决皮革与皮革制品产业的原料供应问题（生皮的供应、价格、质量）而出台的政策举措都是典型的例子，而且其在解决问题方面也产生了不同的效果。政府解决这些问题的能力的大小取决于最高领导人对相关问题的重视程度、相关调研的深度以及相关机制的效力。总体而言，产业特殊政策在解决问题方面的效力优于通用政策，且对其效力的评估也更容易实现。综合和协调使用这两种类型的产业政策有利于提升政策的效率。花卉和水泥产业的政策治理要优于皮革与皮革制品产业。皮革与皮革制品产业的异质性、产业参与者的分散性及其子产业的多样性给埃塞政府现有的政策能力带来了巨大的挑战。

不同政策的贯彻和落实速度以及参与者在其落实过程中的参与程度也
273 有所不同。与那些落实起来"零敲碎打"的政策举措相比，得到快速落实且获得一致认可的政策举措往往有着更好的政策效力。政府对花卉产业的政策支持便具有比较显著的果断性、协调性和集中性，也有着更加突出的效力。银行也为之提供了高密度的信贷支持，且没有出现重大的信贷过失。虽然在这一过程中的确存在失误，但总体而言，政府政策利大于弊。在水泥产业，政府在勘探矿床和能源供应（电力、重燃料油和煤炭）以及产业规则的制定等方面提供的支持都是针对产业的需求而出台的政策决策。对产业特殊政策的成效和缺陷进行评估也更加容易。花卉产业的关键需求为已开发的可种植土地（拥有运输和能源供应且临近机场），航空运输服务的可得性，冷藏链设备和包装材料供应。为解决上述问题，推动产业的发展，政府制定了针对性的政策举措。在皮革与皮革制品产业，在2010年政府引入标杆管理和鼓励附加值创造的政策之前，政府在通过特殊产业政策干预皮革产业发展方面的努力非常有限。显然，产业特殊政策的决策需要得到重视，也更具挑战性。与皮革相关的政策决策有时会出现前后不一致的情况（如活畜出口与投入品的进口），这进一步影响了政策的有效性。还有一些政策并非在产业初期就得到了实施，因此其效果还有待观察，如花卉产业就存在这种情况。

高层领导的政治意愿对花卉产业的发展至关重要。水泥产业也是如此，因为政府面临支持建筑产业发展的巨大政治压力。埃塞政府能够施加强有力的压力并通过有魄力的政策决策以满足产业的发展需求。尽管皮革与皮革制品产业也是政府重点发展的产业，但该产业的相关情况却与花卉产业和水泥产业截然不同。其政策举措过于分散且缺乏一致性，难以形成合力。产业贷款（投资与运作资金）可得性相对较低，且信贷额度与产业的需求存在较大的差距。

## 三　政策反应的质量和适当性

产业政策的质量依赖于决策者充分分析形势的能力、产业参与者的参与程度以及决策过程的透明度和可信度。在本研究所涉及的三个产业之中，不同产业政策的质量存在显著的不同。埃塞政府在多式联运体系建设方面的失败政策干预便是调研不足或企业家及其他利益相关者参与度不足的典型案例。这一失败政策举措对皮革制品产业的物流链造成了额外的不利影响。调研与分析方面的不足是所有产业共同存在的问题，但其负面影响在设有富有活力的企业或产业协会（主要指花卉产业）以及拥有大型企业（主要指水泥产业）的产业中相对较小。因此，其主要受害者是皮革产业，因为该产业的主要参与者普遍缺乏活力，且其行业协会的能力非常薄弱。

### 四　协调和机制能力的不足

第一，机制能力方面存在不足。政策执行方面的失败案例反映了相关政府部门政策执行能力（在态度、技能和结构等方面）的不足。例如，埃塞皮革产业发展研究院（皮革产业）同埃塞园艺发展协会（花卉产业）相比，在设备和人员方面具有更高的机构能力。尽管如此，由于两个产业面临的挑战和制约因素不同，埃塞皮革产业发展研究院的能力依旧满足不了产业发展的需求，只能够专注于行政管理方面的职能。皮革产业价值链参与者的分散化劣势进一步加剧了这一问题。此外，该产业在投入品供应方面没有强有力的中介机构，而畜牧业相关管理部门的能力也非常薄弱。

第二，机制冲突和协调不畅。不同的产业和政府机构有着不同的协调需求。多数情况下，联邦政府部门之间（水平方向）以及不同级别政府部门之间（垂直方向：联邦、地区、地方）都存在协调不足的问题。这对皮革与皮革制品的价值链而言具有特殊的重要意义。除了能力不足之外，联邦和地区政府关注的重点也不一致，基层部门尤其明显。另外，政府部门僵化的官僚做法和级别制度［这是路径依赖的又一例证，但也是埃塞政治历史的产物（Lefort，2007，2013）］也对政策学习和适应性产生了不利的影响。

第三，中介机构和国有企业的关系。产业中介机构在产业的市场开发、培训、技术革新以及产业参与者利益的维护等方面扮演着重要的角色。它们通过提升信息的流通和质量、加强产业参与者之间的意向沟通和275 共同行动促进产业政策的决策。本研究所涉及的三个产业的中介机构所发挥的作用有着天壤之别。

埃塞园艺生产商与出口商协会在花卉产业的发展过程中始终扮演着积极的角色。它同政府最高决策者和政府机构之间有着畅通的沟通渠道，极大地促进了相关问题的及时解决，提高了产业的协调性。在水泥产业，由于大型国有企业是产业的主导者，中介机构的缺失给产业内部以及产业与外部的沟通造成了阻碍。在皮革与皮革制品产业，主要代表制革厂利益的埃塞皮革产业协会的机构能力较弱，且在影响政策决策方面缺乏主动性，其成员之间也缺乏一致立场。此外，产业供应链方面的经济参与者都没有被纳入协会。

# 第六节　总结

埃塞的国家政治形势、经济的快速增长以及国家发展战略于三大产业的发展同样有利，尽管如此，三个产业却出现了截然不同的发展表现，其原因还有待探讨。其令人困惑之处在于相同的产业政策框架为什么在三个产业中产生了截然不同的政策效果。现有的研究成果仅为问题的解答提供了少量的实证证据，且与产业政策和发展型国家相关的对比分析文献主要以国别比较作为分析和研究视角，而忽略了在产业之间进行对比分析的现实意义。

本章综合了前几个章节案例分析的结论，并寻求通过对比分析的方法对三大产业的决策模式和产业发展表现进行对比研究。相关研究结果显示，近年来，埃塞产业政策的效果出现了日益不均衡的情况。研究表明，三个主要因素影响了产业政策效果的差异性，这对埃塞乃至其他国家的工业化进程都有重要的政策意义。第一，产业特殊因素，尤其是经济参与者的属性、产业对企业效益的宽容度、产业所处在的发展阶段都是影响产业政策发挥作用的速度和范围的主要决定因素。第二，不同产业关联效应的强弱，以及政府为开发产业关联效应制定的产业政策的适用程度也是影响相关产业发展表现的关键因素，而路径依赖和低价值陷阱则是产业发展的主要障碍。此外，研究发现，先前的发展经验对产业发展的制约效应比促进作用更加显著。以出口导向的埃塞皮革与皮革制品产业为例，路径依赖对政策目标的实现以及政策干预的效果造成了不利的影响。

第三，政府对政策工具和机制的重视程度以及政策工具之间的兼容性、一致性以及差异性也是重要影响因素。政治因素（如 2005 年选举对埃塞政治产生的影响以及包括住房与基础设施建设在内的城市化发展规划项目）在水泥产业的发展过程中发挥了重要的作用。分散的原料皮革生产商和加工商带来的政治压力在埃塞皮革与皮革制品产业的发展中产生了同样重要，但为负面的影响。不同产业政策决策的质量和制度能力也有所不

276

同。跨产业、跨部委和机构政策决策过程中的利益矛盾和权衡也是重要的影响因素。总体而言，产业结构、关联效应和国家政治三者之间的相互作用和关系是影响产业政策的演化和效力的主要因素。

最后，本研究的贡献，或者说本研究最具原创意义的政策启示在于，它明确了决策者对产业结构、关联潜力和政治经济因素之间的互动关系的认识和应对方法的重要性。这些变量之间的互动关系在政策的制定和实施，政府对产业发展进行选择性的政策干预以及激励约束机制的设计和效果评估等方面都具有重要的启示意义。选择性干预被普遍认为对产业发展

277  具有关键性的作用：本研究为政府进行选择性干预提供了指导。

# 第八章　21 世纪非洲产业政策的经验和教训

本章主要对本书的研究发现以及笔者关于埃塞三大产业的产业政策和发展表现的相关论点进行总结和归纳。除了对前几个章节的内容进行总结之外，本章还着重探讨了政策学习的意义及其对非洲国家和其他发展中国家的经验教训，并最终根据本书的理论视角和实证研究对非洲的经济赶超和产业政策进行综合性的讨论。本章进一步强调了本书的基本观点——产业政策应该成为经济赶超和结构转型的工具。正如笔者在前几个章节经常提及的那样，这与传统经济学家（包括那些近年来才开始认识到产业政策的重要意义的经济学家）所认可的"市场亲善"式干预存在一定的差别。

## 第一节　概要

### 一　主要研究结论和理论意义

本书对埃塞 1991~2013 年制定的产业政策进行了调查和分析，并致力于解答为什么在共同的国家发展战略和产业政策框架基础上，通用产业政策或行业特殊政策会在三个不同产业产生不同效果。当前，现有文献没有充分重视这一问题，它们更倾向于从国家或国际层面分析问题，而忽略了跨产业分析视角的重要意义。此外，本研究认为产业政策不仅可以发挥作用，而且能够在像埃塞这样的低收入非洲国家的工业化进程中发挥关键性的作用。此外，本书认为发展中国家可以扮演积极的发展型角色，而政策独立性则是影响这一角色表现的重要因素。而所谓的"发展型国家"自以为是、失误、挫折和失败的标签并不能否定这一发展理念的价值，相反，它们应该被视为现实环境下发展型国家经济结构转型升级和发展过程中难

278

免会发生的现象。埃塞的产业决策还处于发展阶段，本书中提及的具体案例也客观反映了 21 世纪非洲国家在经济赶超和工业化进程中面临的艰巨挑战。

本书第二章探讨了产业政策、结构转型、经济赶超、发展型国家和产业关联效应等基本概念，并概括性地介绍了非洲大陆的相关情况。此外，这一章节也着重介绍了关于产业政策和发展的不同观点，发展中国家（尤其是撒哈拉以南非洲地区国家）的经济结构和历史发展趋势。产业政策长期以来一直是意识形态分歧的主要领域，而目前占主导地位的观点普遍反对发展中国家奉行积极的发展型产业政策，它们更倾向于关注产业政策的失败之处，而忽视其成功之处。在对埃塞近年来产业政策实践的调查与分析环节，本书采用了结构主义和政治经济学的研究视角（比 20 世纪 70 年代以来经济学领域盛行的"单一经济学"理论更具"多元性"）。

埃塞人口总量居非洲第二位，是一个低收入内陆国家，且有着较为不利的周边环境，却是为数不多的在 21 世纪实现经济快速增长的国家。本书第三章对包括现任政府的产业发展战略以及相关制度框架在内的埃塞产业政策决策的历史和实践经验进行了概括性的梳理，为读者呈现了其他文献所不能提供的有价值信息。埃塞政府出台的产业政策举措主要包括工业融资、投资和出口促进政策、贸易保护政策、国家直接参与经济活动的政策以及私有化政策等。这一章节对埃塞的出口协调机构以及其他为发展重点产业而设立的相关机构、中介结构（如产业协会）以及投资管理机构所扮演的角色进行了深度剖析。同时还着重对埃塞政府对国际（尤其是东亚国家和地区）发展经验和做法的吸收和学习过程进行了分析。后几个章节则对不同产业的特有产业政策进行了更进一步的探讨。

第四章主要考察了埃塞水泥产业的增长模式、关联效应、产业政策及其决策过程。水泥产业是很多国家的战略产业。埃塞的水泥产业在本研究所覆盖的历史时期内经历了巨大的变化，实现了比其他多数发展中国家相关产业都更加快速的增长。这一过程虽然并非一帆风顺，但总体上呈现出快速上升的趋势，埃塞国内出现的建设浪潮及其带来的市场需求的急剧上升是水泥产业迅速增长的主要驱动因素。本书充分展示了埃塞政府通过产业政策直接或间接地干预和塑造水泥产业的发展趋势的做法。值得注意的是，不同产业政策的效果也不尽相同。而不同的激励举措也会产生截然不

279

同的效果，部分激励举措显示出更加显著的政策成效。水泥产业吸收了大量的稀缺资源，其发展过程涉及一系列的利益交换和冲突以及艰苦卓绝的学习过程。这一章节也揭示了产业政策与其他政府政策之间的相互作用，经济和政治因素的相互影响，以及产业决策和产业对低绩效表现的宽容度之间的互动关系。与跨国企业主导非洲大陆水泥产业的总体情况不同，内资企业长时间主导着埃塞的水泥产业。国有企业通过溢出效应在埃塞水泥产业的发展过程中扮演了先驱和领导者的角色，且目前依旧是埃塞水泥产业发展的重要驱动力量。总体而言，水泥产业对埃塞经济发展和转型起到了多方面的促进作用。

第五章主要对埃塞花卉产业进行了分析和探讨。埃塞花卉产业的显著发展成果引起了国际社会的广泛兴趣和热议。该产业和制造业存在诸多相似之处。自2004年诞生以来，花卉产业保持了持续的增长，并成功使埃塞成为世界上屈指可数的主要鲜切花出口国之一。关于花卉产业为什么可以获得成功的标准化解释包括比较优势论、资源优势论、发现论、发展型新世袭主义论等，但这些观点都没有充分认识到埃塞政府在花卉产业发展过程中发挥的重要作用。这一章节对推动花卉产业持续增长的驱动力量进行了深入的分析，并得出了更全面的解答。政府政策在花卉产业的培养和扩张过程中扮演了关键性的角色。除此之外，产业政策与相关机构、花卉产业的产业结构以及利益集团之间的相互作用也是花卉产业发展的重要驱动因素。埃塞花卉产业的发展经验很好地证明了未就业人口、有待充分开发的企业家的潜力以及先天禀赋等条件经国家统筹利用之后可以有效推动经济的发展，仅仅依靠比较优势显然不足以推动产业的增长和繁荣。国家对发展花卉产业的政治承诺及其制定的政策举措显示了出奇的明确性和一致性。产业在集体学习方面的表现也令人印象深刻，尤其是产业与国家在相互选择方面的能动性。花卉产业的发展也受益于产业对低绩效表现的低宽容度和出口计划。这一章节也突出强调了政府帮助产业实现"起飞"是不够的，因为产业在新的发展阶段会面临新的困难和挑战，这就要求国家做出具有针对性的新政策反应。此外，这一章节也突出反映了花卉产业在"决策中学习"的能力，尽管花卉产业在不同阶段会面临诸多的问题。

第六章主要剖析了埃塞皮革与皮革制品产业的不佳表现及其原因。政策设计、产业结构以及产业的政治经济因素是该产业表现不佳的主要原

280

因。该章节证明，皮革与皮革制品产业在资源优势方面存在的优势或问题不足以充分解释该产业的发展问题。与水泥和花卉产业不同，皮革与皮革制品产业表现欠佳，其发展缓慢且缺乏稳定性。而政府制定的产业政策也无法扭转皮革与皮革制品产业的这一发展预势，不能充分调动产业关联效应发挥作用，使该产业融入全球价值链之中。令人困惑的是，埃塞有着较长久的皮革与皮革制品制造经验，且存在大量的牲口资源。但产业政策没能带动相应的经济行为和企业的出口意愿。该产业内部的主要经济利益较为分散且往往相互冲突。皮革制造厂长期占主导地位，而皮革制品产业（已成为全球价值链的一部分）则长期处于弱势地位。可见，埃塞皮革与皮革制品产业并没有自发形成关联效应，且相关政策工具与机制也缺乏带动产业关联效应的效力。此外，产业政策也没能解决关键的供应问题，而贸易和物流方面的障碍进一步削弱了产业的竞争力。对小型农场畜牧业的依赖和对低绩效表现的高宽容度也是产生产业发展问题的重要原因。产业发展过程中形成的路径依赖使之深陷低价值陷阱。但近期政府出台的鼓励附加值创造和投资的政策已经对产业的发展产生了积极的影响。此外，有证据表明埃塞皮革与皮革制品产业已经出现投资增多、产品质量提升和高

281 端产品出口增长等良性发展趋势。

## 二　对埃塞的政策启示

第七章主要对前几个章节的分析和研究成果进行梳理和提炼。虽然各产业之间存在发展不均衡的问题，但总体而言，这一发展导向型国家正呈现出越来越良好的发展趋势（尤其在 2002 年以后），产业政策也带来更加高速的增长。但埃塞的制造业产出依旧处于非常低的水平。

本研究的案例分析结果证明，"边干边学"是埃塞政府决策和企业或机构表现的共同特征。比较优势（或资源优势）和新世袭主义观点均不能为埃塞不同产业的不均衡发展提供充足的解释，也不能解释埃塞政府和经济参与者在实践中学习、在失败中吸取教训、在挫折中成长的活力。

本研究发现，主要有三个方面导致了埃塞产业发展不均衡的问题，这对埃塞甚至其他发展中国家都可能具有重要的政策启示意义。第一，产业特有因素，尤其是经济活动者的本质、产业对低绩效表现的宽容程度以及产业处于哪一发展阶段等因素，对产业发展表现具有重要的影响。

第二，产业关联效应的发挥至关重要，而路径依赖和低价值陷阱则是产业发展的障碍。第三，政府对政策举措的重视程度、政策举措的一致性和政策机制的兼容程度对产业的发展表现具有非常重要的影响。总体而言，上述三个因素之间的互动模式是影响产业政策的演化及其效力的关键因素。

本研究也证明，成功的产业也存在遭遇失败的可能性，而像埃塞皮革与皮革制品产业这样的"问题"产业在发展过程中也不乏富有成效的政策实践。这一点对本书所重点提及的三个产业乃至埃塞制造业和国民经济的总体发展，甚至是非洲或全世界发展中国家的发展，都具有重要的决策启示意义。正如本书多次提及的那样，产业在发展过程中存在许多需要政府做出及时政策反应的问题。在水泥产业，如何借助产业同建筑产业和基础设施建设产业的关联关系，以及借助煤炭资源的开发以维持产业的可持续发展已经成为政策决策面临的主要挑战。此外，其他建筑材料的制造也是一个重要因素。虽然国内市场需求的增长是产业发展的主要驱动力量，但产业市场的进一步拓展及其生产效率和竞争性的提升都需要产业政策的支撑和推动作用。此外，科技发展这一长期受到忽视的因素应该得到政府的重视，因为它可以成为装备制造的基础。

282

政府应该更加重视皮革与皮革制品产业，因为该产业不仅具有更加广泛而显著的关联效应，而且在出口创汇、就业增长以及农村地区减贫等方面具有巨大潜力。该产业的关联效应，尤其是后向关联关系的开发至关重要。政府有必要进行全面的政策反思，致力于制定出可以打破路径依赖的政策，推动产业升级。而这些目标的实现需要以全球产业链中"重量级玩家"的投资作为辅助条件，应该借此进一步开拓国际市场，提升产业的科技能力。虽然，相关研究和知识的不足是埃塞各产业发展面临的普遍障碍，但这一问题在埃塞皮革与皮革制品产业并不十分显著。相反，产业发展的政策性挑战更多地来源于政治层面，而非技术层面。

与此同时，埃塞花卉产业正处于一个关键的发展阶段，尤其是内资企业的发展、产业技术的提升以及产业对多个经济走廊和园艺产业发展的关联效应的发挥都是政府的当务之急。

虽然本书主要围绕水泥、花卉、皮革与皮革制品三个产业的发展现状和问题展开分析和探讨，但该研究成果对整个制造业的发展都具有广泛的政策启示意义。第一，有必要对其他产业进行深入的研究，尽管其结果可能与本研究大同小异。例如，纺织与服装产业在埃塞有着很长的发展历史，也是埃塞的重点出口产业之一，但这一产业的发展正面临多方面的问题和挑战。长期以来，该产业发展成效平平，直到近期才有所改观。纺织与服装产业同农业之间存在显著的关联关系，且国内市场需求也正在不断上升。国内市场和出口市场都是该产业发展的主要驱动力量（农业在出口创收方面有着巨大的潜力，但目前其在这方面的成果非常有限）。而在出口替代产业中，制药、钢铁和饮料产业有着截然不同的特征。也就是说，决策者不可能制定出一套可以广泛适用于所有产业的政策。相反地，它们需要根据不同产业的特征及其政治经济情况进行政策设计并对政策的实施效果进行评估。这对国家政府部门和发展银行同样具有政策启示意义。

第二，埃塞不同产业之间也存在需要政府做出及时政策反应的共同问题。例如，在全球竞争力和全球运营表现方面，我们有必要对产业领导者这一概念进行重新定义（Nolan，2003）。目前，政府政策还不足以充分发挥国内市场和出口市场对产业发展的共同推动作用。此外，产业集群与产业园发挥的作用还非常有限，它们应该在未来的全国产业发展战略中得到更广泛的应用和重视。此外，埃塞产业发展过程中存在的一些问题还反映了不少亟须得到解决的矛盾。例如，产业集群与发展资源的配置以及区域平衡原则之间的矛盾关系。此外，政府还需要认真考虑加入世界贸易组织的后果，尤其是对埃塞产业发展和政府"预留政策空间"[①] 的影响（UNCTAD，2014）。

第三，政府急需提升其决策能力和政策学习能力，尤其是制定各种政策机制的能力。因为埃塞相关研究机构数量有限且能力不足，可靠数据的难以获得已经成为埃塞产业发展的一大难题。政策学习必须以可靠的数据分析结果作为支撑。因为缺乏对相关产业的客观认识，许多政府部门制定的发展战略都没有以应有的产业知识作为依据。此外，产业政策与埃塞的联邦制政治框架密切相关。鉴于埃塞在联邦制政治体制方面独特而有限的发展经验，开展对政策决策、政策机制与联邦制之间相互关系的进一步研

283

---

① 政策空间指"国家政策自主权、政策有效性和国际经济一体化之间存在的各种紧张关系"（UNTAD，2014：vii）。全球化、市场的国际化以及多边、区域和双边的法律协定压缩了国家的政策空间。

究非常有必要。其他国家和地区，如韩国、中国大陆和中国台湾都实行了单一制政治制度，它们在这方面能为埃塞提供的发展经验比较有限。当然，鉴于中国具有复杂的区域多样性，其发展经验对埃塞可能更具借鉴意义。这些方面的研究成果能够为埃塞以及其他国家提供有价值的政策启示。

最后，本书对产业政策决策最主要的原创政策启示意义在于，这一研究充分证明了决策者对产业结构、关联潜力和政治经济之间的相互关系的认知和应对方法的重要意义。这些变量之间的动态关系对政策设计与落实，以及政府为促进产业化而进行的政策干预、激励约束机制的设计和效果评估等方面都具有重要的启示意义。① 284

## 第二节　对非洲国家在 21 世纪进行政策学习的启示

本研究已充分证明，产业政策能够在非洲国家的工业化进程中发挥积极的作用，尽管发展机构、经济学家和国际金融组织的传统观念并不认同这一观点。这些传统观念对相关领域的研究产生了误导性的影响，这点必须得到纠正。对不同非洲国家的产业政策，尤其是产业政策与结构转型、产业政策与政治或政治格局的关系进行更进一步的研究很有必要。这有利于我们了解产业政策如何促进结构转型和推动经济赶超。笔者希望本研究能够为不同国家产业之间的对比研究提供有价值的参考。今后，类似的研究项目应该以不同国家产业政策的决策和政策执行环节为分析重点，并以实证证据和经验作为论证依据。目前，不少作品已经对非洲的工业发展做了针对性的探索和研究，但它们或过于肤浅，或在研究视角上过于狭隘，往往是"快速而缺乏原创性"（Quick and Dirty）研究的产物。因此，我们有必要鼓励多元主义和数据收集。过去数十年来，大量以支持农村减贫事业（尤其是在农村经济方面）为宗旨的研究成果证明，有限的视角和实证证据的不足已经成为普遍问题，这在很大程度上可以说是意识形态盲点和所谓"主流"研究设想没有受到充分质疑的结果。

---

① 笔者在本书中使用了大量的相关研究证据（如档案文献、数据等），其中不少研究证据是"圈外人"难以甚至无法获得的。

本书着重强调了非洲国家在政策学习方面应该注重的三个方面：应重视政策独立在政策学习中的重要性，"边干边学"是国家在政策学习过程中进行能力建设的主要方法，应科学地使用信号和机制（如低绩效宽容度、隐形之手和关联效应）以引导和促进政策学习。

## 一 政策独立性

在本书中，产业政策是以推动经济发展为宗旨的政府行为。政府的政策选择影响政治经济的变化并受后者的限制和影响。换言之，没有任何国家行为可以脱离政治经济的影响。广义上，政策独立性指政府在不受任何政治压力或利益影响的情况下进行政策决策的权力和政治空间。从某种角度而言，政策独立性意味着保留决策失误并从中吸取教训的权力。它也意味着政府拥有制定有风险的、需要魄力去尝试的政策的自由和权力。如果没有这一层含义，政策决定将只能发挥维持发展现状的作用。在产业政策决策方面，这可能意味着放弃希望和循序渐进地推进结构调整的选择。从长远角度出发而制定的经济战略能够带来更加显著的发展成效。因此，政策独立性必须包含从长远利益出发制定发展战略的自由和权力。但政策独立性也有其局限性，尤其是政府对某些产业的过度保护可能造成失败模式的形成，带来严重的社会和政治后果。缺乏约束的政策独立性不大可能带来建设性的实践和经验教训。这些约束可以在不同的环境下以不同的形式出现，但其在本质上是政治动态的集中体现。

在埃塞的产业政策决策过程中，埃塞政府顶住了包括国际金融机构和其他捐赠团体施加的多重压力（这些压力通常以经济威胁的形式出现），坚持了难得的政策独立性。政府拒绝向外资银行开放其金融产业、私有化通信产业、改革土地所有制的决定以及拒绝冻结公共投资和扩张高等教育等决定都是政策独立性的体现。本书第二章提及的前总理执政时期发生的那些事情也充分反映了埃塞政府在保持政策独立性方面所做出的努力。尽管面临外来力量的干涉和撤销援助的威胁，埃塞政府依旧坚定不移地推进"伟大复兴大坝"项目的建设，且该项目的建设款全部来源于国内。而在共同感兴趣的领域，埃塞政府也和外部力量进行了合作，并接受了它们的援助。由于其国内的政治支持和地缘政治优势，现任政府可以相对自主地制定其产业政策。

政治独立性是许多非洲国家共同关心的问题。一些国家虽然已经摆脱殖民统治，但依旧没有自我决策的自由，或者说还没能有效利用它们本该享有的自由。它们不得不向原宗主国请示它们的政策决定，以获得宗主国的许可和作为"好学生"的回报性支持。否则，它们将面临来自宗主国的经济制裁。正如一名埃塞外交官对其朋友所言，"埃塞外交官员的一大特点在于我们与其他国家外交官之间有着平等的地位，因为历史上我们没有像许多国家那样被其他国家殖民过"。另一名欧洲外交官员也指出，埃塞的优势在于它不需要向宗主国请示其大政方针，在决策上不需要向其他非洲国家一样考虑其前殖民宗主国的反应。令人难以置信的是，21世纪，部分非洲国家在实现独立长达50年之后依旧摆脱不了对前宗主国的依赖。自主决策对非洲国家而言至关重要，但非洲国家要掌握这一自主权不仅需要通过其自身及非洲国家的集体力量抵制外来干预，还需要国际社会对外部力量干预非洲国家政府决策的行为进行谴责。此外，类似埃塞这样有着更多空间的国家对自主决策权的有效利用也可以为其他非洲国家争取这一自主权提供可行证据和动力。

## 二　边干边学、模仿与模范

"边干边学"是落后国家掌握生产技术的主要手段。这一方法同样适用于政策决策。我们知道近代历史上很多原本较为落后的国家都是通过模仿和经验借鉴实现了经济赶超。Reinert（2010：xxiii）认为，模仿意味着"通过效仿以实现同样的发展效果或超越……与'比较优势'和'自由贸易'相比，前者才是成功发展的核心要素"。经济发展的历史也告诉我们，复制和模仿近乎发展的本质。[①]然而，模仿与边干边学之间也存在难以界定的区别。一方面，早期的经济赶超体现为模仿发生在英国的工业革命，虽然Gerschenkron（1962）认为，由于国情不同，不同国家在具体的做法上也有所区别。这正是中国和东亚新兴经济体做过的事情：引进技术和政策。但另一方面，模仿和学习并不是一个简单的过程，且分辨哪种经验更具价值或更有可操作性也并非易事。

---

① 的确，类似于Girard（1977）所强调的"模仿性嫉妒"（mimetic envy）甚至可能成为发展的驱动力量。

有些经验借鉴起来相对容易，但多数情况下，其他国家和地区的发展经验都比较复杂，学习和借鉴起来很有难度。因为不同国家的历史、文化和政治经济情况不同，其市场经济的作用以及受国际趋势的影响程度也不同，旨在将具体发展经验在其他环境付诸实践的"最佳实践方法"（best practices approach）可能无法奏效。例如，埃塞一直是个独立国家，从未被任何国家所殖民。历史上，其国家政权的更迭往往伴随着显著甚至是剧烈的政治和经济变革。当前，埃塞实行的民族联邦制度在非洲大陆还是一个特例，其执政党也有着重视农村政治基础的历史传统。因此，埃塞政府制定的许多政策能够产生成效（或失败）的原因便在于它有着与其他非洲国家不同的政治因素。就目前埃塞盛行的随机对照实验的发展方法是否值得借鉴，或是否应该对之保持批判态度的问题，我只能说，我们无法保证"适用于这里的东西"同样"适用于其他地方"（Cartwright and Hardie，2012）。

但这并不意味着埃塞没有适用于其他国家和地区的产业政策实践经验。除了具体的做法之外，我们可以从中总结出一些具有广泛启示意义的政策经验。例如，对不同产业的产业结构及其对低绩效表现宽容度的了解可以为产业政策的决策提供依据。Hirschman 的关联概念（重点发展具有显著后向和前向关联效应的产业以及通过引入相关机制支持具有更加显著的就业创造潜力的经济活动）是发展中国家提升经济活力和生产效益，扩展经济空间的关键。互惠原则几乎在所有领域都具有重要的意义，尽管其实施起来挑战重重且依赖于国家的政治影响力。正如东亚的发展经验所示，互惠原则在促进出口和抑制寻租行为方面具有不可替代的作用。Amsden（2007 a：94，96）认为：

> 最佳行政制度的指导性原则——政治许可——旨在充分利用所有发展资源。互惠性是最理想的选择……它几乎存在于韩国的每一个产业……互惠机制有利于政府。如果经济发展项目获得成功，政府的地位将得到进一步巩固。因此，发展型国家的"旗舰"——精英主义发展性银行一般通过限制性条款对它们的客户进行有效的管控。（作者的强调）

尽管激励约束机制已经在埃塞得到了初步实施并取得了一定的成效，

但埃塞政府需要进一步深化实践，掌握互惠原则的应用方法。

此外，有学者强调角色模范对后发展国家的重要意义。通过对比阿根廷、智利和菲律宾的发展历史，以及韩国和印度尼西亚的发展经验，Amsden 对角色模范与经验学习之间的相互关系进行了分析和总结。Amsden 认为：

> 阿根廷与智利的问题在于缺乏可供学习的角色模范……它们无法从区域发展中获得可供模仿的经验。……来自欧洲或者美国的跨国投资也不能为它们提供任何有价值的引导。……总体而言，菲律宾……虽然有优秀的学生，但缺乏在机会出现之时可以引导它的导师……角色模范降低了模仿的成本，为模仿者提供了容易上手的发展经验……韩国和中国台湾……在建设重工业方面使用了许多类似的手段、政策、机制和战略（如日本）。坐拥丰富原始资源的非洲国家出现令人失望的经济表现的原因在于……境外资本长期把持矿产和种植园的所有权，非洲国家缺乏一个可供模仿的角色模范，而不是抽象的理论。

这些方法的实施要求决策者进行不断的实验，在失败与实践中总结经验和教训（区别于随机对照实验理论对实验的伪科学式定义）。它要求决策者在政策制定过程中具备与时俱进的能力（Giezen et al.，2014）。如果说"边干边学"在制造业发展中有着重要的作用的话，它在政策制定方面更是如此，后者更加依赖可行的方法、乐于学习的好奇心以及勇于尝试和失败的魄力（包括政治承诺）。失败是成功之母，没有失败便不会有进步，失败的意义在于它扩展了学习的空间，减少了再次失败的可能性或后果。埃塞决策者在宏观和微观层面都做了政策尝试，虽然业界对其成效褒贬不一。"边干边学"是一个值得其他非洲国家借鉴的可以提升产业政策效力的发展思路和模式。

289

总而言之，真正重要的不是拥有一个角色模范，而是决策者选择角色模范的能力。在当前政府的基本政策文件中有些内容显示埃塞执政党正在以东亚国家和地区（尤其是韩国、中国大陆以及中国台湾等新兴工业化国家和地区）作为角色模范。埃塞在产业政策方面与日本以及韩国学者有着密切的联系，其决策者也经常赴中国"取经"。改善（kaizen）这一日本概念已经被用于引导制造业生产力和产品质量的提升，而职业教育和培训以及高等教育则以德国作为学习模范。

### 三 Hirschman 的支撑策略和机制

虽然"边干边学"、模仿和适当的角色模范是政策学习的核心要素，但这些还远远不够。Hirschman 认为，欠发达经济体的最大问题在于缺乏决策的能力，因此他强调发展中国家应该通过制定相关的策略和机制以吸引投资和推动政策决策。培养决策者对关联效应的识别能力便是其中一个重要的策略，它与政策决策本身以及生产活动或工业化同样重要。一些政策决定与策略可以迫使政府采取措施以减轻其带来的负面效果或抓住新出现的机遇。为了弥补花卉产业不良贷款招致的损失，埃塞俄比亚发展银行便出台了特殊的政策决定，这一做法后来被广泛应用于其他产业。

另外一个可能影响政策学习的因素为产业对企业绩效表现的宽容度和Hirschman 的"隐形之手"原理。Hirschman（1967：28）认为，"隐形之手"是"决策者借以学习风险决策的过渡机制，这一过渡过程越短则学习速度越快，效果亦越好"。根据这一理论，经济活动的创造空间和能量往往容易被低估，正如项目的风险和困难常常被低估一样。这一原理让我们对许多决策者不敢做出具有重大风险的政策决定的心理有了进一步的了解。理解"隐形之手"发挥作用的方式（它适用于什么领域？在什么情况下能够发挥更好的效力？）可以帮助发展中国家更好地进行政策决策。Hirschman（1968：129）对这一非正统的方法做了如下论述：

> 有人认为缺乏解决相关技术问题的能力和经验的国家应该避免发展这些项目……但反过来说，如果一个国家不去尝试解决这些技术难题和应对重重挑战的话，它什么时候才能够掌握这些技术呢？……某一项目相对于特定国家的不适合性恰恰可以成为特定国家应该发展这一项目的一个额外的、充足的理由；……如果成功了，（这一项目）的价值将不仅局限于它所带来的物质产出，更将体现在其带来的社会以及人的变化。

这一方法与经济学家和捐赠团体提出的政府干预应该以现有"能力"作为衡量尺度的建议形成了鲜明的对比，后者认为尽管韩国和中国进行了大胆而有效的干预，但低收入国家不应该"依葫芦画瓢"。Hirschman 却认为，新发展项目的好处之所以远远超越了物质产出，是因为这些项目的成功会改变人们对发展的态度，增进他们应对风险和挑战的信心和勇气。在埃塞，当前政府上马了多个极具挑战的项目。"伟大复兴大坝"项目和"综合住房计划项目"便是其中的典型案例。类似大型项目一旦遭遇失败将会产生难以估量的破坏性政治影响，这就在客观上迫使政府不得不竭尽全力确保项目的成功。"隐形之手"概念也与绩效表现和宽容度概念相关。受不同产业的技术和结构特性影响，不同经济活动对绩效表现的宽容度也有所不同。这一概念让我们有理由相信欠发达国家也可以在资本密集型产业获得成功，埃塞航空运输产业便是一个例证。航空运输产业对低运营表现有着相对较低的宽容度，因为任何运营方面的失误都可能给企业带来灾难性的影响。表现宽容度同样适用于政策决策与政治宽容度。Hirschman（1968：139）认为，"……高宽容度或低宽容度都可以促进生产技术和品质的学习和吸收……高宽容度适合循序渐进的学习方式，而低宽容度则更适合对新价值理念和行为方式的非持续性关注而产生的学习行为和变化"。理解产业对绩效表现的宽容程度有助于塑造和加速产业的学习和技术开发过程。

291

## 第三节　非洲能够实现经济赶超吗？

当前学术界对非洲实现经济赶超的前景及其可行路径进行了广泛的探讨和关注。但对于非洲的决策者和非洲人民而言，这个问题的重要性更加显著。有关这个主题的多数观点将关注点放在外部因素（如资源热潮、价格、外资流动、借贷成本等），或只有在自由贸易前提下才能出现的"无条件收敛"现象之上。本书的基本观点认为只有在出现适合的内部环境的情况下外部因素才能发挥作用。尽管国际社会正兴奋于"非洲的崛起"或"崛起的雄狮"等说法，但依旧有多种论调对非洲实现工业化和经济赶超的前景持悲观看法。其中一种看法为长久以来所形成的传统论调，联合国贸易和发展会议（UNCTAD）的部分出版物反映了这一点，这种论调强调国际限制因素对非洲发展的影响。如第七章所述，另外一种悲观论调来自包括丹尼·罗德里克（Dani Rodrik）在内的经济学家，他们虽然认可产业政策在其他地区发挥的作用，但对其在非洲发挥作用的前景持悲观的看法。

虽然经济发展历史不能提供所有问题的答案，但它为我们了解未来的发展趋势提供了线索，甚至可能为我们现在面临的一些问题提供（部分）解答。在工业化历史上，许多后起的国家的确在收入水平、生产效率和技术水平等方面赶超了发达的资本主义经济体。19 世纪的美国和德国便是最佳的案例。这两个国家至今保持着全球领先的地位。20 世纪上半叶，没有任何人会想到最伟大的经济赶超和工业化进程会发生在东亚地区。日本经济已经在第二次世界大战中被摧垮，朝鲜也经历了战争的洗礼并沦为日本的殖民地，中国台湾则被许多人视为中国政治动荡局势之下一个落后的失败者避难之地。但短短数十年之后，日本便成为世界上最发达的工业化国家之一。在 20 世纪末，韩国和中国台湾已经成为历史上工业化速度最快的国家和地区，成功跻身全球经济生态链的上层。在 30 年的时间里，中国便发展为世界第二大经济体，创造了前所未有的主权财富，并成为全球制造业中心。①这些都是不久前发生的经济奇迹。尽管这些国家在经济赶超上获得了成功，但历史也证实这些只是少数案例，多数国家依旧徘徊在发展的边缘。

非洲国家的命运很有可能也逃不开这个趋势。非洲（拥有超过 50 个国家）是多元而复杂的，拥有多样的政治经济特性、历史、文化和地缘政治。许多非洲国家（包括人口最多的国家如埃塞和尼日利亚）有着巨大的内部多样性。多数国家已经多年没有出现任何经济增长，深受殖民主义遗产、国际金融机构的错误引导，以及脆弱的国家政府、碎片化的政治经济以及或平淡无奇或失败的政策等因素的制约。全球化正给非洲带来严峻的挑战，因为亚洲巨人们在各行各业甚至是劳动密集型产业都给非洲国家带来了激烈的竞争。破碎的市场和落后的基础设施建设也带来了额外的挑战。尽管如此，非洲国家仍有机会与新兴国家一起把握贸易、融资和投资机遇。中国以及其他经济体日渐增长的人力资源成本对非洲而言是一个机遇。这些说明许多非洲国家都存在实现经济赶超的可能性，虽然也会有很多国家错失发展的机遇。

---

① 的确，在 2014 年年中，国际比较项目（International Comparison Program）和国际货币基金组织的增长预估认为中国经济总量超过美国的日期将早于原先的估计。参见 Huffington Post（2014）。

我们所需要的具体政策不是无差别的、机械式的政策。目前取得初步发展成效的国家也面临着低工业化水平、低科技水平以及落后的经济发展水平等挑战。东亚国家和地区在工业化起步之前已经具备一定的工业基础，但多数非洲国家并不具备这些条件。另外，埃塞皮革与皮革制品产业的发展经验说明原有的生产经验并不一定能够转化为产业优势。Hirschman（1958：109）认为："缺乏自主权和关联是……欠发达经济体最典型的特征之一……其农业，尤其是自给农业……也以缺乏关联效应为特征。"这就要求非洲国家致力于制定出可以带来可持续发展的经济战略。他（Hirschman，1958：63，66，88）强调：

> 欠发达国家真正缺乏的并不是资源本身，而是让资源发挥作用的能力……如果要实现经济的持续增长，发展政策便需要发挥其维持竞争、不对等和不平衡性的作用……由互补效应带来的投资增长能够给欠发达经济体带来真正意义上的发展和转型……一个不均衡性带动一种发展趋势，进而引发新的不均衡关系，如此生生不息，永无止境……一旦一个先发展国家的经济发展取得了显著的成效，其他国家便会产生模仿的欲望，经济赶超无疑将成为影响后发展国家行为的决定性因素。

实现经济赶超的可能性给非洲后发展国家带来了新的希望，而且能够为邻国带来发展机遇，并成为发展动力的来源以及被学习和模仿的模范。

## 一 产业政策和经济赶超的"灵魂"

经济赶超的成功依赖于积极的产业政策。而卓越的产业政策的不同之处在于它的"灵魂"，也就是产业政策的目的及其基本模式。积极的产业政策的基本模式是大体一样的，虽然由于国内与国际市场环境的不同其实施手段也会有所不同。相似的政策工具可以用于不同的目的，而产业政策的本质是决定其成效的所在。Reinert（2010：34）认为："任何政策建议都完全取决于环境和结构性问题，因而也取决于具体的知识。"正如许多非洲国家那样，工业化长期扮演着次要的角色，而国际金融机构的经济改革提议也几乎没能对新产业的发展产生任何有利的影响（Watanabe and Hanatani，2012）。为实现经济赶超（起飞），非洲国家政府必须成功应对当前

293

发展面临的主要挑战，也就是通过制度创新带动投资增长，促进生产力的提升和技术学习（形成凡登效应）。

积极的产业政策虽然在早期可能需要依赖于或雷同于李嘉图式战略（依赖农业产品出口和低价值轻工业方面的比较优势），但最终会将重点转移至更加卡尔多式的战略。李嘉图式战略本身无法带来经济上的结构变化和实现经济赶超。①最终，卡尔多式战略（在很大程度上忽略资源方面的优劣势，专注于制造业出口，为投资驱动型战略）才能在吸引投资、学习和创新等方面应对经济赶超的挑战。

294

正如本书第二章所讨论的那样，卡尔多增长定律强调制造业为增长的引擎，出口的战略角色，以及国际收支平衡的根本重要性（Thirlwall，2002）。但历史多次证实这些经济定律以及低收入国家国际收支结构性平衡问题的管理只能依靠积极主义的或发展型的国家政府。Gerschenkron认为，后发展国家的最大优势便在于它们较工业化先行者的"相对落后性"。他认为，"到了一定阶段，经济快速发展所带来的优势将会抵消乃至超越经济发展的阻碍，这一点是相对落后国家的内在特质"（Gerschenkron，1955：13；Hirschman，1958：8）。相对于新古典主义观点，他强调国家干预的力度应该同后发展国家与先发展国家之间的发展差距呈正相关关系。亚洲先发展国家和地区的发展经历是非洲国家可以借鉴和学习的良好榜样，它们正在影响着包括埃塞在内的越来越多非洲国家的决策者。

上述讨论进一步阐明了笔者提出的积极的产业政策和积极主义国家应该共同发挥作用，且积极的产业政策必须以制造业和出口（因为收益增长、"边干边学"、溢出效应和关联效应的活力）作为关注重点的论点。需要强调的是，廉价劳动力并不是经济可持续增长的保障，只有保持具有国际竞争力的生产效率才是根本。这也是"攀登"的内在含义。

295

经济理论（在特定的传统里）和经济发展历史（在某种程度上更具重

---

① 人们往往重视廉价劳动力的可得性，而忽略劳动生产力的核心地位。例如，过去50年中，尽管劳动力成本在不断提升，日本依旧维持了较高的劳动生产效率。相反，有证据证明，很多国家（如越南）的劳动力成本增长已经超过生产效率的增长，导致相关产业不得不转移至劳动力更加廉价的国家。因此，将重点放在劳动生产率提升方面才是维持竞争力的唯一保障。

要性）都表明非洲国家没有理由不去追求经济赶超。虽然价格和外资流动看似对非洲国家有利，但外部环境缺乏可预测性且充满激烈的竞争。要实现经济赶超，不管外部环境如何，非洲国家必须在根本上依赖国家内部的变化和政策以推动经济结构的调整。本书已经（希望如此）证实，发展主义已经在埃塞制造业的特定环境和条件中发挥作用。在埃塞这一制造业产值在经济总量中占据最小比例的世界上最贫穷的国家，结构性变化已经开始出现，其原因可以在很大程度上（远比人们普遍认为或预测的要多）归为决策者在政策决策过程中不懈的学习和模仿。

此外，埃塞的发展经验也证实，发展政策的决策是一个复杂而充满挑战的过程，产业政策亦是如此。谨慎而细致的政策非常有必要，但还不足以带来预期的效果。只有以富有变革能力的机制制度、足够强大的追求战略目标的政府以及出现发展问题时进行路线调整的灵活性作为支撑，产业政策才能带来预期的效果。这些特性应该成为机制化政策学习的有机组成部分。政策决策是利益冲突的温床，企业集团纷纷在其中追求狭隘的发展目标。因此，国家政府必须参与并协调跨产业和跨集团的竞争关系，以确保经济结构转型这一"国家项目"和神圣政治目标不会沦为这一竞争的牺牲品。

非洲能够在21世纪实现经济赶超吗？正如Hirschman一直强调的那样，一个现实但不悲观的视角是证明"哈姆雷特式错误"（指悲观主义观点）的必要条件（Adelman，2013）。如果非洲国家能够创造更多的政策空间并合理、有效地发挥政策的作用，它们将可以更加信心满满地向那些发展经济学领域的"哈姆雷特"式悲观主义学者们证实他们的错误。Thirlwall（2002：77–78）曾说过如下这段话：

阿吉特·辛格（Ajit Singh）说，尼古拉斯·卡尔多（Nicholas Kaldor）告诉他三件事情："第一，工业化是国家实现发展的唯一途径；第二，国家实现工业化的唯一途径是进行自我保护；第三，持其他说法的人都在撒谎！发达经济体的确奉行双重标准。"它们对发展中国家鼓吹自由贸易，却对它们自己的市场进行保护。 296

279

# 参考文献

## 综合文献

Abramovitz, Moses (1994) 'Catch-up and convergence in the growth boom and after'. In *Convergence of productivity: Cross-national studies and historical evidence*, edited by William Baumol, Richard Nelson, and Edward Wolff. Oxford: Oxford University Press.

Adelman, Jeremy (2013) *Worldly Philosopher: The Odyssey of Albert O. Hirschman*. Princeton: Princeton University Press.

AfDB (2011) *African Economic Outlook 2011: Africa and its emerging partners*. African Development Bank.

AFP (Agence France-Presse) (2003) 'Ethiopia rejects IMF proposal to privatize loss-making state firms'. 31 August.

Aghion, Beatriz Armendariz (1999) 'Development banking'. *Journal of Development Economics* 58(1):83–100.

Aklilu, Yakob, and Mike Wekesa (2002) *Drought, livestock and livelihoods: Lessons from the 1999–2001 emergency response in the pastoral sector in Kenya*. London: Humanitarian Practice Network, Overseas Development Institute.

Aktouf, Omar (2004) 'The false expectations of Michael Porter's strategic management framework'. *Revista Universidad & Empresa* 6(6):9–41. Available at <http://essay.utwente.nl/65339/1/D%C3%A4lken_BA_MB.pdf>

Aktouf, Omar (2005) 'The False Expectations of Michael Porter's Strategic Management Framework'. *Revista Gestao e Planejameto* Ano 6, 1(11) (January–June 2005):75–94. Available at <http://www.revistas.unifacs.br/index.php/rgb/article/view/199/207>

Altenburg, Tilman (2010) Industrial Policy in Ethiopia. Discussion Paper, Bonn.

Altenburg, Tilman (2011) Industrial Policy in Developing Countries: Overview and Lessons from Seven Country Cases. Discussion Paper 4/2011. Bonn, German Development Institute. Available at <http://www.die-gdi.de/en/discussion-paper/article/industrial-policy-in-developing-countries-overview-and-lessons-from-seven-country-cases/>

Altenburg, Tilman (2013) 'Can Industrial Policy Work under Neopatrimonial Rule?'. In *Pathways to Industrialization in the Twenty-First Century: New Challenges and Emerging Paradigms*, edited by Adam Szirmai, Wim Naudé, and Ludovico Alcorta. Oxford: Oxford University Press.

Amsden, Alice (n.d.), 'Chapter Four: Getting Property Rights "Wrong"', in Developing from Role Models. Unpublished. Available at <http://ubuntuatwork.org/wp-content/uploads/2010/02/Developing-From-Role-Models-Alice-Amsden.pdf> (accessed 5 May 2014).

Amsden, Alice H. (1989) *Asia's Next Giant: South Korea and Late Industrialization.* Oxford: Oxford University Press.

Amsden, Alice H. (1990) 'Third World Industrialization: "Global Fordism" or a New Model?'. *New Left Review* I(182):5–31. Available at <http://newleftreview.org/I/182/alice-h-amsden-third-world-industrialization-global-fordism-or-a-new-model>

Amsden, Alice H. (2001) *The 'Rise of the Rest': Challenges to the West from Late-Industrializing Economies.* Oxford: Oxford University Press.

Amsden, Alice H. (2007a) *Escape from Empire: The Developing World's Journey through Heaven and Hell.* Cambridge MA: MIT Press.

Amsden, Alice H. (2007b) *Nationality of Firm Ownership in Developing Countries: Who Should 'Crowd Out' Whom in Imperfect Markets?* Momigliano Lecture 2007.

Amsden, Alice H. (2008) 'The Wild Ones: Industrial Policies in the Developing World'. In *The Washington Consensus Reconsidered*, edited by Narcis Serra and Joseph E. Stiglitz. Oxford: Oxford University Press.

Amsden, Alice H. (2009) Grass Roots War on Poverty. Available at <http://werdiscussion.worldeconomicsassociation.org/wp-content/uploads/Amsden-Poverty-reformatted.pdf>

Amsden, Alice H., and Wan-Wen Chu (2003) *Beyond Late Development: Taiwan's Upgrading Policies.* Cambridge MA: MIT Press.

Amsden, Alice H., and Takashi Hikino (1994) 'Staying Behind, Stumbling Back, Sneaking Up and Soaring Ahead: Late Industrialization in Historical Perspective'. In *Convergence of productivity: Cross-national studies and historical evidence*, edited by William Baumol, Richard Nelson, and Edward Wolff. Oxford: Oxford University Press.

Ancharaz, Vinaye D. (2003) Trade Policy, Trade Liberalization and Industrialization in Mauritius: Lessons for Sub-Saharan Africa. November. Department of Economics and Statistics, University of Mauritius. Available at <http://www.docin.com/p-67824501.html>

Anderson, Benedict (1991) *Imagined Communities: Reflections on the Origins and Spread of Nationalism.* London: Verso.

Ash, A.J., J.A. Bellamy, and T.G.H Stockwell (1994) 'State and transition models for rangelands: Application of state and transition models to rangelands in northern Australia'. *Tropical Grasslands* 28:223–8.

Austin, Ian Partick (2009) *Common Foundations of American and East Asian Modernisation: From Alexander Hamilton to Junichero Koizumi.* Singapore: Select Publishing.

Balema, Adis Alem (2014) *Democracy and Economic Development in Ethiopia.* Trenton NJ: Red Sea Press.

Bayliss, Kate (2006) 'Privatization theory and practice: A critical analysis of policy evolution in the development context'. In *The New Development Economics: After the Washington Consensus*, edited by K.S. Jomo and Ben Fine. New Delhi: Tulika Books.

非洲制造：埃塞俄比亚的产业政策

Bayliss, Kate, and Ben Fine (2008) *Privatization and alternative public sector reform in Sub-Saharan Africa: Delivering on Electricity and Water*. New York: Palgrave Macmillan.

BBC (2003) 'Ethiopia Hits Out at IMF'. BBC News, 1 September 2003.

Behnke, Roy (2010) The Contribution of Livestock to the Economies of IGAD Member States. Study Findings, Application of the Methodology in Ethiopia and Recommendations for Further Work. IGAD LPI Working Paper No. 02. United Kingdom: Odessa Centre. Available at <http://www.fao.org/fileadmin/user_upload/drought/docs/IGAD%20LPI%20WP%2002-10.pdf>

Behnke, Roy, and Ian Scoones (1992) *Rethinking Range Ecology: Implications for Rangeland Management in Africa*. Dryland Networks Programme, Overseas Development Institute, Issues Paper No. 33, March.

Bhagwati, Jagdish (1989a) 'US Trade Policy at Crossroads'. *World Economy* 12(4): 439–80.

Bhagwati, Jagdish (1989b) *Protectionism*. Cambridge MA: MIT Press.

Bhowon, Veeping, Narainduth Boodhoo, and Pynee A. Chellapermal (2004) 'Mauritius: Policy making in Africa'. In *Politics of Trade and Industrial Policy in Africa: Forced Consensus?*, edited by Charles Soludo, Osita Ogbu, and Ha-Joon Chang. Trenton NJ: Africa World Press.

Brautigam, Deborah (2011) *The Dragon's Gift: The Real Story of China in Africa*. Oxford: Oxford University Press.

Brautigam, Deborah, and Tania Diolle (2009) 'Coalitions, Capitalists and Credibility: Overcoming the crisis of confidence at independence in Mauritius'. April 2009. Available at <http://publications.dlprog.org/Coalitions,%20Capitalists%20and%20Credibility.pdf>

Brian.Carnell.com (2003) 'Ethiopia and the International Monetary Fund at Loggerheads Over Privatization'. Available at <https://brian.carnell.com/articles/2003/ethiopia-and-the-international-monetary-fund-at-loggerheads-over-privatization/> (accessed 22 February 2015).

Buur, Lars (2014) The Development of Natural Resource Linkages in Mozambique: The Ruling Elite Capture of New Economic Opportunities. DIIS Working Paper No. 03. Available at <http://rucforsk.ruc.dk/site/files/48177968/Buur_The_development_of_natural_resource_linkages_in_Mozambique_December_27.docx>

Buur, Lars, Obede Baloi, and Carlota Mondlane Tembe (2012) Mozambique Synthesis Analysis: Between Pockets of Efficiency and Elite Capture. DIIS Working Paper No. 01. Available at <http://transparentsea.co/images/f/fe/WP2012-01-Mozambique_web.pdf>

Cartwright, Nancy, and Jeremy Hardie (2012) *Evidence Based Policy: A Practical Guide to Doing it Better*. Oxford: Oxford University Press.

CBI (2002) 'Cut flower and Foliage', EU Strategic Marketing Guide. Centre for Promotion of Imports from Developing Countries, Ministry of Foreign Affairs, The Netherlands. Available at <http://www.cbi.eu>

CBI (2013) Cut flower market information. Centre for the Promotion of Imports, Ministry of Foreign Affairs of the Netherlands. Available at <http://www.cbi.eu/market-information/cut-flowers-foliage>

Chabal, Patrick, and Jean-Pascal Daloz (1999) *Africa Works: Disorder as political instru-ment*. Oxford: James Currey.

Chandler, Alfred (2004) *Scale and Scope: The dynamics of industrial capitalism*. Cambridge MA: Harvard University Press.

Chandler, Alfred, Franco Amatori, and Taksashi Hikino (eds.) (1997) *Big Business and the Wealth of Nations. Historical and Comparative Contours of Big Business*. Cambridge: Cambridge University Press.

Chang, Ha-Joon (1994) *The Political Economy of Industrial Policy*. London: Macmillan.

Chang, Ha-Joon (1999) 'The Economic Theory of the Developmental State'. In *The Developmental State*, edited by Meredith Woo-Cumings. Ithaca: Cornell University Press.

Chang, Ha-Joon (2003a) *Globalisation, Economic Development and the Role of the State*. London: Zed Books.

Chang, Ha-Joon (2003b) *Kicking Away the Ladder: Development Strategy in Historical Perspective*. London: Anthem Press.

Chang, Ha-Joon (ed.) (2006) *Rethinking development economics*. London: Anthem Press.

Chang, Ha-Joon, and Ajit Singh (1997) 'Can large firms be run efficiently without being bureaucratic?'. *Journal of International Development* 9(6):865–75.

Chenery, Hollis (1960) 'Patterns of Industrial Growth'. *American Economic Review*, vol. L, No. 4, September:624–54.

Chenery, Hollis, Sherman Robinson, and Moshe Syrquin (eds.) (1986) *Industrialization and growth: A comparative study*. Oxford: Oxford University Press.

China Cement Association (2013) 'The development of China cement industry'. Pres-entation of Lei QIanzhi, President of China Cement Association in Izmir, Turkey, in October 2011. <http://www.tcma.org.tr/images/file/Cin%20Cimento%20Birligi%20Baskani%20Lei%20QIANZHI%20.pdf>

China Leather Industry Association (2012). Available at <http://www.chinaleather.org/eng/>

Clapham, Christopher ([1985] 2004) *Third World Politics: An Introduction*. Taylor and Francis e-Library.

Clapham, Christopher (1996) 'Governmentality and economic policy in sub-Saharan Africa'. *Third World Quarterly* 17(4):809–24.

Clapham, Christopher (2009) 'Post-war Ethiopia: The trajectories of crises'. *Review of African Political Economy* 36:120, 181–92. Available at <http://www.tandfonline.com/doi/abs/10.1080/03056240903064953#.Ui4wKMaTiSo>

Collier, Paul (2006) *Africa: Geography and growth*. Centre for the Study of African Economies, Oxford University, July 2006. Available at <http://users.ox.ac.uk/~econpco/research/pdfs/AfricaGeographyandGrowth.pdf>

Collier, Paul (2007) 'Growth Strategies for Africa'. Paper prepared for the Spence Com-mission on Economic Growth, Centre for the Study of African Economies, Oxford.

Collier, Paul (2009) The political economy of state failure. Revised March 2009. Avail-able at <http://www.iig.ox.ac.uk/output/articles/OxREP/iiG-OxREP-Collier.pdf>

Collier, Paul, and Willem Gunning (1999) 'Why has Africa grown slowly?' *Journal of Economic Perspectives* 13(3):3–22.

Commission for Africa (2005) *Our Common Interest: Report of the Commission for Africa*. Available at <http://www.commissionforafrica.info/wp-content/uploads/2005-report/11-03-05_cr_report.pdf>

Cramer, Christopher (1999a) 'Can Africa Industrialize by Processing Primary Commodities? The Case of Mozambican Cashew Nuts'. *World Development* 27(7):1247–66.

Cramer, Christopher (1999b) The Economics and Political Economy of Conflict in Sub-Saharan Africa. Centre for Development Policy and Research, Discussion Paper 1099. Available at <http://www.soas.ac.uk/cdpr/publications/papers/file24327.pdf>

Cramer, Christopher (1999c) Privatisation and the Post-Washington Consensus: Between the lab and the real world? Centre for Development Policy and Research, Discussion Paper 0799.

Cramer, Christopher (1999d) Consultancy study on Ethiopian leather sector, conducted for the Government of Ethiopia, 1999. Unpublished.

Cramer, Christopher (2000) Privatisation and Adjustment in Mozambique: A Hospital Pass? SOAS Department of Economics Working Paper Number 111.

Cramer, Christopher (2006) *Civil War is Not a Stupid Thing: Accounting for Violence in Developing Countries*. London: Hurst.

Cramer, Christopher (2012) 'East Africa between tragedy and hyperbole'. Unpublished presentation, SOAS.

CSTEP (2012) *A study of energy efficiency in the Indian cement industry*. Bengalaru: Center for Study of Science, Technology and Policy.

De Waal, Alex (2012) 'The theory and practice of Meles Zenawi'. *African Affairs* 112 (446):148–55.

Di John, Jonathan (2006) *The Political Economy of Taxation and Tax Reform in Developing Countries*. WIDER Research Paper 2006/74. Helsinki: UNU-WIDER.

Di John, Jonathan (2008) 'Why is the Tax System so Ineffective and Regressive in Latin America?' *Development Viewpoint,* No. 5, June.

Di John, Jonathan (2009) *From Windfall to Curse? Oil and Industrialization in Venezuela, 1920 to the Present*. University Park: Penn State University Press.

Di John, Jonathan (forthcoming) *Manufacturing Brazil: Social Order and Industrialization, 1990 to the Present*.

Diamond, William (1957) *Development Banks*. Washington DC: Mimeo: AFD. Economic Development Institute, International Bank for Reconstruction and Development.

Diamond, William, and V.S. Raghavan (eds.) (1982) *Aspects of development bank management*. London: Johns Hopkins University Press.

Dinh, Hinh T., Vincent Palmade, Vandana Chandra, and Frances Cossar (2012) *Light Manufacturing in Africa: Targeted policies to enhance private investment and create jobs*. Washington DC: World Bank.

Doner, Richard, Bryan Ritchie, and Dan Slater (2005) 'Systemic vulnerability and the origins of developmental states: Northeast and Southeast Asia in comparative perspective'. *International Organization* 59(2):327–61.

Dos Santos, Paulo (2011) 'A Policy Wrapped in Analysis: The World Bank's Case for Foreign Banks'. In *The Political Economy of Development: The World Bank, Neoliberalism*

and Development Research, edited by Kate Bayliss, Ben Fine, and Elisa Van Waeyen-
berge. London: Pluto.

Drucker, Peter (1999) Management: Tasks, Responsibilities, Practices. Oxford: Butter-
worth-Heinemann.

Earle, Edward Mead (1986) 'Adam Smith, Alexander Hamilton, Friedrich List: The
Economic Foundations of Military Power'. In Makers of Modern Strategy from Machia-
velli to the Nuclear Age, edited by Peter Paret. Oxford: Clarendon Press.

Easterly, William (2002) The Elusive Quest for Growth: Economist's Adventures and Misad-
ventures in the Tropics. Cambridge MA: MIT Press.

Easterly, William, and Ross Levine (1997) 'Africa's growth tragedy: Policies and ethnic
divisions'. Quarterly Journal of Economics 112(4):1203–50.

EEA (2013) Ethiopia financial sector performance review. Proceedings of the Third Inter-
national Conference on the Ethiopian Economy. Ethiopian Economic Association.
Addis Ababa: Ethiopian Economic Association. Available at <http://www.eeaecon.
org/node/4944>

Embassy of Japan (2008) A Series of Studies on Industries in Ethiopia. Addis Ababa:
Embassy of Japan. Available at <http://www.et.emb-japan.go.jp/Eco_Research_E.
pdf>

Evans, Peter (1995) Embedded Autonomy: States and Industrial Transformation. Princeton:
Princeton University Press.

Evans, Peter (1997) 'State structures, government-business relations and economic
transformation'. In Business and the state in developing countries, edited by Sylvia
Maxfield and Ben Schneider. London: Cornell University Press.

FAO (2008) Global hides and skins market: Review of 2004–2007 and prospects for 2008.
Food and Agriculture Organization of the United Nations. Available at <www.fao.
org>

FAO (2009) Global hides and skins markets: A review and short-term outlook (As of Novem-
ber 2009). Food and Agriculture Organization of the United Nations. Available at
<http://www.fao.org/economic/est/est-commodities/hides-skins/en/>

FAO (2011) World statistical compendium for raw hides and skins, leather and leather
footwear 1992–2011. Food and Agriculture Organization of the United Nations. Avail-
able at <http://www.fao.org/fileadmin/templates/est/COMM_MARKETS_MONITOR
ING/Hides_Skins/Documents/AA_COMPENDIUM_2011.pdf>

FAO (2013) World Statistical Compendium for raw hides and skins, leather and leather
footwear 1993–2012. Food and Agriculture Organization of the United Nations. Avail-
able at <http://www.fao.org/fileadmin/templates/est/COMM_MARKETS_MONITOR
ING/Hides_Skins/Documents/COMPENDIUM2013.pdf>

FAO/GOB (2013) Botswana agrifood value chain project: Beef value chain study. Food and
Agriculture Organization of the United Nations and the Government of Botswana.

FDDI (2012) Presentation on leather products industry. Unpublished Notes, Indian
Footwear Design and Development Institute, Addis Ababa, Ethiopia.

Fine, Ben (1996) 'Introduction: State and development'. Journal of Southern African
Studies 22(1):5–26.

Fine, Ben (2006) 'The developmental state and the political economy of development'. In *The New Development Economics: After the Washington Consensus*, edited by K.S. Jomo and Ben Fine. London: Zed Books.

FloraHolland (2010) Abridged 2010 Annual Report. Available at <http://www. floraholland.com/media/168711/Jaarverslag%202010%20Eng.pdf>

FloraHolland (2012) Annual Report 2011. <http://www.floraholland.com/media/477979/ jaarverslag_floraholland_2011_engels.pdf>

FloraHolland (2014) 'FloraHolland books small profit in turbulent year for the floriculture industry'. Press Release. Available at <https://www.floraholland.com/en/speciale- paginas/search-in-news/v20291/floraholland-books-small-profit-in-turbulent-year-for- the-floriculture-industry/>

Fosu, Augustin K. (1992) 'Political instability and economic growth: Evidence from sub- Saharan Africa'. *Economic Development and Cultural Change* 40(4):829–41.

Fosu, Augustin K. (2012) 'The African economic growth record, and the roles of policy syndromes and governance'. In *Good growth and governance in Africa: Rethinking development strategies*, edited by Akbar Noman, Kwesi Botchwey, Howard Stein, and Joseph E. Stiglitz. Oxford: Oxford University Press.

Frank, André Gunder (1967) *Capitalism and underdevelopment in Latin America: Historical studies of Chile and Brazil*. New York: Monthly Review Press.

Gebreeyesus, Mulu, and Michiko Iizuka (2010) Discovery of the flower industry in Ethiopia: Experimentation and coordination. UNU-MERIT Working Paper Series No. 25.

Gereffi, Gary (1994) 'The organization of buyer driven global commodity chain: How US retailers shape overseas production networks'. In *Commodity Chains and Global Capitalism*, edited by G. Gereffi and M. Korzeniewicz. London: Praeger.

Gereffi, Gray, and Karina Fernandez-Stark (2011) Global Value Chain Analysis: A Primer Centre on Globalization, Governance and Competitiveness. 31 May. Available at <http://www.cggc.duke.edu/pdfs/2011-05-31_GVC_analysis_a_primer.pdf>

Gereffi, Gary, John Humphrey, and Timothy Sturgeon (2005) 'The governance of global value chains'. *Review of International Political Economy* 12(1):78–104.

Gerschenkron, Alexander (1962) *Economic Backwardness in Historical Perspective*. Cambridge MA: Harvard University Press.

Gerschenkron, Alexander (1955) 'The Problem of Economic Development in Russian Intellectual History.' In *Continuity and Change in Russian and Soviet Thought*, ed. E. J. Simmons. Cambridge, MA: Harvard University Press.

Giezen, Mendel, Luca Bertolini, and Willem Salet (2014) 'Adaptive Capacity within a Mega Project: A Case Study on Planning and Decision-Making in the Face of Com- plexity'. *European Planning Studies*. Available at <http://www.tandfonline.com/doi/ pdf/10.1080/09654313.2014.916254#.VFK6jFdBeE8>

Girard, Rene (1977) *Violence and the Sacred*. Baltimore: Johns Hopkins University Press.

GIZ (2009) *Leather and footwear industry in Vietnam: The labour markets and gender impact of the global economic slowdown on value chains*. Eschborn: Deutsche Gesellschaft für Internationale Zusammenarbeit.

Global Cement (2012) Top global cement companies. 17 December. Available at <www. globalcement.com>

Global Development Solutions (2011) The Value Chain and Feasibility Analysis; Domestic Resource Cost Analysis. Background paper, World Bank, Washington DC. (Light Manufacturing in Africa Study). Available at <http://econ.worldbank.org/ africamanufacturing>

Goodrich, Carter (1965) *The Government and the economy, 1783–1861*. New York: Bobbs-Merrill.

Grabel, Ilene (ed.) (2003) 'International Private Capital Flows and Developing Countries'. In *Rethinking development economics*, edited by Ha-Joon Chang. London: Anthem Press.

de Haan, Cornelis, and Dina Umali (1994) 'Public and private sector roles in the supply of veterinary services'. *World Bank Research Observer* 9(1):71–96.

Hagmann, Tobias, and Jon Abbink (2012) 'Twenty years of revolutionary democratic Ethiopia, 1991–2011'. *Journal of Eastern African Studies* 5(4):579–95.

Hagmann, Tobias, and Jon Abbink (eds.) (2013) *Reconfiguring Ethiopia: The politics of authoritarian reform*. London: Routledge.

Hall, Peter (1987) *Governing the Economy: The politics of state intervention in Britain and France*. Cambridge: Polity Press.

Hamilton, Alexander (1934) *Papers on Public Credit, Commerce and Finance*, ed. Samuel McKee. New York: Columbia University Press.

Hardin, Garrett (1968) 'The Tragedy of the Commons'. *Science*, new series, 162 (3859):1243–48.

Henderson, Vernon (1974) 'The sizes and types of cities'. *American Economic Review* 64 (4):640–56.

Henderson, Vernon (2003) 'Marshall's scale economies'. *Journal of Urban Economics* 53:1–28.

Herring, Roland J. (1999) 'Embedded particularism: India's failed developmental state'. In *The Developmental State*, edited by Meredith Woo-Cumings. Ithaca: Cornell University Press.

Hirschman, Albert O. (1958) *Strategy of Economic Development*. New Haven and London: Yale University Press.

Hirschman, Albert O. (1963) *Journeys toward Progress: Studies of economic policy-making in Latin America*. New York: Twenty Century Fund.

Hirschman, Albert O. (1967) *Development Projects Observed*. Washington DC: Brookings Institution.

Hirschman, Albert O. (1968) 'The Political Economy of Import-Substituting Industrialization in Latin America'. *Quarterly Journal of Economics* 82(1):1–32.

Hirschman, Albert O. (1971) *A Bias for Hope: Essays on development and Latin America*. New Haven: Yale University Press.

Hirschman, Albert O. ([1981] 2008) *Essays in Trespassing: Economics to politics and beyond*. Cambridge: Cambridge University Press.

Hirschman, Albert O. ([1986] 1992) *Rival views of market society and other recent essays*. Cambridge MA: Harvard University Press.

Hirschman, Albert O. (1991) *The Rhetoric of Reaction: Perversity, Futility, Jeopardy*. London: Harvard University Press.

Hirschman, Albert O. (2013) *The Essential HIRSCHMAN*, edited and with an introduction by Jeremy Adelman. Princeton and Oxford: Princeton University Press.

Hobday, Michael (1995) 'East Asian latecomer firms: Learning the technology of electronics'. *World Development* 23(7): 1171–93.

Hobday, Mike (2013) 'Learning from Asia's success: Beyond simplistic "lesson-making"'. In *Pathways to Industrialization in the Twenty-First Century: New Challenges and Emerging Paradigms*, edited by Adam Szirmai, Wim Naudé, and Ludovico Alcorta. Oxford: Oxford University Press.

HSRG (2012) Human security report 2012. Human Security Research Group. Available at <http://www.hsrgroup.org/human-security-reports/2012/overview.aspx>

*Huffington Post* (2014) 'China To Have World's Largest Economy This Year: World Bank', 5 March. Available at <http://www.huffingtonpost.ca/2014/05/03/china-worlds-largest-economy_n_5255825.html>

Humphrey, John, and Hubert Schmitz (2004) 'Chain governance and upgrading: Taking stock'. In *Local Enterprises in the Global Economy*, edited by Hubert Schmitz. Cheltenham: Edward Elgar.

IDS (1997) Collective Efficiency: A Way Forward For Small Firms. IDS Policy Briefing. Issue 10, April. Available at <http://www.ids.ac.uk/files/dmfile/PB10.pdf>

Imara (2011) Imara African cement report: Africa, the last cement frontier, February. Available at <http://www.cgmplc.com/content/assets/pdf/imara_201102_african_cement_report.pd>

International Cement Review (2012) Cemnet.com (South Africa's PPC invests in Ethiopian cement firm, By ICR Newsroom, Published 26 July 2012 <http://www.cemnet.com/News/story/150263/south-africa-s-ppc-invests-in-ethiopian-cement-firm.html>

ITC (2012) Market news service. International Trade Centre. Available from <http://www.intracen.org>

Jackson, Patrick (2006) *Civilizing the Enemy: German Reconstruction and the Invention of the West*. Ann Arbor: University of Michigan Press.

Jalilian, Hossein, and John Weiss (1997) 'Bureaucrats, business and economic growth'. *Journal of International Development* 9:877–85.

Jalilian, Hossein, and John Weiss (2000) 'De-industrialisation in Sub-Saharan Africa: Myth or Crisis?'. *Journal of African Economics* 9(1):24–43.

Jerven, Morten (2010a) Accounting for the African Growth Miracle: The official evidence—Botswana 1965–1995. *Journal of Southern African Studies*, 36(1):73–94. Available at <http://www.tandfonline.com/doi/abs/10.1080/03057071003607337>

Jerven, Morten (2010b) African Growth Recurring: An Economic History Perspective on African Growth Episodes, 1690–2010. Simons Papers in Security and Development, No. 4, June.

Jerven, Morten (2011) 'The quest for the African Dummy: Explaining African Post-colonial economic performance revisited'. *Journal of International Development* 23 (2):288–307.

Jianhua, Zhong (2013) *China's special representative on African affairs on Trade, Aid and Jobs*. Africa Research Institute, 6 August. Available at

Johnson, Chalmers (1982) *MITI and the Japanese miracle: The growth of industrial policy, 1925–1975*. Stanford: Stanford University Press.

Johnson, Chalmers (ed.) (1984) *The Industrial Policy Debate*. San Francisco: Institute for Contemporary Studies.

Jomo, K.S., and Rudiger von Arnim (2012) 'Economic liberalization and constraints to development in Sub-Saharan Africa'. In *Good growth and governance in Africa: Rethinking development strategies*, edited by Akbar Noman, Kwesi Botchwey, Howard Stein, and Joseph E. Stiglitz. Oxford: Oxford University Press.

Jourdan, Paul, Gibson Chigumira, Isaac Kwesu, and Erina Chipumho (2012) *Mining Sector Policy Study*. Zimbabwe Economic Policy Analysis and Research Unit. December.

Kaldor, Nicholas (1966) *Causes of the Slow Rate of Economic Growth of the United Kingdom*. Cambridge: Cambridge University Press.

Kaldor, Nicholas (1967) *Strategic Factors in Economic Development*. Ithaca: New York State School of Industrial and Labour Relations, Cornell University.

Kaplinsky, Raphael (2005) *Globalization, poverty and equality: Between a rock and a hard place*. Cambridge: Polity Press.

Kaplinsky, Raphael, and Mike Morris (2000) *A handbook for value chain research*. Prepared for the IDRC. <http://www.ids.ac.uk/ids/global/pdfs/VchNov01.pdf>

Kay, Cristobal (2002) 'Why East Asia Overtook Latin America: Agrarian Reform, Industrialisation and Development'. *Third World Quarterly* 23(6):1073–102.

Kelsall, Tim (2013) *Business, politics and the state in Africa: Challenging the orthodoxies on growth and transformation*. London: Zed Books.

Kelsall, Tim, David Booth, Diana Cammack, and Frederick Golooba-Mutebi (2010) Developmental patrimonialism? Questioning the orthodoxy on political governance and economic progress in Africa. Working Paper No. 9, July. Africa Power and Politics. Available at <http://r4d.dfid.gov.uk/PDF/Outputs/APPP/20100708-appp-working-paper-9-kelsall-and-booth-developmental-patrimonialism-july-2010.pdf>

Khan, Azizur Rahman (2012) 'Employment in Sub-Saharan Africa: Lessons to be Learnt from the East Asian Experience'. In *Good growth and governance in Africa: Rethinking development strategies*, edited by Akbar Noman, Kwesi Botchwey, Howard Stein, and Joseph E. Stiglitz. Oxford: Oxford University Press.

Khan, Mushtaq H. (2000a) 'Rents, efficiency and growth'. In *Rents, rent-seeking and economic development: Theory and evidence in Asia*, edited by Mushtaq Khan and K.S. Jomo. Cambridge: Cambridge University Press.

Khan, Mushtaq H. (2000b) 'Rent-seeking as process'. In *Rents, rent-seeking and economic development: Theory and evidence in Asia*, edited by Mushtaq Khan and K.S. Jomo. Cambridge: Cambridge University Press.

Khan, Mustaq H. (2006) 'Corruption and governance'. In *The New Development Economics: After the Washington Consensus*, edited by K.S Jomo and Ben Fine. London: Zed Books.

Khan, Mushtaq H., and Stephanie Blankenburg (2009) 'The Political Economy of Industrial Policy in Asia and Latin America'. In *Industrial Policy and Development: The Political Economy of Capabilities Accumulation*, edited by Mario Cimoli, Giovanni Dosi, and Joseph E. Stiglitz. Oxford: Oxford University Press.

Khan, Mushtaq H., and K.S. Jomo (eds.) (2000) *Rents, rent-seeking and economic development: Theory and evidence in Asia*. Cambridge: Cambridge University Press.

Kitching, Gavin (1982) *Development and underdevelopment in historical perspective: Populism, nationalism and Industrialization*. London: Methuen.

Kohli, Atul (2004) *State-Directed Development: Political Power and Industrialization in the Global Periphery*. Cambridge: Cambridge University Press.

KOICA (2013) Project for Establishment of the Detailed Action Plans Strategy to Implement Ethiopian National Economic Development Plan Strategy (Growth and Transformation Plan, GTP). Korea International Cooperation Agency, Korea International Development Institute, and Dalberg. August. Addis Ababa, Ethiopia.

Kolli, Ramesh (2010) A Study on the determination of share of the private sector in Ethiopian Gross Domestic Product. Addis Ababa: Addis Ababa Chamber of Commerce and Sectoral Association.

Kornai, Janos (1980) *Economics of shortage*. 2 vols. Amsterdam: North Holland.

Kornai, Janos (1990) *The road to free economy: Shifting from a socialist system. The Example of Hungary*. New York: Norton.

Krueger, Anne (1974) 'The political economy of rent-seeking society'. *American Economic Review* 64(3):291–303.

Krueger, Anne (1980) 'Trade policy as an input to development'. *American Economic Review* 70(2):288–92.

Krueger, Anne (1990) 'Government failure in economic development'. *Journal of Economic Perspectives* 4(3):9–23.

Lall, Sanjaya (1992) 'Technological Capabilities and Industrialization'. *World Development* 20(2):165–86.

Lall, Sanjaya (1996) *Learning from the Asian Tigers: Studies in Technology and Industrial Policy*. London: Macmillan.

Lall, Sanjaya (1999) Promoting Industrial Competitiveness in Developing Countries: Lessons from Asia. Commonwealth Secretariat, Commonwealth Economics Paper Series, Economic Paper 39. October.

Lall, Sanjaya (2000a) Selective Industrialization Trade Policies in Developing Countries: Theoretical and Empirical Issues. QEH Working Paper No. 48.

Lall, Sanjaya (2000b) The Technological Structure and Performance of Developing Country Manufactured Exports, 1985–1998. QEH Working Paper No. 44.

Lall, Sanjaya (2003) 'Technology and industrial development in an era of globalization'. In *Rethinking development economics*, edited by Ha-Joon Chang. London: Anthem Press.

Lall, Sanjaya (2004) Reinventing Industrial Strategy: The Role of Government Policy in Building Industrial Competitiveness. UNCTAD, G24 Discussion Paper Series No. 28, April. Available at <http://unctad.org/en/Docs/gdsmdpbg2420044_en.pdf>

Lall, Sanjaya (2005) Is African Industry Competing? QEH Working Paper Series Paper No. 121. Available at <http://213.154.74.164/invenio/record/18469/files/lall.pdf>

Lavopa, Alejandro, and Adam Szirmai (2012) Industrialization, employment and poverty. 2012-081. UNU-MERIT Working Paper Series, 2 November 2012. Available at <www.merit.unu.edu/publications/wppdf/2012/wp2012-081.pdf>

LEFASO (2004) Vietnam leather and footwear industry: Opportunities and challenges on the way Vietnam entering WTO. Presentation by Secretary General of the Vietnam Leather and Footwear Association, Nguyen Thi Tong. Available at <http:// siteresources.worldbank.org/INTRANETTRADE/Resources/WBI-Training/288464-1139428366112/Session6-NguyenThiTong-Footwear_EN.pdf>

LEFASO (2012) *Decision on permitting to rename Vietnam Leather - Footwear Association to Vietnam Leather, Footwear and Handbag Association.* Available at <http://www.lefaso. org.vn/default.aspx?ZID1=240&ID1=2>

Lefort, René (2007) 'Powers—*mengist* —and peasants in rural Ethiopia: The May 2005 elections'. *Journal of Modern African Studies* 45(2):435–60.

Lefort, René (2013) 'The theory and practice of Meles Zenawi: A response to Alex de Waal'. *African Affairs. Journal of the Royal African Society* 112(448):460–70.

Lin, Justin Y. (2009) *Economic Development and Transition: Thought, Strategy and Viability.* Cambridge: Cambridge University Press.

Lin, Justin and Ha-Joon Chang (2009) 'Should Industrial Policy in Developing Countries Conform to Comparative Advantage or Defy it? A Debate between Justin Lin and Ha-Joon Chang'. *Development Policy Review* 27(5):483–502.

Lindbeck, Assar (2007) Janos Kornai's contributions to economic analysis. IFN Working Paper No. 724.

List, Friedrich (1827) *Outlines of American Political Economy, in Series of Letters. Letter VII. Reading.* 22 July 1827. Philadelphia: Samuel Parker.

List, Friedrich ([1841] 2005) *National System of Political Economy. Volume 1: The History.* New York: Cosimo.

List, Friedrich (1856) *National System of Political Economy.* Vol. I–IV. Memphis: Lippincott.

Little, Peter, Roy Behnke, John McPeak, and Getachew Gebru (2010) Future Scenarios for Pastoral Development in Ethiopia, 2010–2025. Report No. 2. Pastoral Economic Growth and Development Policy Assessment, Ethiopia.

Mahmoud, Hussein (2010) *Livestock Trade in the Kenyan, Somali and Ethiopian Borderlands. Africa Programme.* September. AFP BP 2010/02. Chatham House, London. Available at <https://www.chathamhouse.org/sites/files/chathamhouse/public/Research/ Africa/0910mahmoud.pdf>

Mahoney, James (2000) 'Path dependence in historical sociology'. *Theory and Society* 29(4):507–48.

Mano, Yukichi and Aya Suzuki (2011) *The case of the Ethiopian cut flower industry.* Hermes Ir, Japan. Technical report. Hitotsubashi University Repository Available at <http://hermes-ir.lib.hit-u.ac.jp/rs/bitstream/10086/25583/1/070econDP13-04.pdf>

Markakis, John (2011) *Ethiopia: The last two frontiers.* New York: James Currey.

Marshall, Alfred (1920) *Principles of Economics.* London: Palgrave Macmillan.

Mazzucato, Mariana (2011) *The Entrepreneurial State*. DEMOS, Open Research Online, London. Available at <www.demos.co.uk/publications/theentrepreneurialstate>

Mazzucato, Mariana (2013a) *The entrepreneurial state: Debunking public vs. private sector myths*. London: Anthem Press.

Mazzucato, Mariana (2013b) 'Lighting the innovation spark'. In *The Great Rebalancing: How to Fix the Economy*, edited by Andrew Harrop. Fabian Society, London. Available at <http://www.fabians.org.uk/wp-content/uploads/2013/01/FABJ320_web.pdf>

McMillan, Margaret and Dani Rodrik (2011) Globalization, structural change and productivity growth. NBER Working Paper No. 17143, June. Available at <http://www.nber.org/papers/w17143>

Meek, James (2014) *Private Island: Why Britain Now Belongs to Someone Else*. London: Verso.

Meisel, Nicolas (2004) Governance and development: A different perspective on corporate governance. OECD Development Centre Studies, May.

Melese, Ayelech Tiruwha, and A.H. Helmsing, (2010) 'Endogenisation or enclave formation? The development of the Ethiopian cut flower industry'. *Journal of Modern African Studies* 48(1):35–66.

Milhaupt, Curtis, and Wentong Zheng (2014) Beyond Ownership: State Capitalism and the Chinese Firm. Available at <http://papers.ssrn.com/sol3/papers.cfm?abstract_id=2413019>

Mkandawire, Thandika (2001) 'Thinking about Developmental States in Africa'. *Cambridge Journal of Economics* 25(3):289–313.

Mkandawire, Thandika (2010) 'From maladjusted states to democratic developmental states in Africa'. In *Constructing a Developmental State in South Africa: Potentials and challenges*, edited by Omano Edigheji. Pretoria: HSRC Press.

Mkandawire, Thandika (2013) Neopatrimonialism and the political economy of economic permormance in Africa: Critical reflections. Institute for Future Studies. 22 April. Available at <http://www.iffs.se/wp-content/uploads/2013/05/2013_1_thandika_mkandawire.pdf>

Mühlenkamp, Holger (2013) *From state to market revisited: More empirical evidence on the efficiency of public (and privately-owned) enterprises*. Munich University Library, Munich. Available at <http://mpra.ub.uni-muenchen.de/47570/>

Musacchio, Aldo, and Sergio, Lazzarini (2014a) *Reinventing State Capitalism: Leviathan in Business, Brazil and Beyond*. Cambridge MA: Harvard University Press.

Musacchio, Aldo, and Sergio, Lazzarini (2014b) 'State-owned Enterprises in Brazil: History and Lessons'. Paper prepared for OECD Workshop on State-owned Enterprises in the Development Process, Paris, 4 April. Revised version, 28 February.

Mwangi, Esther (2007) *Socioeconomic Change and Land Use in Africa: The Transformation of Property Rights in Maasailand*. London: Palgrave Macmillan.

Nico, de Froot (1998) 'Floriculture World Trade: Trade and Consumption Patterns'. Agricultural Economics Research Institute (LEIDCO), The Netherlands.

Nolan, Peter (2003) 'Industrial policy in the early 21st century: The challenge of the Global Business Revolution'. In *Rethinking development economics*, edited by Ha-Joon Chang. London: Anthem Press.

Nolan, Peter (2012) *Is China Buying the World?* Cambridge: Polity Press.

Noland, Marcus, and Howard Pack (2003) *Industrial policy in an era of globalization: Lessons from Asia.* Washington DC: Institute for International Economics.

North, Douglass C. (1990) *Institutional changes and economic performance.* Cambridge: Cambridge University Press.

O'Brien, Patrick K. (1991) *Power with Profit: The State and the Economy 1688–1815: An Inaugural Lecture Delivered in the University of London.* London: University of London.

Ocampo, José A. (2005) 'The quest for Dynamic Efficiency: Structural Dynamics and Economic Growth in Developing Countries'. In *Beyond Reforms, Structural Dynamics and Macroeconomic Vulnerability,* edited by José A. Ocampo. Palo Alto: Stanford University Press and ECLAC.

Ocampo, José A. (2007) 'Introduction'. In UN-DESA (2007) *Industrial Development for the 21st Century: Sustainable Development Perspectives.* United Nations Department of Economic and Social Affairs, New York. Available at <http://www.un.org/esa/su stdev/publications/industrial_development/full_report.pdf>

Ocampo, José A. (2008) 'Introduction'. In *Industrial Development for the 21st century,* edited by David O'Connor and Monica Kjollerstrom. London: Zed Books.

Ocampo, José A., Codrina Rada, and Lance Taylor (2009) *Growth and policy in developing countries: A structuralist approach.* New York: Columbia University Press.

OECD (1975) *The Aims and Instruments of Industrial Policy: A Comparative Study.* Paris: Organisation for Economic Co-operation and Development.

OECD (1976) *The footwear industry: Structure and governmental policies.* Paris: Organisation for Economic Co-operation and Development.

Ottaway, Marina (1999) *Africa's new leaders: Democracy or state reconstruction?* Washington DC: Carnegie Endowment for International Peace.

Ottaway, Marina (2003) 'African priorities: Democracy isn't the place to start'. *New York Times*, 23 May. Available at <http://www.nytimes.com/2003/05/23/opinion/23iht-edmarina_ed3_.html>

Owens, Trudy, and Adrian Wood (1997) 'Export-oriented industrialization through primary processing?'. *World Development* 25(9):1453–70.

Oya, Carlos (2010) Rural inequality, wage employment and labour market formation in Africa: Historical and micro level evidence. International Labour Organization, Working Paper 197, August.

Oya, Carlos (2011) 'Agriculture in the World Bank: Blighted Harvest Persists'. In *The political economy of development: The World Bank, neoliberalism and development research,* edited by Kate Bayliss, Ben Fine, and Elisa Waeyenberge. London: Pluto.

Oya, Carlos (2012) 'Combining Qualitative and Quantitative Methods: Issues, Tools and Challenges'. Unpublished notes.

Padayachee, Vishnu (ed.) (2010) *The Political Economy of Africa.* New York: Routledge.

Page, John (2011) 'Can Africa industrialise?' *Journal of African Economies* 21, Supplement 2, AERC Plenary Session. Available at <http://jae.oxfordjournals.org/content/21/suppl_2/ii86.full>

Page, John (2013) 'Should Africa Industrialize?' In *Pathways to Industrialization in the Twenty-First Century: New Challenges and Emerging Paradigms*, edited by Adam Szirmai, Wim Naudé, and Ludovico Alcorta. Oxford: Oxford University Press.

Page, John, and Mans Söderbom (2012) Is small beautiful? Small enterprise, aid and employment in Africa. United Nations University World Institute for Development Economics Research, Working Paper No. 2012/94.

Palma, Gabriel J. (2003) 'The "Three Routes" to Financial Crises: Chile, Mexico and Argentina [1]; Brazil [2]; and Korea, Malaysia and Thailand [3]'. In *Rethinking Development Economics*, edited by Ha-Joon Chang. London: Anthem Press.

Palma, Gabriel J. (2009) 'Flying geese and waddling ducks: The different capabilities of East Asia and Latin America to "demand-adapt" and "supply-upgrade" their export productive capacity'. In *Industrial Policy and Development: The Political Economy of Capabilities Accumulation*, edited by Mario Cimoli, Giovanni Dosi, and Joseph E. Stiglitz. Oxford: Oxford University Press.

Palma, Gabriel J. (2011) How to create a financial crisis by trying to avoid one: The Brazilian 1999-financial collapse as 'Macho-Moneterism' can't handle 'Bubble Thy Neighbour' level of inflows. Cambridge Working Papers in Economics (CWPE) 1301. Available at <http://www.econ.cam.ac.uk/research/repec/cam/pdf/cwpe1301.pdf>

Palma, Gabriel J. (2012) How the full opening of the capital account to highly liquid financial markets led Latin America to two and half cycles of 'mania, panic and crash'. Cambridge Working Papers in Economics (CWPE) 1201. Available at <http://www.econ.cam.ac.uk/research/repec/cam/pdf/cwpe1201.pdf>

Pankhurst, Richard (1996) 'Post-World War II Ethiopia: British military policy and action for the dismantling and acquisition of Italian factories and other assets, 1941–2', *Journal of Ethiopian Studies* 29(1):35–77.

Pasinetti, Luigi (1981) *Structural Change and Economic Growth: A theoretical essay on the dynamics of the wealth of nations*. Cambridge: Cambridge University Press.

Pasinetti, Luigi (1993) Structural economic dynamics: A theory of the economic consequences of human learning. Cambridge: Cambridge University Press.

Peres, Wilson (2013) 'Industrial policies in Latin America'. In *Pathways to Industrialization in the Twenty-First Century: New Challenges and Emerging Paradigms*, edited by Adam Szirmai, Wim Naudé and Ludovico Alcorta. Oxford: Oxford University Press.

Polanyi, Karl (1944) *The Great Transformation: The Political and Economic Origins of our time*. Boston MA: Beacon Press.

Porter, Michael E. (1998) *The Competitive Advantage of Nations*. New York: Palgrave Macmillan.

Porter, Michael E. (2008) The five competitive forces that shape strategy. *Harvard Business Review*. January. Reprint No. R0801E, Harvard Business Review. Available at <http://www.exed.hbs.edu/assets/documents/hbr-shape-strategy.pdf/>

Possas, Mario, and Heloisa Borges (2009) 'Competition Policy and Industrial Development'. In *Industrial Policy and Development: The Political Economy of Capabilities Accumulation*, edited by Mario Cimoli, Giovanni Dosi, and Joseph E. Stiglitz. Oxford: Oxford University Press.

Prebisch, Raúl (1950) *The economic development of Latin America and its principal problems*. New York: UN Department of Economic Affairs.

Reinert, Erik S. (2009) 'Emulation versus comparative advantage: Competing and complementary principles in the history of economic policy'. In *Industrial Policy and Development: The Political Economy of Capabilities Accumulation*, edited by Mario Cimoli, Giovanni Dosi, and Joseph E. Stiglitz. Oxford: Oxford University Press.

Reinert, Erik S. (2010) *How Rich Countries Got Rich and How Poor Countries Stay Poor*. London: Constable.

Reuters (2009) 'Ethiopia says recession hits Dutch flower sales'. Available at <http://af.reuters.com/article/investingNews/idAFJOE5210BX20090302>

Rhee, Yung Whee, Bruce Ross-Larson, and Garry Pursell (2010 [1984]) *How Korea did it? From economic basket case to successful development strategy in the 1960s and 1970s*. Seoul: Random House Korea.

Ricardo, David ([1817] 2004) *The Principles of Political Economy and Taxation*. New York: Dover Publications.

Riddell, Roger (1990) *Manufacturing Africa: Performance and Prospects of Seven Countries in Sub-Saharan Africa*. London: James Currey.

Rikken, Milco (2011) *Global Competitiveness of the Kenyan Flower Industry*. Technical Paper for Kenya Flower Council and the World Bank Group. Available at <http://www.euacpcommodities.eu/files/2.ESA_.D02_KFC_Seminar_Issue_-_Global_Com petitiveness.pdf>

Roberts, Simon (2004) The role for competition policy in economic development: The South African experience. Trade and Industrial Policy Strategies (TIPS) Working Paper 8. Available at <http://crdi.ca/EN/Documents/The-Role-of-Competition-Policy-in-Economic-Development.pdf>

Rodrik, Dani (1997) Trade Policy and Economic Performance in Sub-Saharan Africa. Harvard University-Harvard Kennedy School, Centre for Policy Research, NBER Working Paper No. 6562.

Rodrik, Dani (2004) 'Industrial Policy for the 21st Century'. September. Available at <http://www.hks.harvard.edu/fs/drodrik/Research%20papers/UNIDOSep.pdf>

Rodrik, Dani (2008a) 'A practical approach to formulating growth strategies'. In *The Washington Consensus Reconsidered: Towards a New Global Governance*, edited by Narcis Sera and Joseph E. Stiglitz. Oxford: Oxford University Press.

Rodrik, Dani (2008b) 'Notes on the Ethiopian economic situation: Refining Ethiopian Industrial Policy Strategy'. Unpublished.

Rodrik, Dani (2008c) Normalizing Industrial Policy. Commission on Growth and Development Working Paper No. 3, Washington DC.

Rodrik, Dani (2011) The Future of Economic Convergence. National Bureau of Economic Research Working Paper 17400. Available at <http://www.nber.org/papers/w17400.pdf>

Rodrik, Dani (2012) *The Globalization Paradox: Why Global Markets, States, and Democracy Can't Coexist*. Oxford: Oxford University Press.

Rodrik, Dani (2014) An African Growth Miracle? April. Available at <https://www.sss.ias.edu/files/pdfs/Rodrik/Rcscarch/An_African_growth_miracle.pdf>

非洲制造：埃塞俄比亚的产业政策

Rodriguez, Franscisco, and Dani Rodrik (2001) *Trade Policy and Economic Growth: A Sketpic's Guide to the Cross-National Evidence.* Available at <http://www.nber.org/chapters/c11058.pdf>

SaKong, Il, and Youngsun Koh (eds.) (2010) *The Korean Economy: Six Decades of Growth and Development.* The Committee for the Sixty-Year History of the Korean Economy. Seoul: The Korean Development Institute (KDI).

Schmitz, Hubert (1995a) 'Collective Efficiency: growth path for small-scale industry'. *Journal of Development studies* 31(4):529–66.

Schmitz, Hubert (1995b) 'Small shoemakers and Fordist giants: Tale of a super cluster'. *World Development* 23(1):9–28.

Schmitz, Hubert (1998) Responding to Global Competitive Pressure: Local Co-operation and Upgrading in the Sino's Valley, Brazil. IDS Working Paper 82. Available at <https://www.ids.ac.uk/files/Wp82.pdf>

Schmitz, Hubert (1999) 'Global competition and local cooperation: Success and failure in the Sinos valley, Brazil'. *World Development* 27(9):1627–50.

Schmitz, Hubert (2004) 'Local Upgrading in Global Chains: Recent Findings'. Paper presented to DRUID Summer Conference 2004 on Industrial Dynamics, Innovation and Development. Elsinore, Denmark, 14–16 June. Available at <http://www.druid.dk/uploads/tx_picturedb/ds2004-1422>

Schmitz, Hubert (2007) 'Reducing complexity in the industrial policy debate'. *Development Policy Review* 25(4):417–28.

Schmitz, Hubert, and Peter Knorringa (2000) 'Learning from global buyers.' *Journal of Development Studies* 37(2):177–205.

Schwartz, Herman (2010) *States versus markets: The emergence of a global economy.* New York: Palgrave.

Seguino, Stephanie (2000) 'The effects of structural change and economic liberalisation on gender wage differentials in South Korea and Taiwan'. *Cambridge Journal of Economics* 24(4):437–59.

Selim, Tarek, and Ahmed Salem (2010) *Global Cement Industry: Competitive and Institutional Dimensions.* MPRA_paper_24464, Munich, Munich University Library. Available at <http://mpra.ub.uni-muenchen.de/24464/2/MPRA_paper_24464.pdf>

Selwyn, Ben (2012) *Workers, state and development in Brazil: Powers of labour, chains of value.* Manchester: Manchester University Press.

Sender, John (1999) 'Africa's Economic Performance: Limitations of the current consensus'. *Journal of Economic Perspectives* 13(3):89–114.

Sender, John (2003) 'Rural Poverty and Gender: Analytical Frameworks and Policy Proposals'. In *Rethinking development economics,* edited by Ha-Joon Chang. London: Anthem Press.

Sender, John, Christopher Cramer, and Carlos Oya (2005) Unequal prospects: disparities in the quantity and quality of labour supply in sub-Saharan Africa. World Bank, Washington DC, World Bank Social Protection Discussion Paper Series 0525. <http://siteresources.worldbank.org/SOCIALPROTECTION/Resources/0525.pdf>

Sender, John, Carlos Oya, and Christopher Cramer (2006) 'Women working for wages: Putting flesh on the bones of a rural labour market survey in Mozambique'. *Journal of Southern African Studies* 32(2):313–33.

Sender, John, and Sheila Smith (1986) *The Development of Capitalism in Africa*. London: Methuen.

Shin, Jang-Sup (1996) *The Economics of the Latecomers: Catching-up, technology transfer and institutions in Germany, Japan and South Korea*. London: Routledge.

Shirley, Mary (1997) 'The economics and politics of government of ownership'. *Journal of International Development* 9(6):849–64.

Simon, Bereket (2011) *The tale of two elections* (in Amharic). Addis Ababa: Mega Printing Enterprise.

Singh, Ajit (2011) Comparative advantage, industrial policy and the World Bank: Back to first principles. March. Available at <http://www.cbr.cam.ac.uk/pdf/WP418.pdf>

Söderbom, Mans (2011) 'Firm size and structural change: A case study of Ethiopia'. *Journal of African Economies* 21, Supplement 2, AERC Plenary Session, May. Oxford Journals, Oxford: Oxford University. Available at <http://jae.oxfordjournals.org/con tent/21/suppl_2/ii126.full.pdf+html>

Soludo, Charles, Osita Ogbu, and Ha-Joon Chang (eds.) (2004) *The politics of trade and industrial policy in Africa: Forced Consensus?* Trenton NJ: Africa World Press.

Sonobe, Tetushi, and Keijiro Otsuka (2006) *Cluster-based industrial development: An East Asian Model*. New York: Palgrave Macmillan.

Stein, Howard (2006) 'Rethinking African Development'. In *Rethinking development economics*, edited by Ha-Joon Chang. London: Anthem Press.

Stein, Howard (2012) 'Africa, industrial policy, and export processing zones: Lessons from Asia'. In *Good growth and governance in Africa: Rethinking development strategies*, edited by Akbar Noman, Kwesi Botchwey, Howard Stein, and Joseph E. Stiglitz. Oxford: Oxford University Press.

Stewart, Frances (2002) Horizontal Inequalities: A Neglected Dimension of Development. QEH Working Paper Series. Working Paper No. 8. Available at <http://www3. qeh.ox.ac.uk/pdf/qehwp/qehwps81.pdf>

Stewart, Frances (2008) *Horizontal inequalities and conflict: Understanding group violence in multiethnic societies*. New York: Palgrave MacMillan.

Stiglitz, Joseph (1998) 'More Instruments and Broader Goals: Moving Towards the Post-Washington Consensus'. WIDER Annual Lecture, Helsinki, 7 January 1998.

Stiglitz, Joseph E. (2002) *Globalization and its discontents*. London: Penguin.

Stiglitz, Joseph E. (2011) The Mauritius Miracle. Project Syndicate. Available at <http:// www.project-syndicate.org/commentary/the-mauritius-miracle>

Studwell, Joe (2013) *How Asia Works: Success and Failure in the World's Most Dynamic Region*. London: Profile Books.

Sutton, John, and Nebil Kellow (2010) *An Enterprise Map of Ethiopia*. International Growth Centre.

Szirmai, Adam, Wim Naudé, and Ludovico Alcorta (2013) *Pathways to Industrialization in the 21st century: New Challenges and Emerging Paradigms*. Oxford: Oxford University Press.

Taleb, Nassim N. (2012) *Antifragile: Things that gain from disorder*. London: Penguin.

Tareke, Gebru (1990) 'Continuity and discontinuity in peasant mobilization: The cases of Bale and Tigray'. In *The Political Economy of Ethiopia*, edited by Marina Ottaway. New York: Praeger.

Tareke, Gebru (1991) *Ethiopia: Power and Protest: Peasant Revolts in the Twentieth Century*. Cambridge: Cambridge University Press.

Tekeste, Abarham (2014) *Trade Policy and Performance of Manufacturing Firms in Ethiopia*. Saarbrücken: Scholars' Press.

*The Economist* (2008) 'Kenya's flower industry'. 7 February. Available at <http://www.economist.com/node/10657231>

*The Economist* (2009) 'Dutch flower auctions'. 8 April.

*The Economist* (2013) 'The entrepreneurial state: A new book points out the big role governments play in creating innovative businesses'. 31 August. Available at <http://www.economist.com/news/business/21584307-new-book-points-out-big-role-governments-play-creating-innovative-businesses>

The Economist Intelligence Unit (2012) Ethiopia: At an economic crossroads. 21 August. Available at <http://country.eiu.com/article.aspx?articleid=659462850&Country=Ethiopia&topic=Economy>

*The Guardian* (2011) 'Ethiopia's partnership with China: China sees Ethiopia as a land of business opportunities, but the African country remains in charge of any deals'. 30 December. Available at <www.theguardian.com/global-development/poverty-matters/2011/dec/30/china-ethiopia-business-opportunities>

Thirlwall, Anthony (1980) *Balance-of-Payments Theory and the United Kingdom Experience*. London: Macmillan.

Thirlwall, Anthony (2002) *The nature of economic growth: An alternative framework for understanding the performance of nations*. Cheltenham: Edward Elgar.

Thirlwall, Anthony (2011) *Economics of Development*, 9th edn. London: Palgrave Macmillan.

Thirlwall, Anthony, and Stephen Bazen (1989) *Deindustrialization*. Oxford: Heinemann.

Tregenna, Fiona (2008a) 'The contributions of manufacturing and services to employment creation and growth in South Africa'. *South African Journal of Economics* 76(S2): s175–s204.

Tregenna, Fiona (2008b) 'Sectoral engine of growth in South Africa: An analysis of services and manufacturing'. UNU-WIDER Research Paper No. 98. November.

Tregenna, Fiona (2012) 'Sources of subsectoral growth in South Africa'. *Oxford Development Studies* 40(2):162–89.

Tregenna, Fiona (2013) 'Deindustrialization and Reindustrialization'. In *Pathways to Industrialization in the Twenty-First Century: New Challenges and Emerging Paradigms*, edited by Adam Szirmai, Wim Naudé, and Ludovico Alcorta. Oxford: Oxford University Press.

UN COMTRADE (2012) United Nations Commodity Trade Statistics, Statistics Division.

UNCTAD (2000) Tax Incentives and Foreign Direct Investment: A global survey. ASIT Advisory Studies No. 16. Geneva: United Nations Conference on Trade and Development.

UNCTAD (2006) LDC Report. United Nations Conference on Trade and Development. Available at <www.unctad.org>

UNCTAD (2008) Trade and Development Report, 2008. Domestic Sources of Finance and Investment in Productive Capacity, Chapter IV. Available at <http://unctad.org/en/docs/tdr2008ch4_en.pdf>

UNCTAD (2011) UNCTAD Least Developed Countries Report 2011. United Nations Conference on Trade and Development.

UNCTAD (2014) Global governance and policy space for development, Trade and Development Report, 2014. New York and Geneva.

UNCTAD-UNIDO (2011) Economic Development in Africa Report 2011: Fostering Industrial Development in Africa in the New Global Environment. United Nations Industrial Development Organization, New York and United Nations Conference on Trade and Development, Geneva.

UN-DESA (2009) World Population Policies 2009. United Nations Department of Economic and Social Affairs, New York.

UN-DESA (2013) World Population Prospects: The 2012 Revision, New York.

UNECA and AU (2011) *Economic Report on Africa 2011. Governing Development in Africa: The Role of the State in Economic Transformation.* Economic Commission for Africa and Africa Union. Available at <http://www.uneca.org/sites/default/files/publications/era2011_eng-fin.pdf>

UNECA (2012) Report on livestock value chains in Eastern and Southern Africa: A regional perspective. United Nations Economic Commission for Africa, Addis Ababa. November.

UNECA and AU (2013) Making the Most of Africa's Commodities: Industrializing for Growth, Jobs and Economic Transformation. Economic Report on Africa 2013. Available at <http://www.uneca.org/publications/economic-report-africa-2013>

UNECA and AU (2014) Dynamic Industrial Policy in Africa: Innovative Institutions, Effective Processes and Flexible Mechanisms. Economic Report on Africa 2014. <http://www.uneca.org/publications/economic-report-africa-2014>

UN-HABITAT (2010) The Ethiopia Case of Condominium Housing: The Integrated Housing Development Programme. United Nations Human Settlements Programme, Nairobi.

UNIDO (2003) A blueprint for the African leather industry: A development, investment and trade guide for the leather industry in Africa. United Nations Industrial Development Organization, Vienna.

UNIDO (2005) A Strategic Plan for the Development of Ethiopian Leather and Leather Products Industry. Volume I and II. United Nations Industrial Development Organization, Vienna.

UNIDO (2012) Ethiopia: Technical assistance project for the upgrading of the Ethiopian leather and leather products industry. United Nations Industrial Development Organization, Vienna.

USAID (2008) Success Story: Ethiopians Learning to Fight Ectoparasites. United States Agency for International Development, Washington, DC.

USGS (2010a) *2010 Minerals Yearbook, Ethiopia (Advance Release)*. US Geological Survey and US Department of the Interior. June.

USGS (2010b) Hydraulic Cement African Production, by Country. US Geological Survey.

USGS (2011a) Mineral Commodity Summaries: Cement. US Geological Survey. January.

USGS (2011b) USGS Mineral Program Cement Report. Available at <http://minerals. usgs.gov/minerals/pubs/commodity/cement/mcs-2011-cemen.pdf>

USGS (2013) Mineral Commodity Summaries: Cement. US Geological Survey. January. Available at <www.minerals.usgs.gov/minerals/pubs/mcs/2013/mcs2013.pdf>

Vaughan, Sarah, and Mesfin Gebremichael (2011) Rethinking business and politics in Ethiopia: The role of EFFORT, The Endowment Fund for the Rehabilitation of Tigray. APPP Research Report 2.

Vergne, Jean-Philippe, and Rodolphe Durand (2010) 'The Missing Link between the Theory and Empirics of Path Dependence: Conceptual Clarification, Testability Issue, and Methodological Implications'. *Journal of Management Studies* 47(4):736–59.

Wade, Robert ([1990] 2004) *Governing the Market: Economic Theory and the Role of the Government in East Asian Industrialization*. Princeton: Princeton University Press.

Warren-Rodriguez, Alex (2008) 'Uncovering dynamics in the accumulation of technological capabilities and skills in the Mozambican manufacturing sector'. Available at <http://www.soas.ac.uk/economics/research/workingpapers/file43193.pdf/>

Warren-Rodriguez, Alex (2010) 'Industrialisation, state intervention and the demise of manufacturing development in Mozambique'. In *African Political Economy*, edited by Vishu Padayachee. New York: Routledge.

Warwick, Ken (2013) Beyond Industrial Policy: Emerging Issues and New Trends. OECD Science, Technology and Industry Policy Papers No. 2.

Washington Council for International Trade (2013) <http://wcit.org>

Watanabe, Matsuo, and Atsushi Hanatani (2012) 'Issues in Africa's Industrial Policy Process'. In *Good Growth and Governance in Africa: Rethinking Development Strategies*, edited by Adam Szirmai, Wim Naudé, and Ludovico Alcorta. Oxford: Oxford University Press.

Weber, Max (1947) *The Theory of Social and Economic Organization*. New York: Free Press.

Weiss, John (2013) 'Industrial Policy in the Twenty-First Century: Challenges for the Future'. In *Pathways to Industrialization in the Twenty-First Century: New Challenges and Emerging Paradigms*, edited by Adam Szirmai, Wim Naudé, and Ludovico Alcorta. Oxford: Oxford University Press.

Whitfield (2011) Growth without Economic Transformation: Economic Impacts of Ghana's Political Settlement. DIIS Working Paper No. 28. Available at <http://subweb.diis.dk/graphics/Publications/WP2011/WP2011-28-Growth-without-Economic-Transformation-Ghana_web.pdf>

Williamson, John (2008) 'A short history of the Washington Consensus'. In *The Washington Consensus Reconsidered: Towards a New Global Governance*, edited by Narcis Sera and Joseph E. Stiglitz. Oxford: Oxford University Press.

Woo-Cumings, Meredith (ed.) (1999) *The Developmental State*. Ithaca: Cornell University Press.

Woo-Cumings, Meredith (1999) 'Introduction: Chalmers Johnson and the Politics of Nationalism and Development'. *The Developmental State*, edited by Meredith Woo-Cumings. Ithaca: Cornell University Press.

World Bank (1995) Bureaucrats in Business: The Economics and Politics of Government Ownership. Policy Research Report. World Bank, Washington DC.

World Bank (2008) Reshaping Economic Geography, 2009 World Development Report, Washington DC.

World Bank (2009a) Cement sector in Africa and CDM: Investing in clean technologies and energy savings. Key sheet. May.

World Bank (2009b) Cement Sector Program in Sub-Saharan Africa: Barriers analysis to CDM and solutions. World Bank/CF Assist. April.

World Bank (2009c) Ethiopia: The Employment Creation Effects of the Addis Ababa Integrated Housing Program. Report No. 47648-ET. March 2009.

World Bank (2010) Africa's Infrastructure: A time for transformation. African Development Forum.

World Bank (2012a) 'Chinese FDI in Ethiopia: A World Bank Survey'. Draft, unpublished. World Bank, Poverty Reduction and Economic Management, Africa Region, AFTP2, October, Addis Ababa.

World Bank (2012b) Diagnosing corruption in Ethiopia: Perceptions, Realities, and the way forward for key sectors, edited by Jannelle Plummer. Washington DC: World Bank.

World Bank (2013) Life expectancy at birth, total (years). Available at <http://data.worldbank.org/indicator/SP.DYN.LE00.IN>

World Bank and International Finance Corporation (2011) *Doing Business 2011: Making a difference for Entrepreneurs*. Washington DC: World Bank.

World Bank and International Finance Corporation (ed.) (2013) Doing *Business 2013: Smarter Regulation for Small and Medium Enterprises*. Washington DC: World Bank.

Wrong, Michela (2005) *I didn't do it for you: How the world used and abused a small African nation*. London: Harper Perennial.

Wu, John C. (2004) *The mineral industry of the Republic of Korea*. Reston, VA: USGS. Available at <http://minerals.usgs.gov/minerals/pubs/country/2004/ksmyb04.pdf>

Young, Allyn (1928) 'Increasing returns and economic progress'. *Economic Journal* 38 (152):527–42.

Young, John ([1997] 2006) *Peasant Revolution in Ethiopia: The Tigray People's Liberation Front 1975–1991*. Cambridge: Cambridge University Press.

Zenawi, Meles (2012) 'States and Markets: Neoliberal Limitations and the Case for a Developmental State'. In *Good growth and governance in Africa: Rethinking development strategies*, edited by Akbar Noman, Kwesi Botchwey, Howard Stein, and Joseph E. Stiglitz. Oxford: Oxford University Press.

Zewde, Bahru (ed.) (2002a) *The History of Modern Ethiopia 1955–1991*. Athens: Ohio University Press.

Zewde, Bahru (2002b) *Pioneers of Change in Ethiopia: The Reformist Intellectuals of the Early Twentieth Century*. Oxford: James Currey.

## 部分本地文献

AACG (2003) Housing stock and demand in Addis Ababa. Unpublished. Housing Development Agency.

CBE (2011) Special truck loan and pre-shipment export credit facility guideline. Letter of Commercial Bank of Ethiopia's president to all branches, district, and head office organs. P/BZ/08/11. Addis Ababa, Ethiopia.

CBE (2012) Summary of performance progress on grand initiatives, priority sector financing, and FCY inflow. Commercial Bank of Ethiopia. Unpublished. Addis Ababa, Ethiopia.

Chemical Industry Development Directorate, MOI (2012) Letters and minutes (Nos. 1–80) compiled by Ministry of Industry from 2009–12. Addis Ababa, Ethiopia.

CSA (1988) *Results of the survey of manufacturing and electricity industries* (1984/85). Central Statistical Authority, February 1988, Addis Ababa, statistical bulletin 58.

CSA (1990) *Results of the survey of manufacturing and electricity industries* (1986/87). Central Statistical Authority, January 1990, Addis Ababa, statistical bulletin 75.

CSA (1991) *Results of the survey of manufacturing and electricity industries* (1987/88). Central Statistical Authority, January 1991, Addis Ababa, statistical bulletin 87.

CSA (1992) *Results of the survey of manufacturing and electricity industries* (1988/89). Central Statistical Authority, April 1992, Addis Ababa, statistical bulletin 97.

CSA (1993) *Results of the survey of manufacturing and electricity industries* (1989/90). Central Statistical Authority, April 1993, Addis Ababa, statistical bulletin 112.

CSA (1994) *Results of the survey of manufacturing and electricity industries* (1992/93). Central Statistical Authority, August 1994, Addis Ababa, statistical bulletin 126.

CSA (1995) *Results of the survey of manufacturing and electricity industries* (1993/94). Central Statistical Authority, August 1995, Addis Ababa, statistical bulletin 136.

CSA (1996) *Results of the survey of manufacturing and electricity industries* (1994/95). Central Statistical Authority, September 1996, Addis Ababa, statistical bulletin 158.

CSA (1997) *Report on large scale manufacturing and electricity industries survey*. Central Statistical Authority, October 1997, Addis Ababa, statistical bulletin 178.

CSA (1998) *Report on large scale manufacturing and electricity industries survey*. Central Statistical Authority, October 1998, Addis Ababa, statistical bulletin 191.

CSA (1999) *Report on large scale manufacturing and electricity industries survey*. Central Statistical Authority, September 1999, Addis Ababa, statistical bulletin 210.

CSA (2000) *Report on large scale manufacturing and electricity industries survey*. Central Statistical Authority, October 2000, Addis Ababa, statistical bulletin 231.

CSA (2001) *Report on large scale manufacturing and electricity industries survey*. Central Statistical Agency, February 2001, Addis Ababa, statistical bulletin 248.

CSA (2001, 2002, 2007, 2008, 2010, and 2011b) Statistical Abstracts of 2001, 2002, 2007, 2008, 2010, and 2011. Central Statistical Agency, Addis Ababa, Ethiopia.

CSA (2002) *Report on large scale manufacturing and electricity industries survey*. Central Statistical Agency, October 2002, Addis Ababa, statistical bulletin 265.

CSA (2003) *Report on large scale manufacturing and electricity industries survey*. Central Statistical Agency, October 2003, Addis Ababa, statistical bulletin 281.

CSA (2004) *Report on large scale manufacturing and electricity industries survey.* Central Statistical Agency, November 2004, Addis Ababa, statistical bulletin 321.

CSA (2005) *Report on large scale manufacturing and electricity industries survey.* Central Statistical Authority.

CSA (2006) *Report on large scale manufacturing and electricity industries survey.* Central Statistical Agency, November 2006, Addis Ababa, statistical bulletin 380.

CSA (2007) *Report on large scale manufacturing and electricity industries survey.* Central Statistical Agency, October 2007, Addis Ababa, statistical bulletin 403.

CSA (2008) *Report on large scale manufacturing and electricity industries survey.* Central Statistical Agency, October 2008, Addis Ababa, statistical bulletin 431.

CSA (2009) *Report on large scale manufacturing and electricity industries survey.* Central Statistical Agency, December 2009, Addis Ababa, statistical bulletin 472.

CSA (2010) *Report on large scale manufacturing and electricity industries survey.* Central Statistical Agency, November 2010, Addis Ababa, statistical bulletin 500.

CSA (2011) *Report on large scale manufacturing and electricity industries survey.* Central Statistical Agency, August 2011, Addis Ababa, statistical bulletin 531.

CSA (2012a) *Agricultural sample surveys (from 2005 to 2012),* Vol. II, Statistical Bulletins 331, 361, 388, 417, 446, 468, 505, and 532. Central Statistical Agency, Addis Ababa, Ethiopia.

CSA (2012b) List of firms involved in the 2012 survey of manufacturing sector, leather and leather products sector. Central Statistical Agency, Addis Ababa, Ethiopia.

CSA (2012c) *Report on large scale manufacturing and electricity industries survey.* Central Statistical Agency, August 2012, Addis Ababa, statistical bulletin 532.

CSA (2013) Population size of towns by sex, region, zone, and wereda. July. Central Statistical Agency, Addis Ababa, Ethiopia.

CSO (1977) Results of the survey of manufacturing industries in Ethiopia (1976). Statistical Bulletin 17. June. Provisional Military Government of Socialist Ethiopia, Central Statistical Office, Addis Ababa, Ethiopia.

CSO (1983) Ethiopia Statistical Abstracts of 1968, 1980, and 1982. Central Statistical Office, Addis Ababa, Ethiopia.

CSO (1987) Results of the surveys of manufacturing industries (1976/77 to 1983/84). Statistical Bulletins 23, 29, 30, 38, 48, and 53. Central Statistical Office, Addis Ababa, Ethiopia.

CSO and MCIT (1969) Survey of manufacturing and electricity industry (1964/5–1966/7). Statistical Bulletin 2. June. Central Statistical Office and Ministry of Commerce, Industry and Tourism, Addis Ababa, Ethiopia.

DBE (2009) The priority area projects of the DBE. As approved by the Board of Directors of the Development Bank of Ethiopia, Addis Ababa, Ethiopia.

DBE (2012a) *A Guide to Development Bank of Ethiopia.* Development Bank of Ethiopia, Addis Ababa, Ethiopia.

DBE (2012b) Loan portfolio concentration report as of December 2011. Unpublished. Development Bank of Ethiopia, Addis Ababa, Ethiopia.

DBE (2012c) Monthly Report on Status of Flowers Projects. Assistant President, PO/241/12, Development Bank of Ethiopia, Addis Ababa, Ethiopia.

DBE (2012d) Third Quarter Performance Report 2011/12. Unpublished. Development Bank of Ethiopia, Addis Ababa, Ethiopia.

DLV (2012) Quantitative unified information. DLV consultancy to Ethiopian horticulture sector <http://www.dlvplant.nl/uk/content/projects-africa.html>. Addis Ababa, Ethiopia.

EAL (2012) Freight data. Unpublished. Ethiopian Airlines. Addis Ababa, Ethiopia.

EEPCO (2012) Detailed Information of EEPCO. Supplementary data for interview with CEO of Ethiopian Electric Power Corporation, Addis Ababa, Ethiopia.

EFFORT (1995) Memorandum of Foundation. Endowment Fund for the Rehabilitation of Tigray.

EFFORT (2010) EFFORT Corporate Strategy. Endowment Fund for the Rehabilitation of Tigray.

EFFORT (2011) EFFORT Performance Report. Endowment Fund for the Rehabilitation of Tigray.

EHDA (2011a) Export performance report of 2011. Amharic version. Ethiopian Horticulture Development Agency, Addis Ababa, Ethiopia.

EHDA (2011b) Guideline on the value chain of floriculture export. Ethiopian Horticulture Development Agency, Addis Ababa, Ethiopia.

EHDA (2011c) The 2011 horticulture sector report. Ethiopian Horticulture Development Agency, Addis Ababa, Ethiopia.

EHDA (2012a) EHDA Statistical Bulletin 01, October. Ethiopian Horticulture Development Agency, Addis Ababa, Ethiopia.

EHDA (2012b) Report to National Export Coordinating Committee. Unpublished. Ethiopian Horticulture Development Agency, Addis Ababa, Ethiopia.

EHDA (2012c) New Approach to Market Ethiopian Flowers in the Russian Federation. Ethiopian Horticulture Development Agency, Addis Ababa, Ethiopia.

EHDA (2012d) Minutes of meetings (Numbers 1–25 of EHDA from 2009–12). Unpublished. Archives of Ethiopian Horticulture Development Agency. Addis Ababa, Ethiopia.

EHDA (2012e) Correspondence from firms and other stakeholders (Numbers 1–35), 2009–12. Archives of Ethiopian Horticulture Development Agency, Addis Ababa, Ethiopia.

EHDA (2013) Labour records of firms and summary review. May. Addis Ababa, Ethiopia.

EHPEA (2007) A Guide for new investors. Ethiopian Horticulture Producers and Exporters Association. Available at <http://www.EHPEA.org.et>

ELIA (2012) Letter submitted to the Prime Minister at the government-private sector dialogue on 24 October 2012. Unpublished.

EPRDF (2011a) *Five Years Growth and Transformation Plan and Ethiopian Renaissance*. Addis Ababa: Ethiopian People's Revolutionary Democratic Front and Mega Printing.

EPRDF (2011b) *The EPRDF from founding to the present*. Amharic version. Addis Ababa: Ethiopian People's Revolutionary Democratic Front and Mega Printing.

EPRDF (2011c) *Ethiopia's Renaissance and EPRDF Lines*. In Amharic. Addis Ababa: Mega Printing.

EPRDF (2013a) *EPRDF reaffirmed its commitment to the renaissance of Ethiopia and the construction of the Renaissance Dam*. Addis Ababa: Ethiopian People's Revolutionary Democratic Front.

EPRDF (2013b) Meles's Portrait: Sketch of who he is. Ethiopian People's Revolutionary Democratic Front, Addis Ababa. Available at <www.eprdf.org.et>

EPRDF (2013c) *New Vision* (bimonthly editions). Ethiopian People's Revolutionary Democratic Front, Addis Ababa <www.eprdf.org.et>

EPRDF (2013d) Report of 9th EPRDF Congress, Ethiopian People's Revolutionary Democratic Front. Bahirdar, Ethiopia.

EPRDF (2013e) EPRDF Renaissance Path and Ethiopia's Future. In Amharic, March 2013. Office of EPRDF, Addis Ababa, Ethiopia.

ERCA (2012a) Export revenues and volume. Unpublished data. Ethiopian Revenues and Customs Authority, Addis Ababa, Ethiopia.

ERCA (2012b) Data on the imports of textile and apparel imports 1998–2012. Ethiopian Revenue and Customs Authority, Addis Ababa, Ethiopia.

FDRE (1992) *Public Enterprises Proclamation No. 25/1992*. House of Peoples' Representatives, Addis Ababa, Ethiopia.

FDRE (1994) *An Economic Development Strategy for Ethiopia*. Federal Democratic Republic of Ethiopia, Addis Ababa, Ethiopia.

FDRE (1995) *Constitution of the Federal Democratic Republic of Ethiopia*. House of Representatives, Addis Ababa, Ethiopia.

FDRE (1996) *Ethiopia's Development Strategy (ADLI)*. Federal Democratic Republic of Ethiopia, Addis Ababa, Ethiopia.

FDRE (1998a) *Ethiopian Export Promotion Agency Establishment Proclamation*. Federal Democratic Republic of Ethiopia, Addis Ababa, Ethiopia.

FDRE (1998b) Export Promotion Strategies (Export Development Strategies), Number 5/Decision 159/1998. Amharic version. Federal Democratic Republic of Ethiopia, Addis Ababa, Ethiopia.

FDRE (2002) *The Industrial Development Strategy of Ethiopia*. Federal Democratic Republic of Ethiopia Information Ministry, Addis Ababa, Ethiopia.

FDRE (2008a) *Raw and Semi-processed Hides and Skins Export Tax*. Proclamation Number 567/2008. FDRE House of Representatives, Addis Ababa, Ethiopia.

FDRE (2008b) *The Regulation for the establishment of Ethiopian Horticulture Development Agency*. Regulation No. 152/2008. FDRE Council of Ministers.

FDRE (2012) The Strategy of the Development of Micro and Small Enterprises. Federal Democratic Republic of Ethiopia, Addis Ababa, Ethiopia.

FIA (2012a) Investment certificates provided to FDI and domestic investors. Unpublished. Federal Investment Agency, Addis Ababa, Ethiopia.

FIA (2012b) Consultations with business community; and the historical evolution of FIA and investment law (1992–2013). Unpublished. Federal Investment Agency, Addis Ababa, Ethiopia.

FIA (2012c) Minutes of meetings of the board of FIA (2008–12). Archives of the Federal Investment Agency, Addis Ababa, Ethiopia.

GOE (1960) *The Civil Code of Ethiopia Proclamation of 1960*. Proclamation Number 165/1960. Government of Ethiopia, Addis Ababa, Ethiopia.

LIDI (2011) Draft on the ban of crust and export of leather products. Unpublished. Leather Industry Development Institute, Ministry of Industry, Addis Ababa, Ethiopia.

LIDI (2012a) Interim Audit Report as per Requirement of Leather and Leather Products Sector Best Practice Standard for 18 tanneries and footwear firms. Leather Industry Development Institute, Ministry of Industry, Addis Ababa, Ethiopia.

LIDI (2012b) Minutes of meetings of Tanning and Footwear Industries Benchmarking, Number 1–7. Leather Industry Development Institute, Ministry of Industry, Addis Ababa, Ethiopia.

LIDI (2012c) Minutes of meetings of the twinning programme, Number 1–6. Leather Industry Development Institute, Ministry of Industry, Addis Ababa, Ethiopia.

LIDI (2012d) Draft profile of the leather sector, organized for research interview by LIDI. Director general's notes. Leather Industry Development Institute, Ministry of Industry, Addis Ababa, Ethiopia.

LIDI (2012e) Letters from firms (Number 1–330) in the leather and leather products sector, 2010–12. Leather Industry Development Institute, Ministry of Industry, Addis Ababa, Ethiopia.

LIDI (2012f) Facilitation Supports Requested by Firms in Leather Sector. Leather Industry Development Institute, Ministry of Industry, Addis Ababa, Ethiopia.

LIDI (2012g) Performance data. Unpublished. Planning and MIS Directorate, Leather Industry Development Institute, Ministry of Industry, Addis Ababa, Ethiopia.

MOA (2012) Review of animal resources. Unpublished. Ministry of Agriculture, Addis Ababa, Ethiopia.

MOFED (1999) Survey of the Ethiopian Economy: Review of Post-Reform Developments (1992/3–1997/98). Ministry of Finance and Economic Development, Addis Ababa, Ethiopia.

MOFED (2002) Sustainable Development and Poverty Reduction Program (SDPRP). Ministry of Finance and Economic Development, Addis Ababa, Ethiopia.

MOFED (2006) Ethiopia: Building on Progress: A Plan for Accelerated and Sustained Development to End Poverty (PASDEP) 2005/06–2009/10. Volume I. Ministry of Finance and Economic Development, Addis Ababa, Ethiopia.

MOFED (2010) Growth and Transformation Plan 2010/11–2014/15. Volume I, Main Text, and Volume II, Policy Matrix. Ministry of Finance and Economic Development, Addis Ababa, Ethiopia.

MOFED (2011a) A Study to improve tariff incentives. Ministry of Finance and Economic Development, Ministry of Industry, and Ethiopian Revenue and Customs Authority, Addis Ababa, Ethiopia.

MOFED (2011b) Raw and Semi-processed Hides and Skins Export Tax Amendment Directives. Directive No. 30/2011. Ministry of Finance and Economic Development, Addis Ababa, Ethiopia.

MOFED (2012a) *Macroeconomic Developments in Ethiopia. Annual Report 2010/11*. Ministry of Finance and Economic Development, Addis Ababa, Ethiopia.

MOFED (2012b) Ethiopia's macroeconomic data. Unpublished. National Economic Accounts Directorate, Ministry of Finance and Economic Development, Addis Ababa, Ethiopia.

MOFED (2012c) Ethiopian Tariff Amendments (1993–2011). Unpublished. Ministry of Finance and Economic Development, Addis Ababa, Ethiopia.

MOFED (2013a) Annual GTP performance report. Unpublished. Ministry of Finance and Economic Development, Addis Ababa, Ethiopia.

MOFED (2013b) A Directive to implement the export tariff incentive system. Amharic version. Ministry of Finance and Economic Development, Addis Ababa, Ethiopia.

MOFED (2014) Brief Note on the 2013 National Accounts Statistics. Unpublished. 25 October. Ministry of Finance and Economic Development. Addis Ababa, Ethiopia.

MOI (2012a) Summary of consultations between government and industrialists on 25 October 2012 at Sheraton-Addis. Unpublished. Ministry of Industry, Addis Ababa, Ethiopia.

MOI (2012b) Global cement consumption. Unpublished. Chemical Industry Development Directorate, Ministry of Industry, Addis Ababa, Ethiopia.

MOI (2012c) Industrial zone development strategy study. Amharic version. Unpublished. Ministry of Industry, Addis Ababa, Ethiopia.

MOI (2013) Directives to implement Proclamation 768/2012 on export tariff promotion. Amharic version. Ministry of Industry, Addis Ababa, Ethiopia.

MOM (2012) Report on mining and exploration licences. Ministry of Mines, Addis Ababa, Ethiopia.

MoTI (2008) Directive on Petroleum Cost Absorption for Air Freight of Floriculture. 14 April 2008.

MUDC (2013) Data on housing development, cement demand and consumption. July. Unpublished. Ministry of Urban Development and Construction, Addis Ababa, Ethiopia.

Mugher (2013) *Updated data on firm status*. July.

MWUD (2007) *Plan for urban development and urban good governance, PASDEP 2005/06–2009/10*. Addis Ababa: Ministry of Works and Urban Development and Berhanena Selam Printing.

MWUD (2009) Reports on capacity building of construction industry. Ministry of Works and Urban Development, Housing Development Office, Addis Ababa, Ethiopia.

MWUD (2010) Logistics Review and Plan of Housing Development Programme. Unpublished. Ministry of Works and Urban Development, Housing Development Office, Addis Ababa, Ethiopia.

MWUD (2013) Housing Development Programme Updated Data. Unpublished. Ministry of Works and Urban Development, Housing Development Office, Addis Ababa, Ethiopia.

Nazret (2010) 'Ethiopia-Derba Cement to buy 1000 Volvo trucks'. Available at <http://nazret.com/blog/index.php/2010/01/15/ethiopia_s_derba_midroc_cement_to_buy_10>

NBE (2011) *Annual Report 2009/10*. Addis Ababa: Domestic Economic Analysis and Publications Directorate, National Bank of Ethiopia.

NBE (2012a) NBE Letter to all banks, List of Flower Exporters with Outstanding Commitment From May 12, 2008 to April 30, 2012. FEMRMD/745/12. National Bank of Ethiopia, Addis Ababa.

NBE (2012b) Unpublished data. National Bank of Ethiopia Research Department, Addis Ababa.

NBE (2013) Regulations and directives of National Bank of Ethiopia. Addis Ababa. Also available at <www.nbe.gov.et>

NECC (2010) Study on Export Sector Development, Leadership, and Coordination. Unpublished draft. National Export Coordinating Committee, Prime Minister's Office, Addis Ababa, Ethiopia.

NECC (2012) Minutes of meetings (Number 1–92) of the National Export Coordinating Council, 2004–12. Addis Ababa, Ethiopia.

Oqubay, Arkebe (2012) Quasi-census (Number 1–150), site observations (Number 1–50), and interviews (Number 1–200) with selected firms in cement, floriculture, leather and leather products sectors, and related stakeholders. Unpublished. Addis Ababa, Ethiopia.

PPESA (2012) Privatization performance and reports. Unpublished.

Royal Netherlands Embassy (2012) Surveys of on Dutch Flower Firms in Ethiopia 2010–12. Unpublished, Addis Ababa, Ethiopia.

# 索 引 *

about-to-be-privatized firms 97
Abramovitz, Moses 23
Abyotawi Democracy 72
accountability 85, 90, 98, 100, 235, 274
　effective 101
active industrial policies 7, 43, 57–8, 164,
　183, 247, 294–5
activism 1, 6, 10, 13, 16, 51–2, 278–9
activist state 16, 18, 30, 33–4, 51, 75, 192
Adama 4
adaptation 79, 87, 253, 260–1, 269,
　272, 275
adaptive capacity 241, 244, 284, 289, 296
Addis Ababa 3, 69–71, 119–20, 124–5,
　157–8, 173, 207
Adelman, Jeremy 23, 296
ADLI (agricultural development-led
　industrialization) 61, 79, 174, 259
AfDB (African Development Bank) 54,
　87, 136
Africa dummy 8–9, 54
African countries 4, 6, 50–3, 56–7, 250–1,
　287–8, 293–6
African Development Bank, see AfDB
African economies, state 50–4

African industrialization 6, 11, 50, 52,
　54, 292
African renaissance 11
African Union, see AU
Afro-pessimism 9, 55, 250
agglomeration economies 70, 207
Aghion, Beatriz 39, 85
agricultural development-led
　industrialization, see ADLI
agriculture 20–1, 26, 48, 58–9, 61–4,
　84–6, 261–2
　modern 19, 21
　traditional 21, 149, 259
agro-processing 72, 79, 81, 84, 229
air cargo 167, 170–1, 184
air transport 163, 167, 175, 188, 191,
　255, 257
airfreight 152, 168
airlines 117, 170, 172, 228, 291
airplane manufacturing 252, 267
Alcorta, Ludovico 50–1
allocation decisions 86, 145
allocations 27, 40, 93, 107, 135,
　145, 147
Altenburg, Tilman 52, 71, 250–1

---

\* 索引中类似于"178 – 9"这样的数字表示相关索引词条在正文(指英文版本)相应页面中多
次出现(但不一定逐页连续出现)。关联内容较多的词条一般会被分解为多个二级索引词
条或仅在此类索引词条下列出相关重点内容。由于本书的主题为埃塞俄比亚的产业政策,
埃塞俄比亚(Ethiopia)一词(以及其他文中频繁出现的词条)将不作为一个索引项单独列
出。但与之相关的重要词条将会单独作为索引项列入其中,读者可以从中找到与之相关的
信息。

图书在版编目（CIP）数据

非洲制造：埃塞俄比亚的产业政策/（埃塞）阿尔
卡贝·奥克贝（Arkebe Oqubay）著；潘良，蔡莺译. --
北京：社会科学文献出版社，2016.11
（非洲研究丛书）
书名原文：Made in Africa：Industrial Policy in
Ethiopia
ISBN 978 - 7 - 5097 - 9530 - 9

I. ①非… II. ①阿… ②潘… ③蔡… III. ①产业政
策 - 研究 - 埃塞俄比亚 IV. ①F142.10

中国版本图书馆 CIP 数据核字（2016）第 183669 号

· 非洲研究丛书 ·

## 非洲制造：埃塞俄比亚的产业政策

著　　者／〔埃塞〕阿尔卡贝·奥克贝　　（Arkebe Oqubay）
译　　者／潘　良　蔡　莺

出 版 人／谢寿光
项目统筹／祝得彬　高明秀
责任编辑／安　静　仇　扬

出　　版／社会科学文献出版社·当代世界出版分社(010)59367004
　　　　　　地址：北京市北三环中路甲 29 号院华龙大厦　邮编：100029
　　　　　　网址：www. ssap. com. cn
发　　行／市场营销中心（010）59367081　59367018
印　　装／三河市尚艺印装有限公司

规　　格／开　本：787mm × 1092mm　1/16
　　　　　　印　张：23　字　数：372 千字
版　　次／2016 年 11 月第 1 版　2016 年 11 月第 1 次印刷
书　　号／ISBN 978 - 7 - 5097 - 9530 - 9
著作权合同
登 记 号／图字 01 - 2015 - 5725 号
定　　价／79.00 元